KB111159

지방자치론

THEORIES OF LOCAL AUTONOMY

오재일 저

圖書出版 오래

머 리 말

지난 30여 년을 되돌아 볼 때, 필자가 너무나도 바쁘게 살아오지 않았는가 생각해 본다. 90년대에 들어서면서, 지방의회가 부활되고 단체장이 선출됨으로써 '지방자치'에 대한 사회적 수요가 늘기 시작하였다. 지금보다도 더 기타 과목이었던 '지방자치론'을 강의하고 있던 필자는 '지방자치'의 전도사가 되기 위하여 열심히 뛰어다녔다. 특히, 일본에서의 유학생활은 이론적인 측면을 뛰어넘어, '분권' 관련 정책의 설계에 있어서 좋은 '타산지석'(他山之石)이 되었다.

우리나라는 지방자치의 역사가 매우 짧다. 또한 그 역사적 기반도 매우 취약하다. 지방자치는 본질적으로 지역사회 중심의 '자율·분권·다양성·수평성'을 강조한다. 그런데 우리의 역사적 문화적 환경은 '집권·확일성·수직성·피동성'에 익숙해 왔다. 따라서 지방자치 전도사가 된다는 것은 쉬운 일이 아니었다. 현실을 너무 모른다고 비판받기도 하였다. 그러나 우리나라가 세계 속의 문화국가가 되기 위해서는 다원 사회, 거버넌스 사회가 되어야 함은 분명하다.

필자는 중앙집권적 국가시스템을 지방분권적 국가시스템으로 만들기 위하여, 국가 차원의 분권화 정책이 수립된 김대중 정권 이래, 지금까지 정부 위원회에서 계속 참여하고 있다. 즉, 김대중 정권하의 지방이양추진실무위원회 행정분과위원회 위원(1999년 10월－2001년 10월), 지방이양추진실무위원회 행정분과위원회 위원장(2001년 10월－2003년 4월), 노무현 정권하의 정부혁신지방분권위원회 위원 및 지방분권전문위원회 위원장(2003년 4월－2005년 4월), 지방이양추진위원회 간사위원(2004년 6월－2006년 6월), 이명박 정권하의 지방분권촉진위원회 위원(2008년 12월－2010년 12월), 지방행정체제개편추진위원회 위원(2011년 2월－2013년 2월), 박근혜 정권하의 지방자치발전위원회 위원 겸 행정체제분과위원회 위원장(2013년 9월－현재)으로 이어지고 있다.

  우리나라의 지방분권화 정책은 초기에는 중앙행정권한을 지방에 넘기기 위한 정부간 사무이양이 주된 역할이었다. 그러나 정부간 기능 조정이 원만하게 이루어지지 않음으로써, 그 원인규명과 함께 제도적 개혁으로까지 지방분권화 정책은 확장되고, 급기야는 국가운영 시스템 전반에 걸친 분야에까지 전선이 확대되고 있다. 이처럼 지방분권화에 대한 정책이 확장되는 등 국가적 차원에서의 지방분권화 정책이 꾸준하게 추진되었지만, 지역사회 현장에서의 체감온도는 매우 낮으며, 주민직결의 지방자치는 실현되지 못하고 있다.

  대학에서의 강의와 정부위원회 위원으로 활동하면서, 필자가 느끼는 것은 왜 우리나라에서는 주민체감적인 지방자치의 실현이 이다지도 더디게 진행되고 있는가 하는 점과 함께 우리나라에는 '지방분권' 지원 세력이 정말로 존재하는가 하는 점이었다. 분권은 말 그대로 권력을 나누어 갖는 것이다. 그런데 권력은 주어지는 것이 아니라 획득하는 것이다. 그러한 의미에서 분권운동은 '총성 없는 전쟁'이라고 하지 않았던가? '표'를 먹고 사는 중앙정치인으로서, 지방분권운동이 국민적 관심사이고, 이것이 '표'로 연결된다면 지방분권운동에 보다 적극적이지는 않을 것인가? 국민적 지지가 없기 때문에, 지방분권화 정책도 선언적인 수준에서 벗어나지 못하고 있는 것은 아닌가? 이것은 지방자치가 본격적으로 시작된 이래, 신문 등 주요 매스 미디어에서 지방분권 관련 기사를 제1면에서 거의 볼 수가 없었다는 사실에서 잘 알 수 있다.

  지방분권운동은 실천적인 운동이 되어야 한다. 해당 지역사회의 주민이 분권가치를 몸소 느껴야 한다. 그럴 때만이 지방분권의 지원세력이 가시화되고, 이를 의식한 정치인들이 지방분권 관련 과제들을 정책 어젠다화시켜 나갈 것이다. 이에 불을 지피는 사람들이 연구자들 아닐까? 그런데 우리나라의 지방자치 관련의 연구 동향을 살펴보면, 정책과제에 대한 현상적인 접근은 많지만, 지방분권을 뒷받침하는 이론적인 지원은 활발하지 못하고 있는 실정이다. 지방자치는 지역사회와 관련되는 면이 많기 때문에, 그 학문적 기반도 광범위하다. 지방자치야말로 학제간 연구, 즉 역사학·재정학·정치학·경제학·법학·행정학 등 범 융합학문으로서의 접근이 필요하다. 그런데 우리나라의 지방자치 연구는 주로 행정학도 중심이다. 따라서 지방자치를 우리 사회에 착근시켜 나가기 위해서는 연구 영역의 확대와 함께 학제간 네트워크가 활발하게 이루어져야 한다.

이제 대학에서의 연구자 생활은 3년여 남아 있다. '직장인'으로서의 연구자 활동은 끝날는지 모르지만, '자유인'으로서의 연구자 생활은 이제부터가 아닐까 생각한다. 이제까지 현장 중심의 연구자 생활에 충실하고자 했다면, 이제부터는 진정 '나의 연구'를 해 보고자 한다. 정년을 얼마 안 남기고, 이 책을 출판하는 것은 이러한 '나의 다짐'이다. 연구에는 끝이 있을 수 없다. 지난 30여 년간 연구실에서, 강의실에서, 현장에서 보고 느끼면서 부족했다고 생각되는 지방자치 관련의 연구를 해 보고자 한다.

지난 30여 년간의 대학생활을 돌이켜 보면, 필자는 사회로부터 많은 혜택을 받았다. 먼저, '국립대학'이라는 비교적 안정된 곳에서 지금까지 '직장'생활을 하고 있다. 급속한 고령화 속에 현대 '직장인'들의 평균 재직 기간이 더욱 짧아지고 있다는 점을 생각하면, 한 직장에서만 30년 이상을 재직하고 있다는 것만으로도 행운이 아니겠는가? 지금 젊은 동료 교수들에 대한 '압박'을 보면 더욱 그러하다.

다음으로, 많은 분들의 사랑을 받았다. 70년대 대학생활은 지금과는 판이하게 달랐다. 4년 동안 한 학기 수업을 제대로 받은 적이 거의 없었다. 절대 빈곤에서 벗어나지 못하였으며, 정치적 억압은 심하였다. 여기에 대한 젊은 학도들의 저항도 만만치 않았다. 억압과 질곡 속의 대학생활이라고나 할까. 다행히 필자가 대학원 석사과정을 마칠 무렵, '대학정원 빗장'이 풀려 '대학강사' 수요가 폭증하였다. 너무 쉽게 얻었던 직장은 80년 '광주'가 겪었던 아픔에 동참하면서 무너져 버렸다. 필자는 '광주 80년 5월'을 계기로 '수배'와 '해직'을 겪게 되었다. 그러나 80년 5월 이후, 암울한 시기에도 많은 분들이 필자를 도와주었다. 지도교수이신 전남대학교 행정학과 이호준 교수님, 토목공학과 고 이정전 교수님, 박병기 교무처장님, 그리고 '5월 폭도'라는 지명 수배자인 필자의 신원을 보증하여 주신 고 양동회 치안감님, 부모님 대신 뒷바라지 해 주신 형 오재구님 등이다.

끝으로, 필자는 너무나도 큰 가족의 사랑을 받았다. 대학원 생활까지 어렵게 보낸 필자는 아내 서정주를 만나 안정적인 생활을 할 수 있었다. 80년대 후반 어려운 동경 유학생활에서도 필자를 내조하기 위하여, 아르바이트하며 아이들과 생활을 책임졌다.귀국해서는 필자의 건강을 위해 편안한 도시생활을 마다하고, 시골에 집을 짓고 날마다 건강을 챙겨주고 있다. 무엇보다도 두 아이들 한승과 신애를 잘 키워 주었다. 그 어느 것과도 바꿀 수 없는 가족의 사랑이 있었기에 오늘의 '내'가 있었다고 생각한다.

이 책이 출판되기까지 또한 많은 분들의 도움이 있었다. 교정을 보아 준 행정학과 이형준 조교 선생님, 5·18연구소 김희송 박사님, 그리고 원고 제출 마감일을 몇 번이고 지키지 못한 필자를 믿고 끝까지 인내로써 기다려 주신 황인욱 사장님, 이 분들의 도움이 없었더라면, 이 책은 나오지 못했을 것이다. 이 분들에게 다시 한 번 감사드린다.

2014년 2월
전남대학교 용봉골의 늦은 밤에

오 재 일

차   례

제1장

지방자치에 대한 이해

제2장

지방자치의 이론적 배경

제3장

정부간 관계론(IGR)

제4장

지방정부의 구성 요소

제1절 지방정부의 의의와 종류

제2절 지방정부의 계층구조

제3절 지방정부와 구역

제4절　지방정부와 주민

제5절　지방정부와 자치권

제5장
지방정부의 기관 구성

제3절　집행기관

제6장

한국 지방자치 실제와 그 과제

제7장

지역사회와 NGO, 그리고 로컬 거버넌스

지방자치론

제 1 장

지방자치에 대한 이해

제1절   자치란 무엇인가?

1. 들어가며

지방자치를 보통 영어로 Local Government라고 한다. 그런데 이 Local Government를 번역함에 있어서, 이를 지방정부라고 하지 아니하고, 지방자치라고 했을 때의 차이는 어떤 것이 있는가?

Government를 '정부'라고 했을 경우는 확실하게 통치의 주체가 된다는 인식이 들지만, 이를 '자치'라고 했을 경우는 그 의미하는 바가 정부라고 했을 때보다 훨씬 애매하게 됨으로써 중앙정부와의 대등한 관계의 설정이 매우 약화되고 만다. 더욱이 한국 실정법에서와 같이 지방자치단체라고 할 경우, 정부하면 중앙정부만을 의미하게 되어 중앙정부(Central Government)에의 대립 혹은 동격이 되는 지방정부(Local Government)라고 하는 발상이 매우 미약하게 되고 만다. 그리하여 정부라고 하면 바로 그것이 중앙정부에 연결되고, 중앙정부는 또 다시 국가라는 등식이 성립됨으로써, 선진 민주주의 국가에서와 같이 정부를 중앙정부와 지방정부로 나누어 고찰하고자 하는 인식이 사라지고 만다. 이를 다른 면에서 본다면, 한국에서의 지방자치단체라는 것은 어디까지나 중앙정부가 인정한 법인체에 불과한 존재로서, 통치의 주체가 되는 정부라는 인식이 결여되어 있다는 것을 의미한다고 할 것이다.

그러나 이 책에서는 헌법 제8장에서 규정하고 있는 지방자치단체를 정부적 차원, 즉 지방정부라는 차원에서 파악하고자 한다. 지방자치단체를 '지방정부'(Local Government)로 해석하는 근거는 단체장과 의회를 해당 지역주민이 직접 선출하는 정치형태를 취하고 있다는 점에 두고 있다. 즉 지방정부는 무엇보다도 먼저 자율적인 지역사회의 정치 단위라는 것이다. 이 민주적인 지역 대표성이야말로 지방정부의 모든 활동의 정당성의 근거가 된다. 따라서 지방정부의 책임이라는 것은 먼저 단체장과 의회를 선출하는 지역주민에 대한 책임이어야 한다. 각각의 지역에는 그 역사와 자연조건이 다르고, 따라서 정치·경제·사회·문화 등의 제 분야에서 나름대로의 독특한 특색을 가지고 있다. 이러한 지역적 개성과 특색이야말로 중앙의 직접적 통치로부터 벗어나, 자주적으로 지역의 문제를 결정·처리할 수 있는 능력을 가진 '지방정부'의 존재이유가 된다.

또한 여기에서 한 가지 지적할 것은 일반적으로 정부라고 할 때, 한국이나 일본에 있어서는 행정권을 담당하는 행정부 또는 내각만을 일컫는 관행이 있다는 것이다. 그러나 근대국가의 성립은 국민(주민)주권 하에서 삼권분립의 정치구조를 확립하여, 입법권·사법권·행정권이 상호 견제하고 균형을 이루는 정치구조를 그 전제로 하고 있다. 또한 이들 기구를 움직이는 공무원을 선택하고 파면할 수 있는 권리를 인민 고유의 것으로 하고 있다. 그리하여 민주주의 국가에서는 정부(Government) 하면, 한국처럼 행정부만을 의미하는 것이 아니라 입법·사법·행정을 통괄하는 전체 기구로서의 정부를 의미한다는 것이다. 한국과 같이 행정부만을 정부라고 하는 관용어가 사용되는 경우, 서구 민주주의 국가에서의 정부라고 하는 말의 의미내용이 변질되고 만다.

일반적으로 한국에서와 같이 국회에서의 정부 답변이라든가 정부위원회라고 할 때의 정부는 중앙정부의 행정부만을 호칭하고 말아, 결국 중앙정부의 행정부(권)=정부=국가라는 등식이 성립함으로써 정부라는 용어가 중앙정부의 행정부에 독점되는 경향이 강하게 되고 만다. 이처럼 (중앙)정부라고 하는 말이 국가의 행정부만을 일컫는 것으로 사용됨으로써, 지방자치단체·지방공공단체를 (지방)정부라는 차원에서 고찰하기보다는 지방행정이라는 차원에서 고찰하게 됨으로써, 지방자치단체를 하나의 정부로서 인식할 것을 거부하는 경향을 조장시키고 있다.[1] 이와 같이 행정부=정부라는 호칭의 사용방법은 입헌군주정치를 채택한 일본 메이지(明治) 헌법의 사고방식이 식민지 통치를 통해 한국에 전달되고, 그 영향이 아직도 잔존된 결과라고 할 수 있을 것이다.

2. 자치의 의미와 차원

　자치라고 할 때, 먼저 '自'가 의미하는 바는 두 가지의 뜻이 있을 수 있다. 그 첫째는 '저절로' 또는 '자연히'라는 의미이고, 그 둘째는 '스스로' 또는 '몸소'라는 의미이다. 따라서 '자치'가 의미하는 바는 '저절로 다스려지다'라는 의미와, '스스로 다스리다'의 두 가지 견지에서 파악할 수 있을 것이다. 이 둘의 차이는 전자가 자연적 현상으로서 '자연의 도리'라고 한다면, 후자는 인위적 현상으로서 '민주·자율·자위의 도리'라 할 수 있을 것이다. 지방자치에서 사용하는 '자치'의 의미는 물론 후자의 의미이다. 따라서 자치의 본래적 의미를 살리기 위해서는 무엇보다도 중요한 것은 의존심을 버리고, 자주·자립·자조의 정신을 갖는 것이 중요하다.

　다음으로 자치의 '治'가 의미하는 바는 무엇일까? '스스로 다스리다'고 할 때의 '다스리다'의 의미에는, 이미 어떤 형태이든가 '공공'의 의미가 포함되어 있다. 자기가 자신을 다스린다는 것도 윤리적·도덕적 가치로서 중요하지만, 이는 어디까지나 개인적 차원의 것으로서 내면적 현상이다. 사회적 동물로서 인간의 행위는 이 내면적 현상이 밖으로 표출될 때 문제가 된다. 그런데 인간은 고립적인 존재로서가 아니라 사람과 사람과의 관계 속에 있을 때에 그 의미를 갖게 된다. 인간의 생활에는 반드시 '사회'(社會)라고 하는 배경이 필요하며, 개체로서의 인간은 자신과 연결되어 있는 사회의 한 구성원으로서, 자신이 소속해 있는 공동체에 대하여 직·간접의 책임을 지게 되어 있다. 이때 공동체의 한 구성원으로서

---

1) 加藤一明 外, 現代の地方自治(東京: 東京大學校出版會, 1973), pp.69-70.

공동체의 문제를 어떻게 처리할 것인가가 중요한 문제로 떠오른다. 공동체의 문제, 즉 공공문제에 대한 해결을 제3자에게 맡기지 아니하고, 구성원모두의 책임하에 해결하고자 할 때에 비로소 자치는 이루어진다. 따라서해결하여야 할 공동체의 문제(공공사무)를 떠난 자치란 생각할 수 없는 것이다. 그런 의미에서 자치는 자유라든가 자조와는 다르다고 할 것이다.[2]

자치의 의미를 생각할 때 또 한 가지 고려하여야 할 것은, '자치'와'자치제도'를 혼동해서는 안 된다는 것이다. 자치제도라고 할 때는 기초정부인 시(市)·군(郡)·구(區)제와 같이 법률에 의해 만들어진 제도로서, 한국에서의 그 역사는 제정된 지 불과 70여 년밖에 지나지 않는다. 이에 반해 자치라는 것은 개인의 자치, 집단의 자치, 공동사회의 자치 등에서 알수 있듯이, 여러 차원에서 각기 문제 상황을 달리하는 측면이 있을 수 있지만, 인류의 시작 이래 인간이 가지고 있는 본능으로부터 나온 것이다.따라서 사회적 동물로서의 인간이 존재하는 한, 시공(時空)을 초월하여 자치는 존재하여 왔던 것이다.

다시 말한다면, 자치라고 하는 것은 법에 의해 인위적으로 정하여지지 않아도 인간생활의 보호라든가 방위 혹은 행복을 위해서 자연발생적으로 나타난 것이다. 그러므로 자치는 인간이 원만한 사회생활을 영위하기 위하여 자연스럽게 나타난 본능적인 활동으로서, 시대와 지역에 따라여러 형태를 취하면서 이어져 내려오고 있다. 길드·교회·소비조합·노동조합·계(契)·청소년단체·대학 등의 각종 조직이 필요에 따라 임의로 결성되어 자율적으로 활동·운영되어 오고 있다는 것은, 이를 잘 보여주는 좋은 예라고 할 수 있을 것이다. 따라서 자치라고 할 때에는 지방자치제도에서와 같은 정치제도상의 차원, 임의적이며 자율적인 조직 관리상의 차원, 그리고 개인 행동기준으로서의 차원 등 세 가지 차원으로 나누어 생각하여 볼 수 있을 것이다. 물론 여기에서의 학문적 연구 대상으로서의 자치는 정치제도상의 자치, 즉 지방자치제도이다.

지방자치제도는 복잡한 사회생활을 보다 민주적이고 능률적으로 관리·운영하기 위하여 헌법에 의해 만들어진 제도이지만, 사회의 원활한

---

2) 前田多門, 地方自治の話(東京: 朝日新聞社, 1930), pp.3-4.

운영에는 그것만으로 충분하다고는 할 수 없다. 이를 보충하거나 각각 생활의 필요에 따라 임의의 자율적 조직이 형성되어 왔고, 오늘날의 사회에서는 오히려 이러한 임의의 자율적 조직이 더욱 중요시되고 있다 해도 과언은 아닐 것이다.3) 그러나 집단이든 공동사회이든 그 자체가 잘 운영되기 위해서는 그 구성원이 성숙된 개인으로서의 자치의식을 구비하여야 함은 물론이다.

한국은 1948년 제정된 헌법 제8장에 지방자치제도를 명기하고, 이에 근거하여 1949년 지방자치법을 제정하였다. 그러나 지난 반세기 동안 지방자치가 수난을 겪은 것도 따지고 보면, 정치제도상의 자치의 근간을 이루는 자율적 조직의 전통이 약했고, 더 나아가 개인 행동기준으로서의 자치가 국민들 몸에 스며들어 있지 않았기 때문이라고 할 수 있다. 따라서 밖으로부터의 이식된 정치제도상의 자치는 사상누각(砂上樓閣)에 불과하였던 것이다. 그리하여 지방자치제도가 완전하게 실시되기까지에는 국민들 개개인이 성숙된 개인으로서의 자율의식을 갖게 될 때까지의 시간이 필요하게 되었다고 생각된다. 해방 이후 반 세기 동안 지방자치의 실시에 대한 요구가 민주화의 요구와 함께 하였고, 문민정부라고 하는 김영삼 정권이 수립된 이후 1995년 지방자치가 완전하게 복원되게 된 것도, 결국은 성숙된 국민의식의 결과라고 할 수 있다.

3. 자치의 구성요소

자치에 해당하는 영어에는 autonomy와 self-government가 있다. 그러나 이 둘은 꼭 동일한 의미라기보다는 각기 다른 의미를 가진 것으로서, 자치의 본질적 요소라 할 수 있다. autonomy는 자율을 의미하는 것으로서, 개인 또는 집단이 타인의 통제에 구속되지 않고 스스로 규율을 정하여 자신의 의사로서 자신의 행위를 규제하는 것을 일컫는다. 이 의미에서의 자치라는 것은 필요한 규칙(rule)을 자기 자신이 만드는 것이

---

3) 高木鉦作, "自治という言葉", 自治體學會 編, 年報自治體學 第2號, 自治の原點(東京: 良書普及會, 1989), p.28.

다. 이에 비해 self-government는 자기통치를 의미하는 것으로서 집단이 규칙을 정하는 경우, 집단구성원의 참가와 동의하에 그것을 정하는 것을 말한다. 이러한 의미에서의 자치라는 것은 집단의 의사결정이 조직 상층부의 소수에 독점되는 것이 아니라, 집단 구성원의 총의에 의해 결정되어야 함을 말한다.

개인이 타인의 통제에 구속되지 아니하고 스스로의 규범·준칙·목적에 부합되는 기준을 정할 수 있는, 즉 자신의 의사가 자신의 행위를 규제할 수 있는 여지가 있을 때에 비로소 자율이 존재할 수 있게 된다. 이 기준을 만들 수 있는 권능을 가리켜 입법권이라고 한다면, 자율에는 무엇보다도 먼저 입법권을 그 기본요건으로 한다. 타인의 명령을 단지 집행만 하는 행위는 자율이라고 할 수 없다. 결국 자율은 자기의 의사가 자기를 통제하는 능력, 즉 자기의 의사를 자기의 행위에 구현시키는 능력을 그 요건으로 한다. 따라서 자율이 존재하기 위해서는, 의사와 행동을 포함한 전체로서의 행위시스템이 타인의 개입 없이 자급자족할 수 있는 자기제어능력(自己制御能力)을 갖추어야 한다. 여기에서 의사에 의한 행동의 통제를, 의사에 의한 행동의 지배로 바꾸는 것도 불가능한 것이 아니지만, 지배가 인간간의 상하관계를 그 전제로 한다고 할 때, 자율을 논하는 경우에 지배라는 용어보다는 통제라는 용어가 보다 적절하다고 할 수 있을 것이다. 개인의 자율을 이와 같이 이해한다면, 개인적 차원에서의 자치는 자율만으로도 가능하고, 그것은 소위 '권력으로부터의 자유'와 거의 유사한 의미가 된다.

한편 여기에서 집단 및 공동사회를 개인과 유사한 독립적인 의사와 행동을 가진 행위시스템으로 보는 유추가 가능하다면, 집단 및 공동사회에 대해서도 개인의 자율과 같은 의미 내용에 있어서 집단이나 공동사회의 자율을 말할 수 있을 것이다. 다만, 집단 및 공동사회의 자치는 개인차원과는 달리 외부와의 관계에 있어서의 자율만으로 완결되지 않는다. 그 내부에 있어서의 자기통치가 커다란 과제로 떠오른다. 집단에는 정도의 차이는 있을지언정 자율성을 가진 개인의 집합체이다. 집단이 형성될 때, 거기에는 개개인으로서는 처리·해결하기 어려운 공공적 문제가 반드시 발생하고 만다. 다시 말한다면, 집단에는 개개인의 자율에 맡길 수 있는 사적 영역과 집단생활의 공적 영역으로의 분화가 생기기 마련이다. 거기에서 집단에는 개인의 경우와는 다른 새로운 두 가지의 과제가 등장한다. 하나는 사적 영역과 공적 영역의 경계를 정하여 개인의 자율과 집단의 자율을 조정하는 기준을 정하는 일이요, 다른 하나는 공적 영역 그 자체를 규율하는 기준을 정립하는 일이다.

그러면 이러한 기준을 누가 정할 것인가? 일인의 지도자가 정하는 독재정치(군주제)가 있는가 하면, 소수의 장로가 정하는 과두정치(귀족제)도 있고, 집단의 구성원 모두가 정하는 민주정치(민주제)도 있다. 이 중에서 근대 시민사회의 확립과 함께, 집단생활의 준칙(準則)의 정립이 구성원의 참가와 동의하에 이루어지는 민주제가 채택되고 있는 것이 일반적인 경향이다. 그리하여 개개인의 의사의 총체에 의하여 집단의 의사, 즉 공공의사가 결정되는 경우에, 거기에는 집단의 자기통치가 있다고 할 수 있을 것이다. 이 자기 통치는 개인의 자율과는 달리, 입법권에 대해서는 복수의사의 통합이, 자기제어능력에 대해서는 복수 행위의 조정이 이루어지지 않으면 아니 된다. 집단에 있어서는 전원 일치의 입법이라든가 자발적인 협동 행위가 약속되어 있지 않다.

자발적 결사(voluntary association) 단체인 경우에는 집단에의 참가가 자발적이기 때문에, 그 구성원은 집단의 규칙에 대해 미리 동의하고 있다고 할 수 있어, 전원일치의 입법과 자발적인 협동이 가능하다고 할 수 있다. 그러나 이제까지의 경험으로부터 알 수 있듯이, 자발적인 결사 조직에 있어서조차도 전원일치의 의사결정이란 사실상 일어나지 않고 있는 것이 일반적인 현상이다. 집단은 항상 이해대립을 내포하고 있기 때문이다. 하물며 공동사회에는 제 집단이 연합하고 있는 포괄적인 지연사회(地緣社會)로서, 거기에는 서로 대립적인 이해관계를 가진 제 세력이 상존하기 마련이다. 그렇다고 한다면, 집단의 자기통치와 공동사회의 자기통치에는 의사의 통합이든 행위의 조정이든 간에, 거기에는 지배의 계기를 잉태할 수밖에 없다. 따라서 자기 통치는 지배·피지배관계의 성립을 전제로 하면서, 지배자와 피지배자를 동일화하고자 하는 정치원리를 말한다. 자기통치를 이와

같이 이해한다면, 그것은 민주주의와 거의 일치하는 것이다.[4]

　이러한 의미의 자율과 자기 통치는 자치의 각기 다른 측면에 대응하는 것이라고 말할 수 있지만, 이 양자는 논리적으로 상호 밀접하게 관련되어 있다. 먼저 자율은 자율이 침해되지 않도록 객관적인 규칙에 의하여 지켜지지 않으면 아니 된다. 이 규칙이 제3자에 의하여 자의적(恣意的)으로 부여될 경우, 자율은 매우 불안정한 상태로 되고 말 것이다. 따라서 자율이 확립되기 위해서는 집단 구성원이 스스로 규칙을 만드는 것, 즉 자기통치를 필요로 한다. 한편 자기 통치는 집단의 구성원이 자율적인 개개인일 것을 당연한 전제로 하고 있다. 이리하여 양자는 상호 밀접하게 관련되고 있다. 지방자치란 지역을 기초로 하는 공동사회에 자치의 원리를 적용한 것으로서, 자율의 측면에 대응한 것이 단체자치이고, 자기통치의 측면에 대응한 것이 주민자치라고 할 수 있을 것이다.[5]

제2절　지방자치란 무엇인가?

1. 지방자치의 의미

　한국은 해방 이후, 근대적 정치시스템의 하나로서 지방자치제도를 도입하였지만, 헌법상의 보장에도 불구하고 지방자치제도가 수난을 겪은 것은, 제1절에서 살펴본 바와 같은 자치의 본질적인 속성이라고 할 수 있는 자율과 자기통치의 경험이 한국 역사상 매우 미약했기 때문이라고 할 수 있다. 따라서 지방자치를 꽃피우기 위해서는 자치의 전제조건이라고 할 수 있는 자율과 자기통치의 기반을 튼튼하게 하지 않으면 아니 된다.

　자율과 자기통치의 정신이 개인과 사회의 제 단체에 튼튼하게 뿌리를 내리게 될 때, 정치 제도상의 자치인 지방자치제도도 한국사회에 뿌리를 내리게 될 것이다. 그러면 자율과 자기통치를 그 기반으로 하는 정

---

4) 西尾勝, "自治", 日本行政學會 編, 政治學の基礎概念(東京: 岩波書店, 1979), pp.24-25.
5) 阿部齊·寄本勝美 編, 地方自治の現代用語(東京: 學陽書房, 1989), pp.117-118.

치 제도상의 제도로서 지방자치제도가 갖는 본질적인 요소는 무엇일까? 이것은 분권·참여·자립의 세가지 요소로 요약할 수 있다.

첫째, 분권 내지는 자주라는 것은 중앙정부의 간섭으로부터의 해방이다. 현대 민주주의 국가에 있어서는 권력의 집중을 방지하기 위해 권력을 분산시켜 놓고 있다. 횡적인 분권으로서는 삼권분립이요, 종적인 분권으로서는 지방자치의 실시이다. 그런데 현대 민주주의 국가에 있어서는 완전집권(독재)도, 완전분권(방임)도 있을 수 없다. 문제는 양극(兩極) 사이의 어디에 존재하느냐 하는 것이다.

둘째, 참여는 자기가 살고 있는 지역의 문제는 해당 지역민의 의사에 의하여야 한다는 것이다. 여기에는 기관의 자기선임권이 무엇보다도 중요하다. 따라서 지방정부의 특정지위가 중앙으로부터의 영향력 하에 놓여 있다면, 그것은 타치(他治)이지 자치(自治)라고 할 수 없을 것이다. 문제는 오늘날에 있어서 근대 민주주의 주요 원리의 하나인 대표 민주주의가 그 한계를 나타내고 있다는 것이다. 여기에 대한 보안책으로서 주민참가·직원참가·국정참가 등이 아주 활발히 논의되고 있으며, 최근에는 NGO의 역할이 강조되고 있는 등 지역사회의 공공관리가 지방정부의 독점적 상태로부터 벗어나, 지역사회 구성인자의 참가와 협조 속에서 이루어져야 한다는 로컬 거버넌스(Local Governance)로 변하고 있다.

셋째, 자립이다. 해당지역이 중앙정부의 간섭으로부터 해방되어 자기책임하에 지역의 문제를 다스리기 위해서는 그 경제적 기반이 있어야 함은 두말할 필요도 없을 것이다. 이할자치(二割自治)·삼할자치(三割自治)라는 말에서 잘 알 수 있듯이, 경제적 기반이 취약한 지방정부가 중앙의 간섭을 배제한다는 것은 사실상 매우 어렵다. 문제는 각 지역마다 그 경제적 기반이 다름으로, 재정자립을 각 지방정부에 완전히 맡긴다는 것도 현실적으로 타당성 있는 해결책이라 할 수 없다. 따라서 중앙정부에 의한 지방재정조정 역할은 필연적이라 할 수 있지만, 이 경우에 중앙정부의 자의성(恣意性)을 얼마나 배제할 수 있느냐가 커다란 과제가 되고 있다. 아울러 최근에 지역의 활성화를 통하여 자치를 확립하고자 하는 내발적(內發的) 발전론 내지는 지역주의가 주창되고 있다는 점이다. 이 지역주의는 지방자치의 사회·경제적 측면에서의 이론적 배경을 제공해 줄 수 있는 하나의 좋은 사회적 흐름이라 할 수 있을 것이다.

2. 지방자치의 분류

1) 주민자치와 단체자치

근대국가에 있어서의 지방자치라고 하는 개념은 각 국가의 역사적 정치적 기반에 따라 각각 다소간의 차이는 있을지라도, 보통 주민자치와 단체자치라고 하는 두 가지의 요소로 설명되고 있다. 이 둘의 관계는 전자가 링컨의 '인민의, 인민에 의한, 인민을 위한 정부'라는 개념을 지역정치에 적용하여, '주민의, 주민에 의한, 주민을 위한 정부'로 요약되는 민주주의의 원리를 보다 중요시하고 있다면, 후자는 중앙정부와의 관계에 있어서 분권의 원리를 지역정치에 적용하고자 한 것이라고 할 수 있다.

일반적으로 주민자치에 있어서 문제가 되는 점은, 지방정부의 조직과 구성 및 운영이 얼마나 주민의사에 충실하고 있는가 하는 것이다. 따라서 중앙정부가 단체장을 임명한다든가 혹은 지방정부의 행정운영에 민의(民意)가 충분히 잘 반영되지 않고 있다면, 주민자치가 살아있다고 할 수 없다. 아울러 단체자치에 있어서 문제가 되는 점은, 주로 중앙정부와의 관계에 관한 것이다. 즉 지방정부에 충분한 권한이 부여되고 있지 아니하다든지, 대부분의 사무가 위임사무이고 지방정부의 고유사무의 비중이 적다든지 혹은 지방정부에 대한 중앙정부의 감독이 강력하다면, 단체자치는 그 의미를 잃게 되고 만다.

따라서 지방정부가 어떠한 기능을 수행할 것이며 그 권능과 자주성 등이 어느 정도인가 하는 문제가 단체자치와 연관된 것이라고 한다면, 이러한 지방정부가 어떠한 원리에 기초하여 조직되고 운영될 것인가는 주민자치와 관련된 문제라고 할 수 있을 것이다.[6] 물론 지방자치의 개념은 이 두 가지 요소를 그 기본 요소로 하고 있는 것으로서, 그 중 어느

---

6) 川村仁弘, 自治行政講座: 地方自治制度(東京: 第一法規, 1986), pp.4-5.

것이 결여되어도 본래적 의미의 지방자치라고 할 수 없다.

(1) 의 의

주민자치라는 것은 지역의 행정은 주민 스스로의 창의와 책임하에 자주적으로 수행되어져야 한다고 하는 민주주의의 원리에 입각한 것을 말한다. 이에 대하여 단체자치라고 것은 지역의 행정을 수행하기 위해서는 한 국가 내에 일정한 지역을 기초로 하는 단체의 존재를 인정하여, 그 단체가 국가로부터의 상당한 독립성을 가지고서 자기의 명의와 책임하에 그 지역 내의 행정을 수행하는 것을 말한다. 따라서 주민자치가 지방자치의 실질적인 요소로서 본질이라고 한다면, 단체자치는 지방자치의 형식적 요소로서 수단을 이룬다고 할 수 있다.

먼저, 주민자치의 사상은 지방자치의 모국이라고 하는 영국 지방자치의 역사 속에서 나타난 것이다. 영국에서는 지역사회에 있어서 주민에 의한 자기 통치의 경험이 오래 전부터 형성되어, 모든 정치·행정은 인민의 의사에 따라 행하여져야 한다는 민주주의의 이념이 일찍부터 발달되어 왔다. 그리하여 지역사회는 지역 주민에 의하여 자율적으로 관리되고 운영되어야 한다는 자치의식이 지역 주민들 사이에 뿌리깊이 박혀있는 것이다. 이 주민자치 사상이 영국의 세계무대에서의 비중 증대와 함께 세계 각 국가로 퍼져 나갔는데, 특히 영국의 식민지 지배하에 있었던 미국 등에 강하였다. 주민자치의 원리가 실제로 지방자치에 있어서 어떻게 구체화되고 있는가 하는 것은 지역과 시대에 따라 다르다. 그러나 보통 주민이 선출한 대표자에 의하여 지역의 정치·행정을 수행하는 간접민주주의의 방식을 원칙으로 하고, 여기에 주민이 직접 참여하는 직접민주주의의 방식을 가미하고 있는 것이 일반적인 현상이다. 따라서 주민자치를 중요시하는 곳에서의 지방행정은 그 주요 결정이라든가 감독이 주민의 손에 의하여 직·간접적으로 수행되어질 것을 요구하고 있다. 이러한 의미의 지방자치가 인정될 때만이 근대적 의미의 지방자치는 성립되는 것이다. 이 점에서 지방자치와 민주주의는 일치하고 있는 것이다.

다음으로 단체자치의 사상은 주로 독일 공법학의 소산이라고 할 수 있다. 독일이나 프랑스에서는 근대국가의 성립 이전에 절대주의가 확립되어, 모든 권력이 중앙관료기구를 통한 중앙정부에 집중되는 집권적 통치가 행하여졌다. 그리하여 지방자치의 실시에 있어서도 중앙정부와는 별도의 법인격 있는 지역적 단체를 중앙정부가 만들어, 이 단체로 하여금 지방적 이익에 관한 사무를 담당하도록 하였다. 다시 말한다면 단체자치의 사상에 근거한 지방자치란 국가의 권력하에서 육성되어 국가의 목적을 달성하기 위한 수단으로서의 지방자치라는 인식이 강하고, 이것이 발전되어 인근의 유럽 각 국가 지방자치의 발달에 영향을 미쳤다. 이러한 단체자치의 원리가 실제의 지방자치에 어떻게 구현되고 있는가 하는 문제는 전적으로 중앙정부와 지방정부와의 존재양식으로 나타나고 있는 것이 일반적인 현상이다. 특히 중앙정부와 지방정부와의 사이에 행정사무라든가 재원을 어떻게 배분할 것인가, 혹은 중앙정부의 지방정부에 대한 감독 등을 수행함에 있어서 어느 정도의 규제를 할 것인가 하는 문제로 집약된다.[7)]

이와 같이 지방자치를 주민자치와 단체자치를 나누어 살펴볼 때, 주민자치가 주로 앵글로 색슨(Anglo-Saxon)계 지방자치의 특질을 가지고 있는 데 반하여, 단체자치는 대륙계 지방자치의 특질을 나타낸 것이라고 할 수 있다. 그러나 지방자치는 그 나라의 역사적 문화적 맥락 속에서 형성되어온 개념이므로, 위에서 살펴본 양 요소의 어디에 중점이 놓여질 것인가는 각 국가의 지방자치의 발전사와의 관계에서 고찰하지 않으면 아니 될 것이다. 다만 이 둘은 별개의 존재로서가 아니고 상호 밀접한 관계를 가지고 있기 때문에, 이 둘의 요소가 완전히 갖추어질 때 진정한 의미에서의 지방자치가 존재한다고 할 수 있을 것이다.

(2) 양 개념의 비교

전술한 주민자치와 단체자치의 차이는 결국 자치의 중점이 어디에 있느냐에 따른 것이라 할 수 있다. 주민자치는 지방정부와 주민과의 관계, 즉 지방행정에의 주민참여에 중점을 두고 발전된 자치제도인 데 비

---

7) 久世公曉, 地方自治制度(東京: 第一法規, 1973), pp.9-10.

하여, 단체자치는 지방정부와 중앙정부와의 관계, 즉 중앙정부로부터의 지방정부의 독립에 중점을 두고 발전된 자치제도라고 할 수 있다

주민자치는 주민 각자에게 자치능력이 있으며, 그 능력을 기초로 하여 지방자치가 실현된다고 본다. 그리하여 지방자치가 기본요건이 되어 한 나라의 민주주의가 구현되는 것으로 파악하는 데 비하여, 단체자치는 지방정부가 독자적인 자주재원을 가지고 국가로부터의 통제·감독을 벗어나 자치행정을 수행하는 것으로 인식된다. 주민자치와 단체자치는 일반적으로 다음과 같은 점에 차이가 있다(〈표1-1〉 참조).[8]

<표1-1> 주민자치와 단체자치의 비교

구 분	주민자치	단체자치
① 자치의 의미	정치적 의미	법률적 의미
② 자치권을 인정하는 주체	주민	중앙정부(국가)
③ 자치권의 범위	광범	협소
④ 중시하는 권리	주민의 권리(주민참여)	지방정부의 권능(자치권)
⑤ 이념	민주주의	지방분권
⑥ 권한부여방식	개별적 수권형	포괄적 수권형
⑦ 중앙통제·감독의 방식 (통제의 중점)	입법통제, 사법통제	행정통제
⑧ 중앙정부와 지방정부의 관계	기능적 협력관계	권력적 감독관계
⑨ 지방정부형태	기관통합형(의회제·위원회제)	기관대립형(의결기관-집행기관)
⑩ 우월적 지위	의결기관	집행기관
⑪ 지방정부의 성격	단일적 성격(지방정부)	이중적 성격(지방정부·국가의 하급행정기관)
⑫ 사무의 구분여부	구분하지 않음	엄격히 구분함
⑬ 지방세제	독립세주의	부가세주의
⑭ 발달한 국가	영국	과거의 프랑스·독일(프러시아)

첫째, 자치의 의미이다. 영국적 의미의 주민자치는 그 정치제도의 기본이 되고 있는 자기통치(self-government) 사상에 따라 중앙 및 지방의 모든 행정사무를 주민 자신이 자주적으로 처리한다는, 즉 지역민들이 지방정치에 참여한다고 하는 이른바, 정치적 의미의 자치행정(Selbstverwalt-

---

8) 鄭世煜, 지방자치학(法文社, 2000), pp.18-20.

ung im politischen Sinne)을 의미한다. 이에 반하여 유럽대륙의 단체자치
는 국가로부터 독립된 법인격을 가진 단체의 행정이라는 이른바, 법률적
의미의 자치행정(Selbstverwaltung im rechtlichen Sinne)을 의미한다.

둘째, 중시하는 권리이다. 주민자치는 지방정치와 행정에의 주민참
여, 즉 주민의 권리를 중시하는 데 비하여, 단체자치는 지방정부의 중앙
정부로부터의 독립성, 즉 지방정부의 권능(자치권)을 중시한다.

셋째, 이념이다. 주민자치는 주민들이 자기사무를 스스로 또는 그 대
표를 선출하여 처리하게 하는 행위의 자기결정성·자기책임성에 입각한
민주주의 이념을 실현하려는 것인 데 비하여, 단체자치는 지방정부가 자
신의 의사와 목적을 가지고 중앙정부의 간섭을 배제하며 행정을 수행한
다는 지방분권의 이념을 나타내는 것이다.

넷째, 권한부여방식이다. 주민자치의 권한부여방식은 주로 개별적
수권형인 데 비하여, 단체자치의 그것은 포괄적 수권형을 취하고 있다.

다섯째, 중앙통제의 방식이다. 주민자치는 입법통제와 사법통제에
중점을 두는 데 비하여, 단체자치는 행정통제에 중점을 두고 있다.

여섯째, 중앙과 지방과의 관계이다. 주민자치에 있어서는 중앙정부
와 지방정부가 상호 기능적 협력관계를 유지하는 데 비하여, 단체자치에
있어서는 중앙정부가 국가권력을 배경으로 지방정부를 지휘·감독·통제
하는 권력적 감독관계를 가진다.

일곱째, 지방정부의 구성형태이다. 주민자치는 의결기관인 동시에
집행기관을 겸하는 이른바 기관통합형(의회제·위원회제)을 채택하는 데 비
하여, 단체자치는 의결기관과 집행기관을 분리하여 대립시키는 이른바
기관분립형(수장형)을 채택한다.

여덟째, 우월적 지위이다. 주민자치는 주민이 선출한 대표에게 모든
권한을 집중시키는 의결기관 우월주의를 바탕으로 하는 반면, 단체자치
는 원칙적으로 집행기관이 의결기관보다 우월한 지위를 갖는다.

아홉째, 지방정부의 성격과 사무구분이다. 주민자치에 있어서는 지
방정부가 처리하는 행정사무를 자치사무와 위임사무로 구별할 필요가 없
으므로, 지방정부의 사무가 단일적 성격을 가지게 된다. 이에 대하여 단

체자치에 있어서는 자치사무와 위임사무를 구별하여, 지방정부가 자치사무를 처리할 때에는 지방정부의 성격을 갖지만, 중앙정부의 위임사무를 처리할 때에는 중앙정부의 하급행정기관으로서의 지위가 되는 이중적 성격을 갖게 된다.

열째, 지방세 제도이다. 주민자치에 있어서는 국세와 지방세의 세원을 명확히 구분하여 지방정부는 독립세로서의 지방세를 독자적으로 부과·징수하는 데 비하여, 단체자치에 있어서는 중앙정부가 조세를 부과·징수하여 그 수입 중의 일정한 비율을 지방정부의 재원으로 하는 부가세주의를 채택한다. 따라서 전자는 조세의 종류가 단순하지만, 후자는 지방세 수입의 종류가 복잡하다.

(3) 상호접근

이상과 같이 주민자치와 단체자치는 근대적 지방자치의 발전과정에서 서로 대조적인 양상을 보이면서 발달되어 왔다. 그러나 오늘날에 있어서 이 두 가지 모형은 다만 연혁상의 차이에 불과하여, 현대적 지방자치의 본질을 파악하는 데에는 한계가 있다. 다만 이 두 모형은 지방자치의 개념을 파악하고, 한 국가의 지방자치의 특질을 분석·연구하는 하나의 준거 틀로는 아직도 유용하다고 할 것이다.

오늘날 지구상의 많은 국가들이 실시하고 있는 극히 다양한 지방자치제도를 주민자치와 단체자치로 단순화시켜 양분하여 논한다는 것은 무리이다. 아울러 이 두 유형도 두 번의 세계대전을 거치면서 상호 접근하여 왔다. 또한 모든 국가는 지방자치를 실시함에 있어 그 나라의 특수성과 현실적 필요성에 따라, 이 두 유형의 제요소와 특징을 혼합·채택하고 있는 것이 일반적인 현상이기도 하다. 그리하여 지방자치를 고찰함에 있어서, 이 두 유형을 상호 접근하여 살펴볼 때만이 지방자치의 실체를 정확하게 알 수 있게 된다. 이와 같이 양 유형이 상호접근하게 된 이유는 다음과 같다.[9]

---

9) 上揭書, pp.21-22.

가) 연합국 점령하의 지방제도 개혁

제2차 세계대전 이후 패전한 유럽대륙의 국가가 전승국인 영·미의 점령하에 많은 민주적 개혁을 실시함에 따라 영국형 주민자치가 이들 국가의 지방제도개혁에 상당한 영향을 미치게 되었다.

나) 이론적 근거

주민자치와 단체자치 중 한쪽만을 특히 강조함으로써 지방자치의 본질을 이해하는 데 한계를 보였다. 그리하여 지방자치를 보다 종합적으로 이해하여 성숙된 지방자치제도를 채택하고자 한다면, 이 두 가지 유형의 요소를 적절히 배합할 필요성이 대두된 것이다. 지방자치가 발달함에 따라 양 유형이 접근하고 있는 이유는 바로 여기에 있다.

다) 신중앙집권화의 경향

자본주의가 고도로 발달함에 따라 빈곤·실업·환경·복지·노사간의 대립 등의 사회문제가 속출함으로써 지방적 관심사였던 행정사무가 범국가적 관심사로 전환되었던 것이다. 이러한 시대적 변화에 대응하기 위하여 나타난 신중앙집권화는 자본주의가 가장 먼저 발달하고 복지국가의 이념이 구현된 영국에서 두드러진 경향을 보였다. 이것은 바로 중앙정부의 행정적·재정적 통제가 강화되고 있음을 의미한다. 그 결과 입법통제와 사법통제가 주된 국가관여의 방식이었던 영국에 있어서도 행정통제가 강화되기에 이르렀으며, 마침내 유럽대륙의 단체자치적 요소가 가미되게 되었다.

라) 신지방분권화 경향

유럽대륙의 단체자치는 본래 절대주의적 관료국가 체제에서 생성·발전되어온 역사적 특수성으로 인하여 엄격한 중앙통제를 그 특질로 하는 것이었다. 그러나 1789년의 프랑스혁명 이후 절대군주 국가는 붕괴되고 의회 중심의 민주주의 국가로 대치됨에 따라 중앙정부와 지방정부가 다같이 그 권력의 근거를 인민에게 두게 되었다. 그 결과 중앙정부가 지방정부를 강력히 억압해야 할 근거가 없어졌으며, 이에 따라 단체자치가 지방정치와 행정에의 주민참여를 기초로 하는 주민자치적 요소를 받아들이게 되었다.

　단체자치의 표본으로서 중앙집권적 국가로 인식되어온 프랑스를 비롯한 유럽대륙에서는, 특히 1980년대 이후 분권·자율화의 사조가 확산되면서 중앙정부의 권한이 각급 지방정부로 대폭 이양되었고, 아울러 지방정부에 대한 중앙정부의 권력적 통제와 사전승인제가 모두 폐지됨으로써 신지방분권화로 급선회하였다. 중앙정부는 지방정부의 위법한 결정이나 처분에 대해서만 통제하되, 그것도 법원의 판결로서만 최소·정지시킬 수 있게 됨으로써, 오히려 주민자치의 모국인 영국보다 더 지방분권화되고 있는 경향을 보여주고 있다.

2) 고전적 지방자치, 근대적 지방자치, 그리고 현대적 지방자치

　지방자치란 무엇인가에 대하여 앞서 서술한 바와 같이 단체자치와 주민자치라고 하는 두 유형을 가지고 설명하는 경우가 대부분이다. 이 단체자치·주민자치라고 하는 규정과 관련하여 영미형·대륙형이라고 하는 유형 구분이 이루어지고 있다. 즉 영·미는 지방자치의 전통이 있는 국가로서 주민자치가 이루어져 왔고, 독·불 등 대륙국가에서는 중앙집권제가 강해 지방자치라고 하면 전적으로 단체자치를 의미한다고 하는 것 등이다. 그러나 이러한 유형론도 매우 추상적·비역사적임과 동시에, 영미에도 중앙집권화의 경향이 없는 바도 아니며, 아울러 대륙국가에도 주민자치의 전통이 완전히 누락되었다고 단언하기 어렵다. 또한 현대 자본주의 국가에 공통적으로 나타나는 신중앙집권주의의 경향과, 여기에 대한 대항으로서 지방자치의 확대·발전을 요구하는 지방화·분권화 운동이 존재하고 있다는 사실만으로도 그 한계는 곧 나타나고 만다. 따라서 지방자치의 정치·경제학적 내용을 보다 잘 이해하기 위해서는 또 다른 접근방법이 필요하게 된다. 거기에는 고전적 지방자치와 근대적(현대적) 지방자치로 나누어 설명하는 경우도 있으나,[10] 여기에서는 시게모리(重森孝)의

---

10) 이러한 시도는 島恭彦이나 池上惇 등에서 잘 나타나고 있다. 보다 자세한 것은 다음의 문헌 참고. 島恭彦, "地方自治 擁護의 論理"(經濟論集78(3), 1956); 池上惇, 地方財政論(同文館, 1979).

견해에 따라 고전적 지방자치, 근대적 지방자치, 현대적 지방자치로 나누
어 설명하고자 한다.[11]

(1) 고전적 지방자치

고전적 의미의 지방자치는 중세에 기원을 가지고, 봉건제도 사회로
부터 자본제도 사회로의 이행기에 있어서 절대주의적 중앙집권 국가에의
대항물 내지는 보완물로서 존재하는 지방자치를 말한다. 이 고전적 지방
자치는 주로 재산의 공동소유와 관리, 그리고 기부금적(寄附金的) 성격을
가진 조세 등에 그 재정적 기반을 두고 있다. 또한 그 담당자도 지주라든가
소자본가였으며, 극히 한정된 지방적 업무를 수행하였을 뿐이다.

(2) 근대적 지방자치

근대적 의미의 지방자치는 자본주의의 발달에 따른 고전적 지방자치
의 쇠퇴에 뒤이어 등장한 지방자치이다. 이 근대적 지방자치는 근대적
중앙집권국가하에서 신흥 부르주아(Bourgeoisie)에 의하여 담당되어, 형
식적으로는 선출된 의원이라든가 공무원 제도라고 하는 시스템을 가지고
있다. 그러나 현실적으로는 자치행정을 사물화(私物化)하는 소수의 보스
(Boss)라든가 집단에 의해 지배되는 경우가 많았다. 여기에서는 조세수입
을 그 재정적 기반으로 하고 있으며, 자본주의의 발전이 가져온 새로운 행
정수요에 대응하고자 한다.

(3) 현대적 지방자치

현대적 의미의 지방자치는 현대의 국가 독점자본주의적 중앙집권국
가하에서 여기에 대항하는 하나의 개혁이념, 내지는 운동으로서 발전하
여 온 것이다. 여기에서는 조세와 지방재정조정제도 및 공유산업에 그
재정적 기반을 두며, 선출된 단체장이라든가 의원 및 새로운 스타일의
공무원 노동자에 의해 자치행정의 업무가 담당된다. 이 현대적 지방자치
는 전국적 민주주의 제도에 의해 뒷받침되어, 국민의 생활권과 행복권을
보장하기 위한 제반 업무를 수행하고자 한다.

---

11) 重森孝, 現代地方自治の財政理論(東京: 有斐閣, 1988), pp.6-7.

　이상과 같은 지방자치의 분류는 약간 입장은 다르지만, 나리타(成田賴明)가 독일의 헌법에 있어서 지방자치 조항의 역사를 개관할 때 분류한 3단계의 시기구분과 일맥 상통하는 면을 찾을 수 있다. 즉 그 제1단계는 군주관헌국가(君主官憲國家)로부터 시민적 법치국가의 확립에 이르기까지의 시기, 그 제2단계는 시민적 법치국가가 확립되고, 의회정치·정당정치를 통해 대중민주주의가 실현되어 온 시기, 그리고 제3단계에는 현대행정국가의 시기이다. 물론 이와 같은 시대구분은 국가에 따라 사정이 틀리기 때문에 모든 나라에 공통으로 타당하다고는 말할 수 없지만, 적어도 지방자치 조항에 대해서 150년에 가까운 역사를 가진 독일에 대해서는 이러한 시대구분의 설정이 가능하고, 이러한 시대구분에 의해 그때그때 독일의 지방자치 의의 및 보장이 역사적으로 특색을 보여주고 있다. 이렇게 파악된 독일 지방자치의 특색은 다른 나라의 헌법에 있어서의 지방자치 조항의 의의·성격을 고찰하는 경우에도 많은 참고가 되리라 생각된다.[12] 이러한 독일의 지방자치에 대한 헌법적 고찰은 시게모리가 구분한 고전적·근대적·현대적 지방자치의 개념 규정과 거의 유사하다고 하겠다.

　다만, 이러한 지방자치의 개념구분은 어디까지나 분석을 위한 개념틀이기 때문에, 각국의 지방자치의 발달사를 모두 이러한 개념 틀에 기계적으로 적용한다는 것은 무리일 것이다. 그러나 단체자치와 주민자치, 영미형과 대륙형이라고 하는 규정으로 이제까지 이해되어 왔던 것과 비교해 본다면, 이 고전적·근대적·현대적 지방자치라고 하는 규정은, 각국 지방자치의 보편성과 특수성 및 발달단계를 이해하는 데 많은 시사점을 던져주고 있다. 또한 오늘날의 지방자치는 단일의 성격을 갖기보다는 중층적 구조를 갖고 있는 것이 일반적 경향이다. 이 중층적 성격을 이해하는 데에도 이러한 지방자치의 개념규정은 많은 유효성을 던져줄 것으로 생각된다.

---

12) 成田賴明, "地方自治の保障", 宮澤俊義先生還曆記念 日本國憲法體系, 第5卷, 統治の機構(2)(東京: 有斐閣, 1964), p.142.

3. 지방자치의 기능

지방자치가 현대의 복잡다단한 사회에서 어떠한 기능을 수행하고 있는가에 대하여, 종래 지방자치가 발달되어 왔던 나라들을 중심으로 고찰하여 보고자 한다. 왜냐하면, 지방자치의 개념도 기본적 인권이라든가 민주정치의 개념에 있어서와 같이 일정한 시대에 발생한 역사적인 개념임과 동시에, 시대와 장소를 초월해 이미 그 가치가 인정된 보편적 이념을 그 속에 내포하고 있기 때문이다. 아울러 우리의 조상들이 만들어낸 이 지방자치를 오늘날의 우리들이 실천함으로써 더욱더 그 내용을 풍부하게 할 수 있는 경험적 개념의 것이기도 하다.[13] 그러한 점에서 일정한 역사적 상황이라든가 장소적 제약 속에 발휘되어져 온 지방자치의 기능을 살펴봄으로써, 다시 재 출발한 한국의 지방자치에 있어서 시사점을 얻을 수 있을 것이다.

1) 억제의 기능

지방자치의 기능으로서 제일 먼저 드는 '억제의 기능'이라는 것은, 중앙정부와 지방정부와의 사이에 계층제(hierarchy)의 관계가 성립하는 것을 부정하는 원리이다. 계층제의 부정이라는 것은 양자 사이에 지휘·감독의 체계가 성립되지 않는 것을 의미한다. 따라서 어떠한 상황이 되든지, 만약 지방정부가 중앙정부의 일선기관으로서의 역할을 수행한다면, 거기에는 지방자치가 존재하지 않는 것으로 간주된다. 여기에서 지방정부가 중앙의 일선기관이 아니기 위해서는 지역주민 생활과 관련성이 높은 업무에 대해서는 지방정부가 그 업무를 수행하는 데 필요한 고유의 권한을 가지고 있어야 할 뿐만 아니라, 지방정부의 재정운영이 자주적인 의사에 기초하여 결정하여야 하며, 지방정부의 주요 지위(post)가 주민에 의해 선출되어야 하는 등등의 요건이 불가피하게 된다. 따라서 이러한 기준을 각 국가의 구체적인 상황에 적용한다면, 그 기준과 실제와의 사

---

13) 辻淸明, 日本の地方自治(東京: 岩波書店, 1987), pp.110-164.

이에 나타나고 있는 거리의 대소(大小)에 의해 지방자치가 어느 정도 존중 되고 있는가 하는 것이 판명되게 된다.

　많은 제약이 있는 한국 지방자치제도이지만, 헌법이 지방자치의 실 시를 규정하고 있다든가(제8장), 지방정부의 운영에 있어서 건전재정 운 영의 선언(법 제122조), 단체장의 주민에 의한 직선(법 제94조), 주민투표법 등 주민직접참정제도 도입은 지방자치의 본래 취지를 살려 나가는 데 있 어서 빼낼 수 없는 중요 요소라고 생각된다. 이러한 원칙과 방법은 어떠 한 이유에서도 국가가 침범할 수 없는 것으로서, 그러한 의미에서 억제 의 기능이라 할 수 있을 것이다. 그러면 왜 그와 같은 기능이 지방자치에 요구되는가? 그것은 무엇보다도 지방의 특수이해나 실정을 가장 잘 판단 할 수 있는 주체는, 그 지역으로부터 멀리 떨어진 중앙정부보다도 거기에 살고 있는 해당지역의 주민이라고 하는 역사적 사실에 기인하기 때문이 다. 그러한 의미에서 억제의 기능은 자치권의 유래와 관련하여 논의되는 '지방권'의 사상과 그 맥을 같이한다고 할 수 있을 것이다.

　이러한 억제의 기능이 충분히 발휘될 수 있도록 지방자치가 잘 발달 한 나라에서는 각기 특색 있는 제도와 관행을 가지고 있다. 예를 들면, 지방자치의 실험실이라 할 수 있을 정도의 다양성을 갖고 있는 미국에서 는 이 억제의 기능과 관련한 첫번째의 특색은, '직접 민주제'의 전통이 다. 미국에서의 이 전통은 이미 프랑스의 토크빌(Tocqueville)에 의해 19세 기 전반기에 쓰여진 '미국의 민주주의'(Democracy in America)이라든가, 또는 영국의 브라이스(Bryce)가 쓴 '미합중국'(the Republic of America) 등 에 선명하게 잘 그려져 있다.

　미국의 지방자치에 나타나는 두 번째의 특색은 '지역의 개성화'이다. 한국의 지방정부는 주지하는 바와 같이, 그 구성요건도 거의 동일하며 아울러 동일의 법규에 따라 기능과 재원이 배분되고 있다. 또한 전국의 어느 지역이든지 반드시 하나의 지방정부에 속해 있다. 즉 모든 것이 중 앙에 의해 획일적으로 정하여져, 지역의 개성이라든가 특성을 찾아보기 힘들다. 미국에서는 어느 지역이 지방정부로 되어 있는가 하면(incor-porate), 어느 지역에서는 주의 행정기관적인 성격이 강한 카운티(county)

의 관할하에 놓여 있는 경우도 있다(unincorporate). 또한 세금 면에서도, 도시계획 면에서도, 교육의 면에서도 각각의 지역사회(community)가 그 지역에 맞는 제도를 독자적으로 만들 수 있도록 재량권이 주어져 있다. 그 단적인 예가 1978년 캘리포니아(California)주에서 주민투표에 의해 성립된 주민제안 13(Proposition 13)이다.[14]

끝으로 세번째의 특색은, 이상의 두 가지 특색과 연결되는 것이지만, '분권의 관행'을 들 수 있다. 분권이라 하면 삼권분립이라든가, 지방분권 등에서 잘 알 수 있지만 여기에서는 좀더 넓은 의미에서의 분권, 말하자면 '권력거점의 분산'이라고 말해도 좋을 관행의 것이다. 해결을 필요로 하는 새로운 과제에 당면했을 때, 그 결정을 수행하는 거점을 필요에 따라 설정한다고 하는 실용적(pragmatic)인 태도이다. 그것은 특정의 목적을 달성하기 위해서는 그때그때 필요에 따라 임기응변적(ad-hoc)인 조직을 설치하여 소기의 목적을 이루어 내고자 하는 것이다. 이러한 권력거점의 분산은 때에 따라서는 권한과 책임의 소재를 둘러싼 분쟁을 초래하기도 하지만, 그 최종 판단은 연방정부에 맡겨지는 것이 아니고 제삼자적 입장에 서 있는 법원에 의해 해결하고 있는 것이다.

이와 같이 미국에서는 자기지역의 관리 주체로서의 지방정부가 미국의 역사와 함께 그 고유의 기능을 통해 연방정부라고 할지라도 침해할 수 없는 고유의 권한을 가지고서 해당지역의 개성과 특색을 살려 나가고 있다. 이에 반해 한국에 있어서의 지방정부는 그 역사성이 일천하다. 또한 그 짧은 역사마저 우리의 역사에 뿌리를 두고 발전되어 왔다기보다는 외부로부터의 이식에 의한 것이기 때문에, 지방정부가 중앙정부를 견제한다고 하는 억제의 기능이 제대로 발휘되지 못하고 있는 실정이다. 이러한 사실은 지역 주민의 생활을 좌우하는 지역개발이라든가 사회보장에

14) Proposition 13이라는 것은 1978년 California주에서 주민투표에 의해 승인된 Initiative로서 그 주된 내용은 누진재산세율(累進財産稅率)의 제한과 동시에, 평가대상재산 가치의 증가율을 제한한 것이다. Jarvis-Gann Initiative라고도 알려진 Proposition 13이 미친 영향은 (1) 최대 세율을 1975-1976 평가재산가치의 1%로 할 것, (2) 소유자의 변경이 있는 경우를 제외하고, 장래의 평가증가율 연 2% 이내로 할 것, (3) 새로운 세(稅)가 의회에서 2/3의 다수에 의해 승인된 경우를 제외하고, 州 입법부가 세입의 감소를 상쇄(相殺)하기 위하여 주세(州稅)의 증가를 금지시키는 것 등이다.

관계되는 일에 있어서도 주민을 대표하는 지방의회가 거기에 관여할 수 없는 대량의 기관위임사무의 존재, 지방정부의 인사·재정·감독에 대한 현저한 중앙의 관여와 의존 등의 사실 등을 고려한다면 쉽게 알 수 있을 것이다. 따라서 오늘날 한국의 지방정부는 주민에 그 뿌리를 두고 있다기보다는 아직도 중앙에 그 뿌리를 더 많이 두고 있다고 할 수 있다. 그러나 1995년 6월 단체장의 공선과 함께 이러한 상황은 급변하고 있어, 이제까지와 같은 '중앙 직결의 지방자치'로부터 '주민 직결의 지방자치'로 급속하게 변화되어 가고 있다.

2) 매개의 기능

억제의 기능이 지방정부의 자주성을 강조한 데 반하여, 이 매개의 기능은 오히려 중앙과 지방과의 상호의존관계를 강조하고 있다. 그러면 왜, 이 매개의 기능이 지방자치에 있어서 중요시되는가? 그것은 지방정부도 결국은 국가로부터 독립적인 별개의 것이 아니라 국가의 구성요소이며, 주민은 동시에 국민의 일원이라는 사실을 전제로 하기 때문이다.

오늘날 지방정부가 아무리 자주성을 주장한다고 해도, 그 지역의 생활을 자급자족하여 영위하기는 불가능한 일이다. 특히 한 국가 내에서도 지역의 특성에 따라 비교우위의 산업이 주창되어, 지역간에는 뗄래야 뗄 수 없을 정도의 깊은 의존관계하에 놓여 있다. 이와 같은 지방정부간의 상호의존성은 경제 분야뿐만 아니라 교육·문화·사회·정치의 영역에 있어서도 마찬가지이다. 이와 같은 상호의존관계는 왜 필요하게 되는가? 그것은 각 지역의 주민이 한 국가 내에 함께 생활하고, 동일한 법률 하에 활동하고 있기 때문이다. 그 의미에 있어서 지방의 이해는 항상 타지방의 이해와 연결되고, 나아가서는 국가와의 이해에도 깊은 관계를 가지게 된다. 따라서 지방의 이해를 희생하여 국가(중앙정부)만의 번영을 추구한다는 것도 있을 수 없다. 그 단적인 예가 군국주의하의 일본이 지역의 희생하에 부국강병(富國强兵)을 부르짖었지만, 그것이 진정한 의미에서 일본의 국익에 기여하지 못했었다는 역사적 교훈에서 잘 알 수 있을 것이다. 그런 의미에서 지방의 번영과 지역 주민의 만족이 없는 곳에서는 국가의 안정이란 있을 수 없는 것이다.

　여기에서 지방의 안정과 번영이 동시에 국가의 안정과 번영을 가져 온다고 하는 관계를 '매개의 기능'이라고 하고자 한다. 다시 말한다면, 국 가적 차원에서의 정책의 결정과 행동에 대한 판단은 지역주민의 총의에 의존한다고 하는 원리가, 여기에서 말하는 매개의 기능인 것이다. 그것은 정치사상의 면으로부터 말한다면, '국가무류설'(國家無謬說)의 부정이다. 국가의 판단은 항상 올바르고, 지방의 판단은 틀리기 쉽다고 생각하는 곳에 국가무류설이 나타난다. 이 사상을 지방의 단계에 적용할 때에 후 견적(後見的) 자치의 원리가 성립하고, '목민(牧民)의 사상'이 만연하게 된 다. 이 목민의 사상이 조선의 유교사상과 관련하여 한국의 지배층에 아 직도 뿌리 깊게 남아 있으며, 특히 구 내무관료에 강하다. 그리하여 국민 은 관(官)에 의해 선도되어야 한다고 생각하는 경향이 아직도 불식되지 못하고 있다.

　말할 필요도 없이, 국가 차원에서의 정책이라든가 입법의 결정은 '추 상적 국민'을 대상으로 하고 있다. 거기에서 결정된 정책이나 법률에 의 해 영향을 받은 국민은, 그 차원에서는 불가시적인 존재라 해도 좋을 것 이다. 그러나 이와 같은 정책이나 입법이 현실화되는 경우에, 그 대상으 로 되는 것은 지역에 사는 개개의 구체적 주민이 되어 가시적인 국민이 된다. 이와 같이 국가가 만든 모든 정책이라든가 법률은 지역의 단계에 있어서 처음으로 '추상적 국민'을 '구체적 주민'으로 인식시키는 계기가 된다. 그 의미에서 지방정부나 지역 주민은 약간의 극단적인 표현을 쓴 다면, 국가활동의 실험 무대를 제공하고 있다고 해도 좋을 것이다. 추상 적인 국민을 대상으로 결정된 정책이나 법률은, 구체적인 주민들의 생생 한 경험을 통해 처음으로 그 평가를 받게 된다. 그리하여 국가의 주관적 인 의도가 지방의 객관적인 효과와 일치하게 될 때, 비로소 정책의 타당 성은 인정받게 되고 정당화된다고 할 것이다. 다시 말한다면 지방정부는 중앙정부보다도 정보자원(정보의 수집처리능력)과 조직자원(정책실시능력)에 있어서 우월적 지위에 있는 반면, 중앙정부는 지방정부보다도 법적 자원 (권위)과 재정적 자원(재원)에 있어서 우위에 놓여 있기 때문에 이 둘의 관계는 상호의존적일 수밖에 없다는 로즈(R. A. W. Rhodes)의 지적은 이를 잘 보여 주고 있다고 할 것이다.[15]

이처럼 지방자치가 갖고 있는 매개의 기능에 의해, 국가가 만든 정책은 그 현실 타당성이 검증될 뿐만 아니라 그 정책에 의해 영향을 받을 국민은 추상적 국민으로서가 아니라 구체적인 주민으로서 기능하게 된다. 그 과정을 통하여 국가도 권력의 정통성을 획득하게 된다.

3) 참가의 기능

지방자치의 기능으로서 들 수 있는 세번째 기능이 '참가의 기능'이다. 참가라는 말은 오늘날 시민참가라든가 주민참가라는 명칭하에 널리 알려져 있으며, 그것은 일종의 유행어와 같은 느낌마저 들 정도이다. 또한 참가의 내용과 방법에 있어서도 그것을 사용하는 사람에 따라 각기 다른 어법이 사용되고 있으며, 그 단계에 있어서도 국정참가라는 용어에서 알 수 있듯이 반드시 지방정부 레벨에만 한정되는 것은 아니다. 그러나 최근 주창되고 있는 참가는 주로 지방정부의 단위, 특히 도시정부의 레벨에서 사용되는 경우가 많다.

원래 참가(participation)란 "정부의 정책결정과정 즉 정책의 제기·형성·결정·집행·평가의 과정에 영향력을 미치려고 의도하는 일반시민들의 제반 활동"을 의미한다고 할 수 있다.[16] 따라서 참가하는 주체는 자발적인 협력, 역할의 분담, 공통적 이해의 향수, 결정에 대한 공동책임의 자각 등을 그 전제조건으로 한다. 이와 같은 의미에서의 참가는 지방정부의 의사결정과 실시의 모든 과정에 어떠한 형식이든가의 방식으로 주민이 그 의사를 반영시키는 활동이라고 할 수 있을 것이다. 그것은 선거에 있어서의 투표로부터 시작하여, 주민발의·주민소환·주민투표, 그리고 공청회에의 출석·진정·청원·여론 등에 이르기까지 다양한 방식이 있다. 이들 여러가지 참가에의 수단은, 대의제라든가 대표제로 표현되는 간접민

---

15) R. A. W. Rhodes, "Intergovernmental Relations in the United Kingdom," Y. Meny and V. Wright, ed., *Centre-Periphery Relations in Western Europe*(London: George Allen & Unwin, 1985), pp.42-51.

16) 최호준, 참가와 능률의 행정학(삼영사, 1984), p.39.

주제에 내재하는 대표와 민의와의 차이를 보완하기 위해 나타난 직접민주제의 현대적 재현이라 하겠다. 따라서 참가의 사상과 운동은 주로 간접민주제의 공동화(空洞化)에 대한 도전이라 할 수 있을 것이다.

그러면 근대의 간접민주정이 어찌하여 오늘날 도처에서 나타나고 있는 주민운동의 분출을 가져오게 하는 원인이 되고 있는가? 일반적으로 우리들이 대표를 선택하는 행위, 즉 선거에 의해 민의(民意)와 정책과의 동일화를 실현시키고자 하는 바가 대표의 정치를 지탱하는 대의명분이지만, 이와 같은 장치가 왜 주민의 기대 대로 작동되지 않는가? 그 주요 요인을 여기에서는 거리·시간·쟁점이라고 하는 세 가지 요인에서 찾고자 한다.

첫째로, '거리'라고 하는 조건은 지리적인 간격을 말한다. 주민이 자신이 거주하는 읍·면·동에서 투표하여 대표를 뽑았지만, 그 대표가 활동하는 주 무대는 서울 등의 대도시이기 때문에 그 언동의 하나하나를 체크한다는 것은 거의 불가능하다. 물론 이러한 지리적 거리감은 신문·라디오·TV·SNS와 같은 대중매체(Mass Media)라든가 항공기·고속도로·철도 등과 같은 교통체계의 기술적 발전에 의해 어느 정도 완화되고 있는 것도 사실이다. 그러나 이러한 새로운 정보·교통망이 모든 지역을 다 커버할 수는 없는 것이다. 뿐만 아니라 의회정치의 숙명이라고 할 수 있는 간접민주제의 원리는 유권자뿐만이 아니라 대표의 의식 속에서도 이러한 거리의 존재를 암암리에 내포하게 만든다.

더욱이 이러한 거리감은 공간적 거리에 의해서만 생기는 것이 아니라, 유권자가 품고 있는 심정적 거리라고 하는 상황을 더한다면, 더욱 강화되고 만다. 이 심정적 거리감은 위에서 지적했던 의회정치의 숙명으로부터도 유래하지만, 그 외 웅대한 의사당이라든가 관청가의 존재, 전문적 법률가 아니면 알기 어려운 복잡한 의사규칙의 필요, 의정활동에 익숙하지 못한 시민에게는 이해하기 어려운 정당간의 교섭 과정, 법안 내용의 다양한 전문성, 더 나아가 특권화된 고위 관료 내지는 국회의원이 갖는 높은 지위 등은 그 어느 것도 일반인에 있어서는 심정상으로 자신이 뽑은 대표에 대하여 거리감을 느끼게 하는 주된 원천이 되고 있다. 특히 아직도 가치의 분화가 덜 되어 있고, 인간의 역할을 그 실적보다도 오히려 그 사람이 점하고 있는 지위에 의해 측정하는 경향이 강한 한국에 있어서는, 이 심정적 거리감은 다른 선진국과 비교해 본다면 더욱 크다고 하겠다.

그 두번째 요인은 '시간'이라고 하는 조건이다. 그것은 선거가 일정한 기간을 갖고서 실시된다고 하는 제도적 특징으로부터 불가피하게 생긴다. 그것은 특정의 시점에서 뽑혀진 대표가 그 후의 사회 상황의 변화에 잘 적응할 수 있는 자질을 반드시 구비하고 있는가에 대한 의문이다. 그 때문에 선거가 끝나자마자 바로 대표를 잘못 선택했다고 하는 유권자의 자성을 우리는 자주 볼 수 있다. 그렇다고 하여 이러한 시간적 간격을 메우기 위하여, 연일 내지는 매월 선거를 반복한다고 하는 일은 상황의 변화에 대한 민의(民意)의 신속한 대응이라는 의미는 있을는지 몰라도, 정치의 불안정을 가져오고 기술적으로도 불가능한 일이다. 여기에서 국가에 따라서는 안정과 적응과의 밸런스를 취하기 위해 선거의 기간 또는 의원의 임기를 적절히 단축하고 있다든가, 그렇지 않으면 단축해야 한다고 하는 제안이 시도되고 있는 것이다. 미국의 하원선거가 2년마다 실시되고 있다든가, 또는 영국의 사상가 벤담이 '1년 의회'를 주창했다든가, 한국에서 총선과 지방선거가 동시에 실시되지 않도록 하고 있다든가 하는 것은, 그 좋은 실례라고 할 것이다. 아울러 의원내각제를 취하고 있는 나라에서 가끔 볼 수 있듯이, 의회의 해산이라고 하는 방법도 결국은 이러한 시간적 간격을 고려한 것이라 할 수 있을 것이다. 이와 같이 대표 민주주의에 내재하는 어쩔 수 없는 제약을 메우고자 하는 보완적 수단으로서 참가가 대두되었으며, 이 참가의 문제는 국정 레벨보다는 자치행정 레벨에서 보다 활발히 전개되고 있다.

세번째로는 '쟁점'에 관한 것이다. 말할 필요도 없이 선거에서 논의되는 쟁점이나 정책은 매우 다종다양하다. 거기에서 만약에 선거가 그때그때의 주요한 쟁점의 하나하나에 한정해서 실시된다면, 그 문제에 대한 찬부(贊否)의 민의(民意)는 꽤 명확하게 될 것이다. 예를 들면, 1975년 5월에 실시된 영국에서의 EC에 잔류할 것인가를 둘러싼 국민투표라든지,

또는 1969년 실시된 프랑스에서의 드골 대통령의 진퇴를 둘러싼 국민투표 등이다.

그러나 현재와 같은 선거 시스템하에서 개개의 쟁점에 대한 반응은 다를지라도, 모든 쟁점이 한 사람의 후보자에 압축되어 유권자 앞에 나타나는 형식으로 되어 있다. 따라서 극단적인 경우에는 내건 공약의 반에 찬성하는 것만으로도 특정의 정당 내지는 후보자에 투표하는 결과로 되고 만다. 그와 같은 상황하에서는 설사 대표를 뽑았다 해도, 그 대표가 모든 민의를 전부 대변하는 대표자인가에 대한 의문이 나타나기 마련이다. 가끔 여론조사에서 정당의 지지율과 정책의 지지율과의 사이에 적지 않은 격차가 나타나는 것은 위에서 야기한 다원적인 쟁점이 특정의 후보자에게 일원화되어 있는 현상에 그 주된 원인이 있다고 할 것이다. 만약 개개의 후보자에게 셋 내지는 다섯 정도의 주요 쟁점을 제시하여, 그 하나하나에 대하여 획득한 투표 점수를 집계하여 선거의 당락을 결정한다면 여·야당을 막론하고 현재의 의원구성에 적지 않은 변화를 가져오리라 생각된다. 그것은 현재와 같은 개인중심의 선거만큼은 매력이 없을는지 몰라도, 민의의 보다 정확한 전달이라고 하는 점에서는 효과가 있을 것이다. 그러나 현재의 제반 여건으로 보아 그러한 선거제도는 불가능하다. 이러한 사정을 고려할 때, 현행의 선거 방법하에서 쟁점의 면으로부터 볼 때 선거가 반드시 민의의 정확한 매체로 되지 못하고 있다는 이유가 이해될 것이다.

제3절 현대사회와 지방자치

1. 농촌형 사회로부터 도시형 사회로

현대사회의 특징 중 가장 큰 흐름은 농촌형 사회에서 도시형 사회로 옮겨가고 있다는 점이다. 수천 년 지속되어온 농촌형 사회가 도시형 사

회로의 이행, 즉 경제적으로 산업화와 정보화가 진행되는 가운데 사회적
으로 도시화, 정치적으로 민주화 나아가 시민화(市民化)라는 형태로 근대화
가 거의 완성되어 가고 있다고 할 수 있다. 이 도시형 사회를 주장 하는
바에 따라서는 성숙사회·탈공업사회·관리사회·풍요사회·지식정보사회 등
으로 다양하게 일컬어지고 있다. 그러나 그 기본관점은 수천 년 지속되어
온 '농촌형 사회'로부터의 '대전환'에 있다는 것만은 분명하다.[17]

　　주민 대다수가 조상 대대로 태어난 곳에 자라 그곳에서 일자리를 얻
어 살아감으로써 주민들간의 지연·혈연에 의한 연대의식이 강해 폐쇄적
인 농촌지역이었던 것이, 1960년대부터 시작된 고도경제성장의 여파로
지연·혈연이 전혀 없는 외지인들 중심의 새로운 주민층을 형성하는 도시
형태로 지역사회가 급격하게 변모하고 있다. 특히 이와 같은 현상은 수
도권을 중심으로 한 경인(京仁)지역은 물론 대도시 지역과 급격히 공업화
되고 있는 공업도시에서 현저하게 나타나고 있다. 국토교통부가 집계한
도시통계자료에 의하면 한국의 도시화율은 1960년 39.1%에 불과하였으
나 1970년에는 50.1%로서 도시인구와 농촌인구가 거의 동일한 시점을
지나 1980년 68.7%, 1990년 81.9%, 2000년 87.7%, 2010년 89.6%, 그리고
2012년에는 90.2%의 도시화율을 보여주고 있다.[18] 이러한 한국 도시화
추세를 살펴보면 〈표1-2〉와 같다.

<표1-2> 한국의 도시화율 추세

(단위: %, 천명)

연도 구분	1960	1970	1980	1990	2000	2005	2010	2011	2012
도시화율	39.1	50.1	68.7	81.9	87.7	89.1	89.6	90.1	90.2
전국인구	24,989	31,435	37,449	43,390	47,964	48.782	50.515	50.734	50.948

*출처: 국토교통부 홈페이지(http://stat.molit.go.kr)

---

17) 松下圭一, 政策型思考と政治(東京: 東京大學出版會, 1995), p.18.
18) 국토교통부는 1994년까지 인구 2만 이상의 읍 및 시 지역에 거주하는 인구를 도
시인구로 산정하여 도시화율을 계산하였으나, 1995년 도농 복합도시의 출현 이후 도시화
율 산정의 인구 기준으로 도시계획지역 인구와 행정구역인구(행정구역상 읍 이상 인구) 기
준의 두 가지를 사용하고 있다. 여기에서는 행정구역인구 기준을 사용하였다.

한편 도시형 사회의 성립과 관련하여 마쓰시타(松下一圭)는 도시형 사회에로의 '이행기'를 농업인구가 30%를 밑돌기 시작한 단계, 그리고 '성립기'를 농업인구가 10%를 밑도는 단계로 보고 있다. 각 국가마다 도시제도가 상이하기 때문에 도시화의 진전도를 도시인구의 비율로 시산(試算)할 수가 없기 때문에, 취업인구에서의 농업인구가 차지하는 비율로서 도시형 사회를 유추할 수밖에 없다는 점에서 농업인구를 도시형 사회에로의 진전에서 중요한 기준으로 삼고 있는 것이다. 이러한 관점에서 볼 때, 도시형 사회에로의 성립은 영국이 예외적으로 빠르고, 미국은 제1차 세계대전 이후, 그리고 서구와 일본·러시아 등은 제2차세계대전 이후에 도시형 사회에로의 이행이 시작되어 마침내 그 성립을 보게 되었다고 한다.[19] 이 지표를 한국에 유추하여 적용하여 본다면, 〈표 1-2〉에서 보는 것처럼 도시화율이 30% 대에 이른 1980년 초반기에 도시형 사회에로의 이행이 시작되고, 도시화율이 90% 대에 육박한 2006년 이후에 도시형 사회가 거의 성립되고 있다고 할 수 있다.

그런데 농촌형 사회에서 도시형 사회에로의 전환과정에는 일반적으로 정치·경제·문화에 있어서의 농촌형 사회 상황과 도시형 사회 상황이라고 하는 '이중구조'(二重構造)가 혼재하게 된다. 또한 이러한 현상을 지구적 규모에서 살펴보면, 도시형 사회의 성립은 현재 유럽이나 미국·일본 등에 먼저 나타나고 있기 때문에 공업화·민주화의 선발지역과 후발지역간에도 도시형 사회와 농촌형 사회라는 '이중구조'가 확대되지 않을 수 없다. 이것이 남북문제이다. 이처럼 전통적인 농촌형 사회가 근대화 정책을 통하여 도시형 사회로 변모해 나가는 대변환의 과정을 문명사적으로 정리하면 〈표1-3〉과 같다.

마쓰시타의 기준을 한국사회에 적용해 보면, 한국사회는 국부의 확대에 중점을 둔 고도경제성장기인 II型 정책을 추진해온 시기를 지나 복지와 환경정책, 도시정책을 추구해야 하는 III型 정책을 펼치고 아울러 시민형 정책수립에도 서둘러야 하는 시기에 진입하고 있다고 볼 수 있을 것이다.

---

19) 松下圭一, 前揭書, p.28.

<표1-3> 정치과제의 역사유형

전통형 정책 (농촌형 사회)	근대화 정책 (대전환)			시민형 정책 (도시형 사회)
	Ⅰ 型	Ⅱ 型	Ⅲ 型	
지배의 계속	정부장치의 구축	국부의 확대	국부의 배분	정치스타일의 전환
조세 및 치안 정책	국내통일정책	경제성장정책	복지정책 도시정책 환경정책	분권화 국제화 문화화

*자료: 松下圭一, 都市型社會の自治(東京: 日本評論社, 1987), p.4.

　　한편 현대가 도시형 사회로 변모함에 따라 도시공공재화의 수요가 급증하고 있다. 이에 따라 공공재화를 적절히 공급해야 하는 도시정부의 역할이 높아져 가고 있음과 동시에 환경 친화적인 정책에 대한 욕구도 높아가고 있다. 도시공공재화의 원활한 공급을 위하여서는 재화를 조달해야 하고, 이를 관리·운영할 수 있는 조직의 정비가 필요하다. 그러나 도시정부의 재원은 한정되고 기술과 행정조직은 여러가지 제약을 안고 있음으로 인하여, 도시정부는 주민이 필요한 서비스를 효과적으로 적시에 적정하게 공급하지 못하고 있는 실정이다.

　　그리하여 지역사회의 종합적 관리자로서의 도시정부에 대한 시민적 불만은 커져 가고 있다. 이의 배경에는 도시화에 수반된 급격한 지역사회의 변화에도 불구하고, 구태의연한 지방의회 의원이나 단체장이 지역사회의 변화에 대한 적절한 대응을 하지 못함으로써 시민과 도시정부와의 사이에 간격이 커져가고 있기 때문이다. 이와 같은 시민사회와 정치·행정간의 불균형이야말로 지방자치의 존재이유를 불안정하게 만드는 주요요인이 되고 있다.[20] 그리하여 농촌형 사회에서 도시형 사회에로의 전환에 따라 지방자치가 대처하여야 할 과제가 새롭게 대두되고 있다.

---

20) 加藤富子, 都市型社會への轉換(東京: 日本評論社, 1985), p.201.

2. 농촌형 자치와 도시형 자치의 상이점

1) 도시형 사회의 특징

1960년대 이후 강력하게 추진된 경제발전 중심의 국가발전 전략의 영향이 이제는 사회의 각 분야에 미치고 있다. 이러한 근대화 정책에 의하여 한국사회는 수천 년간 지속되어 온 농촌형 사회로부터 도시형 사회로 전환되고 있다.

전통적인 농촌형 사회는 경제적으로 가난한 사회였으며, 많은 사람들이 아침 일찍부터 밤늦게까지 일을 해도 생활에 여유가 없고, 따라서 주민들의 위생 상태나 영양 상태가 열악하여 평균수명이 매우 낮은 사회였다. 즉 현대와 비교하면 여가가 없는 시대, 정보가 부족한 사회, 평균수명이 짧은 사회, 학력이 낮은 사회, 빈부의 격차가 큰 시대, 가치 일원화의 시대, 국제적으로 고립되어 있는 시대라고 할 수 있다.

이에 비해 현대사회의 특징이라고 할 수 있는 도시형 사회는 상호의존적이고 공생적인 공동체 생활이 주민생활에 직결되는 도시를 중심으로 영위되는 사회이다. 그리하여 인구가 집적하여 사는 도시형 사회에 있어서는 많은 인구가 동시에 살 수 있는 물리적 공간구조가 중요시되고, 도시정부의 서비스 제공이 보다 중요시되고 있는 사회이기도 하다. 이처럼 서비스에 대한 집단적 수요와 공급은 도시화의 진전과 생활욕구의 상승에 따라 계속 늘어가고 있으며, 따라서 이에 대응해야 할 도시정부의 책임과 역할, 또한 높아져 가고 있다.

한편 도시형 사회는 현대생활의 복잡성과 다기성을 그대로 반영하여 날로 전문화되고 있다. 특히 근래에 와서 도시행정은 전문화와 업무의 종합화, 상호조정과 연계, 분석과 예측, 관리와 통제 등 고도의 기술과 지식을 요구하는 전문적 행정 분야로 발전하고 있다. 이러한 추세에 따라 도시정부의 행정조직과 운영, 또한 종래의 일반 행정에서는 다룰 수 없는 분야의 비중이 커져 가고 있다. 그러한 당연한 결과로서, 행정골격과 조직 및 운영방식 등에서의 개혁과 변신을 모색할 필요가 제기되고 있다. 이러한 변신의 필요는 도시형 사회에서 행정의 환경이 목표상실과 장래의 불투명, 분권과 다양성에 기초한 지역주의, 계속적 경제성장을 억제하는 자원의 한계, 주민의 생활양식과 가치관의 변화와 다양성, 심한 인구이동과 인구구성의 변화 등에 따라 더욱더 요구되고 있다.[21]

일반적으로 도시형 사회가 성립하면, 농민층이 감소하여 농업의 고 생산화가 진행됨과 동시에 노동자층도 감소하여 공업의 고 생산화도 일어나게 된다. 이러한 변화는 바로 '정보화' 사회에로 연결되고 있다. 이처럼 정보화 사회를 수반하는 고도 도시형 사회의 등장은 사회정책적인 면에서도 많은 변화를 초래시킨다.

〈그림1-1〉에서 보는 바와 같이, 도시형 사회로의 이행은 임금을 중심으로 하는 소득수준의 향상만으로는 시민들의 욕구를 충분시킬 수 없다. 도시형 사회에서는 공업화가 확대되기 때문에 소득수준이 올라간다. 그러나 이러한 상승과는 역비례하여 새로운 문제가 발생한다. 자동차가 증가하면 교통사고나 대기오염, 또는 진동과 소음 등 공해가 증가하고, 아이들이 놀고 있는 골목길도 자동차가 차지하고 만다. 세탁기나 수세식 화장실의 보급 확대 등은 물의 수요를 늘려 댐을 건설해야 하고, 막대한 쓰레기의 소각과 매립까지의 최종처리에는 많은 비용이 소요되게 된다. 이러한 현상은 심각한 환경파괴를 초래하여, 인간의 생존 자체를 위협하기도 한다. 그러므로 소득이 높아지면 생활이 좋아진다고 하는 것은 농촌형 사회의 사고방식인 것이다.

따라서 도시형 사회에서는 소득을 위한 노동권만이 아닌, Ⅰ 사회보장(生存權)과 Ⅱ 사회자본(共用權), 그리고 Ⅲ 사회보건(環境權)에 대한 시빌 미니멈, 즉 시민생활기준의 최저보장을 의미하는 생활권이 중요한 과제로 등장하게 된다.

오늘날 도시형 사회에서는 시빌 미니멈에 의한 시민 '생활권'의 공공보장이라는 형태의 정책과 제도가 확립되지 않으면 아니 되는 상황에 이르고 있는 것이다. 그리하여 지방정부에서의 선구적인 정책이나 제도가 국가 수준에서의 정책이나 제도를 바꾸게 하는 계기를 제공하기도 하고

---

21) 박수영, 도시행정론(박영사, 1994), pp.262-263.

있다.[22] 주요 선진제국에서는 이러한 도시형 사회에로의 대전환에는 수백 년이 소요되었다. 그러나 한국은 약 30여 년이라는 극히 짧은 기간에 도시형 사회에로 진입하는 고도 압축형 성장으로 인하여, 많은 국민들이 변화의 속도를 주체적으로 소화하지 못함으로써 그 화려한 외양에도 불구하고 자체 내에 많은 문제점을 안고 있는 실정이다.

<그림1-1> 도시형 사회의 생활·정책구조

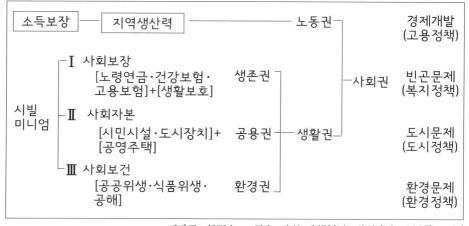

*자료: 松下圭一, 日本の自治·分權(東京: 岩波書店, 1995), p.34.

2) 농촌형 자치와 도시형 자치의 차이

한국사회가 이미 진입한 도시형 사회를 보다 잘 이해하기 위하여, 농촌형 사회에서의 자치와 도시형 사회에서의 자치에는 어떠한 차이가 있는가를 살펴볼 필요가 있다.

〈표1-4〉는 농촌형 자치와 도시형 자치의 차이를 사회구조, 사회이동, 사회성격, 지도자의 성격, 권위의 원천, 주민의 성격, 주민의식 등의 항목별로 비교한 것이다.

---

22) 대전 유성구에서 초등학교 급식에 대한 지방정부의 예산지원이 국가의 법을 바꾸게 한 사례가 그 한 대표적인 예라고 할 수 있을 것이다.

<표1-4> 농촌형 자치와 도시형 자치의 비교

구 분	농촌형 자치	도시형 자치
사회구조	계층사회	평등사회
사회이동	정태적 사회	동태적 사회
사회성격	동질적 사회	다원적 사회
지도자의 성격	무한책임(有力者型)	유한책임(有識者型)
권위의 원천	사회적 지위	개인의 실력
주민의 성격	의존형 주민	참가형 주민
주민의식	수익자 의식	납세자 의식

*자료: 加藤富子, 前揭書, pp.201-224

(1) 농촌형 자치]의 실상

농촌형 사회에서의 지역사회에는 지주나 영농면적이 많은 유력 자작농과 그렇지 못한 일반 주민들로 구성되어 있는 것이 일반적인 현상이었다. 농촌형 사회에서는 생산수단으로서의 농지가 대단히 중요하였고, 따라서 생산수단인 농지를 많이 소유하여 소득이 높은 사람들은 여가가 많았을 뿐만 아니라 학식이나 교양도 높을 수밖에 없었다. 이에 반하여 일반 주민들은 아침 일찍부터 밤늦게까지 일을 하여도 경제적·사회적·문화적 측면에서 항상 생활상의 곤란을 겪은 경우가 거의 대부분이었다.

이러한 촌락공동체(마을) 사회에서의 리더나 대표가 될 수 있는 사람은 항상 돈이나 여가, 그리고 지식과 정보의 면에서 여유를 갖는 특정 소수의 집단에 독점·계승되는 경향이 강하였다. 이처럼 지역의 리더가 특정 소수 계층에 고정화되고 있는 상황을 '무한책임형 사회'라고 부를 수가 있다. 이와 같은 리더의 고정화는 그들의 풍부한 자산을 배경으로 한 지역사회에서의 발언권을 더욱 증대시킴으로써, 그들의 지역사회 주민들에 대해 구속력을 더욱 강화시키는 유력자형 리더십을 강화시켜 나간다. 이러한 농촌형 사회에서의 권위의 원천은 주로 발언자의 사회적 지위에서 찾게 됨으로써, '무엇'을 말하였는가라는 발언의 내용보다는 '누가' 말

하였는가라는 발언자의 지위 등이 중요시된다.

한편, 농촌형 사회에서의 지방의회 의원은 이러한 유력자형에 속하는 사람들이 대부분이기 때문에, 의회의 의결이 권위를 갖게 될 뿐만 아니라 지방의회 의원의 의견이 해당 지역 주민의 의사 전체를 대표하는 것으로 간주될 수가 있었다. 물론 일부 주민 중에는 의회의 의결 등에 대하여 불만을 표시하는 사람도 있을 수 있으나, 지역사회의 유력자인 의원이 나서서 설득하게 되면, 곧 납득하는 것이 일반적 현상이었다. 그리하여 지방의회 의원은 지역사회의 실질적인 대변자 역할을 할 수 있었고, 따라서 상당한 권위를 가지고 있었기 때문에 농촌형 사회에서의 간접민주정치(의회민주정치)는 극히 안정되고 효율적인 기능을 발휘할 수가 있었다.

아울러 농촌형 사회에서의 의회(의원)의 리더십을 지지하는 기반이 되었던 또 하나의 요인은 일반 주민들의 공공문제에 대한 무관심을 들 수 있다. 대다수 주민들은 절대 빈곤에서 헤어나지 못하고, 자신의 생활 유지에 급급함으로써 지역사회의 공공문제에 대하여 생각하거나 행동할 만한 여유를 갖지 못하였다. 그리하여 주민들은 지역정치나 행정 등 지역의 공공문제에 대해서는 모두 지역의 유력자에 맡겨 버리고 마는 '의존형 주민'이 되고 만다.

이처럼 지역사회 주민들이 공공문제에 대하여 무관심 내지는 무책임하게 된 배경에는 주민들의 의식이 아직도 수익자 의식에서 헤어나지 못하고 있기 때문이다. 여기에서 말하는 수익자 의식이란 지역의 공공문제를 오로지 자신의 구체적인 이해관계에 의거하여 판단하는 사고방식을 의미한다. 즉 자신에게 이익을 가져다 주는 것에 대해서는 대체로 좋은 일이라고 하여 찬성하고, 자신에게 불이익이 되는 것은 나쁘다고 하여 반대하는 입장을 취함으로써 지역 주민 전체의 공동선에 대하여서는 무관심하거나 아예 책임을 지려고 하지 아니한다. 따라서 수익자 의식의 가장 문제가 되는 점은 지역사회 전체적으로 보아 매우 중요한 일일지라도 자기 자신과 직접적인 이해관계가 없는 일에 대해서는 외면하고 다른 사람에게 맡겨 버린다는 것이다. 이와 같은 수익자 의식이 주민들 사이에 만연하게 되면, 지방자치는 그 존립기반을 잃게 되어 민주주의가 위기에 처하게 된다는 사실이다.

(2) 도시형 자치로의 변화

산업혁명과 교통·통신의 발달에 기초를 둔 산업사회가 등장함으로써 전통적인 농촌형 사회는 해체되고, 농촌형 사회와는 전혀 다른 성격을 가진 도시형 사회가 출현하게 된다. 제1차 산업에 기초를 둔 전통적인 농촌형 사회가 계층간의 격차가 매우 커다란 계급사회인 데 비하여, 새로이 등장한 도시형 사회는 제2차 산업과 제3차 산업의 비약적인 발전에 힘입어 전통적인 계급의식이 타파되고 인간으로서의 존엄성과 평등성이 강조되는 평등사회로 전환하게 된다. 이러한 도시형 사회에서는 개인의 능력과 자격이 중요시됨으로써 배움의 기회를 갖고자 하는 의식이 높아져 고학력 사회가 된다.

고학력에 기반을 둔 도시형 사회에서는 샐러리맨이 압도적인 비중을 차지하고, 이들 정액의 봉급생활자는 안정적인 삶을 원함과 동시에 개인주의적 성향의 자아의식이 강하여 여가나 자신의 주체적인 삶에 대하여 많은 시간과 관심을 갖게 된다. 즉 도시형 사회는 농촌형 사회와는 달리, 소득·여가·학식·정보 등이 보통의 일반 주민에게도 확산된 결과, 주민들 간의 생활수준이 평준화되고 그 격차가 줄어드는 평등사회가 되고 있다.

이처럼 도시형 사회가 평등사회가 됨으로써, 지역사회 리더의 성격도 이전의 농촌형 사회에서와 같이 소득·여가·지식·정보 등이 일부 특정 소수집단이 독점되는 '무한책임형 리더'와는 다르게 된다. 즉 도시형 사회에서의 지역사회 리더십은 특정 소수집단에 독점하는 것이 아니라, 분야별 리더들이 나타나 영향을 미치는 다원적인 리더십이 형성된다. 그리하여 어느 한 분야에서의 리더가 다른 분야에서는 추종자(follower)가 될 수도 있음으로써, 리더가 고착되는 것이 아니라 리더와 추종자간의 역할 교대가 분야에 따라 이루어지게 된다. 이처럼 리더층이 고정되지 않고, 분야에 따라 교대하는 상황의 리더십을 '유한책임형 리더'라고 부를 수 있을 것이다. 이러한 점은 지방의회의 의원에게서도 볼 수 있다. 그리하여 도시형 사회에서의 의원은 농촌형 사회의 의원이 가지는 무한책임형 리더(보스형 유력자)의 성격과는 달리 유한책임형 리더(특정부문의 유력자)의 성격을 가지게 된다.

이렇게 리더가 유력자형(有力者型) 리더에서 유식자형(有識者型) 리더로 변화하게 되면, '권위의 원천'도 어떠한 사회적 지위를 갖는 사람이 말하였는가, 즉 누가 말하였는가라는 발언자 중심에서, 무엇을 말하였는가 라는 발언의 구체적인 내용, 즉 발언자의 실력에 근거하게 된다.

한편, 도시형 사회의 출현에 따른 주민의 평준화 현상은 주민의식의 변화를 촉진하는 원동력이 되기도 한다. 즉 농촌형 사회에서는 주민 대다수가 자신들이 지역사회의 주체자라는 자각이 결여되어 지역사회의 공공문제는 오로지 소수의 지역유지들에게 맡겨버리는 '의존형 주민'이 대다수였다. 그러나 도시형 사회에서의 주민은 여가의 증가와 평등사회의 구축으로 지역사회에 대한 관심과 책임의식이 강화되고, 따라서 지역사회 문제 해결을 위한 자신의 의견을 지역사회에 적극적으로 표명하고자 하는 '참가형 주민'으로 변화하게 된다. 더 나아가 도시형 사회에서는 주민의 학력도 높아지고 전문적인 지식기능을 지닌 정책형 지식인층23)이 주민들 사이에 산재함으로써, 지역사회 관리에 있어서 일반 시민들의 참여와 대안이 가능한 자주관리 사회의 가능성을 열어주고 있다.

이와 같은 참가형 주민의 증가는 고도경제성장의 산물이라고 할 수 있을 것이다. 즉 고도경제성장의 성과로 인하여 일반 주민들도 소득·여가·지식·정보 등의 혜택을 누릴 수 있게 되어 지역사회의 공공문제에 대하여 참가하는 데 필요한 비용을 지출할 수가 있게 된 것이다. 이와 함께 '참가형 주민'을 한층 증가시킨 또 다른 요인은 납세자 의식의 고양이다. 산업화에 기반을 둔 도시화가 진전됨에 따라 봉급생활자가 급증하였다. 그러나 이들 봉급생활자는 납세의 전제가 되는 소득원의 파악에 있어서 자신들이 항상 불이익을 받고 있다는 불만감을 가지게 되고, 따라서 자신들이 납부한 세금의 사용에 대한 관심을 가지게 되었다. 납세의식의

---

23) 마쓰시타(松下圭一)는 정책형 지식인이란 도시형 사회에서의 정치나 정책에 관여하고 그 과제를 발굴할 능력을 갖춘 시민활동가, 평론가, 정치가, 언론인, 전문가, 학자, 행정공무원 등과 같이 정책형 사고에 익숙해 있는 것이라고 하고 있다.

고양은 봉급생활자로 하여금 자신들의 급여소득은 원천 징수되는 데 반하여, 소득을 신고하는 의사·변호사·회계사·자영업자 등은 소득이 정확하게 파악되지 않아 불공평과세가 이루어지고 있지는 않는가 하는 납세에 대한 불평등 의식을 샐러리맨들이 갖게 되었다. 그리하여 봉급생활자들 사이에는 관청의 불공평 과세나 세금 낭비에 반발하고, 납세의 공평성과 세금 사용의 효율성을 강력하게 요구하는 의식이 차츰 강해지고 있다.

　일반적으로 행정과 주민과의 관계는 주민측에서 본다면, 행정으로부터 '통제를 받는다' 또는 '서비스의 제공을 받는다'라는 수동적이며 수익자적인 입장이 있는가 하면, 주민이 '단체장의 임면권(任免權)을 갖고 있다(선거권자)' 혹은 '지방정부의 운영에 필요한 경비를 제공하고 있다(納稅者)'는 차원에서 행정에 적극 관여하고 참가하고자 하는 적극적이고 주권자적인 입장의 양면성이 있을 수 있다. 농촌형 사회에서의 주민이 주로 전자의 입장에서 있다면, 도시형 사회의 주민은 후자의 입장에 서 있다고 할 것이다.

　따라서 주민이 수익자 의식과 납세자 의식 중 어떠한 입장을 취하느냐에 따라 지방정부에 대한 압력행사에 있어서도 전혀 다른 두 가지 형태가 나타난다. 하나는 주민의 수익자 의식면에서 발동하는 것이며, 다른 하나는 납세자 의식면에서 발동하는 것이다. 전자가 지역사회 전체의 이익과 대립될 수도 있는 부분이익에 집착하는 주민의 자세라고 한다면, 후자는 구체적인 부분이익의 주장을 초월한 지역사회의 공공선 형성에 깊은 관심과 애정을 가지는 주민의 자세라고 할 수 있다.

　이와 같이 도시형 사회의 주민이 점점 공공문제 해결의 주체자로서의 자각을 갖게 되면, 농촌형 사회에서처럼 주민에 의하여 선출된 의원으로 구성된 지방의회에 지역사회의 관리권을 전적으로 맡겨버리는 '간접민주정치' 방식에 미묘한 변화가 나타나게 된다. 즉 종래의 정치나 행정에 있어서는 지역사회의 유지들에게 맡겨버리는 '의존형 주민'의 존재가 간접민주정치를 유지하는 기반이었다. 그러나 도시화에 수반한 '참가형 주민'의 출현은 지역사회 문제의 해결을 전적으로 지방정부에만 맡겨버리지 아니하고 차츰 지방정부의 개별적인 정책결정에 주민들이 직접 참가하여 영향을 미치고자 하는 경향이 나타나게 된다. 그리하여 도시형 사회에서는 간접민주정치의 안정성이 위협을 받게 되고, 직접 민주정치 경향이 증가하게 된다.

이러한 경향은 미국이나 스위스 등 주요 선진국에서 보여지고 있는 것처럼, 지방정부 운영의 '중요한 사항'에 대하여 주민이 직접 참여하여 결정하고자 하는 경향으로 나타나고 있다. 이것이 다름아닌 주민투표제도이다. 이 주민투표제도는 농촌형 사회가 도시형 사회로 변화됨에 따라 나타나는 사회구조의 특성에 의해서도 그 필요성이 증대된다. 즉 이전의 농촌형 사회에서는 사람들이 동일한 생활양식을 갖고 동일한 생산활동을 하며 동일한 가치관을 갖는 동질적 사회였다.

그러나 도시형 사회에서는 그 내부에 이해관계가 대립하고 가치관이 서로 다른 이질적인 사회집단이 혼재하는 다원적 사회의 성격을 갖는다. 그런데 현행의 간접민주정치를 지탱하는 의원의 선출방식이 어느 특정 사회집단의 대표자일 수는 있으나, 또 다른 사회집단의 대표자로서는 문제가 될 수 있는 구조적인 모순을 갖게 된다. 즉 도시형 사회에서와 같은 다원적인 사회에서는 어떠한 방식으로 대표를 선출하든 간에 선출된 대표(의원)와 주민간에는 갭이 생길 수밖에 없으므로 의원의 주민대표성에 문제가 제기될 수밖에 없다. 이와 같이 의회가 갖는 결점을 보완하기 위해서도 도시형 사회에서는 지방정부의 주요 의사결정에 시민들을 참가시키는 제도적 장치를 마련하는 것이 필요하게 된다.

제4절 지방자치의 효용성

1. 지방자치의 효용성

지방자치의 효용성은 무엇보다도 정치·행정이 주권자인 주민 가까이에서 행사됨으로써, 근대민주주의의 원리인 인민주권을 실현시킬 수 있다는 점이다. 권력이 인민(people)으로부터 멀리 떨어져 있으면, 주권자로서의 인민의 통제와 감시가 어렵게 된다. 권력이 주권재민자인 인민의 통제권으로부터 멀리 떨어져 있으면 있을수록, 민주주의의 이상은 실현되기 어렵다. 따라서 지방자치의 실시로 인한 권력의 인민에의 통제 가능성과 그 분산은 독재의 출현을 어렵게 함으로써 민주주의의 발전에 기여하고 있다. 지방자치의 효용성은 이상과 같이 정치적인 측면에서 강조되고 있지만, 행정적인 측면이라든가 사회적인 측면에서도 그 효용성이 주장되고 있다.

1) 정치적인 가치

지방자치는 자연적 산물이라기보다는 인간이 만들어낸 정치적인 제도의 하나로서, 그것은 인간의 자유와 결부되어 설명되고 있다. 그리하여 지방자치는 민주주의의 정치시스템을 지향하는 한에 있어서는, 반드시 필요한 제도로서 인식되고 있는 것이 일반적인 현상이다. 즉 지방자치는 민주주의의 기초로서 간주되고 있다. 그것은 지방자치가 지역의 민주화와 지역주민의 민주적 훈련 등을 통해서 민주주의의 실현에 결정적인 역할을 하기 때문이다.

(1) 민주주의의 방어

지방자치는 지역민주주의를 방어하는 동시에 지역의 민주화를 통해서 국정의 민주화를 구현한다. 다시 말하면, 권력의 분산을 통한 전제 혹은 독재정치를 배격하는 방파제의 역할을 한다는 것이다.

법리상으로나 순수한 이론적 입장에서 민주적 지방정부 없이도 민주적 중앙정부제도의 수립이 가능할지 모른다. 그러나 현실적으로나 역사적 경험으로 보아 이는 거의 불가능하다는 것이다. 민주주의가 중앙정부 혹은 국가권력 구조의 민주성만으로 실현되기 어려운 실례를 학자들은 일반적으로 세계 제1차대전 후 독일 바이마르 헌법과 히틀러의 나찌즘에서 찾고 있다.

지방자치가 민주주의의 기초가 된다는 주장은 프랑스의 토크빌(A. de Tocqueville)이 미국 New England 지방의 지방자치를 예찬하면서 집필한 '미국의 민주주의'라는 책에 잘 묘사되어 있다.24) 즉 그는 "지방자치는 자유로운 국민의 힘이다. 지방자치와 자유와는 관계는 초등학교와 학문의 관계와 같다"25)고 하면서, 자유로운 민주국가 건설을 위해서는 반드시 지방자치가 실시되어야 한다고 주장하고 있다.

(2) 민주주의의 훈련장

지방자치는 민주주의의 학교로서 주민의 자치능력과 민주적인 의식을 배양하는 데 기여한다. 즉 지방자치는 민주정치의 훈련장으로서의 역할을 수행하여, 주민의 정치교육에 크게 이바지한다는 것이다. 이와 관련하여 영국의 브라이스(James Bryce)는 소규모 지방정부를 '민주주의의 원천'(a tiny fountain-heads of democracy)으로 비유하고 있다. 즉 그는 지방자치의 실시야말로 "민주주의의 최량(最良)의 학교일 뿐만 아니라, 그 최량(最良)의 보증인"26)이라고 역설하고 있다. 전술한 토크빌도 "지방자치가 없더라도 국가는 자유로운 정부를 수립할 수 있을지 모르나 자유의 정신을 가질 수는 없다"27)고 주장하면서, 민주사회에서의 지방자치의 효용성에 대하여 논하고 있다. 그리하여 지방자치의 실시야말로, 다른 어떠한 정치적 시스템보다도 주민들의 정치적 교육에 기여한다는 것이다. 지방자치를 실시함으로써 얻어지는 정치적 교육의 효과는, 주민의 정치적 교육이라는 측면과 주민 대표자(정치가)의 육성이라는 두 가지 측면에서 살펴볼 수 있다.

(3) 중앙정국의 변동에 따르는 격변의 완화

지방자치는 중앙정부의 정권교체, 기타 정국변동에 따르는 격변이나 행정상의 혼란이 지방에까지 파급되는 것을 막아주는 역할을 한다. 지역의 책임자(지사, 시장, 군수 등)가 그 권력의 원천을 인민주권의 원리에 기초하여 해당 지역민으로부터 신탁받았기 때문에, 중앙의 정국변화에 그리

---

24) 박지동 역, 미국의 민주주의(Democracy in America), 한길사, 1983.
25) 정세욱, 전게서, p.9에서 재인용.
26) J. Bryce, *Modern Democracy*, Vol.1(New York; The Macmillan Company, 1921), pp.131-133
27) 정세욱, 전게서, p.10에서 재인용.

민감하지 않다는 것이다. 왜냐하면 그의 권력을 지탱하여 주는 것은 그 지역 주민들의 의사(투표를 통하여)이기 때문이다. 1995년 이전과 같이, 지방정부의 장을 중앙(대통령)이 임명하는 경우에는 그 권력의 원천이 중앙으로부터 나오기 때문에, 지방정부의 장은 중앙권력의 변화에 민감할 수밖에 없다. 그러나 단체장이 주민에 의하여 선출되는 경우에는 중앙에서의 정국에 이상이 발생하였더라도, 지방정부가 동요를 하지 않고 지역 주민(국민)들에게 평상시와 다름없이 행정적 서비스를 제공함으로써, 국민들도 안정적인 생활을 한다는 것이다. 이러한 현상은 1998년 한국 최초의 평화적 정권교체기에 있어서 나타난 중앙정국의 일시적인 권력누수현상이 지역사회에서는 거의 나타나지 않았다는 사실에서도 잘 알 수 있을 것이다.

(4) 중앙집중 방지

한국은 세계에서 그 유례를 보기 힘들 정도로 서울(중앙) 집중도가 높은데, 그 가장 근본적인 원인은 정치권력이 서울에 너무 집중되어 있기 때문이다. 즉 유럽(封建制)·중국(城主制)·일본(藩主制)과 같은 분권적인 역사를 가진 적이 없는 한국은, 일찍부터 중앙집권적 왕조 국가가 성립되어 권력이 한곳(首都)에 집중됨으로써, 모든 분야에서의 중앙 집중을 가속화시켜 심각한 사회문제를 초래하고 있다. 그러나 지방자치의 실시에 따라 권력이 분산되고 지역의 자율성이 높아지면, 거기에 맞추어 제 분야에서의 분산화운동이 이루어지리라고 여겨진다. 그 정치적 시도가 노무현 정권이 시도한 분권과 지역균형발전 정책이었다고 할 것이다.

(5) 지역사회 주민들의 정치적인 욕구불만의 해소

정치적 동물로서의 인간은 정치적 욕구를 갖기 마련이다. 그러나 이제까지는 지역정치의 부재 속에서 중앙정치만이 존재하게 되어 지역에 살고 있는 사람들의 정치적 욕구를 채워줄 수가 없었다. 그러나 지방자치의 실시로 지역정치가 활성화됨으로써, 지역 주민들의 정치적 욕구를 채워줄 수가 있게 되었다.

(6) 행정의 민주화를 구현

지역관리의 일차적인 책임을 지고 있는 단체장이 그 지역 주민들에 의해 선출됨으로써, 이제까지와는 달리 지역행정은 그 지역 주민의 요구에 민감하게 대응할 수밖에 없을 것이다. 이처럼 자치행정이 지역 주민들의 욕구에 대해 신속하게 대응한다는 것은, '위민행정'이라는 민주주의의 기본 정신에 충실한 것으로서 행정의 민주화에 기여하게 된다.

2) 행정기술적 가치

지방자치가 가지는 행정기술적 가치는 주로 행정의 효율성이라는 측면에서 찾을 수 있다. 행정이 주권재민자로서의 주민 가까이에서 이루어짐으로써 민중통제가 가능하게 된다는 점이다.

(1) 지역적 특수성에 알맞는 행정의 구현

지역여건이라든가 지방의 사회적·경제적 수요 혹은 지방의 문화적 패턴 등 지역의 존재양태는 실로 각양각색이다. 이러한 다양한 조건과 현장을 무시한 체 중앙에서 획일적으로 정하여 내려온 지시가 지역실정과 일치할 리가 없었다. 관치적 지방행정이 흔히 지역실정에 적합하지 않은 시책을 무리하게 획일적으로 실시할 수밖에 없는 이유는 한 나라의 정치·행정 시스템이 가지는 고도의 중앙집권성 때문이다. 따라서 각 지방의 특수성에 알맞는 행정을 수행하는 데는, 중앙관료에 의한 통일적·획일적인 관치행정보다는 지방주민에 의한 개별적·자주적인 자치행정에 의하는 것이 보다 효과적이다.

(2) 지역적인 종합행정의 확보

중앙정부의 행정은 각 부처별 혹은 국과별로 분화·전문화되어 기능적·부분적으로 기획되거나 실시되고 있어서, 자칫하면 할거주의(sectionalism)의 폐해에 빠지기 쉽다. 그러나 지방자치의 실시로 인한 지역단위에서의 행정은 하나의 민주적인 정통성을 가진 지방정부하에 종합적으로 운영됨으로써 행정의 효율성을 높일 수 있다.

(3) 효률적 행정의 촉진

지방자치의 실시는 행정기능을 정부간에 적절히 분담시킴으로써 중앙정부의 과중한 부담으로 인한 행정능률의 저하를 막아주는 역할을 할 뿐만 아니라, 각 지방정부가 일정한 지역 안에서 독자적인 행정을 할 수 있게 함으로써 정책의 지역적 실험이 가능하게 된다. 그리하여 지역 주민들간의 열의와 창의에 의한 풍부한 아이디어와 그 지역적 테스트 효과 및 경쟁효과를 기대할 수가 있다.

3) 사회·경제적 가치

지방자치의 실시는 사회·경제개발의 촉진자로서의 역할을 할 수 있다는 것이다. 즉 지방자치의 실시는 첫째, 지역주민들의 주체의식을 함양시켜 주며, 둘째, 사회개발이나 경제개발의 계획수립 과정에서 지역실정에 관한 정보나 자료를 지역 주민으로부터 제공받음으로써 적실성 있는 정책이나 계획이 가능하게 되고, 셋째, 계획 진행과정에서 주민의 참여는 물론 주민의 협조를 받을 수 있으며, 넷째, 권력이 지역에 분산됨으로써 과도한 인적·물적 자원의 중앙집중화를 방지할 수 있다.

2. 지방자치의 문제점

지방자치는 절대선이 아니다. 그것도 인간이 만들어낸 제도이기 때문에 문제점이 있기 마련이다. 지방자치가 실시됨으로써 제기되는 문제점으로서는 다음과 같다.[28]

1) 정치적 폐해

정치적 폐해로서는 국민사회의 정치적 안정성이나 통일성을 저해할 수도 있는 것이다. 지방자치는 해당 지역의 입장에서 문제를 부분적으로 해결하는 데에 전념한 결과, 국가 전체의 이익이나 전국적 차원에서의

---

28) 최창호, 지방자치학(삼영사, 2006), pp.62-64.

효과를 소홀히 하는 경향을 가져올 수 있다. 그리하여 나무는 보되, 숲은 보지 못하는 우(愚)를 범할 수도 있다. 그리하여 부분에 집착한 나머지, 전체를 소홀히 하는 경향이 있을 수 있다. 이와 함께 지방자치는 다수의 상반된 이해당사자들간의 토론과 타협을 통하여 갈등을 조정·해결함으로써 이루어지는 것인데, 그 결과 시간적인 지연을 초래하여 긴급한 위기상황에 대처할 수 없게 된다. 즉 국가적인 위기상황에서 국민의 역량을 총집결시켜 대규모의 물질적·정신적 사업을 수행하기 어렵다.

2) 행정적 폐해

지방자치는 해당 지역사회의 공공행정을 지역사회 구성원들의 총의를 모아 자주적으로 수행하는 정치단위이다. 그러나 고전적인 지방자치와 같이 행정구역의 소규모화는 행정의 비효율성과 함께 행정을 수행하는 공무원들의 시야의 협소성으로 인하여 현대 행정이 요구하는 전문성과 광역성, 그리고 국제성을 제대로 수행하기 어렵다. 이러한 시대적 흐름에 대한 지체성으로 인하여 행정구역의 광역화를 위한 여론이 대두되고 있다.

3) 경제적 폐해

자치구역이 갖는 보수성으로 인하여, 현대의 지방자치가 시대적 요청에 맞는 적절한 제도적 장치를 마련하지 못하는 경우에 공공 서비스 공급에 있어서 규모의 경제를 상실하고 낭비를 초래시킴으로써 경제적인 손실을 가져올 수가 있다.

4) 사회적 폐해

지방자치는 주민들의 향토애에 근거한 지역정치를 수행하는바, 이것이 과도하게 부각되어 지역간의 감정적 대립을 불러일으키는 배타적 지역주의로 전개되는 경우에, 국민화합에 커다란 장애요인으로 작용할 수 있다. 특히 지역간의 불균형상태가 심화되어 있을 때, 개방적·관용적 지역주의가 아닌 배타적·이기적 지역주의로 인한 국민적 갈등 비용이 과다하게 들 수 있다.

제2장
지방자치의 이론적 배경

　　지방자치의 역사적 기반이 약한 한국에서, 지방자치의 본질에 대한 충분한 논의 없이 바로 지방자치를 실시함으로써, 한국의 지방자치는 현재 많은 문제점에 봉착하고 있는 실정이다. 이러한 문제점의 노정은, 자칫하면 국민들 사이에 지방자치에 대한 실망으로 이어져, 또다시 지방자치를 전면적으로 유보시킬지도 모를 상황에 직면할지도 모른다. 따라서 그 구체적인 실행방법 못지아니하게 중요한 것은 그 본질에 대한 정확한 인식이 필요하다. 지방자치는 '만능약'이 아니라는 생각이 존재할 때, 지방자치 실시에 따른 문제점이 제기된다고 할지라도 지방자치를 전면적으로 부인하지도 않을 것이며, 국민들이 이러한 문제점들을 소화하여 하나하나 개선해 나갈 마음가짐을 가질 것이기 때문이다. 아울러 문제를 제기한 보다 구체적이고 현실적인 이유는 한국의 정치적 상황이 정치지도자들의 지방자치에 대한 수차의 언명에도 불구하고, 과연 그들이 지방자치에 대한 인식을 정확하게 가지고 있느냐 하는 것이다. 왜냐하면 지방자치는 그 본질적 속성으로서 분권화를 필요로 한다. 그러나 한국의 정치적·사회적 현실은 이와는 배치되는 집권화나 권위주의적 풍토가 뿌리깊이 박혀 있기 때문이다. 따라서 이러한 한국적 상황하에서는 그 구체적인 실행방법과 함께 그 본질에 대한 논의가 보다 활발히 전개됨으로써, 지방자치에 대한 국민적 확신을 확대시켜 나가야 된다고 생각된다.

　　지방자치의 본질을 구명하는 데에는 여러 각도에서 이해될 수 있지만, 일반적으로 법적인 측면과 정치적인 측면, 그리고 사회경제적인 측면에서 살펴볼 수 있다. 먼저 법적인 개념으로서의 지방자치의 본질에 대한 논의는 주로 단체자치의 전통을 가진 대륙계 지방자치의 발달에서 유래한 것으로, 자치권(自治權)이 국가로부터 부여된 것이냐 아니면 그 자체 본래적으로 고유한 것이냐의 논의이다. 다음으로 정치적인 개념으로서는 주로 주민자치의 전통을 가진 영미계에서 발달된 개념으로서 민주주의와 지방자치에 관련된 논의이다. 끝으로 사회경제적인 개념으로는 근대화의 후발주자로서 어느 정도 근대화를 달성한 일본에서 근대화 추진의 과정에서 나타난 과도한 국가주의에 대한 반성에서 나타난 지역주의와의 관련에서의 논의이다.

제1절 지방자치와 자치권

지방자치의 본질을 밝히는 하나의 지표로서, 먼저 법적인 측면에서의 자치권의 본질에 대하여 검토하고자 한다. 이 자치권의 본질, 즉 자치권 발생의 근거에 대해서는 약간의 차이가 있으나 대체로 두 가지 견해로 대별되고 있는 경향이다. 즉 국가창설권설(國家創設權說)과 고유권설(固有權說)이 그것이다.

1. 국가창설권설

국가창설권설에 의하면, 자치권은 국가로부터 근원한 것으로서, 국가가 지방정부에 이를 부여 내지 허용한 것이지, 본래적으로 가지는 고유한 것이 아니라는 것이다. 즉 근대적 의미에 있어서의 지방자치는 중앙정부가 스스로 국정 전반을 처리한다는 것이 적절하지 못하므로, 일정한 범위 내에서 지방적 이해에 관한 사항은 해당 지역사회에 법인격(法人格)을 부여하여, 그 지역사회의 주민들로 하여금 자율적으로 지역의 공적 업무를 처리하게 한다는 것이다. 다시 말하면 지방정부는 명령권을 행사하는데, 그것은 국가의 위임에 의해서만이 가능한 것이라는 것이다.[1] 따라서 국가창설권설에 의하면, 자치권은 국가에 의해서 허용된 제도 속의 권리라는 것이다. 이 입장은 다시 국권설(國權說)과 제도적 보장설(制度的 保障說)로 나뉠 수 있다.

1) 국 권 설

전래설·수탁설·승인설이라고도 언급되고 있는 이 견해는, 자치권은 국가의 통치권으로부터 직접 발생한다는 것이다. 따라서 이 설은 제도적 보장설과는 고유한 지방주권을 부인하고 있다는 의미에서는 같은 입장이지만, 자치권이 헌법에 의한 제도의 보장이 아니고 국가에 의해 국가권력이 지방정부에서 대행되도록 허용되었다는 점에서 그 차이를 찾을 수 있다. 이 입장에서 자치권을 살펴보면, 자치권은 국가의 승인[2] 내지 허용에 의해 생성되는 권리라는 것이다. 이 설은 주로 독일의 공법학자들에 의하여 주장된 것으로서, 종래에는 통설적 위치에 있었다.[3] 일본에서도 세계 제2차대전 이후로는 자치권의 근거로서 국권설을 주장하는 학자가 거의 사라지고 있지만, 구내무성(舊內務省)을 비롯한 대부분의 관료해석의 논리적 근거가 되었다.[4]

이 주장도 그 논거 또는 이론구성에 있어서 약간의 차이가 있다. 즉 일반적인 제도의 허용이라는 견해와, 행정권의 예외적 허용이라고 하는 견해가 그것인데, 전자가 다수 의견이다.[5] 전자에 의하면 지방정부가 수행하는 행정행위는, 국가가 인정한 법인격 있는 지역단체를 통하여 국가

---

1) 김효전 역, 일반국가학(Allgemeine Staatslehre)(부산: 태화출판사, 1980), p.619.
2) 자치권을 논하는 데 있어서 승인(承認)이라는 용어를 사용할 때, 국가창설권설에서 사용되는 경우와 고유권설에서 사용되는 경우에 그 의미하는 바가 각기 다르다. 전자의 의미는 자치권이 국가에 근원한다는 의미에서 창설적 승인이라 한다면, 후자의 의미는 지방정부가 본래적으로 가지고 있는 자치권을 국가가 단지 승인해 준 것에 불과하다는 의미에서 수용적(收容的) 승인이라고 할 수 있다.
3) 鄭世煜, 지방자치학(법문사, 2000), pp.140-141.
4) 高寄昇三, 地方自治の再發見(東京: 勁草書房, 1981), p.29; 星野光男, 地方自治論(東京: ぎょうせい, 昭和 57), p.19.
5) 上揭書, pp.19-23.

적 작용을 지역적 단위에서 수행하는 것으로서, 헌법상의 규정은 지방자치라는 제도를 만들기 위한 국가의 방침을 정한 것에 불과하다는 것이다. 따라서 지방정부가 수행하고 있는 임무는 만약 그 단체가 존재하지 않았다면 당연히 국가가 수행하여야 할 임무이다. 이런 의미에서 이것을 국가적 작용이라고 한다. 즉 지방정부는 국가적 작용을 지역적 단위에서 수행하기 위하여 존재하는 것으로서, 지역의 행정 행위를 수행할 때 국가의 이름이 아니라 자신의 이름하에 수행할 수 있는 법인격을 가진 단체에 불과하다는 것이다. 그러므로 지방정부의 행정행위는 국가가 정해준 것이며, 따라서 국가의 의사와는 관계없이 성립될 수가 없다는 것이다. 그리하여 지방정부가 담당하는 행정은 국가행정의 일부로서 항상 국가적 관심의 대상이 된다.

이에 대해 국가행정권의 예외적인 허용이라고 하는 후자의 입장도 그 독자적인 논지를 세우고 있다. 이 입장에 의하면 지방정부가 가지고 있는 모든 권한은 본래 국가에 속하는 것이지만, 국가가 특히 필요하다고 생각되는 것에 대해서만 지방정부에 이를 대신하도록 허용되었다는 것에 불과하다는 것이다. 이 설의 입장에서는 지방정부는 국가로부터 허용된 권한을 행사하는 것이기 때문에, 국가로부터 엄격한 통제와 감독을 받는다는 것은 필연적인 것이라는 것이다. 그리하여 국가가 필요에 따라 지방제도를 변경한다는 것도, 지방자치의 본질에 반하지 않는 것으로서 언제든지 가능하다는 것이다.

제2차 세계대전 이전의 독일에서는 국권설이 다수설이었다. 이는 대륙계 자치의 전통으로 보아 당연한 결과라고 할 수 있을 것이다. 그 대표적인 학자로서는 독일의 공법학자 옐리네크(Jellinek)를 들 수 있다. 그는 지방정부가 갖고 있는 지배권은 본래 국가로부터 나온다고 하면서 다음과 같이 기술하고 있다. 즉 "지방정부(Gemeinde)는 국가와 마찬가지로 일정한 구역·주민 및 독립된 권한을 가진다. 그러나 그 권한이 국가로부터 부여받을 때 비로소 작동되기 시작한다는 점에서, 그 권력은 시원적이라고 할 수 없다. 이 점에서 지방정부의 권력은 국가의 권력과 구별된다. 따라서 지방정부에 속하는 모든 명령권은 파생적이며, 지배권도 또한 마찬가지이다. 지방정부의 지배권은 결코 본질적인 권리가 아니다. 지방정부의 구역은 동시에 국가의 영역이며, 그 주민 또한 국민이고, 그 권한은 국가의 권력으로부터 위임되어 있다"[6]는 것이다. 그리하여 지방정부의 권능의 전제가 되는 지배권은 국가의 위탁에 의한 것이거나 국가로부터 부여받은 것이지, 지방정부가 본래부터 가지고 있는 고유한 것이 아니라는 것이다.[7]

이상과 같이 국권설에 의하면 지방정부가 가지고 있는 권한, 즉 자치권은 그 자체 본래적으로 가지고 있는 것이 아니라 국가로부터 연유하는 것이다. 더 나아가 다음에 논할 고유권설은 사회적 사실과 법률적 개념과의 혼동에 의한 것으로, 자치권이 사회생활상 고유한 것이라고 할지라도 근대국가의 법적 구조라는 측면에서 볼 때, 자치권은 국가의 통치권으로부터 전래된 것으로밖에 볼 수 없다는 것이다.[8] 따라서 이 주장에 근거하는 한, 자치권에 관하여 헌법상 어떠한 규정이 있다고 할지라도 그것은 국가에 의한 승인을 의미하는 것이기 때문에, 실제로 어떠한 가치도 가지지 않는다. 즉 자치권이 국가에 의하여 위임된 범위 내에서의 권한이라고 하여, 국가의 위임에 중점을 둔다면, 위임 범위의 축소가 가능하게 된다. 그리하여 자치권에 대한 축소가 무한대로 가능하게 되고, 결과적으로 지방자치의 부재(不在)로까지 귀결될 수 있게 될 것이다. 이는 결국 지방자치란 행정적 통일성을 확보하기 위한 하나의 조직적 기술에 불과하게 되어, 국가의 행정적 편의에 따라 완전히 좌우될 수 있는 성질의 것이 될 수 있는 것을 의미하게 되고 만다. 그리하여 지방자치를 행정적 측면에서 접근한다고 하여도, 반대할 수 있는 정당한 근거를 보유하지 못하게 된다는 비판이 있다.[9]

이 국권설은 지방자치에 관한 규정이 헌법에 명문화됨으로써 그 의의가 많이 상실되어 오늘날 이 견해를 취하는 학자는 거의 없으며, 이 설

---

6) 김효전 역, 前揭書, p.622.
7) 地方自治行政研究會 編, 地方自治(東京: ぎょうせい, 昭和 58), p.24.
8) 李尙圭, 新行政法論(下)(法文社, 1982), p.96.
9) 鄭仁興, 地方自治論(博英社, 1967), p.28.

을 지지했던 사람은 자치권의 헌법상의 보장과 함께 대체로 제도적 보장 설을 취하게 된다.

2) 제도적 보장설

준독립설 또는 보장설이라고도 하는 제도적 보장설은 국권설과 그 맥을 같이한다. 다만, 자치권이 국가의 통치권으로부터 근원되지만 헌법에 지방자치의 규정이 명문화되면서부터 지방자치제도가 보장된다고 하는 견해이다. 즉 국권설과 달리 하는 점은, 지방자치의 의미를 헌법상의 보장에서 찾고 있다는 점이다. 일반적으로 제도적 보장설은 그 기원을 바이마르 헌법에서 찾고 있으며, 한국과 일본 공법학자들의 통설 내지 다수설이 되고 있다.10) 여기에 속하는 여러 이론은 상세한 점에 있어서는 어느 정도의 차이점이 있지만, 고유한 지방주권을 부인하고 있다는 점에서 일치하고 있으며, 이러한 맥락에서 국권설과도 같은 발상에 의한 것이라고 할 수 있다.

제도적 보장설에서 주장하고 있는 주된 내용을 살펴보면, 지방정부의 조직과 운영에 대한 기본 원칙이 헌법에 의해 보장받고 있으므로, 어떠한 법률에 의해서도 파괴될 수 없고, 따라서 지방정부는 그 조직과 운영에 있어서의 보장을 받고 있다는 것이다. 여기에서 말하는 제도보장이란 주관적 권리로서가 아니라 객관적 법규범으로서의 제도에 대한 일반적 보장으로서,11) 개개 지방정부의 존립이라든가 또는 그 고유의 권리라고 하는 것을 보장하는 것은 결코 아니라는 것이다. 따라서 지방자치라는 제도가 존속되고 있는 한, 특정한 지방정부를 법률에 의해서 폐지한다는 것은 헌법위반이 되지 않는다는 것이다.12) 바꾸어 말하면, 제도적 보장이라는 것은 지방자치도 국가 내의 법질서에 의해서 비로소 인정된 제도이기 때문에, '자유권'에서와 같은 '배분의 원리'가 적용되지 않는다

---

10) 鄭世煜, 前揭書, pp.141-142; 高奇昇三, 前揭書, p.30; 星野光男, 前揭書, p.23.

11) 山下建次, "制度保障の法的性格とその問題點", 公法研究, 第26號, 日本公法學會, 1964, p.82.

12) 張志浩, 地方行政論(大旺社, 1982), p.36.

는 것이다. 그리하여 제도적 보장 내용에 대해서는 입법기관이 이를 제한하고 침해하는 것이 가능하지만, 다만 '제도 그 자체'를 폐지하지는 못하게 하는 데에 바로 헌법적인 제도보장의 의미가 있다고 한다.[13]

　　지방자치가 헌법상의 규정에 근거하고 있다는 제도적 보장설은, 지방자치가 국가의 통치구조의 일환으로서 존재한다는 것을 의미하는 것으로서, 그 자체로서 절대적인 가치를 가지고 있지 않다는 점에서 국권설과 비슷하고 고유권설과는 차이가 난다. 즉 지방자치라고 하는 개념이 처음부터 국가의 존재를 그 전제로 하는 상대적인 개념이라는 점에서, 자치권은 국가와의 상대적인 관계에서 생성·발전된 것에 불과하다는 것이다. 그리하여 지방정부는 국가로부터 완전히 독립적인 지위를 얻는 것은 아니며, 그 존립의 근거가 한결같이 국가권력으로부터 나타난다는 것이다. 이 제도적 보장설은 슈미트(C. Schmitt)에 의해 확립된 것으로서, 그 요점은 역사적 혹은 전통적으로 형성되어온 일정한 공법상의 제도를 헌법에 보장함으로써 입법에 의해 그것을 개폐할 수가 없고, 그러한 측면에서 방어되고 옹호된다는 것이다.[14]

　　지방자치가 어떠한 법적 성격을 갖느냐에 관해서는 슈미트 이후, 제도적 보장으로 보는 것이 유력한 견해이다. 지방자치를 헌법상 보장한다는 의미는, 지방자치에 대한 '법률의 유보'로부터 필연적으로 야기되는 입법부의 전권성(全權性)을 억제하여 자치행정을 법률에 의한 침해위험으로부터 보호하려는 것으로서, 그 한도 내에서는 적극적 의미를 가지게 된다. 그러나 이 이론은 지방권(地方權) 이론이나 기본권 이론에서 보여지는 바와 같은 공격적 성격을 가진 것이 아니라, 획일화라든가 평준화에 수반되는 신중앙집권의 경향이 현저한 상황하에서 지방자치제도의 최저수준을 옹호하려 한다는 점에서 있어서의 소극적·방어적 성격을 가지고 있다고 할 것이다.[15] 하지만 법률에 의한 제한이 어느 정도까지 이를 때 헌법상의 보장에 위반하는 것인가의 판정기준이 명확하지 않으며, 아울러 일

---

13) 許營, 憲法理論과 憲法(中)(博英社, 1984), p.27.

14) 星野光男, 前揭書, pp.24-25.

15) 上揭書, p.26.

본 헌법에서와 같이 '지방자치의 본지(本旨)'라고 하는 추상적인 용어로서 지방자치의 실질적인 보장이 가능하겠느냐 하는 의문이 제기되기도 한다.[16] 즉 지방자치를 이처럼 제도적 보장으로 이해하는 경우, 지방자치의 실현에는 입법권자의 지방자치에 관한 구체적인 법률 제정이 필요하다.

그런데 입법권자에게 주어진 광범위한 입법형성권 때문에, 입법권자에게는 많은 입법상의 재량이 허용될 수밖에 없는 실정이다. 따라서 입법권자는 지방자치에 관한 제도적 보장의 본질상 지방자치제도라는 것을 전면적으로 폐지할 수는 없지만, 지방정부의 종류·조직·운영에 관한 사항으로부터 지방의회의 조직과 권한, 그리고 의원선거와 단체장의 선임방법에 이르기까지 임의로 정할 수 있게 된다. 이것은 일종의 '입법독재'(立法獨裁)에 대한 문호개방이론이 될 수 있다는 비판이 있다.[17] 특히 한국과 같이, 헌법상 지방자치가 보장은 되어 있다고 할지라도, 아무런 조건 없이 법률에 유보되어 있는 상황하에서는 더욱 그러하다고 할 것이다.

2. 고유권설

고유권설은 전술한 국가창설권설과 근본적으로 대립되는 견해이다. 국가창설권설이 지방자치의 고유권을 부인하고 있는 데 대해서, 고유권설에서의 자치권은 인간의 기본적 인권에서 나타나거나 혹은 이것과 유사한 고유의 권리라는 것이다. 즉 지역단체는 독립적인 인격과 지배권을 국가 이전부터 가지고 있다는 견해로서, 국가권력은 이것을 승인한 것이지 결코 창설한 것이 아니라는 것이다.[18] 다시 말하자면 자치권은 국가의 인정에 의해서 발생한 것이 아니라, 국가 성립 이전부터 지역단체가 가지고 있는 고유의 권한이라는 것이다. 따라서 고유권설에서는 지방정부가 가지는 권리는, 그것이 외부(국가)로부터 부여됨으로써 발생

---

16) 高寄昇三, 前揭書, p.30.
17) 許營, "地方自治에 관한 憲法理論的 照明", 比較行政, 第3號, (社)地方行政研究所, 1985, p.22.
18) 地方自治行政研究會 編, 前揭書, p.24.

되는 것이 아니라, 개인의 기본권과 같이 그 자체로서 가지는 권리라는 것이다. 그리하여 자치권은 인간이 가지는 기본권의 하나로서 간주되고, 따라서 헌법에서의 보장은 단지 이를 확인한 것에 불과하다. 다만 자치권이 국가의 발전이나 존재에 저해되는 경우에 한하여 정부의 통제·감독이 허용되는 극히 자주성이 강한 고유의 권한이라는 것이다.[19)

　　제도적 보장설은 한 국가 내에서 국가에 의해 법적으로 인정되어진 제도의 보장으로서, 특정의 목적을 수행하기 위한 제도라고 할 수 있다. 따라서 그 범위는 제한적일 수밖에 없다. 이에 반하여 고유권설은 지방정부가 가지는 자치권이란 인간이 가지는 기본적인 권리 중의 하나로 여긴다. 따라서 지방정부가 가지는 자치권은 국가 이전부터 존재하는 것으로서, 그것은 무제한적이며 국가의 이에 대한 간섭은 원칙적으로 제한되어야 한다는 것이다. 다시 말하자면 자치권의 근원은 인간의 자연적 성질로부터 구해야 하는 것이지, 국가의 권력으로부터 구해서는 아니 된다는 것이다. 민주주의 정치 체제하에서는 자치권도 국가권도 모두 국민(주민)의 의사에 기초하는 것이기 때문에, 국가가 우월적인 지위에서 지방정부를 통제할 수 있다고 생각하는 것은 있을 수 없다. 그러므로 개인의 기본적 인권에 대하여 국가가 한계를 가질 수밖에 없는 바와 같이, 지방정부에 대하여서도 국가는 한계를 가질 수밖에 없고, 그러한 의미에서 지방정부도 국가에 대하여 대항할 수가 있다는 것이다.

　　일반적으로 국가와 개인 관계는 상대적인 존재로서, 한쪽이 일방적으로 다른 한쪽에 포용되는 것은 아니다. 즉 개인의 본질 중에는 국가로부터 독립적인 부분도 있으며, 또한 동시에 국가에 포용되는 부분도 있어서 개인이 유일한 주체라고 말할 수 없음과 같이, 동일한 이유에서 국가도 유일의 주체라고도 말할 수 없기 때문에 이 둘의 사이에는 상호 함축적인 관계가 성립한다. 이러한 견해는 지방정부와 주민과의 관계, 더 나아가 국가와 지방정부와의 관계에도 적용해 볼 수가 있다. 이들 사이에도 역시 상대적인 관계가 있으며, 국가에도 지방정부에도 상호 침해할

---

19) 高寄昇三, 前揭書, p.31.

수 없는 본질적인 가치가 있다. 이러한 사실을 전제로 한다면, 지방정부에는 국가라 할지라도 침해할 수 없는 고유의 영역이 있어, 지방정부가 항상 국가의 의사에 의해 좌우되는 의타적(依他的)인 존재는 아니게 된다. 그리하여 개인이 갖는 기본적 인권이 시원적(始原的)임과 같이, 지방정부가 갖는 자치권도 그 본질을 보다 깊이 고찰하여 보면, 개인의 인권에서와 같이 시원적인 것으로서 고유한 독립적인 영역이 있다는 것과 같이 해석될 수 있다[20]고 생각된다.

이 고유권설에 있어서도 논자에 따라 약간의 차이가 있다. 즉 그것이 입법·사법·행정의 삼권과 같은 제4권적(第四權的)인 지방권이라는 설과, 인간의 기본적 인권의 하나라고 하는 설의 두 종류이다.[21]

먼저, 제4권으로서의 고유권 이론은 프랑스·벨기에 등에서 발달한 도시 자치권 사상이, 자연법설과의 결합에 의하여 강화되고 체계화되어 대륙계 고유권설의 주류를 이루게 되었다. 이 지방권 사상은 중앙집권적인 유럽대륙에서 발달한 것으로, 기본적 인권으로서의 지방자치의 기초를 가진 영미계 국가에서는 이러한 주장을 찾기가 힘들다.[22] 제4권으로서의 지방권의 개념은 프랑스 혁명을 전후하여 나타난 것이다. 즉 혁명 전의 프랑스의 개혁이념과 프랑스 국가재편성을 위한 헌법제정의회(憲法制定議會)의 시도는 지방정부의 자치권, 즉 지방권의 개념을 발생시켰던 것이다.[23] 이와 같이 지방권이란 프랑스 혁명 사상에서 시작된 것으로서, 당시 개인은 본래 고유한 인권의 주체라고 생각됨과 같이 지방정부도 개인과 같은 고유한 권리(地方權)를 가진다는 사상이다. 그리하여 국가의 권력이 인권에서 한계를 가지는 것과 같이, 국가권도 지방권에 대하여 일정한 한계를 가진다고 생각하는 것이다.

이러한 의미의 지방권이 자연법 사상에서 배태(胚胎)된 것은 말할 것도 없고, 그 후 독일에서 발달한 지역단체의 고유권설 주장의 이론적 배

---

20) 星野光男, 前揭書, pp.27-35.
21) 張志浩 교수와 金鍾表 교수는 이 고유권설을 자치법 사상과 역사적 실태설의 둘로 나누고 있다. 張志浩, 前揭書, pp.32-33; 金鍾表, 現代地方行政論(日新社, 1984), pp.30-32.
22) 星野光男, 前揭書, pp.34-35.
23) 김효전 역, 前揭書, p.622.

경도 지방권 사상의 영향을 받은 것이다.[24] 여기의 대표적인 학자는 뚜레(Thouret)를 들 수 있다. 그는 지방권과 국가권을 대립시키면서 지방권의 성질을 명백히 하였다. 즉 그는 1789년의 헌법제정의회의 연설에서 '모든 나라에 있어서의 그 시작은 다수의 소집단이었다'고 하면서, 이 다수의 소집합체가 서로 결합해서 사회와 국가를 형성했다는 것이다. 그러한 사회·국가를 형성하는 과정에 있어서, 각 소집합체는 본래 갖고 있는 권력 중에서, 국가를 구성하기 위하여 공동으로 행할 필요가 있는 부분은 포기하고, 그렇지 않은 부분은 유보했던 것이다. 여기에서 전자가 '국가권'이며, 후자가 '지방권'인 것이다. 따라서 양자를 혼동해서는 안 된다. 이 뚜레의 사상에는 양권(兩權)의 이념적인 분리와 제각기의 분야가 추상적이기는 해도 분명하게 서술되고 있다. 아울러 지방정부의 성격을 갖는 사회집단은, 국가 성립 이전부터 존재하여 이미 일정한 권력을 갖고 있었던 것으로서, 사회의 발전에 따라 그 권력의 일부를 국가의 권력에 이양한 것이라는 것이다.[25]

고유권설 입장을 취하는 또다른 대표적인 사람은 토크빌(A.Tocqueville)을 들 수가 있다. 그에 의하면 "타운(town)은 그 권력을 중앙의 권위로부터 부여받은 것이 아니고, 오히려 자기네들 자주성의 일부를 州에 양보했다"[26]는 것이다. 이 견해에 의하면, 지방정부가 갖는 권한은 고유한 것으로서, 국가로부터 부여된 것이 아니라는 것이다. 제4권으로서의 지방주권(地方主權)을 명기한 헌법은 벨기에 왕국헌법(1831년)과 이탈리아 공화국헌법(1948년)이 있다. 이들 중 전자는 19C전반에 제정된 것으로서 오늘날의 입장에서 본다면 그다지 문제가 되지 않지만, 후자는 가장 중앙집권적 대륙자치의 나라로서 알려진 이탈리아에서 최근 그 헌법에 제4권으로서의 고유권의 규정을 신설하였다는 것은 중시해 볼 만하다고 할 것이다.

위와 같이 지방권의 개념은 독일에서도 한 때 지지를 받았고 또한 영향을 미쳤으나, 한편에 있어서는 자연법론의 쇠퇴에 따라, 그리고 또

---

24) 趙載昇, 地方自治의 基礎理論(世文社, 4288), pp.231-232.
25) 李啓卓, 地方行政論(高麗苑, 1984), pp.61-62.
26) 박지동 역, 미국의 민주주의(Democracy in America)(한길사, 1983), p.71.

다른 한편에서는 중앙정부의 전제적 군주정치가 대의제 민주정치로 대체되어 국가와 사회의 이원성이 극복되고 자동화됨에 따라 지방권 이론이나 독일에서 한때 논의되었던 고유권 개념은 쇠퇴하게 된다. 사실 18-19세기에 일부 논자들에 의하여 주장되었던 지방권 이론이나 독일에서 한때 논의되었던 고유권의 관념은 당시 입헌군주국가에서와 같이 군주라는 반민주적 세력이 국가권력과 행정권의 주체로서 등장하였을 때, 이에 대한 일종의 항의적·투쟁적 개념으로 파악되었던 점을 논외로 한다면 오늘날에 있어서는 타당한 이론이라 할 수 없게 되고 만다.[27]

다음으로, 인간의 기본권의 하나라고 보는 고유권설에서는 제도적 보장설에 대해서 깊은 회의를 나타낸다. 즉 지방자치가 현대 자유민주주의 국가에서 수행하고 있는 여러가지 제도적 기능을 감안할 때, 과연 지방자치에 관한 헌법규정이 지방자치의 폐지를 금하는 정도의 제도 보장적 효과밖에는 나타내지 못하는 것인지 의문을 가지지 않을 수 없다는 것이다. 따라서 지방자치는 자유권과는 무관한 제도적 보장에 그치는 것이 아니고, 기본권 실현과 불가분의 관계에 있는 헌법상의 객관적 가치질서에 속한다는 점을 강조하지 않을 수 없다는 것이다. 즉 기본권의 시각에서 지방자치의 문제를 다루어야 한다[28]는 것이다. 이 입장에서는 자치의 자유란 인간의 노력으로서 얻어진 열매가 아니라 반야만적(半野蠻的) 사회생활 속에서 은밀하게 자생한 것으로서, 다른 경우에 생성되는 일이 매우 드물다는 것이다.[29] 그리하여 자치권을 인간의 인권과 같이 시원적인 것으로 간주하고 있다.

그러나 오늘날 자치권을 마치 인권에 대비되는 지방정부의 고유한 권리, 혹은 지방주권적인 것으로 보는 것은 타당치 않다는 주장도 있지만,[30] 이 고유권설이 대륙계 국가에서는 관료적 중앙집권제에 대한 저항 내지 항쟁을 위한 개념으로 사용되어 왔고, 지방자치의 불완전성을 일소

---

27) 鄭世煜, 前揭書, p.140.
28) 許營, 前揭論文, pp.26-27.
29) 박지동 역, 전게서, p.72.
30) 徐元宇, "韓國의 地方自治에 관한 法的 諸問題", 比較行政, 第3號, (社)地方行政研究所, 1985, p.37.

하는 데 이바지했다는 것은 부인할 수 없다.[31]

3. 새로운 견해들

이상 지방자치의 본질에 대한 여러 견해를 살펴보았다. 이러한 여러 설과 함께 최근 일본학계에서는 자치권과 관련하여 인민주권설(人民主權說), 그리고 이와 유사한 발상에 의한 신고유권설(新固有權說)이 주장되고 있다. 아울러 독일(서독)에서는 1970년대를 전후로 하여 기능적 자치행정 개념이라는 것이 나타나고 있어 주목을 끌고 있다. 먼저 인민주권설에 의하면, 지방정부는 오늘날 주민의 안전·건강·환경·복지 등의 측면에서 주민의 현대적 인권의 옹호자로서 기능을 하여야 한다는 주장이다. 다음으로 신고유권설에서는 헌법하의 일정한 범위에 있어서, 법률에 의해서도 침해될 수 없는 지방정부 고유의 권한이 인정되어야 한다고 하는 것으로서, 주민주권론 등을 고려한 실천적 처방에 그 기초를 두고 있다.[32]

끝으로 독일에서 관심을 끌고 있는 기능적 자치행정의 관념이라는 것은, 1970년대를 전후하여 지방자치를 둘러싼 객관적 조건의 변화에 대응하기 위하여 나타난 새로운 지방자치 개념이라 하겠다. 지방자치 행정의 신개념이라고도 불리고 있는 이 새로운 견해는, 많은 공법학자들에 의해 주창되기 시작하여 점차로 유력한 학설의 자리를 차지하기 시작하고 있다. 이들 학자들에 의하면 전통적인 지방자치 개념은 20C 후반의 공업화·도시화·계획화·광역화의 시대에는 이미 타당하지 않게 되었다는 것이다. 따라서 연방-주-지방의 3단계에 걸친 총체로서의 통일적인 공행정 속에서, 지방자치가 실제로 수행하여 왔고 또한 수행하여야 할 기능을 중시하는 등 새로운 시대적 요구에 부응하여 지방자치 관념을 재구축하고자 하는 점에서 공통되고 있다.[33]

---

31) 張志浩, 前揭書, p.34; 金鍾表, 前揭書, p.31.

32) 成田賴明, "地方の時代における地方自治の法理と改革", 公法研究, 第43號, 日本公法學會, p.154.

33) 徐元宇, 前揭論文, p.34.

시대의 변화에 따라 지방자치에 대한 개념도 변하고 있다는 주장은 여러 곳에서 나타나고 있다. 먼저 나리타(成田賴明)는 "중앙이나 지방을 막론하고 전체로서의 국가구조 속에서 수평적 분권원리로서의 삼권분립과 병행하여 수직적 분권원리로서의 지방자치의 존재를 빠뜨릴 수 없다"고 하면서, "행정기능의 고도화·기술화·광역화 등에 수반되는 전반적인 신중앙집권화의 경향이 강한 가운데, 국가수준의 입법부라든가 행정부 권한의 강화와 남용을 억제하는 견제기능을 지방자치는 수행하여야 한다"고[34) 주장하고 있다.

다음으로 벤슨(G. C. S. Benson)도 분권화에 쏟아지는 가장 현저한 비난은 비능률성이며, 집권화에 쏟아지는 가장 현저한 비난은 전제성이라고 하면서, 가장 보편적인 가치인 민주성과 능률성을 성취하기 위하여, 모든 정부 수준에 대한 재정비가 필요하다는 것이다. 능률적이 되기 위해서는 정부간에 기능이 적절하게 재배분되어야 하며, 거기에 상응한 행정조직 개편이 이루어져야 한다. 또한 민주적이 되기 위해서는 각급 정부의 책임성과 적응력이 증가되어야 하고, 부당한 간섭에 저항할 수 있도록 지방정부에 권한이 이양되어야 한다는 것이다.[35)

끝으로 롭슨(W. A. Robson)은 중앙정부와 지방정부간의 관계에 있어서, 중앙은 지방에 대한 정보의 제공과 기술적 조언을 위하여 보다 높은 수준의 조사나 정보서비스를 발전시켜 나가도록 하여야 할 것이며, 아울러 지방정부에 새로운 환경변화에 대응할 수 있도록 보다 광범위한 재량권이 주어져야 한다고 주장하고 있다.[36)

이러한 견해들은 중앙이든 지방이든 간에 모두 상호의존성과 복잡성이 증대되는 현대 사회의 새로운 환경변화에 대응하기 위한 정부간 역할의 재정립과 이론의 필요성을 보여주고 있다. 그리하여 어느 일방이 다른 일방을 포섭한다고 하는 것은 있을 수 없는 일이고, 따라서 그 역할의

---

34) 成田賴明, 前揭論文, p.164.

35) G. C. S. Benson, *The New Centralization*(New York: Rinehart & Co., Inc., 1941), p.167.

36) W. A. Robson, *Local Government in Crisis*(London: George Allen & Unwin Ltd., 1968), pp.161-162.

상이에 따라 적절한 기능이 배분되어 국민(주민)들에게 양질의 서비스가 제공될 때만이 정부 존립의 정당성은 제고된다는 것이다. 여기에서 정부간의 현대적 공존근거를 찾고 있다.

　따라서 새로운 환경의 변화에 적절히 대처하기 위해서는, 헌법상의 제도인 동시에 통치구조의 조직 원리인 지방자치를 고유권설과 같이 국가영역과는 완전히 단절 내지는 대립된 사회영역의 문제로만 파악하는 자세도 지양되어야 한다. 또한 동시에 지방자치를 지역발전에 기여하는 행정작용의 특수형태 내지는 제도적 보장이라고 이해하는 전통적 입장에서도 과감하게 탈피하여, 지방자치가 갖는 기본권 실현기능과 민주주의적 기능, 그리고 권력통제적인 기능을 바르게 인식함과 동시에, '보충의 원리'와 '체계 정당성'의 요청에 부합되는 새로운 지방자치제도가 마련되여야 한다.37) 다시 말하면, 지방정부와 중앙정부는 주민(국민)의 복지를 위하여 그 기능과 역할을 분담하면서 상호 협력해야 되는 것으로서, 고유권설이냐 또는 국가창설권설이냐 하여 양자를 구분하여 양자간의 관계를 논한다는 것은 그다지 의미가 없다는 것이다. 양자의 기능에 착안하고, 민주주의의 이념에 비추어 양자간의 양태(樣態)를 구체적으로 논해야 한다38)고 생각된다.

　이상과 같은 새로운 견해는 역사적·전통적 자치행정 관념을 부정하고 현대행정의 정확한 실태파악 위에 입각한 새로운 관념을 구축하려는 것으로서, 지방자치를 법적·행정적 측면에서가 아니라 국가기구 전체 속에서 위치지우면서 기능적·정치적 측면으로부터 다이나믹하게 파악하려는 점에 새로운 맛이 있다고 할 것이다.39) 오늘날과 같이 사회적 변화가 급격한 소용돌이 환경 속에서, 중앙과 지방간의 관계를 각각 역할의 상이점에 착안하여 이해하려고 한다는 점은 확실히 흥미롭다고 할 것이다. '기능배분설'이라고도 할 수 있는 이러한 견해에 대하여 비판이 없는 바는 아니지만, '지식은 집중·권력은 분산'이라는 밀(J.S.Mill)의 말과도 일맥상통하는 것으로서 신중히 고려해 볼 만한 가치가 있다고 생각된다.

---

37) 허영, 한국헌법론(박영사, 2011), pp.823-826.
38) 地方自治行政研究會 編, 前揭書, p.25.
39) 徐元宇, 前揭論文, p.36.

제2절 지방자치와 민주주의

지방자치에 관한 전제적 논의의 출발을 보통 민주주의와의 관계에서 구하기 때문에, 지방자치와 민주주의에 관한 논의는 불가피하다.[40] 지방자치와 민주주의와의 관계는 세 가지의 대립적인 견해가 있다는 주장도 있지만,[41] 대체로 그 상관관계가 있다는 긍정적인 입장과 그 상관관계가 없다는 부정적인 입장으로 대별된다. 특히 이 대립적인 두 설에 대한 논의는 1952년 네덜란드의 헤이그(Hague)에서 개최된 제2회 국제정치학회에서, '민주주의의 기초로서 지방자치'라는 주제가 채택된 이래 그 관심이 고조되고 있다.

1. 상관성 긍정론

지방자치와 민주주의의 상관성을 주장하는 입장은 대체로 정치적 관점으로부터 민주주의의 본질과 실태를 파악하고 있는 것으로서, 고유권설을 긍정하는 입장과 그 맥을 같이한다. 즉 지방자치가 민주주의 국가에서는 반드시 필요 불가결한 요소로서, 민주주의를 부단히 육성하고 발전시키고 있다는 점에서 지방자치의 존재이유를 찾고 있다. "밀(J. S. Mill) 이래로 지방자치는 민주주의의 본질적 요소로서 정당화되고 있다. 일반 시민들은 그가 속한 지역사회에서 민주적 시민정신을 배우고 권력이나 영향력을 공유할 뿐 아니라, 민주주의의 기본적 가치인 자유·평등·박애도 여기에서 현실화된다"[42]는 것이다. 따라서 민주주의를 진정으로 유지·발전시키고자 한다면, 지방자치는 불가피하다. 이것은 "지방분권적

---

40) 金璟東·安淸市 外, 한국의 지방자치와 지역사회발전(서울대학교 출판부, 1985), p.39.

41) 이 세가지 대립적인 견해란 첫째 지방자치는 대의제적 민주주의의 원리(the elected democratic principle)와 완전히 반대의 전통이라는 것, 둘째, 민주주의의 원리는 지방자치의 주장과 조화될 수 없다는 것, 셋째, 민주주의와 지방자치는 필연적인 관계가 있다는 것 등이다. D. M. Hill, *Democratic Theory and Local Government*(London: George Allen & Unwin, Ltd., 1974), p.23.

42) D. M. Hill, *op. cit.*, p.3

기관들이 어느 나라의 경우에나 쓸모 있다고 믿지만, 다른 어느 곳에서 보다도 민주적 국가에서 더욱 필요하다"[43]는 말에서 알 수 있듯이, 지방자치와 민주주의는 상호 밀접한 관계가 있다. 이 상관성 긍정론은 그 강조점에 따라 방새설(防塞說)과 독립설(獨立說)로 나눌 수 있다.

1) 방 새 설

　지방자치의 장점을 언급할 때 언제 어디서나 제일 먼저 언급되고 있는 것이, '전제 또는 독재정치에 대한 방파제'로서의 의의이다. 이런 의미에서 방새설이라는 것이다. 이것에 대해서는 후술하는 상관성 부정론의 사적 변모설(史的 變貌說)에 의하면, 이미 그 의의를 상실하였다고 하지만 중앙집권화에 수반되는 최대의 비난은 전제라는 말에서도 알 수 있듯이,[44] 독재나 전제의 위험은 시공(時空)을 초월하여 항상 존재하는 것이며, 신중앙집권화 경향이 강화되고 있는 오늘날은 더욱 그러하다.

　상관성 부정론의 입장에서는 선거에 의한 의회나 삼권분립에 의한 중앙정부의 성립에 그 절대적인 보장과 신뢰를 부여하고 있지만, 여기에서는 이러한 헌법상의 민주적 형태의 미비를 인정하고, 광범위한 정치행동 원리 속에서 민주주의를 구하고 있는 것이다.[45] 이와 같은 사실은 오늘날 삼권분립보다는 권력분립이라는 말이 보다 더 적절하거나 또는 '선거독재'라는 말이 사용되고 있는 데서 방새설은 더욱 중요시된다. 즉 "민주주의의 사전적 정의는 인민의 지배이다. 그러나 실제적으로 대의제 민주주의 제도에서는 정치적으로 적극적인 사람에게 권력이 주어진다. 다시 말하면 권력은 인민이 그것을 적극적으로 활용할 수 있을 때만, 이론적으로 모두에게 개방되어 있는 것이다. 그런데 이것은 지방적 수준에서 보다 쉽고 광범위하게 성취된다"[46]고 하여, 권력에의 접근이 지방자치가 실시됨으로써 보다 용이하고, 따라서 권력은 인민 가까이에 있음으로써

---

43) 박지동 역, 전게서, p.167.
44) G. C. S. Benson, *op. cit.*, p.167.
45) 星野光男, 前揭書, p.133.
46) D. M. Hill, *op. cit.*, p.21.

그 남용이 방지될 수 있다는 것이다.

다른 한편 "민주주의 이론은 인간의 본질과 사회활동에 뿌리를 두고 있다. 그것은 인간은 절대적인 의미에서는 결코 평등하지 않지만, 그들에게 동등한 기회와 대우가 주어져야 한다는 의미에서는 평등하다는 평등주의 이론에 기초하고 있다. 인간의 본성과 욕구로부터 나타난 평등주의는 상호관용을 요구한다. 지방자치는 모든 면에서 여기에 필요한 정치적 교육을 위한 유일하고도 중요한 배경을 제공한다"47)고 하여, 민주주의의 또다른 기본적 가치인 평등도 지방자치가 실시됨으로써 실제화한다고 하고 있다. 또 "한 민족은 자유로운 정부를 세울 수도 있겠지만, 지방자치 제도가 없이는 자유정신을 가질 수 없다"라든가, "지방적 자유가 쓸데 없다고 여기는 나라들이란 그런 자유를 별로 누리고 있지 않은 나라들이다. 달리 말하자면 그 자유를 모르는 나라들만이 지방제도를 비방하는 것이다", "군중의 방종을 두려워 하는 사람들이나 절대권력을 두려워 하는 사람들은 다 함께 지방분권적 자유의 점진적 발전을 바라지 않으면 안 된다"48)라는 말에서 보듯이, 민주주의의 기본적 가치의 하나인 자유도 지방자치에 그 근원을 두고 있는 것이다.

더 나아가 "지방자치는 사고나 행동에 있어서 지방중심적 발전에 기여한다. 많은 나라가 중앙에 과다한 권력이 집중되고 있는 것에 대해서 심한 우려를 나타내고 있다. 이러한 일들은 중앙으로부터 제시된 이상을 취하는 대신에, 고유한 전통을 기르고, 각종 여론을 표출하고 실체화시키며, 새로운 정보나 지력을 지원하는 많은 도시가 있을 때만이 해결된다"49)고 하여, 현대국가가 내포하고 있는 대도시 문제도 결국은 지방자치의 활성화로 해결될 수 있다는 것이다.

또한 전술한 국제논쟁 속에서, 판타-브리크(Keith Panter Brick)는 먼저 랑그로드(G. Langrod)의 지방자치와 민주주의는 상관이 없다는 주장을

---

47) *Ibid.*

48) 박지동 역, 전게서, pp.73, 78, 103.

49) J. Bryce, "The values of local self-government" in *Capital, Courthouse, and City Hall*, R. L. Morlan, Fifth ed.(Bosten: Houghton Mifflin Company, 1977), p.2.

열거하고, 이에 반론을 제기한다. 즉 랑그로드는 지방자치가 민주적 정치 시스템에 필연적인 요소라는 점과, 선거민에 대한 정치적 교육에 있어서 필수적인 요소라는 점을 부인하고 있다. 그는 지방자치와 민주주의가 과거에 함께 동반하였고, 또 지방자치가 여러 나라에서 민주적 여론 풍토의 조성에 중요한 역할을 했음은 인정하고 있다. 그러나 민주주의와 지방자치가 이와 같이 역사적으로 결합되었다는 것은 우연이며, 이 일치성은 사람들이 생각하는 것보다 훨씬 일반적인 것이 되지 못한다[50]고 주장하면서, 지방자치와 민주주의의 관계에 대해 부정적인 견해를 나타내고 있다. 이에 대해 판타-브리크는 지방자치가 랑그로드에 의해 피고석에 놓이게 되었다고 하면서, "지방자치에 있어서 보다 중요한 것은 민주적 여론의 풍토 조성에 기여했다는 점에서 역사적으로 민주정치와 관련될 뿐만 아니라, 아울러 민주주의에 유익한 여론을 지속시키는 데에 있어서도 중요한 역할을 담당하고 있다. 민주정부가 그렇게 잘 확립되어 다음의 세대가 그들 스스로의 경험에 의해 배워야 할 필요가 없을 만큼 민주정부가 잘 확립되어 있는 곳은 존재하지 않는다"[51]고 하면서, 그 관련성을 옹호하고 있다.

　　이와 같이 판타-브리크는 랑그로드의 민주적 중앙정부의 성립으로 인하여 지방자치가 소멸될 운명에 있다는 견해에 대하여 반박하고 있다. 또 "지금까지의 경험에 의하면 민주적 중앙정부인 경우일수록 지방자치가 소멸되고 있는 것이 아니라, 오히려 반대로 강화되고 있다는 사실이다. 이러한 사실은 각국의 실태를 살펴보면 알 수 있다. 중앙정부가 민주적이며 안정적인 국가일수록 지방자치가 확고한 지위를 가지고 있다. 영미가 그 예이다. 그러나 이태리·프랑스 등과 같이 집권적 배경이 강한 중앙정부를 갖는 국가일수록 지방자치도 약하고, 또한 지방자치의 강화도

---

50) G. Langrod, "Local Government and Democracy" in *Selected Readings in Public Administration*(Ⅱ), Korean Association for Public Administration, ed.(Seoul: Da San Publishing Company, 1985), p.268.

51) Keith Panter-Brick, "Local Government and Democracy-A Rejoinder" in *Selected Readings in Public Administration*(Ⅱ), Korean Association for Public Administration. ed.(Seoul: Da San Publishing Company, 1985), p.383.

싫어하는 경향을 보여주고 있다. 따라서 민주적 중앙정부의 존재 여부는 지방자치의 존재여부와 일치하고 있다고 볼 수 있다"[52])는 것이다.

이상의 논거는 상관성 부정론의 최대의 논거로 되고 있는 사적 변모설에 정면으로 대립되는 것으로서, 민주주의는 지방자치 속에서 기본적으로 표현되고 그것 없이는 민주주의의 기본인 자유와 평등도 만족될 수 없게 된다는 것이다. 따라서 지방자치는 단순한 행정상의 수단이 아니고 민주적 생활방식을 위한 커다란 요소이어야 한다. 즉 그 가치는 민주적 생활 양태로부터 발생하는 것으로서, 그것은 사람들이 자신을 지배하는 방법의 일부가 되어, 책임있는 시민생활을 분발시키고 훈련시키는 데 중요한 역할을 수행한다. 그리하여 민주주의를 시민생활 속에 내재화시킴으로써 어떠한 독재의 출현에도 굴하지 않고, 민주주의를 옹호하고 발전시켜 나가게 된다.

2) 독 립 설

지방자치와 민주주의의 상관성을 주장하는 두번째의 논거로서는 상관성 부정론이 민주주의를 평등한 획일성에서 구하고, 또 일부 지방이익의 주장을 반민주적이라고 하는 데에 대하여, 독립설에서는 지방자치에 의한 다양성과 지방적 이익의 주장 속에서 민주주의의 본질이 있다는 것이다. 즉 이 논거는 방새설과 중복되는 면이 없지는 않지만 획일성에 대해서 다양성을 주장하고, 지방적 이익이 반민주적이라는 데에 대한 반론에서 그 주된 근거를 두고 있다는 점에서 구별하고 있다.

이와 관련하여 판타-브리크의 주장을 살펴보면, "민주주의는 랑그로드가 제시한 것처럼 평등주의적 획일성은 아니다. 민주주의는 서로 서로의 관점과 이해관계 등이 상호평가되고 고려되는 것을 필요로 한다. 이것은 달성되기 매우 어려운 것이다. 하지만 흄(Hume)이 인도적 행위에 대해 언급한 바와 같이, 그것은 인간의 긴밀한 접촉으로부터 생성되는 공감의식에 의해 이루어질 수 있다. 현대의 사회학자들은 대면적 집단(face-to-face groupings)에 대해 이야기하곤 한다. 만약 서로의 관점에 대

---

52) 張志浩, 地方行政論(大旺社, 1982), p.46.

한 이해가 지역사회에서부터 학습되지 않는다면, 그것은 전혀 학습되지 않을 위험에 있다"[53]고 하여 민주주의의 이해를 획일성보다는 다양성 속에서 구하며, 이 다양성은 지방자치의 실시에서 가능하다는 것이다. 또 토크빌(A. Tocqueville)도 "중앙집권은 인민의 외부행동을 일정한 획일성 속에 복종시키는 데 성공한다. 그러나 사회가 중앙집권 쪽으로 심하게 동요하거나 가속적으로 움직여 나갈 경우에 중앙집권의 힘은 저절로 빠져버린다. 그리고 중앙정부가 여러 조치를 취하는 데 있어서 일반시민들의 협조를 필요로 할 경우, 그것이 무력하다는 것이 드러나고 만다. 그리하여 절망상태에 빠진 중앙권력은 시민들의 협력을 구하기 위하여 분권화에로 나아가게 된다"[54]고 하여, 중앙집권에 따르는 획일성의 결과는 그 스스로의 힘에 의하여 다시 분권화에로 향하게 된다는 것이다.

이러한 현상은 네이스비트(J. Naisbitt)의 '거대한 새물결'에서도 찾을 수 있다. 그는 제5의 물결로서 '중앙집권화→지방분권화'를 들고 있다. "미국 전역에서 중앙집권적 구조가 무너져 가고 있다. 그러나 사회 자체가 와해되는 것은 아니고, 국민들이 하의상달식(下意上達式)으로 미국을 보다 강력하고 균형잡히며 다양한 사회로 재건해 나가고 있는 것이다. 그리하여 주정부와 지방정부가 가장 중요한 정치적 실체로 등장하고 있다"고 하면서, 이와 같은 "분권적 경향들은 중앙집권적 전략들이 사회개혁에 실패한 데서 비롯되고 있다"[55]고 하여, 현대사회에서의 지방자치의 중요성을 재강조하고 있다. 이러한 경향은 슈마허(E. H. Schumacher)의 '작은 것이 아름답다'에서도 볼 수 있다. 그는 오늘날 세계가 거대해지면 거대해질수록, 작은 것에 대한 욕망도 그에 비례하여 증대하고 있다고 한다. 즉 이것은 인간 욕망의 이원성에서 나타나는 필연적인 귀결이라는 것이다. 그는 많은 이론가들이 아직도 거대한 크기를 숭배하고 있지만, 실제세계에 있어서의 현실적인 사람들은 작은 것의 편리함, 인간적인 것, 그리고 다루기 수월함을 갈망하여 가능하다면 그것을 얻고 싶어한다

---

53) K. Panter-Brick, op. cit., p.383
54) 박지동 역, 전게서, p.97.
55) 조항래 역, 거대한 새물결(Megatrends)(예찬사, 1984), pp.161-168.

고 하면서 다음과 같이 묻고 있다. "민주주의, 자유, 인간의 존엄성, 생활
수준, 자아인식 등의 의미는 무엇인가? 그것은 물건의 문제인가 인간의
문제인가? 물론 그것은 인간에 관련된 문제이다. 그러나 인간은 오직 작
고 이해력있는 집단 내에서만 인간다울 수가 있다"[56]고 하고 있다.

또한 브라이스(J.Bryce)도 지방자치가 자유국가의 시민들에게 필요한
소양을 기르는 데 있어서 기여하는 일반적 공헌에 대해서 이야기하고 있
다. 첫째로 지방정부는 시민들 사이에 공공문제에 대한 공통의 관심을
갖게 해준다. 더 나아가 이러한 공공문제가 능률적이고 정직하게 관리되
도록 하기 위해서는 개인적 의무뿐만 아니라 공동의 의무감도 갖게 해준
다. 민주사회에서는 주민들이 직접적으로 그들의 이해관계에 영향을 미
치지 않는 사항에 대해 무관심해 버리는 나태(懶怠)나 이기심을 갖기 쉬운
데, 이는 민주적 사회를 좀먹는 결점이다. 공동체의 문제해결에 있어서
적극적이고 정직하게 공공정신을 갖도록 배운 사람은, 누구나 보다 큰
지역사회의 시민에게 요구되는 의무를 배우게 되며, 역으로 적은 일에
불성실한 사람은 보다 큰 일에도 역시 불성실하게 된다는 것이다.

둘째로 지방자치(local institutions)는 주민들이 다른 사람들과 협동하
여 효과적으로 업무를 처리할 수 있도록 가르친다. 즉 이들 기관을 통하
여 상식·합당성·판단력·사교성 등이 배양된다. 공유정신을 가지고 있는
사람은 양보나 타협의 필연성도 배운다. 사람들은 지방자치를 통하여 동
료시민들에게 그가 무엇이며, 누구인가를 나타내고 보여주는 기회를 가
진다. 이러한 과정을 통하여 두 가지 유용한 습관이 형성되는데, 그 하나
는 공공문제에 대한 지식과 사실의 가치를 인지하는 일이요, 다른 하나
는 인간을 업적(performance)에 의해 판단하는 일이다. 지방자치나 그들
을 선출하는 사람들에게서 볼 수 있는 좁은 마음이나 인색함에 대해 비
판이 왕왕 있지만, 이러한 결점들은 지방에 삶으로써 자연스럽게 나타나
는 결과이다. 이러한 협소증(狹小症)은 어느 경우에든지 존재하며 전국적
인 선거를 치르는 경우에도 유권자에게 영향을 미친다. 그러한 단점들은
자치정부가 만들어내는 보다 중요한 이익을 위하여 어쩔 수 없는 결과이

---

56) 배지현 역, 작은 것이 아름답다(Small is beautiful)(전망사, 1980), pp.60-73.

며, 오히려 지방자치가 실시됨으로써 그러한 약삭빠름 같은 것은 훨씬 적어질 수 있다. 중요한 것은 모든 사람들이 일반적인 공공활동에 참여해서 그의 이웃과 함께 스스로 판단할 수 있는 영역들을 확보하고, 지역사회를 위하여 무언가를 하고 있다고 느끼는 것이다. 그리하여 주민들에게 부여된 권력과 함께 책임감도 있다는 것을 적은 일에서부터 보여줌으로써 그들은 보다 커다란 일의 처리에 보다 잘 적응할 수 있게 된다.[57]

　　요시토미(吉富重夫)도 판타-브리크와 동일한 관점에서, 랑그로드의 견해에 대하여 다음과 같이 반론한다. "민주주의는 랑그로드가 말하는 것처럼 획일성의 실현이라던가 다수결원리 그 자체가 목표라고는 생각되지 않는다. 민주주의를 지방자치와의 관련에서 살펴보면, 한편으로는 지방적으로 특수한 다양성을 포함하면서, 또 다른 한편으로는 풍부한 통일성을 실현해 나가는 데에 그 특징을 살필 수가 있다. 바꾸어 말하면 지방적 다양성을 인정하면서, 동시에 전국적 통일성을 확보해 나가는 데에 현대 지방자치의 과제가 있다고 생각된다. 지방적 특수성을 부인하고 기계적 획일성의 테두리 속에서 지방자치를 질식케 하는 현대행정은 그 발전을 기대할 수 없다"[58]고 하여, 현대행정에 있어서 다양성과 통일성과의 조화 필요성을 강조하고 있다. 역시 롭슨(W. A. Robson)도 복지국가에 있어서의 지방자치의 역할을 강조하고 있다. 그는 "오늘날 복지국가에 있어서 지방자치의 본질적인 역할을 이해하고 있는 사람은 극히 적은 것 같다. 나는 정치권력의 행사와 행정이 의사결정을 행함에 있어서 가능한 광범위한 참여를 확보하려고 노력하지 아니하는 국가를, 복지국가라고 부른다면 이해할 수 없다. 지방자치는 민주주의에로 나아가는데 있어서 권력을 광범위하게 분산시킬 수 있는 가능한 최선의 도구"[59]라고 하여, 현대국가가 진정으로 복지국가를 추구한다면 주민의 참가를 보장받

---

57) J. Bryce, *op. cit.*, pp.1-2.
58) 吉富重夫, "近代政治原理として地方自治", 都市問題(昭和 29年 2月號); 星野光男, 前揭書, p.139에서 再引用.
59) W. A. Robson, *op. cit.*, p.158

도록 노력해야 되고, 이는 지방자치에서 보다 용이하다는 것이다.

결론적으로 민주주의가 인민의, 인민에 의한, 인민을 위한 정부라면 이러한 욕망에 부응하고, 인간지향적인 정책을 추구해야 한다는 것은 당연하다. 그런데 이러한 것들은 중앙집권적인 획일성보다는 지방분권적인 지방자치의 실시를 통한 다양성 속에서 보다 잘 발휘될 수 있으며, 인민의 요구에 보다 잘 부응한다는 의미에서 보다 더 민주적이라 할 수 있을 것이다.

2. 상관성 부정론

지방자치와 민주주의의 상관성을 부인하는 입장은 일반적으로 자치권의 본질에 있어서 국가창설권설의 입장에서, 고유권을 부인하는 단체자치의 전통을 가진 대륙계 자치에서 나온다. 그렇지만 여기에서 중시해야 할 것은 이들 상관성 부정론의 입장도 결론적으로는 지방자치와 민주주의와의 관련성을 부인하고 있지만, 이들 두 개념이 발전해온 과정에서는 어느 정도의 상관성이 존재하고 있다는 것을 인정하고 있다. 즉 근대국가의 성립기에는 지방자치가 민주주의의 발전에 기여하였지만, 민주적 중앙정부가 확립되고 신중앙집권화의 경향에 의해 전국적 통일성이 강조되고 있는 오늘날은 그 의의가 축소 내지 소멸되고 있다는 것이다. 이 상관성 부정론은 다시 사적 변모설(史的 變貌說)과 한정적 부정설(限定的 否定說)로 나누어진다.

1) 사적 변모설

사적 변모설의 논거는 주로 지방자치가 근대국가 성립 이래로 발전하여 온 그 과정에 주목한다. 즉 현대의 민주적 중앙정부의 성립에서, 그 논리적 근거를 구한다. 사적 변모설에 의하면, 전제군주 시대에 있어서는 여기에 대항하는 것으로서의 지방자치가 갖는 민주적 의의는 충분히 인정되지만, 선거에 의하여 민주적 중앙정부가 성립된 현대국가에서는 그 의의가 상실되었고, 조만간 지방자치는 소멸할 운명에 있다는 것이다.[60] 국가와 사회를 대립적으로 보는 근대국가 형성기에는 사회세력의 표출로서의 지방자치는 군주를 정점으로 하는 중앙정부에 대해 그 견제 역할을 충분하게 하였다는 점에서 그 의의를 충분히 찾을 수 있다. 그러나 근대국가가 완성된 오늘날에는 중앙정부 또한 그 존재의 근거를 국민에게서 구하고 있기 때문에, 적(敵)으로서의 권력자는 존재하지 아니하고, 따라서 지방자치의 존립의의는 상실된다는 것이다. 이러한 견해를 취하는 학자는 다음과 같다.

먼저 유게(弓家七郎)은 "오늘날의 지방자치는 산업혁명 이전의 것과는 그 국가적 중요성에 있어서나 또 질적인 면에 있어서 전혀 다른 것이 되고 있다. 또한 민주주의의 발전, 사회주의적 제정책의 수행, 복지국가에서의 요청 등은 중앙정부의 성질을 현저하게 변화시키고 있다. 중앙정부를 전제권력이라고 규정하고, 지방자치를 이 전제권력에 대한 민주주의 옹호의 첨병이라는 생각은 이미 먼 옛날의 것이 되고 있다. 오늘날에 있어서 지방정부는 국가통치조직의 일환이며, 지방행정은 국가행정의 일부라고 생각하여야 한다. 지방행정에 관한 문제는 모두 거기로부터 나와야 된다. 지방자치로서 중앙정부에 대항하려고 한다든가 혹은 지방정부의 권한을 확대하는 것만이 지방자치의 이상이라고 생각하는 것은 오류일 것"[61]이라고 하여, 민주적 중앙정부의 성립으로 인하여 지방자치가 갖는 의의는 상실되었다고 한다. 또 마틴(R. C. Martin)은 "지방자치는 하나의 고안물(divice)로서 오늘날에 이르러서는 시대착오적이며 특권적인 지방 성채(城砦)(the rural fortress of anachronistic privileges)"에 불과하다고 하면서 지방자치를 비판하고 있다. 그는 더 나아가 "민주주의의 원리는 정말로 전통적이고 항구적이지만(traditional and enduring), 민주주의를 어떤 특정한 정치적 기구에 호소한다는 것은 위험스러운 일"[62]이라고 하여 민주주의와 지방자치와의 상호관련성을 부정하고 있다.

---

60) 星野光男, 前揭書, p.124.

61) 弓家七郎, "再檢討を要する地方自治", 都市問題(昭和 35年 10月號); 星野光男, 前揭書, p.125에서 재인용.

62) R. C. Martin, "grass-roots government: an appraisal" in *Capital, Courthouse, and City Hall*, R. L. Morlan, Fifth ed.(Boston: Houghton Mifflin Company, 1977), p.3.

한편 지방자치와 민주주의와의 관계성에 있어서 논쟁을 불러일으키는 데 직접적 원인이 되었다고 할 수 있는 랑그로드의 견해를 살펴보면 다음과 같다. 즉 그는 고찰의 대상을 민주주의의 기초로서의 지방자치의 개념, 시민적 교육의 기초로서의 지방자치의 개념, 그리고 민주주의에 있어서 훈련장(apprenticeship)으로서의 지방자치의 개념으로 나누어 고찰하고 있다. 그리하여 민주적 통치와 지방자치 사이에는 인과관계가 진정으로 존재하는가? 또한 국가의 정치적 민주화는 지방자치의 존재와 발전에 도움이 되는가, 아니면 그 반대로 민주적 발전이 지방자치에 유해한가? 더 나아가 대중들의 민주적 교육이라는 측면과 국가 전체 내의 민주적 분위기 조성이라는 측면, 그리고 정치사회 지도자의 창출이라는 측면에서 지방자치의 진정한 역할은 무엇인가라는 의문을 제기하면서, 일반적으로 주장되고 있는 지방자치의 유용성에 대해 부정적인 견해를 취하고 있다. 여기에서는 사적 변모설과 관련하여 랑그로드의 견해를 살펴보면 다음과 같다.

그는 지방자치와 민주주의는 기본적인 대립이 존재하는가라는 의문을 제기하면서, 다음과 같이 주장하고 있다.[63] 민주주의가 단순히 정태적(靜態的)이거나 역사적 관점에서가 아닌 동태적 관점에서 고찰된다면, 그 외모에도 불구하고 두 관념 사이에는 근본적인 모순이 존재한다는 것을 분명히 알 수 있다. 민주주의는 그 정의상 평등주의(egalitarian), 다수결 원리(majority), 중앙집권체제(unitarian system)의 성격을 갖는다. 민주주의는 언제 어디서나 획일적이고 평등적이며 규칙에 얽매이는 사회, 즉 사회적 전체(the social whole)를 창출하는 경향이 있다. 그것은 어떠한 지배체(동시에 피지배체)의 원자화(분할)도 피하며, 동시에 전체와 개인간의 어떠한 중간체의 개입도 피한다. 민주주의는 개인으로 하여금 전체에 직접적이고 완전하게 접하도록 하는 유일한 정치제도이다.

반면에 지방자치는 정의상 분화나 개별화, 분리의 현상(a phenomenon of differentiation, of individualization, of separation)이다. 그것은 때로는 자치적이며, 공권력의 일부분을 형성하며, 상대적 독립성을 향유하는 분

---

63) G. Langrod, *op. cit.*, pp.369-370.

리된 사회집단을 나타내거나 강화한다. 그리하여 지방자치는 집중의 방지나 일종의 분할, 일종의 지방적 준의회주의, 국가적 대의체제 내의 복수의 지방적 대의체제 등을 강조한다. 그것은 국가 내의 다양한 투쟁의 직접적이고 역사적인 반응을 나타내기도 한다. 즉 중앙집권적 절대주의에 대한 사회적, 정치적 세력의 투쟁이나, 다수에 대한 소수의 투쟁과 소수자 내부의 투쟁, 행정구조에 있어서의 봉건제도의 역할에 대한 투쟁, 문화적 경제적 권역주의를 위한 투쟁 등이 그것이다.

이처럼 민주주의는 그 본질에 있어서 필연적으로 집권화로 나아가고, 지방자치는 분권화를 창출해 내기 때문에, 지방자치와 민주주의는 양립할 수 없게 되고 만다. 따라서 국가가 민주적 통치에 가까워지면 질수록, 일반적인 의견과는 달리 지방자치는 발전할 기회는 적어지게 된다. 이리하여 집권화는 자연스러운 현상이 되는 반면, 분권화는 예외적이거나 다소 인위적이 된다. 이처럼 지방자치와 민주주의는 정말로 대칭적인 반대의 경향을 나타낸다. 그리하여 민주주의는 머지않아 불가피하게 지방자치의 기본적 생각과는 결별하게 될 것이다. 민주적 원리와 분권화의 실제상의 비양립성은 너무나 명백한 현상이어서, 그것은 일종의 사회적 법칙(sociological law)이라고 하면서, 결론적으로 다음과 같이 기술하고 있다. "지방자치가 자유의 확대에 있어서 명백하고 적극적인 역할을 수행하였으며, 아울러 민주화의 과정에 있어서도 적극적인 역할을 수행하여 왔었다. 그러나 동시에 이러한 현상은 불가피한 것도 아니며, 아울러 그것은 필연적으로 민주적 중앙집권에로 나아가도록 되어 있다. 이것은 매우 복잡한 현상이어서 쉽게 파악하기 힘들다. 그리하여 중앙정부의 민주화가 이루어지면, 지방자치는 필연적으로 그 자체내에 죽음의 씨앗을 잉태하게 된다"[64]는 것이다. 이와 같이 랑그로드의 주장에 의하면, 국가의 민주주의가 발전하면 할수록 중앙집권화되고, 따라서 지방자치는 그 존립의 근거를 상실하게 된다는 것이다.

이상의 제 관점은 주로 민주적 중앙정부의 성립에서 지방자치가 민주주의에 대해서 갖는 의의가 상실되었다는 것이지만, 또 다른 관점에서

---

64) *Ibid.*, p.375.

상관성을 부인하는 경우도 있다. 사회·경제 등의 근대화에서 구하는 경우가 그것이다. 이 입장에 의하면, 근대화가 진행되면 될 수록 지방자치의 기반이 되는 지역공동체가 파괴되어, 지방자치의 존재 그 자체가 행정적으로도 도리어 장해가 된다는 것이다. 즉 과학기술의 발달과 교통·통신의 발전, 그리고 도시화는 개인의 생활권을 확장시키고 주민의 유동성을 높여 줌으로서, 지역주민의 향토애에 기초한 공동체 의식을 크게 약화시켜가고 있다. 이처럼 사회구조상의 변화에 따라서 지방자치의 정신적 기초라고 할 수 있는 공동체 의식이 약화되고 있는 것이 일반적인 경향이다. 이는 지방자치의 기반을 근본부터 흔들어 놓은 것으로서, 지방자치의 위기라고 아니할 수 없다.

다시말하면 근대자본주의의 발달에 따른 기술화 및 공업화의 결과로서, 지역주민은 전통적으로 이어져 내려온 향토로부터 도시 및 그 주변지역에로 유입하고 있다. 이러한 사회구조상의 변화는 지역사회에 있어서의 전통적인 사람과 향토와의 결합관계를 차단시킴으로써, 지역사회에 오랫동안 지속되어 왔던 조합적·공동체적 관계성을 약화시키고 있다. 대개의 도시에 있어서는 향토에 뿌리를 내린 재래의 시민(Bürger)에 대신하여, 전혀 우연적으로 그 토지에 정착한 주민(Einwohner)의 집단이 지방정부의 주요 구성원으로 되고 있는 것이다.

이처럼 지역에 살고 있는 사람들이 시민으로부터 주민으로 전환되어 감에 따라, 향토애에 근거한 지역민 전체의 이익을 도모한다고 하는 전통적 자치활동은 점차로 그 중요성을 잃어버리게 되었다[65]는 것이다. 이것은 키케가와(龜川浩)에 의하여 잘 묘사되고 있다. 그는 지방자치의 존재이유를 설명하면서, 오늘날에 있어서는 다음과 같은 두 가지 사정의 변화에 의하여 그 의의가 상실되고 있다고 논하고 있다. 그 하나는 지방자치를 곤란하게 하는 사정이 발생했다는 것이고, 다른 하나는 지방자치의 존재이유를 약화시키는 사정이 발생했다는 것이다. 전자로서는 사회·경제기능의 광역화에 의해 행·재정상의 광역화가 필요하게 되었고, 아울러

---

65) 朴源泳, "地方自治의 現代憲法的 構造", 부산대학교대학원 박사학위청구논문, 1983, p.3.

행정의 평등화와 국가역할의 증대 등을 들고 있다. 후자로서는 행정이 민주화됨에 따라, 관료정치에 대립하는 것으로서의 지방자치의 매력이 감소되고 있다는 점을 들고 있다.[66]

지방자치와 민주주의의 유기적 관계는 이상과 같이 양자간의 이론적 필요성에서 오는 귀결이 아니라, 그것은 다만 절대군주국가의 역사를 가졌던 유럽제국에서만 볼 수 있는 역사적 우연에 불과하다고 한다.[67] 환언하면 지방자치와 민주주의가 결합될 수 있는 계기는, 다만 입헌군주국가에서와 같이 군주라는 반민주적 세력이 행정권의 주체로서 군림할 때와, 근대화 이전에 지역공동체가 보존되고 있을 때에 한한다는 것이다. 따라서 이 설에 의하면 중앙정부가 이미 민주적 방법으로 구성되고, 아울러 지방자치의 기반인 지역사회가 파괴된 오늘날에 있어서 지방자치가 민주주의에 대해서 갖는 의의는 상실되었으며, 마침내는 소멸하게 될 것이라는 것이다.

2) 한정적 부정설

한정적 부정설의 논거는 지방자치가 행하여지는 범위·한계에 주목하는 것이다. 이 설에 있어서 중요한 것은, 지방자치와 민주주의와의 상관성을 전면적으로 부정하는 것은 아니고, 순수히 지방적이고 지역적 문제에 있어서는 그 관계성을 인정하고 있다. 그렇지만 그 반면에 그 이외의 사항에 대해서는 지방자치가 행하여지고 있다는 데에 대해서는 강력히 반대하고, 오히려 그 한계 외에서의 지방자치는 민주주의와의 관계가 없다고 하기보다 반민주적으로 된다고 한다.[68] 이리하여 지방적 문제 이외의 문제에 한정하여 그 상관성을 부인하고 있기 때문에 한정적 부정설이라고 한다.

현대에 있어서 자본주의의 고도발전은 국가행정을 종전의 생활배려

---

66) 龜川浩, "地方自治의 本旨", レフアレンス(昭和 34年 5月號); 星野光男, 前揭書, pp.128-129에서 재인용.

67) 鄭世煜, 前揭書, p.12.

68) 星野光男, 前揭書, p.129.

에 대한 개인적 책임을 전제로 하는 소극적 행정에서, 사회적·집단적 책임을 전제로 하는 적극적인 행정으로 변화시키게 되었다. 이에 따라 행정기능도 점차 확대·강화되어 왔다. 이런 현상은 특히 현대국가에서 중요한 위치를 차지하고 있는 급부행정 및 규제행정의 분야에서 두드러지게 나타나고 있다. 이와 더불어 교통·통신 수단의 급격한 발달은 국가의 공간적 범위를 축소시키고, 국가사회의 문화적 동질화 작용을 촉진시키게 되었으며, 또한 지역문제 중에서도 일정부분에 관해서는 지방적 의식보다도 전국적 의식을 양성시켰다.[69] 그러한 결과, 지방적 영역들이 줄어들고 전국적 영역들이 확대함에 따라 지방자치의 범위가 계속 축소됨으로써, 그 위기가 도래되고 있는 것이다.

또한 지방자치가 사회적·경제적·정치적 변화의 요구에 스스로 적응하는 한에 있어서는, 민주주의에 적극적으로 공헌하지만 그러하지 못할 경우에는 반민주적이 된다는 것이다.[70] 그런데 사회변화의 대응이라는 측면에서 지방자치가 적절하지 못하고 있는 것이 현실이며, 따라서 그 의의는 상실되고 있다는 것이다. 더 나아가 민주주의는 그 개념 속에 이미 지방자치의 의미를 내포하고, 아울러 민주주의가 사실로서 충분히 그 기능을 발휘하기 위해서는 지방자치의 존재를 필요로 하는 바와 같이, 민주주의와 지방자치와의 관계는 개념면이나 사실면에서 있어서 밀접한 관계가 있는 것도 사실이다. 하지만, 그것은 단지 주민과의 이해관계가 있는 사항에 대해서만 그 타당성이 있는 것이며, 그 이외의 사항에 대해서는 결코 이러한 관계는 인정할 수 없다. 그러므로 이와 같은 점을 망각하여 아무런 조건도 없이 지방자치는 민주주의의 기초라든가 혹은 민주적 헌법이라면 지방자치는 당연히 보장된다든가 하는 등의 해석은, 정치적 선전으로서는 좋을지 몰라도 학문상의 주장으로서는 정치한 사고가 부족한 매우 조잡한 논의라고 할 수밖에 없다는 것이다.[71]

---

69) 金炫太, "지방자치제도의 현대적 과제에 관한 고찰", 論文集, 제4집, 마산대학, 1982, pp.3-4.

70) R. C. Martin, *op. cit.*, p.3.

71) 星野光男, 前揭書, pp.129-130.

이상과 같이 한정적 부정설은 지방적 문제에 한하여 지방자치의 의의를 인정하고 있지만, 그 영역은 현대 행정국가의 등장과 함께 매우 축소되고 있으며, 마침내는 지방문제의 감소와 함께 지방자치의 소멸을 시사하고 있다는 점에서 사적 변모설과 다를 바 없다고 하겠다.

3. 지방자치와 민주주의의 관계

이상으로 지방자치와 민주주의와의 상관성을 둘러싼 여러가지 논쟁에 대하여 살펴보았다. 이 논쟁의 문제점을 고찰해 보기 위하여 위에서 논한 여러 견해를 요약해 보면 다음과 같다.

먼저 상관성 부정론에 대해서 살펴보면, 그 어느 입장도 어느 정도의 상관성이 있다는 것은 인정하고 있지만, 특정의 사정과 사항을 논거로 하여 상관성을 부정하고 있다. 지방자치의 교육적 효과성에 대해서도 역시 같은 입장이다. '특정의 사정'이라고 하는 것은 지방자치가 역사적으로 민주주의에 기여하였다는 것은 인정하고 있지만, 오늘날에 있어서는 민주적 중앙정부의 성립을 필두로 하여 정치·경제·사회·기타의 역사적 변화에 의하여 그 의의의 대부분이 상실되었고, 따라서 소멸될 운명에 있다는 것이다. 근대국가 성립기에서 살펴본 지방자치는 고전적 지방자치로서 그 역사적 역할이 이미 끝나버렸으며, 그리하여 오늘날 이것을 주장한다는 것은 시대착오라는 것이다. 또 '특정의 사항'이라고 하는 것은, 지방적 문제에 있어서는 지방자치가 갖는 민주적 의의는 충분히 인정되는 바이지만, 그 외 지역과 관계가 희박한 전국적인 사항에 대해서는 중앙정부의 문제이고, 따라서 이들 문제에 지방자치가 관여한다면 그것은 역으로 반민주적이 된다는 것이다. 아울러 지방자치가 주민의 정치적 교육이나 정치지도자의 양성에 이바지한다는 데에 대해서도, 오히려 지방자치의 실시에 의하여 주민들로 하여금 숲만 보고 나무는 보지 못하게 하는 등의 역기능이 증폭된다는 것이다.

반면에 상관성 긍정론은 이상의 논지에 대해 근본적으로 대립적인

것으로서, 지방자치와 민주주의와의 관계는 중앙정부의 형태의 변화는
물론 기타의 역사적 조건의 변화에 대해서도 형식적으로는 약간의 차이
가 있을지라도 그 본질에 있어서는 불변·불가분의 것이라는 것이다. 설
령 중앙정부가 결정한 전국적 사항에 대해 지방정부가 대립적이었다 할
지라도, 그것은 이익의 상반을 의미하는 것으로서, 그러한 태도야말로 주
민의 최후의 지주가 되는 지방자치의 모습이라는 것이다. 아울러 민주주
의라는 것은 헌정상의 형식적인 제도에 의해 보장되는 것은 아니며, 광
범위한 정치행동원리 속에서 탐구되어져야 한다는 것이다.[72] 더 나아가
지방자치가 주민 교육이나 정치 지도자의 양성에 대해서 갖는 정치적 효
과도 오늘날 변함이 없다는 것이다. 이상의 여러 논쟁을 요약하면 다음
의 세 가지로 집약될 수 있다고 하겠다.

첫째, 민주주의의 해석의 문제이고, 둘째 근대국가에 있어서 중앙정
부의 민주성의 문제이며, 셋째 지방자치가 갖고 있는 교육적 효과성에
대한 문제이다. 이들은 상호 관련되어 있어서 구분될 수 있는 성질의 것
은 아니지만, 고찰의 편의상 구분하여 검토하고자 한다.

1) 민주주의의 의의에 대하여

대립적인 양 이론에 있어서 첫째의 문제점으로 지적되고 있는 것은,
민주주의의 의의에 대한 해석이 서로 상이하다는 것이다. 랑그로드는
"민주주의란 그 정의상 평등주의·다수결원리·중앙집권적 체제이다. 민주
주의는 언제 어디서나 획일적이고 평등적이며, 규칙에 얽매이는 지역사
회 즉 사회적인 전체를 창출하는 경향이 있다"[73]고 하고, 반면에 판타-
브리크는 "민주주의는 평등주의적 획일화는 아니다. 민주주의는 서로 서
로의 관점과 이해관계들이 상호 평가되고 고려되는 것을 필요로 한다"[74]
고 하고 있다. 또 일본의 야나세(柳瀨良幹)와 요시토미(吉富重夫)도 민주주의
의 의의에 대해 대조적인 견해를 피력하고 있다. 먼저 야나세는 "지방자

---

72) 上揭書, pp.142-143.
73) G. Langrod, *op. cit.*, p.369.
74) K. Panter-Brick, *op. cit.*, p.383.

치는 어떤 사무의 처리를 국가가 행하는가 혹은 지방정부가 행하는가 하는 사무처리의 주체에 관한 것인 반면, 민주주의는 국가 혹은 지방정부에 있어서 사무의 처리가 어떻게 행하여지는가 하는 사무처리의 방식에 관한 것이므로 이 양자는 개별의 것"75)이라고 하고 있다. 반면에 요시토미는 "민주주의의 개념은 광·협의 두 가지 의미로 사용되고 있다. 협의에 있어서의 그것은 헌정원리로서의 민주주의라고 불리고, 광의에 있어서의 그것은 사회적 실천원리로서의 민주주의라고 할 수 있다. 협의의 헌정원리로서의 민주주의는 특정의 국가형태 혹은 정부형태로 지칭하는 것으로 사용되고 있다. 그런데 통상적으로 언급되고 있는 민주주의라는 것은 특정의 국가형태 혹은 특정의 정부형태를 의미하는 바는 아니고, 사회적 실천원리를 의미하는 것으로 사용되고 있다"76)는 것이다. 이와 같은 대립적인 양론은 다음의 둘로 집약될 수 있다.

먼저 부정론에서 말하는 민주주의는 협의의 헌정상의 그것이며, 법제도의 제도론을 주제로 하여 논의되고 있지만, 상관론은 이것을 광의로 해석하여 인간의 정치적 행동원리 혹은 자유와 평등을 목표로 하고 있는 동태적인 인간의 정치행동 중에서 민주주의는 고찰되어야 한다는 것이다. 다음으로 부정론은 다수결원리와 그것에 의한 전국적인 획일화, 평등화에 그 목표를 두고 있지만, 상관론은 지방자치에 의한 지방적인 특수성·다양성을 포함시키면서 자유와 평등의 목표를 달성하고자 한다는 것이다. 이와 같이 민주주의의 해석에 있어서 서로 대립적이지만, 지방자치를 민주주의와의 관련에서 고찰하는 경우에, 단순한 법제도로부터는 어떠한 것도 찾아낼 수는 없으며, 법제도의 근저가 되는 인간의 사회적 혹은 심리적 행동원리 속에서 구할 때 그 본질이 존재한다고 생각된다. 민주주의는 또한 서로 다른 견해와 이익을 상호적으로 절충하고 조화하는 것을 그 본질로 하기 때문에, 민주주의는 획일성을 부정하고 일반 의사를 존중하는 상대주의 원리에 기초하고 있는 것이다.

이러한 측면에서 볼 때, 지방자치는 역사적으로 민주주의와 제휴하

---

75) 星野光男, 前揭書, pp.144-145에서 재인용.
76) 上揭書, pp.144-145

여 발달되어 왔을 뿐만 아니라 민주적 여론 조성에 중요한 방편을 제공하는 등 민주주의의 기초로서 기능하고 있는 것이다.[77] 이것은 지방자치의 모국이라고 말하여지는 영국에서 "지방자치는 민주주의의 본질적이고 필수적인 부분으로서 옹호되어 오고 있다. 지방자치는 시민의 권리를 보호하고 고양시킨다는 의미에서, 또 정치적 교육의 중요한 배경이라는 점에서 높이 평가되고 있다"[78]는 언급에서 알 수 있듯이, 지방자치는 민주주의와 대립적이라기보다는 그 기본이 된다고 할 것이다.

2) 중앙정부의 민주성에 대하여

중앙정부의 민주성을 둘러싼 지방자치와 민주주의와의 논쟁은, 주로 중앙정부의 성립과정과 관련되어 논의되고 있다. 부정론의 견해에 의하면, 현대국가에 있어서는 대의제가 확립되고 민주적 중앙정부가 성립됨으로써 지방자치의 존재이유는 상실되고 말았다는 것이다. 이러한 주장을 고찰하여 보면, 여기에는 민주주의가 헌정상의 보장과 관련되어 설명되고, 또 여기에 절대적인 신뢰를 두고 있다. 민주주의라는 것이 헌법상의 보장만으로는 한계가 있다는 것은 이미 전술한 바이다. 다만 여기에 부언하고자 하는 것은 무릇 모든 사회제도라는 것은 그 어느 것이나 장단점이 있기 마련이라는 것이다. 이것은 인간의 불완전성을 전제로 할 때 당연하다. 그러한 불완전한 인간에 의해 만들어진 제도가 완전무결할 수 없다는 것은 당연한 이치이다. 따라서 헌법상의 보장에 너무 의존한다는 것도 위험하다고 할 것이다. 또한 현대에 있어서는 행정기능의 고도화·기술화·광역화·국제화 등에 수반하는 전반적인 신중앙집권화 경향에 의해 국가수준의 입법부라든지, 행정부 권한의 강화와 남용을 억제할 필요가 있는데, 지방자치에서 이 견제기능이 잘 발휘되고 있다는 것이다.[79] 여기에서 지방자치의 현대적 의의를 찾고 있는 경우도 있다.

---

77) 최창호, 한국지방행정의 재인식(삼영사, 1983), p.22.
78) D. M. Hill, *op. cit.*, p.20.
79) 成田賴明, 前揭論文, p.154.

또한 부정론의 견해에 의하면, 선거를 중시하여 민주적으로 성립된 중앙정부에 대하여 절대적인 신뢰를 두고 있는 데에도 문제가 된다는 것이다. 선거에 의한 중앙정부가 전제제(專制制)라든가 독재제(獨裁制)에 비해서 보다 더 민주적이라는 사실은 분명하다. 하지만 삼권분립의 사상이 정치권력의 불신으로부터 나왔고, 이 삼권분립의 확립이 중앙정치권력을 강력하게 제약하고 있다는 것은 의심의 여지가 없다는 것도 사실이다. 그러나 그 강력해진 권력의 자리에 위치하고 있는 인간의 본성과, 그것에 의한 권력남용의 위험은 과거에도 오늘날에도 완전히 변한 것은 아니다. 이것은 "과도한 권력의 집중에는 항상 위험이 수반된다는 것은 틀림없는 사실이지만, 더욱이 그 권력의 행사가 자의적(恣意的)이 될 때 그 위험은 더욱 증가하게 된다"[80]는 말에서도 잘 알 수 있다. 윤세창은 "지방자치에 관한 세계적 사조를 볼 것 같으면 거기에는 두 가지 반대방향이 있다. 그 하나는 현대복지국가에 의하여 요청되는 행정권 확대와 이에 따르는 중앙집권의 강화라는 측면에서 지방자치의 위기를 예고하는 경향이며, 또 다른 하나는 지방자치는 민주정치의 토대라는 견지에서 민주정치의 발전을 위하여 지방자치의 강화를 주장하는 경향이 그것이다. 이 두 가지 방향 중에서 그 어느 것을 택할 것인가는 그 나라의 국가관에 따라 다르다고 할 것이다. 그러나 대체로 지방자치는 민주정치와 함께 출발하였을 뿐만 아니라 민주정치와 상호의존 관계에 있기 때문에, 한 나라의 지방자치 발전은 그 나라 민주정치의 '바로메타'가 된다는 의미에서, 지방자치의 강화라는 방향을 택하는 것이 일반적 추세"라고 하고 있다.[81]

민주주의라는 것이 그 과정이 중요시되는 영원히 완성될 수 없는 혁명이라는 점을 고려해 볼 때, 민주적 중앙정부의 성립에서 민주주의가 안전적이라는 사고방식은 역시 위험한 발상이라고 아니할 수 없다. 따라서 중앙정부가 아무리 민주적이라 할지라도 그 근원이 풀뿌리적 민주주의로서의 지방자치에 근거하게 될 때만이 민주주의는 보다 견고해질 것

---

80) G. C. S. Benson, *op. cit.*, p.161.
81) 윤세창, "民主政治와 地方自治", 사상계, 1959년 3월호, pp.21-22.

이다. 이것은 지방자치가 보다 잘 발전된 영국에서 정치적·사회적 안정이 곤고한 반면, 이들 나라에 비해 지방자치가 덜 발달된 프랑스나 이태리 등 대륙계의 나라에서 보다 불안정하다는 것을 살펴보아도 잘 알 수 있다.

3) 정치적 교육의 효과성에 대하여

지방자치가 주민의 교육이나 정치지도자의 양성에 기여할 것인가 하는 정치적 효과성에 대하여서도 양 이론은 달리하고 있다. 먼저 비판적인 입장에서, 마틴(R. C. Martin)은 지방자치가 민주주의의 학교로서 기여할 것이라는 데에 대해서 의문을 제기하고 있다. 즉 "민주주의를 위한 가장 효과적인 훈련장은 지방자치의 실시에 있다는 것인데, 이것은 하나의 교의(doctrine)로서 분석해 볼 만한 필요가 있다. 이러한 주장을 하는 사람은 대체로 다음의 두 가지를 그 전제로 한다. 그 첫째는 민주주의는 미덕이어서 그 어느 누구도 여기에 도전하지 않을 것이라는 것이고, 그 둘째는 민주주의를 위한 훈련장으로서의 지방자치의 효과성에 관한 것이다. 그런데 후자에 문제가 있다. 즉 지방자치에 참여함으로써 시민들이 배운다는 가정이다. 여기에서 시민들은 오직 지방적 문제, 즉 지엽적이고 편협적인 문제(provincal and parochial affairs)에 대해서만 배우게 된다. 지방자치에서 그렇게 교육받은 시민이 지엽적이고 특수한 분야에는 예리한 감각을 개발시킬는지 모르지만, 우연적 예외를 제외한다면 그는 보다 광범위하고 중요한 면에 있어서의 정부에 대한 통찰력(perceptive grasp)은 배우지 못하고 만다. 그리하여 그는 커다란 정부, 특히 연방정부에 대해서는 영원한 편견에 사로잡힐 수 있게 된다. 여기에 덧붙여 지방자치가 민주주의의 훈련장이 된다는 논거는, 지방에서 훈련된 사람은 보다 큰 무대에서의 명성을 얻는데 도움이 될 것이라는 생각이다. 이러한 가정은 어느 정도까지는 타당하다. 그러나 실제로는 회의적이다. 그리하여 그는 민주주의 학교로서의 지방자치는 재고를 요하는 또 다른 관점의 농업 사회적 신화(the agarian mythology)"[82]라는 것이다.

---

82) R. C. Martin, *op. cit.*, p.5

랑그로드도 같은 견해를 피력하고 있다. 그는 지방자치가 민주적 교육의 장(場)으로서 어느 정도의 역할을 하는 것은 인정하지만, 결론적으로는 부정하고 있다. 즉 지방자치가 민주적 분위기의 창출에 효과적으로 기여할 수 있는 요인들이 지방자치에 포함되어 있다는 것을 인정하고 있다. 즉 지역 지도자의 형성에 있어서 개인의 영향력이 피상적이 아니고 실질적이라면, 지방자치는 시민을 위한 진정한 학교가 될 수 있을 뿐만 아니라 정치인의 양성소가 될 수 있고, 공공문제에 대하여 시민들로 하여금 가까이 하게 할 수 있는 수단이 되기도 한다. 이러한 수단을 통하여 지방자치는 지역단위에서부터 미래의 정치지도자의 선발을 위한 체(seive)의 역할을 할 수도 있다. 이러한 선발은 보다 객관적이고 직접적이며, 따라서 정당성을 가질 수도 있다. 즉 이처럼 지역단위에서의 활동적인 정치 엘리트들이 시민들의 지지를 얻고, 아울러 그들의 능력이 성장하고 경험이 축적됨에 따라 상위직에로 단계적으로 진출할 수 있게 된다. 그러나 이러한 묘사가 밝지만은 아니하다.

먼저, 민주주의를 위한 훈련장으로서의 지방자치가 제대로 기능하고 있지 않다는 것이 비교경험을 통해 나타나고 있다. 즉 시민들은 지방자치로부터 지방문제라든가 지방적 수준에서의 행정, 그리고 함께 일하는 방법에 대해서는 다소 깊은 지식을 얻을 수도 있다. 그러나 시민이 그 현상의 핵심을 파악한다거나 혹은 전체 속에서 그 현상을 본다거나, 아니면 공공선(公共善)이라는 이상을 성취하기에는 실제적으로 불가능하다. 지방자치를 통하여 지역민들이 민주적 교육을 받을 수 있지만, 실제에 있어서는 이를 저해하는 여러 요인들이 있으며, 이는 비교경험을 통하여 입증되고 있다. 지방정치에 참여하는 지역민들이 정치적이고 사회적인 의미에서의 민주주의에 대하여 제대로 이해하지 못하거나, 혹은 지엽적이고 지방적인 이해관계에 너무 집착하여 중앙에 대하여 맹목적인 투쟁을 함으로써, 민주주의의 본질을 왜곡시키는 것도 가능하다.

다음으로, 지방적 대표(local representation)라는 형태는 지역 정치지도자들의 시야를 협소하게 하기 쉬운 요소들을 가지고 있다. 이것은 어떠한 민주주의의 정신에도 위배된다. 그리하여 지역적 이해관계(local

interest)에 민감한 지방정치(parish pump politics)가 득세함으로써, 일반
적인 이해관계(general interest)가 희생되기 쉽게 되고 만다. 그리하여 지
방자치가 갖는 민주적 성격이 어느 정도 있음에도 불구하고, 실제에 있
어서는 분명히 반민주적이 되고 만다.

끝으로, 정치 공동체의 미래 지도자를 점진적이고 단계적으로 형성
해 나간다는 주장이다. 이러한 민주적 관직론(官職論)에도 명백한 결점들
이 있다. 경직적인 관직의 계층화가 이루어져 외부로부터의 어떠한 통제
도 어렵게 되고 말 위험이 있다는 것이다. 정치 지도자가 되기 위해서 시
민들은 이러한 계층의 전단계를 차례차례 거쳐야 할 의무감에 자신이 처
하게 된다는 것을 알게 된다.

그리하여 결론적으로 국가적 수준에서의 정치적 권리를 획득하고,
이를 적극적으로 활용하기 위해서는 단 하나만의 수단이 있게 된다. 즉
지방수준에서부터 공직을 거쳐 승진해 간다는 것으로서, 사실상 이것이
의무로 되어 버린다.[83]

힐(D. M. Hill)도 "정치적 교육으로서의 지방자치의 정당화는 최근까
지도 J.S.Mill의 민주주의의 논리에서 중요한 위치를 차지하고 있다. 여기
에는 주의해 볼 필요가 있다. 지방자치는 정말로 개인들에게 정치적 생
활이나 보다 광범위한 민주적 사회의 중요성을 가르친다. 그러나 보다
커다란 집단이나 조직에 있어서의 다른 활동들도 역시 그럴 수 있다. 오
늘날의 몇몇 학자들은 지역사회에 있어서보다 공장에 있어서 민주주의는
보다 잘 배워질 수 있다고 믿고 있다. 정치적 교육에 대한 논의는 오늘날
민주주의 사회에 있어서 지방자치를 정당화시킬 더 이상의 주요한 것은
아니다"는 것이다.[84]

무린(Leo Moulin)도 지방자치가 민주주의의 교육에 기여한다는 데에
반론을 제기한다. "개인이 지역적 수준에서 경험을 얻는다는 것은 매우
제한적이다. 어느 경우든 중앙정부는 그 종류에 있어서 다양한만큼 그
규모에 있어서도 다양해서 지방적 경험이나 지식은 거의 국가적 문제에

---

83) G. Langrod, *op. cit.*, pp.372-374.
84) D. M. Hill, *op. cit.*, p.22.

는 적절치 못하다"[85]고 한다.

이에 반하여 상관성의 입장에서는 지방자치의 교육적 효과를 강조한다. 브라이스(J. Bryce)는 조그마한 지역에서 실시되는 지방자치가 자유국가의 시민들에게 필요한 자질을 기르는 데 있어서 기여하는 일반적 공헌으로서 첫째, 지방자치는 시민들 사이에 공공문제에 대한 공통의 관심을 갖게 해 준다. 아울러 이러한 공공문제는 능률적이고 정직하게 관리되도록 하기 위하여 개인적 의무뿐만 아니라 공동의 의무감도 갖게 해준다. 둘째, 지방자치는 주민들이 다른 사람들과 협동하여 효과적으로 일을 처리할 수 있도록 가르친다.[86] 즉 상식이나 합당성·판단력·사교성 등을 길러준다는 것이다.

윌슨(C. H. Wilson)은 지방자치에 대한 정치교육은 세 가지의 목적을 갖는다고 한다.[87] 첫째로 가능성과 편의성에 관한 교육이고, 둘째가 권력 및 권위의 활용과 권력의 위험성에 대한 교육이며, 셋째로 실천적 재능과 융통성에 대한 교육이라는 것이다.

토크빌(A. Tocqueville)은 "타운 집회가 자유에 대해 가지는 관계는 초등학교들이 학문에 대해 가지는 관계와 같다. 타운 집회에서는 자유가 주민들의 손이 닿는 범위에 들어 가게 되며, 그런 집회는 사람들에게 자유를 어떻게 사용하는가 그리고 어떻게 누리는가를 가르쳐 준다", "주민들은 마을에서 일어나는 모든 일에 참가한다. 그들은 자기 손이 닿을 수 있는 작은 영역 안에서 정부의 일을 실천한다. 그들은 바로 그런 형식에 익숙해지는 것이다. 그런 형식이 없을 경우에는 자유는 혁명이 아니고는 도저히 전진할 수 없다. 그들은 그 형식의 정신을 섭취하고 질서를 존중하는 태도를 얻으며 세력균형 감각을 이해하게 되고 자기의무의 본질과 자기권리의 범위에 대해 분명하고 현실적인 개념을 얻게 된다"[88]고 하여 지방자치가 민주시민의 훈련·양성에 크게 기여하고 있음을 강조하고 있다.

---

85) *Ibid.*, p.24에서 재인용.
86) J. Bryce, *op. cit.*, pp.1-2.
87) 장지호, 지방행정론(대왕사, 1990), pp.42-43에서 재인용.
88) 박지동 역, 전게서, pp.72-73, 79.

이상으로 지방자치의 교육적 효과에 대하여 살펴보았다. 지방자치의 교육적 성과에 대한 일부의 반론에도 불구하고 지방자치가 그 주민이나 지도자에 대하여 갖는 교육적 효과는 오늘날에도 변함이 없다. 자유의 확대과정에서 역사의 발전성을 구할 때 지방자치는 그 주민들로 하여 자유정신을 길러주는 중요하고도 실질적인 역할을 수행함으로써 역사발전에 커다란 기여를 하고 있는 것이다.

제3절　지방자치와 지역주의

1. 문제의 제기

1995년 6월 4대 지방선거에 의하여, 한국은 주민에 의하여 자기의 지역관리를 하게 되는 매우 중요한 역사적 전환기를 맞이하게 되었다. 고도의 중앙집권적인 역사를 오랫동안 가져온 한국은 단체장의 공선을 계기로 지역사회에 정치·행정적 측면에서 많은 변화가 일어나고 있다.

그러나 단체장의 선거를 계기로, 지방자치가 제도적·형식적 측면에서는 커다란 변화가 있을지라도, 한국사회의 기저에 있는 문화·행태적인 측면과 관련하여 볼 때, 한국사회가 지방자치의 본래적 의미를 얼마나 정확하게 인지하고 실천에 옮길 것인가에 대해서는 우려의 목소리가 꽤 있다. 따라서 지방자치가 왜 필요한가에 대한 논의 및 연구가 지속적으로 필요하다고 할 것이다.

지방자치의 필요성에 대하여, 일반적으로 정치적인 측면과 법적인 측면에서 많이 논의되고 있다. 전자는 주로 민주주의와의 관련하에, 그리고 후자는 자치권의 유래와 관련하여 논의되고 있다. 그러나 오늘날 지방자치 실시와 관련하여 지역에 대한 관심과 연구가 매우 고조되고 있음을 또한 간과해서는 아니 된다. 그리하여 경제학 및 사회학 등에서 논의되고 있는 지역주의와 지방자치와를 관련시켜 연구해 볼 필요가 있다고 여겨진다. 그럼으로써 지방자치가 갖는 현대적 의미를 보다 정확하게 파악할 수 있지 않을까 생각되기 때문이다.

따라서 여기에서는 일반적으로 논의되고 있는 지방자치와 민주주의와의 관계를 기초로 하면서도, 여기에 덧붙여 지역주의라는 새로운 시각에서 지방자치와의 관련성을 시도해보고자 한다.

2. 지역주의의 의미

서유럽과 같은 풀뿌리 민주주의의 전통, 즉 시민의식의 성숙에 의한 시민혁명의 경험을 갖지 못한 비서구 여러 나라에 있어서는, 서구를 모델로 하는 근대화를 달성하기 위하여 중앙 중심의 일방적인 정책을 강력하게 추진하여 왔다. 그 결과 과도한 중앙집권화와 환경파괴를 야기시켜 많은 문제점을 노정시키고 말았다. 이러한 문제점의 제기는, 이제까지와 같은 중앙집권적 개발 중심의 정책이 과연 바람직스러운가에 대한 의문을 제기시켜, 정책의 전환을 요구하게 되었다. 그리하여 새삼스럽게 지역 혹은 지방이 관심의 대상이 되기 시작한 것이다.

이와 같은 지역 중시의 경향은 20세기 후반 이후부터 하나의 커다란 세계사적 흐름으로 되고 있다. '지방화'라든가 '지역주의', 또는 '지방의 시대'라고 하는 경향이 그러한 좋은 예이다. 여기에서는 이러한 지역중시의 흐름을 지역주의라고 부르고, 지방자치와의 관계성을 시도해보고자 한다.

지역주의라고 하는 것은, 18세기 이후 '특수 유럽적'인 상황 속에서 모든 것의 판단 기준으로서 근대화가 가져온 제반 문제에 직면하여, 그 한계를 극복하고자 하는 여러 시도 중의 하나로서 나타났다고 해도 좋을 것이다. 즉 지역주의는 중층적으로 존재하는 대소(大小) 사회집단을 '지역'이라는 개념에 의해 파악하여, 그 존재의 특징과 변화를 밑으로부터 올라오는 지역민의 생활감정과 함께 이해하고자 하는 것이다. 이는 결국

비서구 지역에서는 18·19세기적인 서유럽 이론으로부터의 탈피를 지향하는 한 시도라고도 할 수 있다.[89] 따라서 지역주의하에서는 근대화론에 대한 비판의 입장에서, 그 지역사회의 내부로부터 지역을 발전시키고자 하는 자생적, 내발적 발전을 촉구하고 있다는 점에 그 특징이 있다. 이러한 지역주의는 과중한 경제개발에 대한 경종을 울림으로써 발전의 목표가 물화(物貨)만이 아니고, 인간을 둘러싸고 있는 자연계와의 조화 속에서 정신적·물질적으로 인간의 기본적인 욕구를 충족시켜야 한다는 점에도 주목하고 있다.

소련제국 등의 몰락으로 사회주의에 대한 매력이 상실되었다고 하여 자본주의에 대한 매력이 더욱 높아지고 있다고 보기 어려운 상황에서, 근대의 주요 사상으로서 사회주의든 자본주의든 간에 그 어느 것에 의하더라도 위기에 선 오늘날의 제반 문제를 해결하기 어렵다는 것은 누구도 부인하기 어려운 상황이다. 그리하여 사회를 이끌어나갈 새로운 주도원리(패러다임)가 제반 사회영역에서 요구되고 있다. 이러한 상황 속에서 지역주의는 하나의 패러다임으로 시도될 수도 있을 것이다.

먼저 지역주의와 관련하여 몇가지 용어에 대하여 언급해 두고자 한다.

첫째로, 지방과 지역에 대한 용어의 문제이다. 보통 지방이라고 하는 경우, 중앙에 대한 반대개념으로서 쓰여지는 경우가 많다. 그럴 경우 중앙은 발달되어 있어 문명을 대표하는 데 비하여, 지방은 발전이 뒤진 비문명적인 것으로서 받아들여지는 경향이 있다. 오늘날에 있어서는 이러한 컴플렉스로부터 지방이 탈피할 필요가 있다. 그러한 의미에서 '지방'이라는 용어보다는 '지역'이라고 하는 용어가 보다 바람직스럽다고 하면서, 지방과 지역을 구별하여 쓰는 경우도 있다.[90] 그러나 지방과 지역과의 구별의 필요성은 인정하고 있지만, 실제로는 지방화 시대라는 말에서

---

89) 增田四郎, 地域の思想(東京: 筑摩書房, 1980), pp.12-13.

90) 玉野井芳郎, 地方分權の思想(東京: 東洋經濟新報社, 昭和 55), p.60; 山本英治, "'地方の時代'から'地域の時代'へ", 現代エスプリ176: 地方の時代(東京: 至文堂, 昭和 57), p.14; 坂井正義, 地方を見る眼-よみがえる地方社會(東京: 東洋經濟新報社, 昭和 50), pp.1-14; 김성국, "釜山의 지역문화 발전을 위한 小考", 釜山지역사회발전론, 부산상공회의소, 1985, p.33.

알 수 있듯이, 그 표현에 구애받지 아니하고 지방과 지역을 동일한 의미로서 사용하고 있는 경우도 있다.[91]

　여기에서는 지방과 지역과의 용어적 통일성을 결여한 채 사용하고자 한다. 왜냐하면 지방과 지역이라는 용어는 학문상의 영역 혹은 실 사회분야에 있어서 이미 관용적으로 사용되고 있기 때문이다. 대체적으로, 지방이라고 하는 용어는 지방행정 혹은 지방자치와 같이 정치학이나 행정학의 분야에서, 그리고 지역이라고 하는 용어는 지역경제·지역개발·지역문화와 같이 경제학 혹은 사회학의 분야에서 많이 사용되고 있는 경향이 있다. 따라서 지방이든 지역이든 그 의미하는 바가 이제까지와 같은 중앙지향적인 사고방식에서 탈피하여, 지방(지역)지향적인 사고방식을 지향하고 있다면, 지방과 지역을 구별하지 아니하고 관례에 따라 사용하고자 한다.[92]

　둘째로, 지역주의라고 하는 경우, 대체로 두 가지의 흐름이 있다. 국가간에서의 지역주의와 한 국가 내에서의 그것이다. 전자는 EU·ASEAN·NAFTA 등에서와 같이 주로 국제관계론에서 많이 사용되고 있다. 여기에서는 주로 경제적 측면에 중점을 두고서, 자유주의적 무차별주의 무역에 대하여 지역레벨에서의 경제적 통합을 행하여 권역(圈域)의 경제성장을 도모하는 한편, 제3국에 대해서는 차별과 장벽을 설치하고자 하는 사고방식을 말한다.[93]

　반면 후자는 근대화를 추진하는 과정에서 나타난 과도한 중앙집권주의 혹은 획일적인 제반 시책을 비판하면서, 단순히 행재정적인 측면에서의 지방분권을 진척시키는 데 그치지 아니하고, 경제·문화 등 다방면에 있어서 지역의 자주성과 자율성을 신장시켜 나가고자 하는 경향을 말한다. 그리하여 시민참가를 축으로 하여, 지역의 독자적인 발상에 의하여 국정을 선도해 나가고자 한다. 그러한 의미에서 지역주의는 현실적으로

---

91) 松原治郎, "地方時代の地域創造", 松原治郎 編, 地域の復權(東京: 學陽書房, 昭和 55), p.304.
92) 오재일, "지방시대에 대응한 지방행정의 과제", 행정논집, 제3집, 전남대학교 행정대학원, 1987, p.3.
93) 自由國民社版, 現代用語の基礎知識, 1990, p.196.

모든 분야에서의 분권을 더욱 증진시켜 나가고자 하며, 지역의 자주적인 창의력이 발휘될 수 있는 지역정책을 추구하는 경향이 많다.[94] 어쨌든 지역주의라고 하는 경우, 근대 국민국가의 성립 이래 중추개념인 국가라는 개념 속에 매몰되었던 지역을 다시금 전면에 내세우는 면에서는 일치하고 있다. 여기에서는 물론 후자와 관련된 지역주의의 개념이다.

셋째로, 지역주의와 지방의 시대와의 관계이다. 지역주의이든 지방의 시대이든 모두 그 등장의 시대적 배경은 과중한 중앙집권화 현상에 대한 자성으로부터 나타났다고 할 수 있다. 다만, 지방화 시대라고 하는 경우 어디까지나 하나의 '시대'이기 때문에, 정치적 선전물로서는 좋을는지 모르지만, 시간적 제약이 있어 일시적인 유행어로 끝나버릴 소지가 다분히 있다. 이에 대하여 지역주의라고 할 경우, 그 의미하는 바가 지방의 시대보다도 시간적인 제약을 넘어서서, 사상성(思想性)을 가질 수 있는 뉘앙스를 가지기에, 여기에서는 지역주의라고 하는 용어를 사용하고자 한다.

다음으로 지역주의에서 말하는 '지역'이란 무엇인가 하는 문제에 대하여 살펴보고자 한다. 지방자치와의 관련에서 지역이라고 하는 것은, 국민사회의 지역적 구성의 단위라고 하는 것은 두말할 필요도 없다. 그러나 이러한 이미지는 얼른 보아 매우 명쾌한 듯이 보이지만, 조금만 생각하여 볼 것 같으면 의외로 곤란한 문제에 부딪히게 된다. 지방정부 내의 농촌지역과 도시지역, 하나의 지방정부의 영역을 넘는 지방정부간의 지역권, 주민들의 일상적 활동 범위라든가 기업에서 말하는 영업권 등의 지역이 있을 수 있는가 하면, 국토개발계획에서 다루어지는 지역개발의 대상이 되는 지역도 하나의 지역인 것이다. 그리하여 일반적으로 지역이라고 할 경우, 그 의미하는 바는 매우 다양하며, 또한 중층화(重層化)되어 있는 경우도 있다. 이와 같이 중층화되어 있고, 광협(廣狹)의 다양한 구조를 가지고 있는 지역 중에서, '자립'의 기초단위가 되는 지역의 영역을 어떻게 규정지울 것인가는 그리 간단하지 아니하다. 여기에서는 시군과 같이 소위 말하는 기초정부의 영역을 제1차적인 핵으로 하고, 제2차으

---

94) 阿剖齊·寄本勝美 編, 地方自治の現代用語(東京: 學陽書房, 1989), p.192.

로는 이들 지방정부의 제 활동에 관련되는 영역들을 지역의 범위로 정하여 고찰하고자 한다.[95]

끝으로 지역주의라고 하는 것은 과연 무엇인가 하는 문제이다. 여기에서 말하는 지역주의라고 하는 것은 공간적으로 한정된 '지역'의 주체성이라든가 독자성을 주장하는 사고방식을 말한다. 지역의 입장에서 지역의 주체성을 존중하고, 지역적 결합성과 지역적 독자성을 중시하고자 하는 것이다. 따라서 지역주의는 얼른 보기에 반집권화·반획일화·반근대화의 경향과 같이 보여 지역주의를 논하는 경우, 집권화인가 분권화인가·획일화인가 개성화인가·근대화인가 반근대화인가 하는 단순한 문제 설정을 할 우려가 있다는 것도 부인하기 어렵다. 그러나 현대 속에 살고 있는 우리들은 근대화의 산물을 모두 폐기할 수는 없다. 문제는 양자 택일적인 발상이 아니라, 양자를 매개하는 새로운 해결책을 창출해 내는 것이 무엇보다도 긴요하다고 할 것이다.[96] 그 가능성을 지역주의 속에서 찾아 보고자 하는 것이다.

그리하여 이제까지 경시되어온 '생활의 질' 문제가 커다랗게 제기되어, 기존의 경제성장 우선형 정책의 전환이 필요불가피하게 되었다. 즉 복지문제·환경문제·공해문제, 그리고 생활여유에 대하여 시민적 관심이 높아지게 되었다. 그리하여 생활공간의 장으로서의 지역에 대한 일반의 관심이 새삼스럽게 집중되기 시작하였다. 생생하고 구체적인 문제의 발생과, 그 해결책의 돌파구로서의 현장, 즉 지역이 부각되기 시작한 것이다.[97] 이는 슈마허가 20세기 후반의 가장 중요한 과제 중의 하나로서 지역주의를 들고 있는 것에서도 잘 알 수 있을 것이다.[98]

---

95) 安原茂, "現代社會において地域の自立は可能か", 蓮見音彦·安原茂 編, 地域生活の復權(東京: 有斐閣, 昭和 57), pp.228-229.

96) 淸成忠男, 地域主義の時代(東京: 東洋經濟新報社, 昭和 55), pp.39-40.

97) 長州一二, 地方の時代と自治體革新(東京: 日本評論社, 1982), pp.4-5.

98) E. F. Schumacher, *Small is Beautiful*(New York: Harper & Row, Publishers, Inc., 1975)의 part 1, A Question of Size 參照.

3. 지역주의의 등장배경

1) 거시적 측면

거시적 측면에서의 지역주의의 등장 배경은, 주로 근대화론과 관련된 문제 제기이다. 이 문제 제기의 근저에는, 먼저 제2차 세계대전 후 유럽에서 자각되기 시작한 18·19세기적 사고방식에 대한 자기반성과 관련된다. 다른 하나는 후진 지역, 특히 일본에서 지난 1세기 동안 유럽을 배우자는 인식하에 맹목적으로 추구하여 온 근대화론이 가져온 문제점에 대한 자성과 관련된다.

(1) 국제정세의 변화와 유럽의 한계

제2차세계대전 이후 국제정세 변화 중에서 가장 현저한 동향 중의 하나는 미·소라고 하는 거대국가가 대두하여, 이제까지 유럽 중심적인 국제 무대가 변화하였다는 것이다. 이와 같은 국제 정세하에서는, 이미 서유럽적인 '국민국가'를 단위로 하는 '열강의 세력 균형'이라고 하는 18·19세기적인 사고방식이, 정치적·군사적으로, 그리고 경제적으로도 이미 그 한계에 도달하지 않았는가 하는 서유럽 스스로의 자기 반성이다. 유럽공동체(EC)에 이은 유럽연합(EU)의 결성은, 이러한 자성에 대한 대응이며 그 결과라고 할 수 있다.

이와 같은 상황 속에서는 국민국가라든가 국민경제라고 하는 기본 틀이 상대화될 수밖에 없게 되고, 종래 당연하다고 여겨졌던 주권국가의 존재양식도 질적으로 커다란 변용을 겪을 수밖에 없게 된 것이다. 이미 낡은 민족주의라고 하는 것으로는 아무 것도 될 수 없는 상황이 되고 만 것이다. 이와는 반대로 유럽에서는 중세 이후, 봉건제의 역사적 전통 속에 촌락·도시·영주 등의 자치적 의식의 전통이 뿌리 깊게 남아 있고, 이것은 정치면에서는 물론, 경제 생활면 또한 법 관습의 면에서도 '지역'의 특성과 자주를 지키고자 하는 민중의 의식으로서 오늘날에 이르기까지 매우 강하게 자리잡고 있음을 의미하는 것이기도 하다.

유럽에서 근대 민족국가의 형성 과정을 살펴볼 것 같으면, 겉으로 보아 매우 강력하고 획일적인 지배가 이루어진 것 같지만, 현실은 결코 그렇지 않다는 것이다. 그 내부의 정치적·경제적 다양성은 '우리의' 상상을 초월한 것이다. 그 전형적인 예는 스위스에서 찾을 수 있다. 스위스에서는 지금도 중세 이래의 도시라든가 농촌의 민주주의적 원리를 지키면서 연방제를 택하고 있는 것이다. 스위스에서는 23개의 칸통이 소위 말하는 '소국가(小國家)의 이념'을 대단히 소중히 간직하면서, 독자적인 의회라든가 법을 가지는 직접 민주주의를 실시하고 있다는 것은 주지의 사실이다.99)

더 나아가 금세기에 일어난 두 차례에 걸친 세계대전의 결과, 유럽에서 국민국가라든가 국민경제가 상대화되고, 중세 이래의 '소국가'와의 전통을 연결시키고자 하는 사고방식으로서, 새삼스럽게 역사적·지리적, 그리고 경제적·문화적으로 형성되어 온 크고 작은 여러 '지역'의 통합 작업이 행하여졌다. 그러한 과정 속에서 지역을 정치적인 국경선과는 별개로, 사회집단의 생활의 장으로서 가능한 한 종합적으로 다루고자 하는 새로운 움직임이 일어나게 된 것이다.100)

오늘날 유럽에서는 '국가'의 기저(基底)가 되어 온 '지역'으로부터 근대화가 가져 온 제반 문제점의 해결을 찾고자 하는 사회적 실험이 시도되고 있다. 그러한 방편의 하나로서, 종래 국익 중심의 민족주의를 극복하기 위하여, 국제적 상호협력을 강조하는 국제주의(internationalism)라든가, 혹은 최근에 빈번하게 사용되고 있는 지구적 규모의 지구주의(globalism) 등이 언급되고 있다. 그러나, 민족주의 극복의 길은 다른 곳에도 있었다. 국가라는 틀을 외부적으로 완화시킨다든가 혹은 국가 위에 또 다른 국가인 초국가를 만들고자 하는 방법과는 달리, 국가의 기저가 되는 지역 혹은 지대라는 차원에서 한 국가뿐만 아니라 국가간에도 널리 퍼져 있는 적정한 통합공간을 찾아서 극복하고자 하는 방법이 그것이다.101) 이것은 최근, 민제외교(民際外交)라고도 이야기되고 있는 지방정부

---

99) 이에 대하여서는 다음의 책을 참조. 坂井直芳 譯, 小國家の理念(東京: 中央公論社, 昭和 54).

100) 增田四郎, 前揭書, pp.21-23.

101) 玉野井芳郎, "地域分權の今日的意義", 鶴見和子·新崎盛暉 編. 玉野井芳郎著作集

레벨에서의 활발한 국제교류에서도 잘 알 수 있다.[102]

이와 같은 작은 공동체에로 되돌아가자는 향수어린 유럽에서의 동향은, 시대의 흐름을 거꾸로 되돌리고자 하는 것이 아니다. 이것은, 실은 유럽 자신이 18·19세기 이후 서유럽 중심 사관이라고 하는 근대화의 산물을 극복하는 시점을 찾아내어, 근대화 과정에서 다소 간과하여 버린 것을 되찾았다는 것을 의미하기도 한다.[103] 이러한 현상은 자원이라든가 에네르기, 특히 공해의 문제가 국민경제라든가 대기업 위주의 공업화 사회에 커다란 벽이 되어 부딪히게 된 것과도 연관된다. 그러나 보다 근본적으로는 과학기술의 발달에 의하여 지탱되어 온 구미 선진국가의 '근대문명'이라고 하는 것이, 과연 세계 인류의 행복을 약속할 수 있는 것인가라고 하는 근대주의에의 심각한 반성 내지는 그에 대한 반발의 사상과 연결된다고 할 것이다.

이와 같은 제2차세계대전 이후 서유럽에 있어서의 사고방식의 변화에는, 먼저 '서유럽의 우월' 즉 서유럽이 세계적으로 보아 사회라든가 문화발전의 최선두에 서 있다고 하는 18·19세기 이래의 낡은 사고에 대한 자신의 상실임과 동시에, 근대 이후 유럽 중심의 세계 사관에 대한 의문의 표출이기도 하다.

(2) 과도한 국가주의에 대한 반성과 시민의식의 성숙

일본에 있어서는 먼저 무엇보다도 국가라고 하는 존재양식이 매우 오래 전부터 소여의 것으로서, 혹은 자명한 것으로서 존재하여 왔다는 것이다. 즉 일본은 동일한 동양국가인 중국이 이민족간(異民族間)의 이동에 의해 국가의 흥망성쇠가 좌우되어 온 것과는 달리, 항상 동일한 민족하에 율령국가(律令國家)의 유제(遺制)와 형식적 권위에 기초한 천황제를 중

---

③: 地域主義からの出發(東京: 學陽書房, 1990), pp.30-31.

102) 가나가와켄(神奈川縣)의 나가스(長州一二) 지사는 외교란 중앙정부에만 독점되는 것이 아니라, 지방정부 레벨에서도 이루어진다고 하면서, 이러한 지방정부간의 국제교류를 민제외교라고 부르고 있다. 이에 대하여서는 다음의 문헌 참조. 神奈川縣自治總合硏究センター-, "特集: 民際外交の新展開", 季刊 自治體學硏究, 1992春, 第52號.

103) 上揭論文, p.31.

심으로 하는 국가관이 일관되게 계속되어 왔다는 점이다. 이 점에서 동일한 봉건사회 혹은 봉건국가라고 하여도, 일본과 유럽과는 매우 다른 측면을 볼 수 있다.

한편, 일본에 있어서 명치유신(明治維新) 이후는, 그 시기가 유럽에 있어서의 '국민국가'의 융성기에 해당하기 때문에, 개국(開國)과 함께 서유럽의 문물·제도를 모방하여 취하는 것이 당시의 급선무라고 여겨졌다. 그런데 일본은 근대화를 추진해 나감에 있어서, 일본적 전통과는 전혀 상이한 원리 위에서 '국민국가'의 준비가 진행되게 된다. 즉 중국 등과는 달리, 동일한 민족과 언어를 가진 섬나라라고 하는 조건 등도 있고 하여, 중국적인 여러 법제라든가 일본적인 분권의 전통과는 별도로, 일본은 유럽적인 국민국가로 변용하는 데 커다란 저항도 없이 매우 단시간에 국민국가가 형성되었다는 사실이다.[104] 이와 같이 다른 나라에서는 그 예를 보기 힘들 정도로 매우 짧은 기간에 근대 국민국가를 형성할 수 있었던 것은, 천황제가 커다란 역할을 했음은 두말할 필요도 없다. 더 나아가 근대국가가 성립한 후에도, 모든 것의 원천이 천황으로부터 시작된다는 사고방식이 사회 전체를 지배하여, 제2차세계대전 전의 일본은 '국민국가' 라고 하기보다는 '천황국가'라고 하는 편이 보다 적절할 수도 있다. 즉 일본에서는 봉건제라고 하는 정치·경제적 현실의 시대에도, 끊임없이 율령제(律令制)인 중앙지향의 의식과 기본 틀이 천황제(天皇制)를 기본으로 하여 일관하여 작용하고 있었다는 점이다.

따라서 정치시스템으로서 의회제를 채택하여 근대국가로 변모하고, 지방자치가 인정되었다고는 할지라도, 그것은 어디까지나 표피상의 제도에 불과하고, 그 배후에는 천황제하의 관료주의적 획일통치의 국가의지가 매우 뿌리깊게 잔존하고 있다는 사실은 부인하기 어렵다. 더욱이 제2차세계대전에서 패한 후, 명치유신 이래 일관하여 추구하여 온 국가 정책의 목표였던 '부국강병'(富國強兵) 중에서 '강병'은 사라졌지만, '부국'이

---

104) 마루야마(丸山眞男)는 이와 같이 외래문화와 전통문화가 커다란 충돌없이 잘 조화 내지는 융화하는 일본 사상적 전통의 특징을 '習合性'이라고 부르고 있다. 丸山眞男, 日本の思想(東京: 岩波書店, 1988), p.8.

라는 정책의지는 그대로 잔존되어, 부국을 목표로 하는 중앙관료 중심의 통제지향적인 경제정책은 경제대국으로 된 오늘날에도 불식되었다고 하기 어려운 실정이다. 뿐만 아니라, 유럽과는 달리 민중측에 뿌리를 내린 자치 의식이라든가, 지역민의 요구에 대한 대처방법 등도 매우 미발달한 상태라는 것도 지방자치를 고찰하는 경우에 고려하여야 할 점이다.[105]

　무릇 민주주의라는 것은 단순한 관념이라든가 제도로서가 아니고, 인간의 행동원리 속에서 찾아야 한다는 것을 고려한다면, 구체적인 지역사회라든가 인간 집단의 일상적인 관리·운영에 이르러 그 본래적 모습이 나타나는 것이 정상이라고 할 것이다. 이와 관련하여 생각하여 본다면, 일본에서는 개인 혹은 집단보다도 국가의식이 지금도 강하게 남아 있기 때문에, 풀뿌리 민주주의가 일반시민에게 몸에 베이지 않고 있다는 데에 문제가 있다고 생각된다.

　한편 최근에 이르러 지역주의라든가 지방의 시대라고 하는 슬로건에서 알 수 있듯이, 주민이 살고 있는 곳으로부터 모든 것을 생각해 보고자 하는 움직임이 시작되고 있다. 이러한 변화의 근본에는 지역민 사이에 의식의 변화가 시작되고 있다는 것을 의미하기도 하다. 이러한 주민의식의 변화의 특징은 1960년대 후반부터 나타나기 시작한 주민운동 등에 잘 나타나고 있다. 그러한 측면에서 지방의 시대 즉 지역주의는 시민형성의 운동이라고도 할 수 있을 것이다.[106]

　결국 시민의식의 변화 혹은 성숙에 의하여, 진정한 발전이란 무엇인가라는 물음에 대하여, 이제까지와 같은 수량적 사고에 커다란 의문을 제기하게 된 것이다. 또한 인간과 산업과 자연이라고 하는 3자의 조화를, 지역 실정에 맞게 고려하여야 한다고 하는 생태학에 대하여 많은 관심을 갖게 되는 계기가 되었다. 그 결과 중앙 일변도의 사고방식에서 탈피하고, 인간이 살고 있는 주변으로부터 사물을 보고자 하는 움직임이 시작되고 있는 것이다.

---

105) 増田四郎, 前揭書, pp.27-31.
106) 山本英治, 前揭論文, p.19.

2) 미시적 측면

　20세기 후반부터 시작된 지역 중시의 경향은 21세기가 시작된 오늘날에까지 이어져, 지역주의에 대한 일반인들의 관심을 크게 불러일으키고 있다. 그 배경에 대해서는 앞에서 논의한 바와 같이 거시적 측면으로서 ① 유럽에서의 근대화론에 대한 반성, ② 일본에서의 과중한 국가주의에 대한 문제점 등에서 고찰하여 보았다. 여기에서는 지역주의의 등장 배경을, 한국보다 먼저 근대화를 추진하여 세계 열강들 속에 끼어든 일본을 중심으로 살펴보고자 한다.

　오늘날 지역주의라고 하는 문제의식을 강하게 대두시키고 있는 학문적 동향의 원인으로서는 여러가지가 있다. 그 주된 원인 중의 하나는, 주지하다시피 공해라든가 환경문제로부터 제기되기 시작한 생태학이 지역사회의 정책을 수립하는 데 불가결의 분야로 되고 있다는 점이다.[107] 이것은 근대화 이후의 자연관에 대한 인간의 사고방식의 전환과도 관련된다. 즉 자연을 인간을 위한 이용 대상물로서가 아니라, 인간과의 조화 속에 공존할 수 있는 방도를 찾게 된 것이다. 이와 같은 생태학의 전개와 함께, 최근 유럽 역사학계에서 지역사의 연구가 매우 활발하게 전개되고 있는 것도 주목해야 할 것이다. 그리하여 역사학에 있어서 지역사의 연구는 가장 현저한 경향 중의 하나가 되고 있는 것이다.[108] 특히 일본에서 지역이나 지방에 대한 관심이 학자를 위시하여 정치가들에게 관심을 끌게 된 원인은 무엇일 것인가?[109]

　첫째로, 명치유신 이후, 일관되게 추구하여 온 중앙집권적 국가발전 정책이 내외의 커다란 벽에 부딪히게 된 점이다. 즉 대내적으로는 경제력에 맞지 않는 생활상의 불편에 따른 국민적 불만의 속출과, 대외적으로는 미국과의 무역마찰에서 잘 나타나는 바와 같이 해외와의 경제마찰이다. 민주주의하에서, 이와 같은 내외의 상황변화를 정책담당자는 받아

---

107) 玉野井芳郎, 前揭論文, p.29.
108) 增田四郎, 前揭書, p.23.
109) 成田賴明, 地方自治の法理と改革(東京: 第一法規, 昭和 63), p.249.

들일 수밖에 없게 되었다. 특히 국민 생활상의 불편을 해소하기 위하여, 이제까지와는 달리 국민생활 중심의 정책을 추구할 수밖에 없게 되고 있다. 이를 위하여서는 기존의 중앙집권적 체제로부터 탈피하여, 지방에로 권한을 위양할 수밖에 없게 되고 있다. 결국, 이것은 지방정부의 비중과 역할이 점점 증대해짐을 의미한다. 왜냐하면, 생활행정의 대부분이 지방정부에 의해 이루어지기 때문이다. 그리하여 21세기를 향해 일본이 나아갈 방향으로서, 국민생활의 편익을 위하여서는 지역에 관심을 둘 수밖에 없게 되고 있다.

둘째로, 국민(주민)의 가치관의 전환이다. 경제의 고도성장기에는, 풍요로움, 경제적 효율성, 획일성, 균질성, 민족주의, 규모의 이익 등이 정치·경제·행정 등의 각 분야에서 아주 중요시되어, 제반 정책도 이에 맞도록 이루어졌다. 그 결과, 지역의 독자성·개성·전통·인간성·다양성 등의 가치가 상실되고 말았다. 그러나, 근래에 이르러 국민적 욕구는 고도성장기에 잃어버린 것의 회복을 요구하게 되어, 획일성이라든가 효율성보다도 개성이라든가 다양성, 혹은 인간성이라고 하는 것이 중요시되고 있다. 이와 같은 가치관의 변화 속에서는 멀리 떨어져 눈에 보이지 않는 정부보다도 주민 가까이에 있어 민주적 정당성을 갖는 정부로서의 지방정부에 행정의 중점이 옮겨질 수밖에 없게 되고 있는 것이다.

셋째로, 공해·난개발·물가고 등의 고도성장의 부산물로부터 발생한 여러 문제를 체험한 시민들이 생활방위를 하나의 권리의식으로 자각하는 시민의식이 성숙된 점이다. 그리하여 시민사회가 나타나기 시작한 것이다. 즉 시민운동이 공해반대운동으로 시작되었지만, 그 후 지역의 장래라든가 주민생활에 관계가 있는 정책결정이라든가 행정운영에의 참가를 요구하는 방향으로 전개된 것이다. 그 결과, 지역의 행정은 주민의 입장에서서, 주민중심으로 생각하지 않으면 잘 기능하지 않은 상황이 되어버린 것이다. 이러한 주민중심의 정치·행정은 1970년대 정점이 된 일본의 혁신자치체에서 잘 볼 수 있다. 이와 같은 주민의 권리의식의 향상과 행정에의 참여 지향은, 중앙정부의 행정보다도 지방정부의 행정의 비중을 보다 높여, 권한·재원 등의 강화를 포함한 지역의 통치 주체인 지방정부의 당사자 능력을 확충·강화시키게 된 계기를 만들어냈다.

　　이러한 시대적 요청에 의하여 나타나게 된 지역주의가 일시적인 시대의 유행어로 끝나지 않고, 21세기에 있어서 지방자치의 새로운 이론으로되기 위한 주도원리 혹은 내용은 무엇인가?

4. 지역주의의 주도원리

　　'지방의 시대'의 제창자로서 널리 알려진 나가스(長州一二)는 "국가라고 하는 단위가 커다란 문제 해결에는 너무 작고, 작은 문제 해결에는 너무 크다. 세계·국가·지방 혹은 이에 대응한 인류·국민·시민이라고 하는 세 가지 기준을 어떻게 조합하여 나갈 것인가가 문제이다. 내가 지방의 시대를 주창한 이유 중의 하나는 이러한 문제의식으로부터이다. 그리하여 이제까지 너무나도 국가 중심적인 사고방식으로부터, 세계와 지역을 고려한 균형적인 세계·국가·지방의 관계를 이루어나가야 한다. 결국 '작은 중앙정부, 커다란 지방정부'라고 하는 방향으로 전체적인 행·재정 시스템을 개혁해나가지 않으면 아니 된다. 이것이 집권화에의 역행을 저지하는 최대의 방법일 것"[110]이라고 지적하고 있다. 그리하여 20세기 후반부터 과도한 국가주의에 대한 견제로서 나타나기 시작한 지역중시의 이 새로운 경향은 그 이론화가 시도된지 얼마 되지 않지만, 그 귀추가 주목되고 있다.[111]

　　이러한 시대적 의미를 갖는 지역주의가 한 시대를 이끌어나갈 하나의 이론 혹은 패러다임으로서 기능하기 위한 구체적인 주도원리는 어떤 것이어야 하는가?

　　첫째로, 지배와 복종이라는 관계로부터 자립을 지향하여야 된다. 즉 중앙과 지방과의 사이에 계층제의 원리가 배제되어야 한다는 것이다. 한

---

110) 長州一二, 前揭書, pp.6-8.

111) 지역에 대한 중시 경향은 미래학자들 사이에서도 보여지고 있다. 이에 대하여서는 다음의 문헌 참조. 앨빈 토플러, 李揆行 監譯, 전쟁과 반전쟁(한국경제신문사, 1994); 피터 드러커, 李在奎 譯, 자본주의 이후의 사회(한국경제신문사, 1994).

국이나 일본에 있어서의 중앙과 지방과의 관계는 이제까지 지배-복종의 관계였다고 해도 과언이 아니다. 중앙권력과 지방권력과의 관계, 중앙문화와 지방문화와의 관계, 혹은 대기업의 본사가 있는 대도시와 지사와의 관계 등등 그러한 상황은 쉽게 볼 수 있다. 지역주의는 이와 같이 광범위하게 퍼져 있는 집권하의 지배=복종 관계로부터 탈피하여 지역의 자립을 추구하고자 하는 것이다. 이것은 지역만의 노력으로 이루어지는 것이 아니다. 현행의 여러 국가적 제도의 폭넓은 재편성이 수반되어야 한다. 그러한 측면에서 마쯔시타(松下圭一)가 추구하는 헌법이론의 재편성 시도는 매우 의미깊은 것이라고 할 것이다. 즉, 그는 헌법이 이제까지 '국가통치의 기본법'으로 작용하였는데, 앞으로는 '시민자치의 기본법'으로 헌법이론이 재편성되어야 한다고 주장하고 있다.[112]

지역의 자립은 중앙에의 의존으로부터의 탈피를 지향하고 있기 때문에, 지역산업을 중시하고 지역의 내발적 발전을 지향한다. 이러한 자립에의 노력들은 그 자체로서 주민 자신에 의한 지역의 새로운 전망을 낳게 하고, 지역생활에 활력을 불어넣기도 한다. 이 점에서 본다면, 지역의 자립이라고 해도 그 전개의 형태는 그 지역이 품고 있는 문제라든가 역사적·문화적 사정에 의하여 다양하다.

둘째로, 내발적이지 않으면 아니 된다. 지역주의하에서의 발전은, 종래와 같이 밖이나 위로부터 내려오는 방법이 아니라, 각각의 지역사회의 자연적·문화적 환경 속에서 당해 지역사회 구성원이 갖고 있는 활력을 기초로 하면서, 그 사회·경제가 가지고 있는 자원을 활용하는 형태로 전개되어야 한다. 즉, 그 사회의 내부적인 힘에 의하여, 자주적으로 주권을 행사함과 동시에 스스로의 가치관에 의해 미래를 전망할 수 있는 그러한 발전을 말한다.[113] 이때에 무엇보다도 중요한 것은 주민 의식의 변화이다. 종래와 같은 중앙의존으로부터 탈피하여, 자신들의 힘에 의하여 생활환경을 변화시키고자 하는 의식의 전환이 있어야 한다.

---

112) 松下圭一, 市民自治の憲法理論(東京: 岩波書店, 1980) 참조.
113) 西川潤, "內發的發展論の起源と今日的意義", 鶴見和子·川田侃 編, 內發的發展論 (東京: 東京大學出版會, 1989), pp.13-14.

여기에서 말하는 '내발적'이라고 하는 표현은, 비교적 최근에 나온 말이다. 니시가와(西川潤)에 의할 것 같으면, '내발적'이라는 말은, 스웨덴의 하마쇨더 재단이 1975년 유엔 특별총회에서 행한 보고서 '무엇을 해야 되는가'에서, 또 다른 하나의 발전(another development)이라는 개념을 제기했을 때, 그 속성의 하나로서 '자력갱생'(自力更生)과 함께 사용한 것이 최초라고 한다.[114] 그 후, 오모파다카(Jimoh Omo-Fadaka)는 'Development from Within'이라고 하는 논문 속에서 발전도상국의 발전정책에 잘못이 있다고 하면서, 발전의 돌파구는 밖으로부터가 아니라, 내부로부터 시작되지 않으면 아니 된다고 주장하고 있다. 즉 제2차세계대전 이후 발전도상국에서는 빈곤의 악순환을 타파하기 위하여 서양을 모델로 하는 산업화 정책을 추구하여 왔던 것이다. 그런데 이것이 결국은 고도의 중앙집권적·관료적·권위적 사회를 구축하고 말았다는 것이다. 그 결과, 제3세계 대부분의 국가는 끊임없는 빈곤 상태에서 헤어나지 못하고 있다. 따라서 이 빈곤상태로부터 탈피하기 위해서는 근본적인 새로운 철학이 필요하다. 그는 이 새로운 철학을 '역공리주의'(逆功利主義: inverted utilitarianism)라고 부르고 있다.

이 새로운 역공리주의하에서는 인간의 고통을 극소화하는 방향에서 사회를 재구축함과 동시에 발전의 척도로서 경제발전을 수정하여야 하는바, 그 중점은 '돈'이 아니라, '인간'이어야 한다. 그리하여 경제발전이나 기술은 사회적 필요에 따라야 한다는 것이다. 그러기 위하여 발전의 기본적 방향을, 자립과 사회정의, 그리고 다양성에서 구하고 있기 때문에, 모든 분야에서의 분권화를 주장하고 있다.[115] 오모파다카의 논문과 거의 동시기에 쓰루미(鶴見和子)는 '국제관계와 근대화·발전론'이라는 논문 속에서 내발적 발전론을 주장하고 있음도 주목할 만하다.[116]

한편 정책의 일환으로서의 내발적 발전은 특정 지역주민이 그 지역

---

114) 上揭論文, p.3.

115) Jimoh Omo-Fadaka, "Development from Within", *Dialogue*, 1979.2, pp.58-64.

116) 鶴見和子, "國際關係と近代化·發展論", 武者小路公秀·獵山道雄 編, 國際學-理論と展望(東京: 東京大學出版會, 1976) 참조.

의 자연생태계와 문화전통에 의거하여 만들어내는 지역발전의 방법을, 정부가 그 정책 속에 받아들이는 경우를 말한다. 그러한 예는 일본의 고도성장기에 과소화된 농촌을 활성화시키기 위하여, 지역주민이 자발적으로 일으킨 '마을부흥운동'을 지방정부가 받아들인 예에서 볼 수 있다. 오이타켄(大分縣)의 일촌일품(一村一品)운동은 그 대표적인 예라고 할 수 있을 것이다.[117]

셋째로, 의사결정의 자율성의 확보이다. 의사결정의 자율성이란 주민이 자신이 살고 있는 곳에서, 자신에게 영향을 미치는 제반문제에 대하여 발언권이 얼마나 있느냐 하는 문제에 관련된다. 즉 지역사회가 품고 있는 제문제의 해결을 위한 의사결정과 운영에의 참가이다. 이와 같은 지역문제에의 참가가 가능하기 위해서는 무엇보다도 분권이 그 전제가 되어야 한다. 그러한 측면에서 지방분권은 지역주의의 핵심 구성요소이다.

현대 자본주의 국가에서와 같은 고도의 중앙집권체제하에서 지방정부는 보조금·인사에의 관여·각종 지침 등에 의하여 중앙권력에 종속되어, 독자적인 재량이라든가 권한은 매우 한정되어 있는 실정이다. 지역사회와 주민생활의 대부분이 지방정부의 자치역량과 기능에 의하여 좌우된다는 것을 고려한다면, 이러한 중앙집권적 체제하에서는 바람직한 지역주의의 전개를 기대하기 어렵다. 따라서 문제는 어떻게 하여 현실의 집권적인 기구를 변혁시켜 지방정부로 분권화시키며, 이를 확립시켜 나갈 것인가 하는 것이다.

지역주의하에서는 기본적으로 지역사회에 관한 독자적인 지역정책 및 일상적인 주민생활에 관계되는 행정시책에 대한 설계와, 그 결정 및 실시의 권한이 해당지역의 종합적인 관리주체인 지방정부에 맡겨져야 할 것이다. 이 경우에 권한만이 보장되어서도 아니 된다. 그 권한이 실질적으로 되기 위해서는 재정적 조치, 즉 재원이 확보되지 않으면 아니 된다. 그리하여 결국은 지방분권은 지방정부와 중앙정부와의 재원배분 문제로 귀착되고 만다.[118] 더욱이 오늘날에 있어서 지방정부에 직접 영향을 미

---

117) 鶴見和子, "內發的發展論の系譜", 鶴見和子·川田侃 編, 前揭書, p.55.
118) 山本英治, 前揭論文, p.18.

치는 중앙정부의 제반 시책이라든가 법률의 제정과정에, 관련되는 해당 지방정부의 참가를 요구하는 소위 말하는 '지방정부의 국정참가'가 주장되고 있는 사실도 염두에 두어야 할 것이다.[119]

　넷째로, 자연관에 대한 태도의 변화이다. 이제까지와 같은 지배적인 경제성장 우선적인 발전 전략하에서 자연은 항상 인간을 위한 개발의 대상으로서 간주되어 왔다. 즉 자연과 인간과를 연계시키는 생명의 순환시스템(생태계)이라고 하는 개념은 거의 고려되지 않았던 것이었다.[120] 너무나도 인간중심적인 사고방식이 팽배하여, 인간도 자연의 일부라는 인식보다도 자연환경은 극복되어야 할 대상으로서 간주된 경향이 강하였다. 그리하여 인간은 대지에 뿌리박은 생명의 근원으로부터 점점 더 멀어져 가고 있다는 것이다.[121] 더욱이 근대 이래의 과학문명의 발달은 이러한 경향을 더욱 강하게 하였다. 이러한 상황에서 자연은 객체화되어 인간을 위하여 존재한다고 하는 자연관이 지배하게 되고 만다. 그러나 노자라든가 간디의 사상에서 보이는 바와 같이, 동양에서는 자연과 인간의 조화라고 하는 사상적 흐름이 끊임없이 이어져 내려오고 있는 것이다.

　이와 같은 자연중시의 사상은 서구의 사상가에게도 영향을 미쳐, 종래의 자연관에 대하여 커다란 변화를 일으키게 하고 있다. 여기에다가 공업화의 진전에 따른 심각한 공해문제라든가 자연파괴 상태는 인류의 생존 그 자체를 위협시켜, 환경보존의 문제가 인류사회 전체의 과제로서 대두되고 있는 것이다. 이러한 문제의식을 누구보다도 민감하게 체험한 사람들이 현장에 살고 있는 지역주민이라는 것은 두말할 필요도 없을 것이다. 공해문제를 둘러싼 주민들의 소송이나 저항이 그 좋은 예이다.

　그리하여 종래와 같은 개발 위주의 정책으로부터 자연보호의 차원도 고려한 환경친화적인 지역개발정책이 요구되기에 이른 것이다. 이는 결국 정책을 결정할 때에, 현지의 상황이 중요한 고려사항이 되어 생태론

---

119) 그러한 예는 독일의 일부 州에서 이미 시행되고 있으며, 일본에서는 神奈川縣에 그 도입을 위한 시도가 가장 활발하게 논의되고 있다. 이에 대하여서는 다음의 문헌 참조. 神奈川縣, '國政參加'制度の構想-新たな國·自治體關係を求めて-, 昭和 58.

120) 西川潤, 前揭論文, p.29.

121) 이창주 역, 위기의 지구(삶과 꿈, 1994), p.11.

의 문제가 보다 크게 대두되고 있음을 나타낸 것이다. 생태학에 대한 관심의 증대는 다름아닌 쾌적한 환경에 대한 요구이다. 그리하여 쾌적한 환경(amenity)은 앞으로 지방정부가 정책을 수립하는 데 있어서 중요한 가치 전제가 되리라 생각된다.[122]

다섯째로, 방법론의 전환이다. 지역주의는 통상 과학이 취하여온 이제까지의 방법과는 달리, 향토사회로부터 출발하여 지역사회·국가, 그리고 국가를 넘는 지역으로 올라가는 상향적 방법을 취하고 있다. 이는 개별로부터 보편으로 나아가는 방법이며, 따라서 방법론상의 중요한 전환이 되기도 한다. 이는 사회과학에 있어서의 패러다임의 전환을 의미하기도 한다. 그러나 지역주의는 과학이론의 요건을 아직은 완비하였다고 하기가 어렵기 때문에, 쯔루미(鶴見和子)가 말하는 원형이론(原型理論)의 단계에 있다고 할 수 있을 것이다.[123]

이러한 방법론의 전환과 함께 지역주의에 있어서 주의할 점은, 연구대상의 단위로서의 중간 혹은 매개(intermediate)의 강조이다. 지역주의는 원래 근대화의 한계에 직면하여, 근대화를 상대화시키고자 하는 것으로부터 출발한 것이다. 그렇다고 하여 바로 지역주의를 반근대주의로 보는 것은 잘못이다. 오히려, 근대주의와 반근대주의의 '중간'에 서서, 양자를 매개하고 생태계에 익숙한 생산과 생활의 장으로서의 지역을 종합적으로 새롭게 파악하고자 하는 입장을 취하는 것이 지역주의이다. 그럴 경우, 지역주의에서의 '중간'의 의미는 무엇인가? 이에 대하여 여러 각도에서 논의되고 있지만, 여기에서는 다음의 네 가지 문제영역을 설정하고자 한다. 즉 ① 중간구조, ② 중간조직, ③ 중간계층, 그리고 ④ 중간기술의 영역이다.[124] 이들 네 영역은 상호간에 내적으로 밀접한 관련을 가지고 있기 때문에, 지역주의에 의한 지역의 재창출을 보다 원활하고 가속화시키기 위하여는 동시에 검토되어야 할 문제이다.

---

122) 村松岐夫, 地方自治(東京: 東京大學出版會, 1988), pp.203-204.
123) 鶴見和子, "原型理論としての地域主義", 鶴見和子·新崎盛暉 編, 前揭書, pp.260-265.
124) 淸成忠男, 前揭書, pp.45-46.

5. 지역주의와 지방자치

오늘날 자본주의 국가이든, 사회주의 국가이든 간에 어느 체제도 여러가지 문제에 직면하여 그 한계를 극복하고자 다양한 방책을 강구하고 있다. 지역주의는 그러한 여러 시도 중의 하나로서, 근대화와 중앙집권이 잉태한 제반 문제를 극복하고자 하는 시대적 요구에 따라 나타났으며, 점차로 하나의 사상으로서 그 위치를 잡아가고 있다고 말할 수 있다. 이러한 배경과 주도원리를 갖는 지역주의는 지방자치와는 어떠한 관계가 있는가를 고찰해 보고자 한다. 즉, 지역주의하에서 지방정부는 무엇을 지향하여야 하는가 하는 것이다.

한 지역의 관리주체로서의 지방정부는 그 지역에 살고 있는 주민을 위하여 여러 정책을 강구하여야 한다. 왜냐하면 지방정부의 존립근거는 그 지역에 살고 있는 주민으로부터 나오기 때문이다. 지방정부가 주민을 위하여 무엇인가의 일을 하고자 할 때, 그 일을 할 수 있는 자율성이 지방정부에 주어져야 한다. 즉 지방정부가 자기의 책임하에서, 독자적인 판단에 기초하여 자주적인 정책이 가능하도록 하는 권한과 재원의 확보가 그 전제조건임은 두말할 필요가 없다. 더욱이 오늘날은 범 지구적으로 관심이 고조되고 있는 환경보호의 문제도, 주민의 생명과 생활에 커다란 책임을 지고 있는 지방정부에 있어서는 더욱이 그 중요성이 더해 가고 있다. 이러한 지방정부의 역할과 기능을 고려한다면, 지역주의의 주도원리는 지역의 관리주체이어야 할 지방정부에 있어서도 매우 중요한 지침이 될 수 있을 것이다.

1) 주민운동으로부터 시민참가에로

20세 후반부터 지방정부에 지역의 문제를 특히 인식시키게 된 계기는 무엇일 것인가? 이것은 독점자본주의가 고도로 발전한 결과, 지역의 생활공간이 파괴되고, 거기에 살고 있는 당해 지역주민의 생명과 생활이 위협받게 된 때문이다. 여기에서 주민들은 자신을 둘러싸고 있는 주위

환경에 눈을 돌리고, 자기 자신을 지키고자 하는 자각하에서 주민운동이 시작되기에 이른 것이다. 다시 말한다면, 주민운동은 지역에서의 소비생활을 하는 과정에서 '공통의 모순=생활곤란'을 계기로 일어난 주민들의 자발적인 운동인 것이다. 그러한 의미에서 주민운동은 생명과 생활의 위기에 직면하여, 생존권·생활권을 지키기 위한 운동이라고도 할 수 있다.[125] 그리하여 주민운동은 최근 지방행정 분야에서 가장 관심을 끌고 있는 분야이기도 하다. 이러한 주민의 자각은 정치에도 영향을 미쳐, 지방정부는 기존의 중심과제였던 '중앙직결의 정치'에서 '주민직결의 정치'에로 바꿀 수밖에 없는 상황이 되고 있다.

주민운동은 이러한 재산권의 자유로운 행사, 즉 자본축적활동에 의하여 제기된 생활 제조건의 악화에 직면하여, 주민 자신이 스스로 자기 생활환경을 지키고자 하는 생존권 혹은 생활권의 보호 차원에서 출발한 것이다. 이는 다른 측면에서 본다면, 대의제 민주주의가 지역환경의 변화에 수반하는 주민의 요구에 적절하게 대응하지 못했음을 의미하기도 한다. 즉, 정치·행정이 주민측이 품고 있는 제 문제에 대하여 충분하게 작동하지 못한 결과라고 할 수 있을 것이다. 따라서, 주민운동은 정치·행정측의 대처미숙에 대한 항의적 입장에서, 정치·행정과의 대결을 취할 수밖에 없었던 경우가 적지 아니하다. 여기에 덧붙여, 도시화는 주민이 그 권리의 주장을 용이하게 할 수 있는 조건을 만들어 냈고, 이것이 주민운동의 발전을 지탱하고 있는 사실 또한 무시할 수 없는 것이다.[126] 이러한 상황에서 발생한 주민운동은 그 배경이 직접적으로는 기업활동에 기인하는 생활조건의 악화로부터 시작되었다고 할지라도, 그 책임 소재가 문제가 될 경우에는 기업만의 문제가 아니라, 그 지역의 관리주체인 지방정부에도 그 책임을 추궁하기에 이르러, 그 대부분이 정치·행정에의 참가로 발전하고 있다. 여기에서 주민운동은, 운동에 머무르지 아니하고, 다음 단계인 시민참가로 나아가게 된다. 따라서, 시민참가는 어떤 면에서는 주민운동과 중복된 면이 없지 않지만, 정치라든가 행정에의 참가라고

---

125) 遠藤晃, "住民自治と住民運動", 法律時報, 第44卷 第4號, 昭和 47, p.17.
126) 佐藤竺, 轉換期の地方自治(東京: 學陽書房, 昭和 51), pp.48-49.

하는 점에서 독자성을 갖는다.[127]

원래, 정치·행정에의 시민참가는 일반화되어 있는 것도 아니며, 따라서 어떠한 정식(定式)도 확립되어 있지 아니하지만, 사회변화에 수반하여 시민참가의 필요성이 더욱 중요시되고 있는 것만은 부인되기 어려운 실정이다. 첫째로, 행정기능의 확대에 수반하여, 각종 행정수요의 우선순위를 결정한다든지 혹은 시민적 이해를 조정하기 위해서도 시민참가가 필요하다. 그리하여 이해와 관련있는 시민들의 참가에 의한 공동결정의 중요성이 증대하고 있다. 둘째로, 시민의식의 변화라든가 행정관이 전환되고, 거기에 따라 지방행정에 대한 시민들의 발언권이 증대하거나 보다 양질의 행정서비스가 요구됨에 따라, 시민참가가 더욱 중요시되고 있다. 셋째로, 행정의 전문화에 따른 독선화를 저지할 필요성이라든가, 의회제도의 한계를 보완하기 위해서도 시민참가가 필요하다.

이상과 같은 필요성으로부터 시민참가는 행정 결정 과정에의 참가를 의미하고, 그러한 점에 있어서 행정과 주민에 의한 결정의 공유화라고도 할 수 있다. 다만, 시민참가는 그 한계에 직면한 대의제 민주주의에 대한 중요한 보완책의 하나이지, 그 전부가 아니며 대의제 민주주의에 대신하는 것은 더더욱 아니다.[128]

2) 지역주의하에서의 지방자치의 진로

주민운동의 발생과 시민참가에의 요청은 이제까지 정부측에 독점되어온 공적 분야에서의 시민과의 결정권의 공유를 의미하며, 그러한 면에서 주권자로서의 시민적 권리의식의 자각이라고 말할 수 있다. 시민적 자각은 멀리 떨어져 있는 중앙정부보다는 시민 자신의 가까이에 있는 지

---

127) 주민운동과 시민참가와의 구별에 대하여는, 먼저 주민운동이라고 하는 경우, 대체로 하나의 지방정부 내에 있는 지역민들이 자신들의 주위 문제의 해결을 위하여 해당 정부에 대하여 어떠한 형태로든가 영향력을 시도하고자 하는 것이라고 할 수 있다. 반면 시민참가는, 이러한 주민운동이 해당 지방정부의 전 영역으로 확대되어, 전시민적 관심의 대상이 되는 경우를 말한다. 따라서 주민운동이 반드시 시민참가의 단계로 발전한다고는 볼 수 없다. 이러한 견해는 요리모토(寄本勝美)에게서도 읽을 수 있다. 寄本勝美, 自治の現場と'參加' ― 住民協動の地方自治(東京: 學陽書房, 1989) 참조.

128) 佐藤竺, 前揭書, pp.50-51.

방정부의 역할과 중요성을 부각시켰다. 그 속에서 지방의 시대라든가 지역주의가 주창되고 있지만, 이들 지역 중시의 흐름이 단순한 하나의 슬로건에 그치지 아니하고, 내실있는 하나의 패러다임으로 되기 위하여서는 어떠한 내용을 가져야 할 것인가? 여기에서 무엇보다도 중요한 것은 제반 시스템에 있어서의 분권의 실현이다. 그러나 지방분권이 의미하는 내용은 다의적이다. 오늘날 지방분권을 주장하는 소리는 점점 높아지고 있지만, 그 의미하는 바는 논자에 따라 다소의 차이가 있다.129) 여기에서는 다원적인 정치·행정 시스템을 전제로 하면서, 지역주의하에서의 지방정부가 지향해야 될 바에 대하여 고찰해 보고자 한다.

첫째로, 주민요구에의 적극적인 대응이다. 주민요구는 행정측에서 본다면 행정수요이다. 행정수요라고 하는 것은, 행정에 의하여 해결되도록 기대되는 당해 지역민의 제반 요구이다. 이 행정수요는 구체적으로 표출되는 주민의 요구뿐만 아니라, 주민들 마음 속에 행정이 해결해 주기를 바라는 잠재적(潛在的) 수요도 포함되어야 한다.130) 그러나 주민에 의하여 해결되기를 바라는 현재적·잠재적 수요가 전부 행정수요로 되는 것은 결코 아니다. 주민적 요구가 공익에 합치하고, 행정당국에 의하여 받아들여질 때 행정업무의 대상이 되는 것이다.

오늘날 주민의 요구는 다양하며, 거기에 대응하는 행정수요도 양적·질적 면에서 복잡화됨에 따라, 고도의 기술성과 전문성이 요청되고 있는 실정이다. 그리하여 현대국가의 행정문제가 대부분 그러하듯이, 지방정부도 쉽게 해결하기 어려운 난해한 행정수요에 직면하고 있는 것이다.131) 최근 사회적으로 커다란 관심을 일으키고 있는 교통문제·환경문제·상하수도 문제·노인문제·쓰레기 문제·자연보호 문제 등등은 지방정부에 있어서 무엇보다도 중요한 영역으로 되고 있으며, 그 해결을 위해

---

129) 正村公宏, "'地方の時代'の方法論", 現代のエスプリ176: 地方の時代(東京: 至文堂, 昭和 57), p.78.

130) 崔鳳基, "地方行政 需要變動과 行政對應 機能 强化方案", 地方化와 政策課題, 啓明大學校社會科學研究所 編, 1986, p.79.

131) M. M. Harmon & R. T. Mayer, *Organization Theory for Public Administration*(Boston: Little, Brown and Co., 1986), pp.9-11.

서는 고도의 기술성과 전문성이 요구되고 있다. 동시에 시민적 협력이 없으면, 행정만으로는 해결되기 어려운 문제이기도 하다. 따라서 지방정부측에서도 주민의 요구를 정확히 파악하여 이를 행정에 반영시킬 수 있는 준비를 하지 않으면 아니 된다. 주민들은 자신들의 요구가 행정에 받아들여진다고 여겨질 때, 몸소 협력할 것이라는 것은 당연하기 때문이다. 이를 위해서 지방정부는 지역주의하에, 종래와 같은 중앙의존적인 입장에서 탈피하여, 주민적 입장에서 정책을 전개하여 나가도록 해야 될 것이다. 그리하여 이제까지 중앙정부→광역정부→기초정부→주민이라고 하는 상의하달적인 시책으로부터 주민→기초정부→광역정부→중앙정부라고 하는 하의상달적 방식에 의하여 정책이 결정되어야 할 것이다. 이와 같이 정책결정에 관한 발상이 전환될 때야말로, 진정한 주민적 요구가 파악될 수 있고, 따라서 주민을 위한 정치·행정이 가능하게 될 것이다.

둘째로, 공개 행정의 전개이다. 오늘날에 있어서의 행정업무의 효율적인 처리를 위해서는 주민의 협력이 필요하다. 주민들이 행정에 협력하기 위해서는 행정에 대한 지식이 선행되어야 한다. 주민운동으로부터 시작된 시민참가가 그 실효를 거두기 위해서는 지역사회에서 무엇이 일어나고 있는가를 알고 있지 않으면 아니 되며, 그 전제로서 주민이 가능한 한 올바른 정보를 가지고서 자치행정에 접근할 수 있도록 정보의 공개가 이루어져야 된다. 더욱이 주민생활과 직접적인 관계가 많은 지방행정에는 더욱 그러하다고 할 것이다. 공행정은 사행정과는 달리, 투명유리(glass bowl) 속에서 이루어져야 한다는 것을 고려한다면, 공개행정이야말로 건전한 행정에 이르는 지름길이라고 할 것이다. 그리하여 공개행정이 이루어질 때, 주민은 주권자로서의 제 역할을 충분히 수행하여, 행정을 통제·감시할 수 있게 되어 행정이 '주민의'·'주민에 의한'·'주민을 위한' 행정이 될 수 있게 된다.

정보공개라는 측면에서 오늘날 정부 수준에서 제정되고 있는 정보공개 관련 법률은 주민에게 있어서 알 권리의 실현이라는 측면에서 커다란 역할을 수행하고 있다. 그러나 정보를 공개함에 있어서 고려하지 않으면 아니 되는 것은, 행정정보를 공개하는 것만으로 그쳐서는 아니 되고, 일단 공개된 정보가 누구나 알기 쉽도록 하는 방도를 강구하여야 할 것이다. 왜냐하면 행정정보 속에는 전문적인 용어가 많아, 일반 시민들이 이해하기 어려운 것도 많기 때문이다. 따라서 일단 공개된 자료를 일반 시민들이 알기 쉽도록 하는 재해석의 작업이 필요하다.[132] 그러할 때, 시민들은 비로소 공개된 자료를 바르게 이해하고, 공개의 의미를 살릴 수 있게 될 것이다.

셋째로, 주민복지의 실현이다. 지방정부 수준에서의 행정은 거기에 살고 있는 지역주민의 생활과 밀접한 관계를 가지는 것이 대부분이다. 그러한 의미에서 지방정부가 취급하고 있는 업무, 즉 지방행정은 생활행정이라고도 말할 수가 있다. 생활행정이 중요시되는 곳에서는, 예전과는 달리 '성장·산업'으로부터 '복지·생활'에로 그 중점이 바뀌고 있다는 것은 움직일 수 없는 사실이다. 이처럼 정책목표체계에서의 우선순위의 전환은 지방행정에서 더욱 현저하다. 그러한 의미에서 '복지의 시대'는 불가피하게 '지방의 시대'를 요구하게 된다. 다시 바꾸어 말한다면, 근대화의 추구라는 미명하에 너무나도 강조하였던 '경제 우선주의'라든가 '물질중심주의'에 대신하여, '생활 우선주의'와 '인간 존중주의'가 강조되고 있음을 의미하기도 한다.[133] 이와 같이 주민의 생활과 복지가 중요시될 때, 정책 공준(公準)으로서의 시빌 미니멈(civil minimum) 이론은 하나의 주요 척도로서 음미해 볼 가치가 있다고 할 것이다.[134]

넷째로, 지역교육의 중요성이다. 지역이 지역으로서의 독자성과 자신을 갖기 위해서는 자기 지역에 대한 역사와 문화를 알지 않으면 아니 된다. 그러한 면에서 지역의 역사나 지리에 대한 연구가 지방교육에 있어서 중시되어야 할 것이다. 이 경우에 편협적인 향토교육이 되어서는 아니 되고, 국민적 전망을 고려한 타지역과의 비교 가능한 교육이 되어야 한다. 이와 같은 맥락에서 대학교육에 있어서도 기존의 교과서 교육

132) 佐藤竺·松下圭一との對談, "地方の新時代と國政改革", ジュリスト總合特集 No.10: 地方自治の可能性(東京: 有斐閣, 1980), p.136.

133) 松原治郎 編, 前揭書, p.4.

134) 정책공준으로서의 시빌 미니멈에 대해서는 다음의 문헌 참조. 松下圭一, シビル. ミニマムの思想(東京: 東京大學出版會, 1977).

외에, 생생한 지역주의의 교육이 될 수 있는 방안들이 강구되어야 할 것이다.[135] 최근 유럽 역사학 연구에 있어서, 지역사의 연구에 대한 강조는 유럽에서의 분권적 흐름의 기본 틀과 함께 한국사회에 매우 중요한 시사를 보여주고 있다. 지역주민에게 자신이 살고 있는 지역에 대한 자긍심을 갖도록 하기 위하여, 지방정부는 각 레벨의 학교교육 담당자와 제휴하여, 당해 지역의 문화라든가 전통의 발굴·보존·창조를 위하여 다양한 방책과 시책을 강구하지 않으면 아니 된다. 더욱이 생애교육이 중요시되고 있는 오늘날, 학교교육뿐만 아니라 사회교육에도 관심을 가지고서 폭넓게 교육정책을 검토하여야 할 것이다. 특히 주시하여야 할 것은 사람들의 문화와 학습 지향성이다. 어느 지역에 가 보아도, 젊은이로부터 노령자에 이르기까지 매우 높은 학습 지향과 전통예술이라든가 지역문화의 발굴이나 재건, 혹은 새로운 지역문화의 창조라고 하는 점에 아주 강한 관심이 주어지고 있다는 사실이다. 거기에는 사람들이 무엇인가를 배워 내면화시킴으로써 인간으로서의 보다 향상되고 충실된 삶을 영위하고자 하는 의지가 잠겨져 있는 것이다.[136]

　　다섯째로, 문화행정의 요청이다. 지역교육의 중요성에 대한 인식과 함께, 지방정부 수준에서 관심을 갖기 시작한 '문화행정'도 주목해야 할 것이다. 이제까지 지방정부의 행정은 양적인 면에 치중하여, 질적 측면에는 그다지 커다란 관심을 두지 아니한 경향이었다. 그러나 지역주의가 도래하고, 정책목표 순위에도 커다란 전환이 요구되는 등 행정에 있어서도 질의 문제가 대두되고 있다. 질적인 문제가 대두됨으로써 이제까지 관례답습적이고 고정적이었던 양 중심의 행정체질로서는 새로운 수요에 효율적으로 대응하기 어렵게 되어, 행정 자체의 질이 다시금 문제되고 있는 것이다. 이것은 행정 내부에서 문화를 담당하는 부국(部局)만의 문제는 아니다. 지방정부 전체의 체질 변혁과 향상에 관한 문제이다. 이를 위해서는 무엇보다도 먼저 '행정' 자체를 어떻게 하여 문화적으로 꾸려나갈 것인가 하는 것이 중요시된다. 거기에서 '행정의 문화화'라는 단어가 생

---

135) 玉野井芳郎, 前揭書, p.10.
136) 松原治郎 編, 前揭書, p.7.

겨나기에 이른 것이다. 이것은 '문화'를 행정의 일부 局(課)이 담당하여 취급하는 그러한 문제가 아니라, '행정' 전체를 상대로 '문화'라는 측면에서, 행정의 질적인 재고를 총체적으로 변혁시켜 나가고자 하는 것이다.[137] 일본에서 당초 광역정부 레벨에서 시작한 이러한 문화행정의 파고(波高)는 기초정부에는 물론 중앙정부에까지 파급되고 있으며, 그러한 실천적 운동은 '마을가꾸기운동'에서 잘 보이고 있다.

여섯째로, 자연보호와 쾌적한 환경에의 요구이다. 스톡홀름의 평화전략연구소(SIPRI)가 현대 문명사회가 직면하고 있는 위기로서 환경문제를 열거하고 있듯이,[138] 환경문제는 이제 전인류적 관심사가 되어버린 것이다. 이 문제의 심각함은 1990년 미국 휴스톤에서 열린 선진국 정상회담이나, 1992년 브라질 리우에서 열린 지구환경정상회의에서 잘 보여주고 있다. 그런데 환경문제는 처음에는 지역의 자연적·사회적 특성에 따라 각기 다른 양태를 보여주면서 하나의 지역문제로서 대두되었다. 그리하여 지방정부 수준에서, 지역민의 생명과 생활을 지키기 위하여 먼저 인지되기 시작하여, 중앙정부에 앞서 그 해결을 모색하고자 하였다는 것은 주지의 사실이다.[139] 지방정부는 행정의 제1선에 있기에, 주민생활의 불편이라든가 환경의 변화에 중앙정부보다도 먼저 민감하게 대응할 수밖에 없는 것이다. 더욱이 오늘날은 환경파괴의 원인이 종래와 같이 산업공해뿐만 아니라, 도시생활형 공해도 무시할 수 없게 되고 있기 때문

---

137) 田村明, "文化行政とまちづくり", 田村明·森啓 編, 文化行政とまちづくり(東京: 時事通信社, 昭和 60), pp.6-7.

138) 原剛, 地球環境の危機と地方自治, 自治總研ブックレット20, 地方自治總合研究所 編, 1990, p.3.

139) 환경문제에 대하여 중앙정부보다 지방정부가 선구적 정책을 실시한 예는 일본에서 찾을 수 있다. 일본에서는 경제발전에 수반한 환경문제가 먼저 지역적 수준에서 문제로 제기되었다. 그리하여 지방정부 독자적으로 공해방지 조례를 제정하여 지방정부가 해당 지역민의 건강과 생명을 지키고자 하였던 것이다. 즉 1969년 東京都의 '東京都工場公害防止條例' 제정 이후, 大阪府·神奈川縣 등 전국 각지에서 공해방지 조례가 제정되기 시작하여, 1970년에는 모든 광역정부에서 공해방지 조례를 제정하기에 이르렀다. 이러한 경향에 따라, 중앙정부 레벨에서도 1970년 소위 말하는 '公害國會'에서 '大氣汚染防止法'. '水質汚染防止法' 등 공해규제법이 정비되기에 이르렀다. 이에 대하여서는 다음의 문헌 참조. 加藤陸美, "地方自治と環境問題", 自治省 編, 自治論文集(東京: ぎょうせい, 昭和 63), pp. 696-697.

에, 더욱더 시민적 협력 없이는 자연보호 문제도 생각할 수 없게 된 상황에 이른 것이다. 이와 아울러 시민들의 환경문제에 대한 관심의 고조도, 당해 지역의 종합적 관리주체인 지방정부의 환경보존에 대하여 관심을 갖지 않을 수밖에 없게 만들고 있다. 그리하여 지역의 개성과 특성에 맞는 환경행정의 전개가 요청되고 있으며, 따라서 시민 가까이에 있는 지방정부의 역할이 더욱 증대되고 있는 실정이다.[140] 이러한 자연보호와 쾌적한 환경에의 요구는 이제까지 너무나도 범람한 도시주의라든가 인공주의에 대한 반성으로서의 전원주의라든가 자연주의의 강조로서 나타나고 있다.

　　여기에 덧붙여 이제까지 너무나도 과도하게 추구하여 온 물질문명이 진정으로 인간의 행복을 가져오는 데에 도움이 될 것인가 하는 의문이 생긴 것도 자연관에 대한 변화를 가져온 주요한 계기가 된다. 특히 체르노빌 원전사고와 후쿠시마 원전 사고를 계기로 개발보다도 보존, 물질적 풍요로움보다는 정신적 풍요로움을 요구하는 국민적 소리가 더욱 거세지고 있다. 쾌적한 환경에 대한 요구는 그 단적인 예라고 할 수 있을 것이다. 여기에서 주의할 것은, 과거 사회상황에 대한 단순한 반대로서의 자연주의가 아니라, 자연과의 조화를 이루고 풍요로운 생태계를 통하여 인간의 생활환경을 재구축하고자 하는 인간의 의지로부터 환경이 재조명되고 있다는 것이다. 이는 결국, 이것이냐 저것이냐 하는 양자 택일적인 문제가 아니라, 양자를 모두 포괄하는 일종의 균형 논리에 근거하고 있는 것이다. 그렇게 될 경우, 인간은 푸른 숲, 맑은 물, 아름다운 거리, 그리고 역사적 아취가 있는 분위기라고 하는 쾌적한 환경 속에서 자신들의 인생을 즐길 수 있게 될 것이다.

---

140) 上揭論文, p.714.

제3장

정부간 관계론(IGR)

제1절 정부간 관계론의 개념

1. 정부간 관계론의 등장 배경

　　근대국가에 있어서 한 나라의 기능은 공적 기능과 사적 기능으로 나누어져 행사되고 있다. 공적 기능을 담당하는 것이 정부요, 사적 기능을 담당하는 것이 가계와 기업이다. 최근에는 이 양자의 장점을 살리고자 하는 의미에서 제3섹터도 등장하고 있다. 한편, 공적 기능은 횡적(橫的)으로는 삼권분립체제에 의해, 그리고 종적(縱的)으로는 중앙정부와 지방정부와의 분담에 의해 수행되고 있는 것이 일반적 경향이다(그림3-1 참조).

<그림3-1> 국가기능의 담당 주체

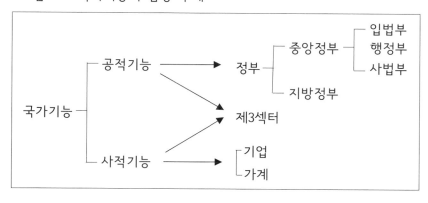

　　그러나 정부시스템으로서 단일시스템(unitary system)을 채택하고 있

는 국가에서는, 종적 관계로서의 중앙과 지방과의 관계를 다루는 경우, 지방자치단체를 하나의 정부단위로서 취급하고자 하는 인식은 매우 희박하다. 그 결과, 중앙과 지방과의 관계에 대해서도 상호 대등하고 협력적인 관계로서 파악하고자 하는 것보다는, 오히려 권력적, 상하 감독적 입장에서 다루어 왔던 것이 일반적 경향이었다. 한국과 일본의 경우가 그 대표적인 예라 하겠다. 그러나 일본의 경우는 전후(戰後)[1] 미점령군(美占領軍)의 민주화 시책에 의해 많은 변화가 있었고, 한국도 소위 '6·10시민항쟁' 이후 민주화 시책에 의해 1991년에 지방의회가 복원되고, 뒤이어 1995년에 단체장까지도 주민에 의하여 직선됨으로써 종래와 같은 일방적인 중앙-지방간의 관계에서 탈피되고 있는 상황이다.

특히 지방자치의 환경이 혁명적인 변화를 겪고 있다고 하는 오늘날,[2] 이러한 사회변화에 따른 대응책으로서 중앙정부도 지방정부에 대한 기존의 관계를 재고하지 않을 수 없는 상황이 되고 있다. 따라서 중앙-지방간의 관계에도 많은 변화가 예상된다. 그리하여 정부간의 역할과 기능, 거기에 따른 조직구조의 재편성이 대두되지 않을 수 없게 되고 있다. 이는 통치시스템, 더 나아가 바람직한 사회를 위한 인식의 전환을 요구하는 변혁의 씨앗을 내포하고 있다고 하겠다. 이러한 변혁에의 요구는 통치시스템의 기본구조에 관계되는 문제로서, 중앙과 지방과의 관계에도 커다란 영향을 미칠 것이라는 것은 쉽게 예상할 수 있다. 만약 오늘날 여러 형태로 나타나고 있는 이 변혁의 물결을 '패러다임의 전환'에 대한 시도로서 파악한다면, 그 핵심 부분은 중앙과 지방과의 관계를 반드시 포함할 것이라는 지적은 음미해 볼 만하다.[3] 이처럼 중앙-지방간의 관계는 오늘날 정치적 현안의 중요한 문제의 하나로서 들 수 있으며,[4] 그 점에

---

1) 일본에서 전후·전전(戰後·戰前)이라 함은 1945년 제2차세계대전에서 일본이 패망한 시기를 기준으로 일컬어지고 있는 용어이다.

2) Diniel R. Grant and C. Nixon, *State and Local Government in America,* 3rd ed.(Boston: Allen & Bacon, Inc., 1975), p.9.

3) 日本都市センター, 地方·國家幹部公務員意識調査—日本の發展方向·地方自治·公務員を考える(昭和 61), p.38.

4) 大森彌, "比較視座における地方政府の研究", 大森彌·佐藤誠三郎 編, 日本の地方政府(東京: 東京大學出版會, 1987), p.37.

서 중앙-지방간의 관계는 정부구조 전반에 걸친 문제라고 할 수 있을 것이다.

한편, 한국에 있어서는 1945년 국가의 독립과 함께 제정된 헌법을 근거로 국민주권을 표방한 민주적 정치시스템이 도입되었다. 그렇지만 이식된 제도로서의 민주주의는, 한국의 역사적인 전통과 맞지 않았을 뿐만 아니라 제도와 현실과의 괴리가 생겨나, 제도로서의 '민주주의'는 많은 우여곡절을 겪게 되었다. 해방 이후, 한국의 민주화 과정은 한국전쟁과 이승만 독재, 4·19학생혁명, 5·16 군사 쿠데타, 유신독재, 5·18민주화운동, 그리고 1987년 6·10시민항쟁 등을 거치면서 제도로서의 민주화 초석은 다져지게 되었다. 그러나 국민의 손에 의한 대통령의 선출과 지방자치의 실시 등 제도로서의 민주주의는 어느 정도 이루어냈으나, 민주적인 정신과 태도는 아직도 몸에 착근되지 않아, 현실의 정치세계에서는 많은 갈등과 문제점을 노정시키고 있다. 그 단적인 예는 1980년대 이래, 한국 최대의 정치적, 사회적 현안으로서 부상하게 된 지역감정의 문제이다. 이 지역감정의 문제는 지역주의로 포장되어 정치논리 속에서 지역주의를 왜곡시키고 있다. 즉 한국의 지역주의는 문화적 정체성에 기반을 둔 프랑스의 지역주의와는 달리 배타적·폐쇄적·이기적 속성을 가짐으로써 지방자치를 왜곡시키는 데 일조하고 있다. 따라서 한국의 지방자치가 제 모습을 찾기 위해서는 정치논리가 아닌 문화논리 속에서 개방적·공존적·경쟁적 지역주의로 발전되어 나가야 한다.5) 이러기 위해서는 제도로서의 민주주의와 함께 양태로서의 민주적 생활양식을 우리 생활 속에 내재화시키는 노력들이 경주되지 않으면 아니 된다.

특히, 지방자치의 부활 이후, 한국 사회에 있어서 중앙-지방간의 관계를 어떻게 볼 것인가 하는 문제는 매우 중요한 정치적 과제이다. 김영삼 문민정권 이래, 지방자치 강화를 위한 제도적 노력들이 이루어지고 있지만, 지역사회에서의 체감온도는 그리 높지 아니하다. 즉, 중앙-지방이라고 하는 문제는 지방정부가 어떠한 업무를 수행하고 있는가 하는 문제일 뿐만 아니라, 국가 전체 시스템 속에서의 각 정부간의 역할과 과제

---

5) 이창훈 편, 한국과 프랑스의 권력구조(신문사, 2005), pp.177-178

는 무엇인가를 이해하는 국가 운영 시스템 전반에 대한 점검이라는 차원에서 이루어져야 한다. 한국은 1987년 '6·10시민항쟁' 이래, 풀뿌리 민주주의의 기초로서 지방자치에 대한 관심이 높아지고, 그 구체적인 실천 방안으로서 분권화 문제가 국정과제로까지 등장하고 있다. 그러나 지방자치의 실시 및 강화를 통치구조의 기본 변화로까지 인식하는 경향은 미약한 편이다. 그리하여 중앙-지방간의 관계를 정부간 관계의 재정립이라는 차원에서의 접근방법은 이루어지지 못하고 있는 상황이다.

　이러한 상황에서 한국 사회가 진정으로 선진 민주주의 국가가 되기 위해서는 주권재민자로서의 국민(주민) 가까이에 권력이 있어야 하고, 권력이 주민 가까이에 있게끔 하는 정치적 제도 중의 하나가 지방자치라는 사실을 인식하여야 한다. 그리하여 민주주의가 발달하면 할수록 지방자치의 강화는 필연적이며, 이는 중앙-지방간의 근본적인 변화를 요구하고 있다. 이러한 사회 변화 속에서 중앙-지방간의 새로운 접근 방법으로서 정부간 관계론이 등장하게 되었다. 여기에서는 정부간 관계론에 대한 이론적 고찰을 살펴 본 후, 하나의 이념형(Ideal Type)으로서 한국에 적합한 정부간 관계의 모델과 접근방법을 모색해 보고자 한다.

2. 정부간 관계론의 정의와 특징

　'정부간 관계'(InterGovernmental Relations: IGR)라는 용어는 원래 통치시스템으로서 연방주의(Federal System)를 채택하고 있는 나라, 특히 미국에서 사용되기 시작한 개념이다. 그러나 이 정부간 관계라는 용어가 언제, 그리고 누구로부터 사용되기 시작하였는가는 확실하지 않다. 일반적으로 미국에서 경제 대공황 이후 연방정부의 기능이 확대되고, 이로 인하여 연방정부와 주정부간의 관계가 급속하게 변화되기 시작한 1930년대부터가 아닌가 추정되고 있을 뿐이다.[6] 그 이후인 1940년대에 들어

---

6) D. S. Wright 교수에 의하면, 정부간 관계라는 용어가 인쇄매체에 가장 최초로 사용된 경우의 하나로서, C. F. Sneider 교수가 1937년 미국의 American Political Science Review 31(October, 1937)에 발표한 논문, "County and Township Government in

서면서 학술지 등에 정부간 관계에 대한 특집이 게재되고,[7] 학자들 사이에서도 정부간 관계론이라는 주제하에 연방과 주, 그리고 지방정부간의 상호작용에 대한 토론이 확대되어 갔다.

　　이러한 경향은 1950년대에 들어서면서 의회가 '정부간 관계'라는 용어를 법률명이나 의회에 의하여 만들어진 위원회의 명칭에 사용하면서 더욱 일반화되었다. 즉 1953년 의회에 의하여 구성된 '정부간 임시위원회'(The Temporary Commission on the Intergovernmental Relations)와 1959년 만들어진 '정부간 관계 자문위원회'(The Advisory Commission on Inter- governmental Relations)가 그 대표적인 경우이다. 의회에 의한 이러한 공식적인 사용, 특히 '정부간 관계 자문위원회'의 구성은 '정부간 관계' 또는 'IGR'이 정부간의 상호작용을 나타내는 일상적인 용어가 되는 데 커다란 기여를 하였다. 어쨌건 미국에서 1959년 '정부간 관계 자문위원회'가 설립된 이래, 미국의 정부 시스템을 연방주의(Federalism)보다도 정부간 관계론(IGR)의 입장에서 파악하고자 하는 움직임이 현저하고, 이러한 정부간 관계를 새로운 형태의 연방주의(New Style Federalism)라고 부르고 있는 경우도 있다.[8] 그리하여 1960년대 이후부터는 정부간 관계라는 용어가 미국정부를 이해하는 데 가장 핵심적인 개념의 하나가 되었다.[9]

　　이와 같이 미국의 연방시스템을 이해하기 위한 수단으로서 등장한 정부간 관계론이 단일국가(Unitary System)인 영국이나 일본 등의 지방자치 선진국은 물론이고 이제 막 지방자치를 재실시한 한국에서도 중앙과 지방과의 적절한 관계를 파악하는 용어로서 널리 사용되기 시작하고 있다. 특히 중앙집권적 통치시스템의 역사적 전통이 강한 한국에서는 이제

1935-1936"을 들고 있다. D. S. Wright, *Understanding Intergovernmental Relations*(Cali- fornia: Brooks & Cole Publishing Company, 1988), p.13.

　7) 그 대표적인 것으로서는 1940년 1월 미국의 정기간행물인 *The Annals*에 실린 "Intergovernmental Relations in the United States"라는 특집을 들 수 있다.

　8) D. S. Wright(1988), *op. cit.*, p.58.

　9) 김병준, "정부간관계의 의의', 정세욱 교수 화갑기념논문집, 정부간관계(법문사, 1997), pp.21-22.

까지 중앙과 지방과의 관계를 파악할 때, '국가와 지방과의 관계' 혹은 '국가와 지방자치단체와의 관계'라는 차원에서, 국민사회 전체에 대하여 책임을 지는 중앙정부는 국가라는 차원에서, 그리고 일정한 지역에 대하여 책임을 지는 지방정부는 국가의 일선 기관으로서의 지방행정 기구를 의미하는 차원에서 다루어져 왔다. 그리하여 이제까지 지역사회 관리의 제1차적인 책임을 지는 지방자치단체를 정부적 차원에서 파악하지 아니하고, 중앙정부의 일선기관적인 입장에서 다루어 왔던 것이다.

그러나 지역사회 관리의 주체로서 지방정부의 구성이 주권재민자로서의 주민에 의하여 직접 선출된 상황에서는 지방자치단체를 하나의 정부단위로 인식하여야 한다. 이 경우 정부란, 그 책임이 미치는 범위가 어떠하든 간에 본질적으로 입법·사법·행정의 삼권의 기능을 가지는 통치단위임을 의미한다. 이러한 입장에서 본다면, 새로운 시대적 요청과 환경변화에 직면하여 새로운 중앙-지방간의 관계구축을 구상할 때에, '국가와 지방과의 관계' 등과 같이 구태의연하고 불명료한 개념으로서 중앙-지방간의 관계를 파악할 것이 아니라, 그 의미가 확실하게 나타나는 '정부간 관계'라는 차원에서 파악하는 것이 보다 타당할 것이다.

그리하여 기존의 중앙정부로부터 광역정부(시·도)를 경유하여 기초정부(시·군·자치구)에로 내려오는 중앙 통제형의 중앙과 지방과의 구조가 아니라, 현지의 주민에 가까운 정부로서의 기초정부로부터 시작하여 중앙정부에로 올라가는 상승형의 중앙-지방간의 관계 구조를 '정부간 관계'로서 파악하고 있다.[10]

이러한 정부간 관계를 한마디로 정의하기 어렵지만, 정부간 관계에 대한 개념 틀을 제시하였다고 하는 앤더슨(W. Anderson)은 "정부간 관계란 미국 연방체제 내의 모든 계층과 모든 형태의 정부 단위간에 발생하는 상호작용과 활동들의 총체"라고 정의하고 있으며,[11] 헨리(N. Henry)는 "정부간 관계는 다양한 수준의 권한과 자치를 공유하는 모든 정부 단위

---

10) 新藤宗申, "新新中央集權下の國と地方關係", 日本行政學會 編, 年報行政研究19: '臨調'と行政改革(東京: ぎょうせい, 昭和 58), p.24.

11) W. Anderson, *Intergovernmental Relations in Review*(Minneapolis: University of Minnesota Press, 1960), p.3.

간에 설정된 법적, 정치적, 행정적인 일련의 관계"라고 정의하고 있다.[12] 또한 오타키(小滝敏之)는 "정부간 관계란 중앙정부와 지방정부를 포함하는 한 국가에 있어서 수많은 정부 단위간의 제도상뿐만 아니라 사실상 설정되거나 실제 발생하고 있는 법적, 정치적, 행정적, 재정적인 제반 관계를 의미하는 것"이라고 하고 있다.[13]

이러한 의미의 정부간 관계는 다차원적인 것으로서, 기존의 연방주의에 대한 역사적 이해뿐만 아니라, 모든 수준의 수많은 정부 단위들간의 상호 연동 관계를 이해하는 데 유용한 개념이 되고 있다.[14] 정부간 관계 정립에 지대한 공헌을 하였다고 하는 라이트(D. S. Wright)는 기존의 정부간 논의들을 참고로 하면서, 정부간 관계의 제 특징적 요소를 ① 법적 요소로서의 모든 정부단위, ② 인적 요소로서의 공무원의 행위 및 태도, ③ 공무원간의 일상적인 상호작용, ④ 선출직과 비선출직을 불문한 모든 공직자들의 행태의 중요성, ⑤ 재정 중심의 정책이슈들로 파악하고 있다.[15] 이상을 참고로 하여 정부간 관계를 정의 내린다면, 정부간 관계란 "한 국가의 시스템 내에 존재하는 여러 수준의 정부 단위들간의 정치적, 행정적, 재정적, 사법적 상호작용의 총체"라고 할 수 있다.

이상과 같이 정의된 정부간 관계론의 개념은 상호의존성과 복잡성, 그리고 정부간 협상을 중요시하는바, 그 의의를 살펴보면 다음과 같다. 첫째로, 정부간 관계론은 여러 국가간의 비교연구 시점에 있어서 유효성을 가진다. 둘째로, 미국에 있어서 개념형성의 역사에서 볼 수 있는 바와 같이, 정부간 관계론은 주제(州際) 관계의 의미를 포함하여 성립된 개념이지만, 다른 레벨 정부간의 수직적 관계뿐만 아니라 동일 레벨 정부간의 수평적인 관계도 대상으로 하고 있다. 셋째로, 정부간 관계론은 지방정부는 가능한 한 자율적인 정치단위여야 한다는 규범적인 의미가 담겨져 있

---

12) N. Henry, *Public Administration and Public Affairs*(N.J.: Prentice-Hall, 1980), p.378.

13) 小滝敏之, 政府間關係(東京: 第一法規, 1983), pp.33-34.

14) Phillip J. Cooper, *Public Administration for the Twenty-First Century*(New York: Harcourt Brace College Publishers, 1998), pp.101-102.

15) D. S. Wright(1988), *op. cit.*, pp.14-28.

다.[16]

　　그런데, 중앙과 지방과의 관계를 다루는 개념으로서 구태여 '정부간 관계'라고 하는 새로운 용어를 사용해서 환기시키고자 하는 발상의 전환은 과연 무엇인가? 첫째, 정부간 관계론은 대등한 정부간의 협력적인 상호의존관계를 상정한다. 그것은 중앙정부의 의사가 일방적으로 내려오는 통제형 혹은 관치형이 아니고, 상호 교류하는 자치형 혹은 조정형의 것이어야 한다. 각각의 정부에 자율성이 인정된 이상, 정부간 관계의 기조는 '통제'가 아니고 '조정'이며, 아울러 '통달'이 아니고 '협의' 또는 '교섭'이다. 둘째, 정부간 업무의 분담은 '사무' 배분의 문제가 아니고, '권한' 배분의 문제로서 고려되어야 한다. 다만, 정부간 관계론에서는 각 레벨의 정부업무가 자급자족적으로 나누어져 할 것이 아니고, 모든 업무에 대하여 각 레벨의 정부가 상호 관계성을 갖는 형태이기 때문에 정부간에 조정의 필요가 증대한다고 간주된다. 셋째, 앞으로의 정부간 관계는 정부간의 세원 배분과 재정 조달의 존재양식이 그 주요 초점으로 변동해 갈 것으로 생각되고, 따라서 앞으로의 정부간 관계는 특히 재정론과 행정론, 관리론과 행정론의 통합에 주안점이 주어지리라 여겨진다.[17] 이와 같은 중앙-지방간의 관계에 대한 발상의 전환에 따라, 새로운 정부간 관계를 확립하여 가기 위해서는 ① 종합적인 지방정부론의 확립, ② 자율적인 지방정부의 확립, ③ 정부간 대등한 관계의 확립 등이 필요하다.[18]

　　16) 今村都南雄外, "政府間関係の構造と過程", 社会保障研究所 編, 福祉国家の政府間関係(東京: 東京出版會, 1992), p.28.
　　17) 西尾勝, "'政府間關係'概念の由來·構成·意義", 神奈川縣自治總合研究センター 編, 自治體研究, 第17號(1983), pp.4-5.
　　18) 西尾勝, 行政學の基礎槪念(東京: 東京大學出版會, 1990), p.421.

제2절 정부간 관계론의 선행연구

한 나라를 운영하는 데 있어서 중앙-지방간의 관계를 어떻게 설정할 것인가 하는 문제는 대단히 중요한 문제이다. 즉 중앙과 지방이라고 하는 문제는 지방정부가 어떠한 업무를 수행할 것인가라는 차원을 넘어, 한 국가 전체 시스템 속에서 지방정부의 역할은 무엇인가라는 국가 운영의 기본 문제에 직결되는 아주 중요한 과제인 것이다. 그러나 한국에서는 지방자치의 역사가 매우 짧기 때문에, 중앙-지방간의 관계에 대한 연구는 매우 미약한 실정이다. 따라서 바람직한 중앙-지방간의 관계를 살펴보기 위해서는, 한국보다 지방자치를 먼저 시작한 선진국에서의 연구 결과를 고찰하여 볼 필요가 있다.

1. 구미(歐美)에서의 중앙-지방 관계에 관한 연구

기존의 행정학 이론들이 최근에 접근시각·연구주제 및 연구방법 등에서 많은 변화를 보이고 있는 가운데, 한 가지 추가하여야 할 행정학의 새로운 추세가 있다면, 그것은 바로 행정현상의 '발생장소'(locus)에 대한 것이다. 즉 전통적 행정학 이론들이 주로 중앙정부의 조직과 구성·인사와 재무·정책결정과정과 집행 등의 현상에 관심을 기울여 왔다면, 최근의 행정학은 그 동안 도외시되어 온 지방정부 문제에 좀더 관심을 보이고 있다. 아울러 그 접근방향에 있어서도 지방정부를 그 자체로 연구할 뿐 아니라 중앙정부와 지방정부간의 관계라는 시각에서 연구가 수행되고 있다.[19] 이와 같은 지방정부에 대한 관심의 고조는 지방정부에서 활약하고 있는 공직자(특히, 선출직 공직자)의 역할을 강조하고 있다. 이처럼 지역에서 공공이익을 위하여 활동하고 있는 직원을 비아(S. H. Beer)는 전문관료(technocrat)와의 대비에서 현장관료(topocrat)라고 부르고 있다.[20]

---

19) 김익식, "Deil Wright의 정부간 관계론", 오석홍 편, 행정학의 주요이론(경세원, 1996), p.240.

20) S. H. Beer, "Federalism, Nationalism and Democracy in America", *American*

새로운 변화에 대한 하나의 대응책으로서 중앙-지방간의 관계에 대한 관심의 고조는, 각국에 공통적으로 나타나는 행정기능의 비약적인 증대에 기인하기도 한다. 이처럼 행정업무의 비약적인 증대는, 보편성과 개별성의 확보라고 하는 행정 자체에 내재하는 모순을 확대시키기도 하고 있다. 그러나 이러한 모순을 최소로 억제하고자 하는 방안으로서 보편성을 강조하는 중앙정부와 지역적 개별성을 확보하고자 하는 지방정부 사이에 나타나는 기능 공유론 내지는 사무 융합론을 출현시키기도 하고 있다.21) 이와 같은 중앙-지방간의 긴밀한 관계의 강조는, 정책은 중앙이 수립하고, 지방은 이를 단순히 집행만 한다고 하는 기존 관념을 뒤엎고, 양자를 유사성(kinship)과 문화성(culture)에 의해 함께 묶는 정치행정가(political administrator)라는 단어까지 만들어 내고 있다.22) 결국 중앙정부와 지방정부와의 관계를 어떻게 설정할 것인가 하는 문제는, 오늘날 정치·행정면에서 그 중요성이 더해 가고 있다는 것을 의미한다.

이러한 상황 속에서 중앙-지방간의 관계에 대한 다양한 연구들이 진행되고 있다. 여기에서는 중앙-지방간의 관계에 대한 전통적인 견해를 살펴본 다음, 연방국가인 미국의 중앙-지방 관계를 분석한 라이트의 이론과 단일국가인 영국의 중앙-지방 관계를 고찰한 로즈의 이론을 고찰하여 보고자 한다.

1) 중앙-지방 관계에 관한 전통적인 견해

유럽에 있어서의 중앙-지방 관계에 대한 전통적인 견해는 그리피스(J. A. G. Griffith)의 견해에 의하여 잘 나타나고 있다. 그는 중앙-지방 관계를 고찰하는 데 있어서 다음의 세 가지 조건을 강조하고 있다. 먼저, 서비스를 공급하는 주체는 지방정부이다. 다음으로, 중앙-지방 관계를 통제적 관계로 보는 것은 양자의 관계를 한 면밖에 보지 못하고 있는 잘

Political Science Review, Vol.72(1978), pp.18-19.

21) 市川喜崇, 日本の中央-地方關係(京都: 法律文化社, 2013), 제5장 참조.

22) H. Helco, A. Wildavsky, *The Private Government of Public Money*(London: Longman, 1974), p.2.

못에서 연유한다. 지방정부도 중앙에 대하여 영향력을 행사하고 있다. 끝으로, 대부분의 서비스는 전국적으로 통일되어야 하는 최저의 기준이 있다는 것이다.[23] 이러한 전제로부터 〈그림3-2〉에서 보는 바와 같이, 서로 경합하는 두 개의 중앙-지방 관계에 관한 모델을 도출하여 낼 수가 있다.

〈그림3-2〉 전통적 중앙-지방 관계의 모델

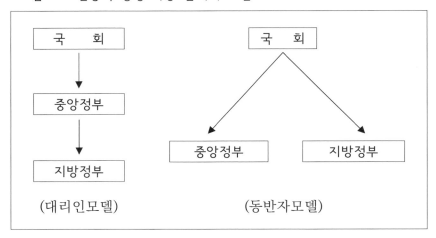

하나는, 법과 최저기준을 강조하는 사람들은 지방정부를 중앙정부의 대리인(agents)이라고 한다. 즉, 지방정부의 주된 임무란 중앙정부에 의하여 위임된 사무를 수행하는 것이다. 따라서 대리인 모델에 있어서의 지방정부는 국가의 정책을 집행함에 있어서 재량권을 거의 가질 수 없는 중앙정부의 심부름꾼에 불과한 존재라는 것이다. 중앙-지방 관계를 대리인 관계로 보는 견해는 오랫동안 지배하여 온 전통적인 견해로서, 지방정부는 중앙정부의 입법적 산물일 뿐만 아니라 재정적으로도 중앙의 보조금에 의존할 수밖에 없다는 것이다. 그리하여 재정적 의존과 거기에 수반되는 중앙의 통제에 의한 중앙집권화 경향이 현저하게 진행되고 있다. 이처럼 지방정부가 중앙의 보조금에 과대하게 의존함에 따라, 지방정부는 중앙에 점점 종속되게 됨으로써 지방자치는 위기를 맞이하고 있다

---

23) J. A. G. Griffith, *Central Departments and Local Authorities*(London: Allen & Unwin, 1966), pp.17-18.

고 롭슨(W. A. Robson)은 경고하고 있다.[24] 오늘날, 롭슨의 이러한 견해는 대부분의 학자들에 의하여 받아들여지지 아니하고 있지만, 대리인 모델은 지방 차원의 많은 실무자들에게 아직도 광범위한 지지를 받고 있다.[25]

다른 하나는, 지방정부가 서비스를 제공함에 있어서 중앙과 대등한 입장에 있다고 주장하는 사람들이다. 이들은 중앙-지방 관계를 동반자(partnership) 관계로 파악하고 있다. 동반자 관계에서는 국회를 정점으로 중앙과 지방은 동등하기 때문에, 지방정부와 중앙정부의 관계에는 여러 가지 복잡한 상호작용이 발생되게 된다. 일반적으로 지방자치를 강조하고 있는 사람들에 의하여 선호되고 있는 동반자 모델에 의하면, 지방정부는 중앙정부의 정책결정에도 어느 정도 영향을 미칠 뿐만 아니라 지역적인 활동을 수행하는 데 있어서도 상당한 정도의 재량권을 가지고 있다는 것이다.

중앙-지방 관계를 동반자 관계로 보는 입장은 최근 엘코크(H. Elcok)에서도 지지되고 있다. 엘코크는 지방정부를 중앙정부의 동반자로 보고 있다. 즉 국민에게 서비스를 제공하는 과정에서, 중앙정부는 전체적 견지에서 개괄적인 정책의 틀을 결정하고, 지방정부는 그러한 정책을 해석하거나 실현시키는 데 필요한 자원을 동원하는 실제적인 역할을 수행한다는 것이다. 여기에서는 중앙의 통제와 지방의 재량 사이의 균형관계에 대한 수많은 논의가 있어 왔지만, 아직도 그 결말은 명료하게 나지 않고 있다고 한다.[26]

중앙-지방 관계에 대한 상기의 두 가지 모델은, 이미 19세기 영국의 채드위크(Edwin Chadwick)와 토울민 스미스(Joshua Toulminn Smith)에 의하여 묘사된 이래, 많은 학자들의 관심의 대상이 되어 왔다. 그러나 이들 모델은 중앙과 지방과의 실제 상황을 묘사하는 데에는 오히려 많은 혼란

---

24) W. A. Robson, *Local Government in Crisis*(London: Allen & Unwin, 1966).

25) J. Greenwood & D. Wilson, *Public Administration in Britain Today*(London: Unwin Hyman, 1989), p.185.

26) H. Elock, *Local Government*(London: Methuen,1986), pp.3-4.

만을 야기시키고 있다는 것이다. 왜냐하면, 중앙정부는 지방정부를 대리
인으로 간주하고 있는 데 반하여, 지방정부는 중앙과의 관계에 있어서
독립성을 보다 선호하고, 따라서 동반자라는 것을 강조함으로써 양자 간
에는 상당한 정도의 괴리가 있고, 또한 중앙이나 지방 모두 제3의 대안
모델을 찾고 있기 때문이라는 것이다.[27)]

2) 라이트(D.S.Wright)의 모델

연방제를 채택하고 있는 미국에서 국가 운영 시스템을 분석하기 위
한 하나의 분석 방법으로서 라이트는 종래의 연방주의라는 입장과는 달
리, 정부간 관계라는 차원에서 고찰하고 있다. 미국에서는 이제까지 중앙-
지방 관계를 연방주의라는 차원에서 다루어왔다. 연방주의는 전통적으로
연방에 대한 주(州)의 자율성을 강조하는 이중적 연방제(dual federalism)이
며, 정부간에 권한을 수평적으로 배분하는 중층제(layer cake) 연방제였
다. 그러나 20세기 중반에 들어서면서, 연방 강화에 따른 정부간의 협조
를 나타내는 협력적 연방제(cooperative federaism) 또는 권한 배분의 수
직적 융합을 나타내는 대리석(marble cake) 연방제로 변화하고 있다. 그
리하여 주정부 중심에서 연방정부 중심으로 재편된 국가운영을 기존의
연방주의로부터 설명하기에는 한계에 직면하여, '정부간 관계론'이라는
새로운 용어와 연구영역이 탄생한 것이다.[28)]

따라서 정부간 관계론의 출발점은 일반적으로 연방주의에서 찾고 있
다. 버크(A.Birch)에 따르면, 연방주의에의 접근은 제도적 접근·사회적 접
근·과정적 접근· 경쟁거래 접근방법의 네 가지가 있다고 한다.[29)] 여기에
서 정부간 관계론과 관련하여 주목할 것은, 연방주의의 접근방법으로서
'경쟁거래'이다. 이것은 앞에서 언급한 바처럼, 연방주의가 이중적 연방

---

27) O. A. Hartly, "The Relation Between Central and Local Authorities", *Public Administration*, Vol.49(1971, Winter), pp.440-446.

28) 笠京子, "新しい中央地方論へ", 日本行政學會 編, 分權と中央·地方關係,年報行政硏究31(1996), p.114 .

29) A. H. Birch, "Approaches to the Study of Federalism", *Political Studies*, Vol.XIV. No.1(1966), pp.15-22.

주의에서 협력적 연방주의로 이동하고 있음을 의미한다. 그러나 로즈에 의하면, 연방주의에 대한 버크의 접근은 우선 과정과 경쟁거래와의 구별이 실제로 어렵다는 점, 다음으로 거래에 대한 그의 입장이 라이커(W. H. Riker)의 연구에 거의 모두 의존하고 있다는 점, 마지막으로 분석이 연방정부와 주정부와의 관계로 한정되어 있다는 점 등의 문제점이 있다고 지적하고 있다. 그리하여 로즈는 이러한 문제점의 제기로 인하여, 연방주의를 고찰함에 있어서 전통적인 입장을 초월한 연구 범위의 확장의 필요함을 역설하고 있다. 여기에서 '정부간 관계론'이라는 새로운 연구영역이 등장하게 되었다는 것이다.[30]

라이트에 의하면, 정부간 관계론의 기원은 정치·행정 이원론의 개념적 쇄신으로서 1930년대 추진된 대공황하에서의 뉴딜 정책의 등장과 밀접한 관계가 있다고 한다. 당시 미국 연방정부는 경제적, 사회적 위기를 극복하고자 진보적이며 개혁적인 여러 정책들을 적극적으로 광범위하게 추진하였으며, 이것이 정부간 관계론의 등장과 관련되어 있다고 한다. 그후, 정부간 관계론에 관한 이론과 연구는 시민에 대한 보다 효율적인 공공 서비스 제공을 위한 하나의 방책으로 추진되어 왔다. 그러나 정부간 관계라고 하는 용어는 연구자나 실무자 사이에서 그 이전부터 사용되어 왔지만, 그 기원과 정의는 아직 확실하게 규명되어 있지 아니하다.

정부간 관계론의 성격을 보다 명확하게 규명하기 위하여, 라이트는 정부간 관계론과 연방주의론과의 차이에 대하여 언급하고 있다. 그에 의하면, 정부간 관계론은 단순한 연방주의론에 대한 대체 이론이 아니고, 연방주의론에서는 다룰 수 없는 일련의 현상과 행위들을 다루고 있다는 것이다. 즉, 정부간 관계론에서는 연방주의론과는 달리, 각 정부 레벨에서 일하고 있는 관료들의 개별적인 상호작용을 보다 중시한다. 그러한 점에서, 연방주의가 연방시스템의 구조(anaomy)를 다루는 데 반하여, 정부간 관계론은 그 생리현상(physiology)을 다루고 있다는 것이다.[31] 이 양

---

30) R. A. W. Rhodes, *Control and Power in Local-Central Government Relations* (Alderchot: Gower, 1983), pp.74-76.

31) D. S. Wright, "Intergovernmantal Relations: an Analytical Overview", *The American Academy of Political and Social Science*(The Annals, 1970), p.2.

자간의 차이를 보다 구체적으로 기술하면 다음과 같다.

첫째, 연방주의론은 역사적으로 연방정부와 주정부와의 관계를 강조하는 데 반하여, 정부간 관계론에서는 모든 수준에 걸친 정부간의 각종 상호작용을 그 대상으로 한다. 둘째, 연방주의론은 법치주의의 유산으로서 법적 권한·공식적인 행위·공식문서 등이 그 주요한 관심인 데 반하여, 정부간 관계론은 법적 차원을 넘어서서 관료들의 비공식적, 불가시적인 행위나 인식에도 관심을 가진다. 셋째, 연방주의론은 일련의 계층적 권한 혹은 권위관계를 내포하는 데 반하여, 정부간 관계론은 반드시 각종 정부간의 계층적 상하 관계를 전제로 하지 않는다. 넷째, 연방주의론에서는 정책문제에 커다란 관심을 보이지 않지만, 정부간 관계론에서는 정부간의 실제 정책결정과 집행과정에도 많은 관심을 둔다. 다섯째, 연방주의론이 새로운 환경에 적응하기 어려운 진부한 이론이 되어 버린 반면, 정부간 관계론은 새로운 개념으로서 보다 가치중립적이다. 아울러, 라이트는 정부간 관계의 구성요소로서 행위자(who)·장소(where)·시간(when)·과제(what)의 네 가지를 들고 있다.[32]

이처럼 라이트는 연방주의론과 정부간 관계론의 양 개념을 비교·고찰한 다음, 미국 정치 시스템을 이해하기 위한 하나의 개념 틀로서, 〈그림3-3〉에서 보는 바와 같이 대등권위모델·중첩권위모델·포괄권위모델의 세 가지 모델을 상정하고 있다.

(1) 대등권위모델(Coordinate Authority Model)

이 모델은 〈그림3-3〉에서 보는 바와 같이, 연방정부와 주정부와의 사이에는 명확한 경계를 설정하고 있다. 그러나 지방정부는 주정부에 완전하게 내포된 의존적인 관계를 보여주고 있다. 주정부와 지방정부와의 전형적인 관계는 '딜런의 법칙'(Dillon's Rule)에 잘 나타나고 있다.[33] 그 주된 내용은 첫째, 지방정부는 입법권이 없다. 둘째, 지방정부는 주정부의 창조물로서 그 존폐는 완전히 주정부에 달려 있다. 셋째, 지방정부는

---

32) D. S. Wright(1988), *op. cit.*, pp.12-39.

33) J. G. Grumm and Russell D. Murphy, "Dillon's Rule Reconsidered", *The Annals*, No.416(1974), pp.120-132.

명백하게 허용된 권한만을 사용할 수 있다. 넷째, 지방정부는 주정부의
의지에 좌우되는 단순한 임차물(賃借物)에 불과하다.

<그림3-3> 연방·주·지방간의 모델

구분 \ 모델	대등권위	중첩권위	포괄권위
관 계	독 립 적	상호의존적	종 속 적
권위형태	자 율 적	교 섭 적	계 층 적
형 태	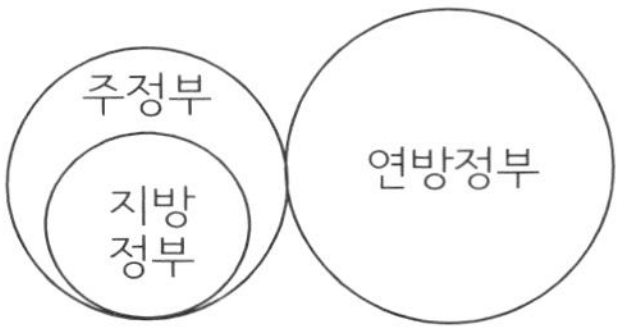 주정부 / 지방정부 / 연방정부	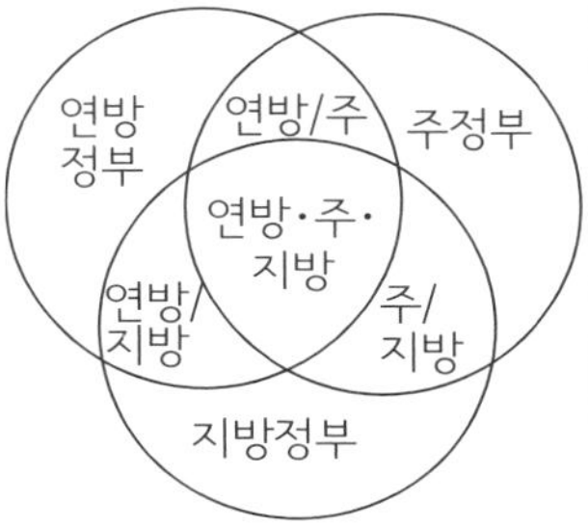 연방정부 / 연방/주 / 주정부 / 연방·주·지방 / 연방/지방 / 주/지방 / 지방정부	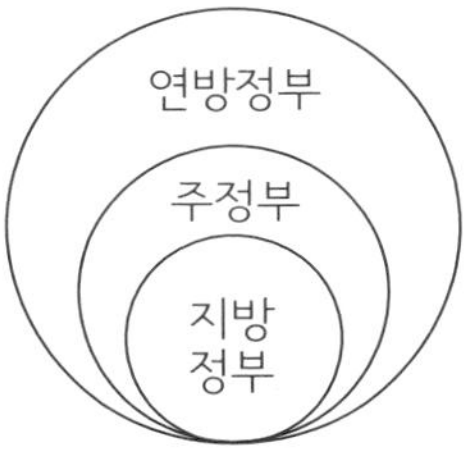 연방정부 / 주정부 / 지방정부

*출처: D. S. Wright(1988), *op. cit.*, p.40

　　대등권위모델하에서의 연방정부와 주정부와의 권력관계는 상호간에
독립적이고, 자율적이기 때문에 양자간의 관계는 상호 접촉점만을 갖게
된다. 그리하여 전통적인 연방주의론에서는 이와 같은 연방과 주와의 관
계를 이원적 연방제(dual federalism)라고 부르고 있다. 이원적 연방제에
서의 각 레벨의 정부간에는 제로-섬(zero-sum)적인 관계가 성립하기 때
문에, 양자 간에는 우열관계가 성립하지 아니하고, 한편이 다른 편에 간
섭할 수도 없다.[34] 이 모델하에서 양자간에 접촉점을 상실하여 양 정부
간에 갈등이 발생하고 분쟁으로까지 발전할 수 있지만, 이 경우에는 최
고재판소가 중재자의 역할을 한다. 그러나 1930년대부터 법원의 입장은
복잡하고 상호의존적인 산업사회에서 대등권위모델이 과연 미국의 정치
시스템을 잘 대변할 수 있느냐에 대한 재고의 필요성을 제기함과 동시에
학계에서도 대등권위모델의 유용성에 대하여 의문을 제기하기 시작하였

---

34) D. C. Nice, *Federalism*(New York: St. Martin's Press, 1987), pp.4-5.

다. 그리하여 정부간 관계에 대한 연구자들은 이 모델이 사회적, 정치적으로 맞지 아니할 뿐만 아니라 실제로도 존재하지 아니한다고 하면서, 대등권위모델이 그 유용성을 잃어버렸다고 하는 데에 거의가 동조하고 있다.[35]

(2) 포괄권위모델(Inclusive Authority Model)

이 모델은 〈그림3-3〉에서 보는 바와 같이, 각 레벨의 정부가 가지고 있는 권한의 행사범위는 동심원(同心圓)의 크기와 정비례하고 있다. 특히 연방정부가 자신의 권한을 확대하고자 할 경우, 주정부와 지방정부의 권한은 어떻게 될 것인가? 여기에서는 두 개의 전략이 가능할 것이다. 하나는 한쪽 힘의 확대는 다른 한쪽 힘의 축소를 의미한다. 또 다른 하나는 주정부와 지방정부의 힘의 확대 여부와 관계없이, 연방정부의 힘을 확대하는 것이다. 이 후자는 '파이의 팽창'(enlarging the pie)이라고 불리어진다. 이 두 개의 전략은 일반적으로 게임이론으로 설명할 수 있다. 게임이론에서는 모든 참여자는 자기의 행동을 최적화하기 위하여 허용된 범위 내에서 각자의 이익을 극대화하고자 하는 반면, 손해는 극소화하고자 한다. 따라서 그 결과물은 참가자 모두의 반응의 결과라고 할 수 있다.

포괄권위모델하에서의 정책은, 다른 모델보다는 그 예측성이 용이하다. 왜냐하면, 포괄권위모델에 있어서의 권위는 계층적 본질에 충실하기 때문이다. 이와 같은 의존적인 관계는 대등권위모델하에서의 주정부와 지방정부와의 관계를 규정하는 '딜런의 법칙'에 유사한 권력 패턴 관계를 보여주고 있다. 즉, 주정부라든가 지방정부는 미국의 정치에 있어서 그다지 영향을 끼치지 아니하는 연방정부의 단순한 일선기관에 불과하다는 것을 의미한다. 따라서 이 모델하에서 누가 미국을 지배하고 있는가라는 질문에 대한 답은 '연방정부이다'라고 쉽게 대답할 수가 있다. 이처럼, 주정부와 지방정부는 단순한 명목상의 통치주체에 불과하다고 보기 때문에, 연방주의론에서는 포괄권위모델을 명목적인 연방제(nominal federalism) 혹는 집권적인 연방제(centralized federalism)라고 부르고 있다. 이 모델의

---

35) D. S. Wright(1988), *op. cit.*, pp.40-43.

특징은 다음과 같다.

첫째, 주정부와 지방정부는 연방정부라든가 강력한 경제적인 이익집단, 혹은 이 둘의 결합에 의하여 수립된 전국적인 수준의 정책에 완전하게 종속된다. 둘째, 주지사·주의회의원·시장과 같은 지역단위 수준에서의 정치지도자의 역할은 매우 미약하다. 셋째, 주정부나 지방정부 단위에서 수행되고 있는 각종 기능들이 집권적, 계층적인 시스템에 흡수되어 있다.36)

이러한 포괄권위모델은 미국의 현실 정치 세계에서 보수주의론자와 자유주의론자들에 의하여 선호되고 있다. 레이건(Reagan) 전 미국 대통령을 위시한 보수주의론자들은 강력한 연방기관만이 나약하고 나태한 지방정부를 움직일 수 있다고 믿었으며,37) 선키스트(J. L. Sundquist) 등과 같은 자유주의론자들은 위대한 사회란 다원적인 것이 아니라, 단일한 사회라고 주장하는 데에서 잘 보여주고 있다.38) 그리하여 오늘날 포괄권위모델은 법원의 판결, 연방의회의 입법, 행정규제 등을 통하여 강조되고 있다는 것이다.

(3) 중첩권위모델(Overlapping Authority Model)

전술한 두 개의 모델은 권력 스펙트럼의 양극단의 정반대에 놓여 있다고 상정하고 있다. 하나는 계층적이요, 다른 하나는 자율적이라는 전제이다. 그러나 정부간 관계론을 고찰하는 경우에, 이러한 양 극단적인 입장은 실제의 미국 정부 운영현황을 고찰하는 경우에 별다른 커다란 도움을 주지 못한다. 그리하여 상기의 두 모델과는 다른 차원에서의 제3의 모델이 요청되는데, 중첩권위모델이 그것이라는 것이다. 미국 정부 시스템에서 실제 일어나고 있는 현상은 이 중첩권위모델에서 잘 이해할 수 있다는 것이다. 이 모델의 특징은 다음과 같다.

---

36) *Ibid.*, pp.43-48.

37) D. S. Wright, "Models of National, State, and Local Relationships", Laurence J. O'Toole, Jr., ed., *American Intergovernmental Relations*(Washington, D.C.: CQ Press, 1993), p.81.

38) J. L. Sundquist and D. W. Davis, *Making Federalism Work*(Washington, D.C.: Brookings Institution, 1969), pp.10-12.

첫째, 상당한 정부활동과 기능은 세 수준의 서로 다른 정부간 단위에서 동시에 이루어지고 있다. 둘째, 하나의 정부단위가 가지고 있는 자치권 혹은 재량권은 상대적으로 협소하다. 셋째, 하나의 정부단위가 이용할 수 있는 권한이나 영향력은 한정되어 있으며, 따라서 각 레벨의 정부간에는 협상이 주요한 의제로 될 수밖에 없다. 이처럼 이 모델에서는 협상(bargaining)이 대단히 중요한 의미를 갖게 된다. 협상은 주로 교환과 합의로서 이루어지지만, 이 교환과 합의를 통하여 각 정부간에는 자원과 권한이 이전되고, 정부간 상호관계의 변동이 생기게 된다. 이와 같이, 협상이 커다란 역할을 수행할 수밖에 없게 된 것은 각 레벨의 정부가 가지고 있는 권한이 분산되어 있고, 아울러 상호간의 관계가 배타적이지 않다는 전제 위에 형성되기 때문이다.[39]

그리하여 현대의 복잡다단한 사회에서 국민으로부터 다양하게 분출되고 있는 각종 행정수요에, 적시에 그리고 적절하게 대응하기 위해서는 각 레벨의 정부 주체들이 상호간에 협력하지 않을 수 없다는 것이다. 이처럼 정부간에 상호 협력이 필요하다는 전제하의 정부간 관계를 연방주의론에서는 협조적 연방주의(cooperative federalism)라고 부르고 있다. 협조적 연방주의론에서는 각 레벨의 정부 주체들이 상호 필요성을 인정하는 동반자 의식이 중요하며, 아울러 수많은 정부간의 상호 조정이 커다란 과제로 떠오르게 된다. 왜냐하면, 협조란 자동적으로 이루어지는 것이 아니라, 조정되어 달성되지 않으면 아니 되는 것이기 때문이다.[40] 〈그림3-3〉에서 보는 바와 같이, 각 정부의 고유 영역은 그다지 크지 않으며, 상호 중첩되어 있기 때문에 각 레벨의 정부단위는 상호 의존할 수밖에 없다는 것이다.

3) 로즈(R. A. W. Rhodes)의 모델

영국과 같이 단일국가 시스템을 취하고 있는 국가에서의 중앙-지방 관계를 설명하고자 하는 개념으로서 로즈의 권력의존모델(power-dependence model)이 있다. 로즈의 권력의존모델에서는 정부간의 상대적인 의존을

---

39) D. S. Wright(1988), *op. cit.,* p.49.
40) D. C. Nice, *op. cit.,* p.7.

강조하고 있다. 따라서 동반자 모델보다는 보다 발전된 형태의 중앙-지방 관계라고 할 수 있지만, 여기에서 묘사되고 있는 중앙-지방 관계는 훨씬 더 복잡하고 다양하다.[41] 일명 로즈의 분석구조라고 일컬어지는 권력의존모델은 연방시스템하의 중앙-지방 관계를 설명하는 라이트의 정부간 관계론과 함께 연구자의 주요한 관심의 대상이 되고 있다.

영국은 이미 19세기 전반기에 개정 구빈법이라든가 도시단체법 등 산업화와 도시화에 수반되는 중앙-지방 제도를 정비하였다. 그리하여 영국에서는 중앙의 일선기관이 적었을 뿐만 아니라 교육이나 경찰을 제외한 대부분의 행정이 지방정부에 의해 집행되고 있었다. 아울러 지방정부에 재량권이 광범위하게 인정되었기 때문에, 분권이 발달한 '지방자치의 모국'이라고 알려져 왔다. 그 때문인지 영국에서는 중앙-지방 관계를 논하는 일이 다른 단일 국가에 비하여 적었을 뿐만 아니라, 그마저도 제도나 절차 중심의 논의였다. 이러한 상황 속에서 중앙-지방 관계가 주목받기 시작한 것은, 1970년대 석유위기로부터 시작되는 경제쇠퇴 속에서, 영국정부가 취한 지방개혁이 동일한 경제상황에 있던 서구 국가들 가운데 현저하게 중앙집권적이었기 때문이다. 보조금의 대폭적인 삭감, 자주과세권의 제약, 대도시권 정부(GLC·MMC)의 폐지 등은 기존의 영국 중앙-지방 관계의 정치적 관계의 희박함을 나타낸 것이었다.

영국에서는 중앙에 의한 개입의 방파제 역할을 하여 왔던 '월권금지의 원칙'으로 대표되는 법규 중심의 엄격하면서도 간접적인 행정통제와, 그 기반이었던 중앙-지방의 정치적 분리는 행정기능의 확대 속에서 점차 중앙과 지방과의 의사소통을 방해하는 경직성으로 간주되어졌다. 19세기의 행정수요에 맞추어 만들어진 통치구조가, 그 정치함으로 인하여 도리어 변화하는 환경에 제대로 대응하지 못하는 상황이 되어버린 것이다. 그리하여 새로운 환경에 상응하는 중앙-지방 관계의 재구축이 요청되었으며, 거기에 맞추어 레이필드(Layfield) 보고라든가 사회과학조사회의 연구 등이 이루어지게 되었다.[42] 로즈의 권력의존모델은 이러한 시대적 흐

---

41) J. Greenwood and D. Wilson, *op. cit.*, pp.187-188.
42) 笠京子, 前揭論文, p.118.

름 속에서 나타나게 되었다.

영국의 중앙-지방 관계에 대한 기본 틀을 만들기 위하여, 로즈는 조직간 분석과 정부간 관계론을 활용하고 있다. 거기에 앞서, 로즈는 중앙-지방 관계에 관련된 전통적인 견해를 먼저 고찰하고 있다. 로즈에 의하면, 영국에 있어서 기존의 중앙-지방에 관한 전통적인 연구가 재정적인 의존과 중앙통제의 신화(myths), 그리고 지방자치라는 우화(parable)에 의하여 지배되어 왔다고 하면서, 영국의 중앙-지방 관계를 보다 적실성 있게 규명하기 위해서는 이러한 전통적인 견해에 종지부를 찍고, 건설적인 새로운 접근방법이 필요하다고 주장하고 있다. 그러하기 위해서는 중앙-지방 관계의 다섯 개의 잊어진 차원(forgotton dimension), 즉 ① 이론 정립의 필요, ② 지방이 가지는 재량권의 변수, ③ 관계성의 다양, ④ 정치적 팩터의 영향, ⑤ 전문가의 역할 등에 대한 규명이 필요하다는 것이다. 이러한 점들을 고려할 때, 중앙-지방 관계라고 하는 문제는 단순히 중앙통제만의 문제라고 보기보다는 상호간의 애매성·혼동성·복잡성의 문제라는 것이다.[43] 그리하여 중앙-지방 관계를 보다 정확하게 파악하기 위하여서는 중앙-지방 관계의 연구방법이 기존의 법 제도론적 중심의 행정영역을 넘어 사회과학적 주류와 결합될 필요가 있다고 하면서, 조직간 분석(organizational analysis)과 정부간 관계론(intergovernmental relationship)에 대하여 고찰하고 있다.

먼저, 로즈는 종래의 중앙-지방 관계론이 너무나도 재원이라든가 법제도론에 그 논의의 초점을 맞추었다고 비판하면서, 중앙-지방 관계론의 새로운 이론의 정립을 위하여 조직간 분석이라고 하는 접근방법을 도입하고 있다. 조직간 분석의 기본적인 가정은 조직을 개방체제로 보는 동시에, 조직과 환경과의 관계를 자원과 정보의 교환 장소로서 간주하고 있다. 그리하여, 조직간 분석에서는 조직간의 상호작용에 많은 관심을 기울이며, 여러 조직간의 상호작용의 기본토대를 설명하는 데 권력과 의존의 개념을 중요시하고 있다. 여기에서 권력을 보다 정확하게 파악하기 위하여, 권력을 ① 자원(resources)으로서의 권력, ② 지배적인 상호작용(rule-governed

---

43) R. A. W. Rhodes, *op. cit.*, pp.14-34.

interaction)으로서의 권력, ③ 편견(偏見)의 동원(mobilization of bias)으로서의 권력이라는 세 가지 측면에서 접근하고 있다. 조직 권력을 분석하는 데 있어서는, 이들 세 가지 차원의 권력이 동시에 고찰되어야 한다는 것이다.[44]

　　이처럼 조직간 분석은 중앙-지방 관계를 분석하는 데 있어서 매우 적절한 이론적 분석틀의 실마리를 제공하여 줄 뿐만 아니라, 중앙-지방 관계의 잊혀진 차원의 규명에도 공헌하고 있다. 첫째로, 조직 네트워크라는 개념은 중앙정부와 지방정부와의 다양한 관계성에 관심을 가지도록 하고 있다. 둘째로, 조직 내뿐만 아니라 조직간의 정치적 과정의 산물로서의 목표라는 개념은 중앙-지방 관계의 하향식(top-down) 견해, 즉 목표는 중앙정부가 정하고, 지방정부는 단지 이를 집행만 한다고 하는 견해를 수정시키도록 한다. 셋째로, 권력과 교환이라는 개념은 중앙-지방 관계가 통제 관계만이 아니라는 것을 강조한다. 넷째로, 조직간 모델은 제도적 복잡이 정부의 효과성이라든가 책임성에도 중대한 영향을 미친다고 상정하고 있다.[45]

　　다음으로, 로즈는 이상의 조직간 분석을 토대로 하여, 영국의 중앙-지방 관계의 적절한 규명을 위하여 연방국가에서 논의되어 온 정부간 관계론을 고찰하고 있다. 라이트를 중심으로 하는 정부간 관계론에서는 서로 다른 정부 단위간의 상호의존성과 복잡성, 그리고 역동성을 강조하고 있다. 이것은, 정부간 관계의 분석이 제도적인 측면으로부터 여러 정부 단위간의 상호작용에로 전환되고 있다는 것을 나타내 주고 있다. 이 상호작용은 협상이라든가 교섭, 혹은 게임이라고도 할 수 있지만, 어느 경우에도 관계성의 복잡성을 강조하고 있다.

　　로즈는 이러한 여러 정부 단위간의 상호의존성과 복잡성을 보다 명확하게 규명하기 위하여, 메이(R. J. May)의 거래 이론, 시메온(R. Simeon)의 교섭이론, 라이트의 정부간 관계론을 고찰한다. 메이로부터는 협상과

---

44) R. A. W. Rhodes, "Analysing Intergovernmental Relations", *European Journal of Political Research*(1980), pp.299-300.
45) R. A. W. Rhodes(1983), *op. cit.*, pp.61-63.

정과 각 단계의 정부간의 상호의존을, 시메온으로부터는 상호의존의 맥락과 정치적 자원에 대한 강조를, 그리고 라이트로부터는 한정적이며 분산적인 권력의 상호의존, 즉 상호 제한적인 자율성, 협상과 교환관계, 협조와 거래 등을 인용하여 영국의 중앙-지방 관계의 고찰에 도움을 얻고자 한다.[46]

이처럼 로즈는 조직간 분석과 정부간 관계론이 영국의 중앙-지방 관계의 연구에 도움이 된다는 것을 강조하기 위하여, 조직간 분석과 정부간 관계론과의 유사점과 차이점을 비교하고 있다. 먼저 공통점으로서는, ① 조직간의 의존성이 강하고, 따라서 ② 조직에 있어서의 협상이 주요한 전략이라는 것을 들고 있다. 다음으로 차이점으로서는, 정부간 관계론이 조직간 분석론보다 ① 상호작용의 맥락에 보다 커다란 관심을 두고 있으며, 또한 ② 정치적인 팩터의 중요성을 강조하고, ③ 한정적이기는 하지만, 게임법칙의 변화를 탐색하고 있다는 점 등이다. 이처럼 정부간 관계론 연구는 조직간 분석론이 내포하고 있는 제약점을 뛰어 넘을 수 있는 귀중한 단서를 보여주고 있지만, 영국에의 적용에는 다음과 같은 한계가 있다. 우선 정부간 관계론 연구의 대부분이 특정국가 중심이라는 점, 다음으로 여러 정부 단위간의 상호 의존에 대한 연구가 주로 재정관계에 치중하고 있다는 점, 끝으로 게임법칙의 변화와 관계성 맥락, 그리고 행위자의 전략이 명료하게 묘사되어 있지 않다는 점 등이다.[47]

로즈는, 이상으로 고찰한 조직간 분석론과 정부간 관계론으로부터 영국의 여러 정부간의 상호작용을 규명할 수 있는 분석틀로서의 '권력-의존 모델'을 만들어내고 있다. 하나의 분석틀로서의 로즈의 권력-의존 모델은 미시적 분석(micro analysis)과 거시적 분석(macro analysis)으로 나누어 설명되고 있다.[48] 전자로부터는 신다원론(neo-puluralism)에 기초한 중앙-지방간의 상호작용의 현상분석, 즉 피거(figure)를, 후자로부터는 조

---

46) *Ibid.*, pp.68-76.

47) 呉在一, "政府間關係論と韓國の地方自治", 中央大學博士學位請求論文(2000), pp.42-43.

48) 로즈는 중앙-지방 관계에 대한 미시적 분석과 거시적 분석을 더욱 발전시켜 메조(meso) 차원의 분석을 추가하고 있다. R. A. W. Rhodes, *The National World of Local Government*(London: George Allen & Unwin, 1986), pp.22-35.

합주의론에 기초한 상호작용의 기본적 맥락, 즉 그라운드(ground)를 규명하고 있다. 그리하여 전자는 여러 정부간 관계의 패턴으로부터 다섯 가지의 일반 명제를 도출하고, 후자로부터는 여러 정부간 관계의 맥락으로서 권력과 가치의 문제를 취급하고 있다.[49]

(1) 미시적 분석 : 상호작용의 현상 분석

지방의 재량권에 관한 상호작용의 분석과 효과에 관계되는 분석틀은 다음의 다섯 가지 명제를 내표하고 있다. 첫째는 어떠한 조직도 자원의 측면에서 다른 조직에 의존하고 있다. 둘째, 조직은 목표달성을 위해 자원을 교환하지 않으면 안 된다. 셋째, 조직 내의 의사결정은 다른 조직에 의하여 제약되고 있지만, 거기에서의 지배적(조직간)인 연합세력(dominant coalitions)은 어느 정도 재량권을 행사할 수 있다. 지배적인 연합세력의 가치체계는 어떠한 자원이 획득되며, 어떠한 관계가 문제인가에 대한 영향을 미친다. 넷째, 지배적인 연합세력은 교환과정을 규율하기 위하여 이미 알려진 게임법칙 내에서 전략을 구사한다. 다섯째, 재량권의 정도는 목표와 상호관계가 있는 여러 조직간의 상대적인 잠재력의 산물이며, 이 파워는 각 조직이 갖고 있는 자원, 게임법칙, 조직간의 교환과정의 산물이다. 요컨대, 잠재력 실현의 가부는 '자원의 효율적인 이용'·'게임법칙'·'전략의 선택' 등과 관련이 있다.[50]

더 나아가 로즈는 조직간 관계의 분석에 있어서 중심적인 개념으로서 권력과 의존을 중시하고 있다. 복잡하며 다차원적인 현대사회에 있어서 하나의 조직은 다른 조직에 의존하고 있기 때문에, 하나의 조직으로서 중앙정부도 중앙정부가 갖고 있는 권력이 아무리 강력하다고 해도, 어느 정도 지방정부에 의존할 수밖에 없다. 여기에서 의존이라고 하는 것은, 권력의 다른 측면이다. 이와 같은 권력-의존 개념의 도입을 통하여, 권력 관계의 상대성을 규명하고자 한다.

권력-의존 모델에서는 권력을 제로-섬적인 현상으로서 파악하지 않

---

49) R. A. W. Rhodes(1983), *op. cit.*, pp.97-129.
50) 笠京子, 前揭論文, p.121.

고, 여러 조직간의 상호성을 강조한다. 하나의 조직이 권력을 독점할 수 없다는 것은, 어떠한 조직도 권력의 토대가 되는 자원을 독점할 수 없기 때문이다. 조직이 필요로 하는 수단으로서의 자원은, 배분성·활용성·대체성의 성격을 가지며, 이것이 여러 정부 단위의 선택에 있어서 커다란 영향을 미친다.

이제까지의 중앙-지방 관계에 있어서 자원은 주로 재정적인 측면에서 다루어져 왔다. 이러한 입장은 중앙-지방 관계의 활용 가능한 자원을 너무나도 왜소화시킬 염려가 있기 때문에, 자원 개념의 확대를 필요로 한다. 여기에서 로즈는 중앙-지방 관계를 파악할 때, 다음의 다섯 가지 자원을 고려해야 한다고 하고 있다.[51] 정부간 관계론에 있어서 교환되고 있는 자원은, ① 법적 자원(권위), ② 재정적 자원(재원), ③ 정치적 자원(공적 의사결정구조에의 접근 및 대표로서의 정당성), ④ 정보 자원(정보의 수집처리 능력), ⑤ 조직 자원(정책실시능력)의 다섯 가지이다. 이들 다섯 가지 자원은 중앙이든 지방이든 모두 가지고 있지만, 특히 중앙정부는 법적 자원과 재정적 자원에 있어서, 지방정부는 정보 자원과 조직 자원에 있어서 우위를 점한다.

(2) 거시적 분석 : 상호작용의 기본적인 맥락

조직간 상호작용의 분석 기본 틀로서의 권력-의존 모델도 자원으로서의 파워에 초점이 맞추어져 있다. 그리하여 게임의 법칙이라든가 자원의 배분, 그리고 이 규칙과 자원의 배분에 내재하는 가치와 이해관계의 문제가 결여되어 있다. 즉, 조직간 분석의 미시적 분석에서는 게임법칙의 근본이 설명되어 있지 아니하고, 자원의 배분을 주어진 대로 받아들이는 동시에 참가자의 가치와 이해관계도 조직 내 현상으로 여김으로써 상호작용의 유형에 있어 변화를 설명할 수 없다. 따라서 상호작용의 미시적 분석과 정부역할의 변화 과정을 설명할 수 있는 거시적 분석을 결합시킬 필요가 있다. 이를 위해, 로즈는 정부간 상호작용의 분석에 있어서 조합

51) R. A. W. Rhodes(1985), "Intergovernmental Relations in the United Kingdom", V. Menry and V. Wright, ed., *Centre- Periphery Relations in Western Europe*(London: George Allen & Unwin, 1985), pp.42-51.

주의(corporatism)를 활용하고 있다.

조합주의 이론의 최근의 발전은, 조직의 권력에 관한 이전의 논의와 함께 이러한 양 분석의 연결을 시사하고 있다. 이 조합주의 이론을 중앙-지방 관계 연구에 적용하는 데 있어서, 다음과 같은 두 가지 문제가 있다. 하나는 조합주의 이론에 관한 논의가 너무나도 다양하고, 또한 그 논의의 대부분이 일반적인 수준에 머물러 있기 때문에, 이를 중앙-지방 관계의 연구에 직접 연결시키기에는 무리라는 것이다. 다른 하나는 정부의 정책을 분석할 목적으로 조합주의 이론이 사용되는 경우, 조합주의 이론은 주로 경제정책이나 산업정책, 또는 노사관계를 다루는 데 활용되어 왔다는 것이다. 이와 같은 문제점에도 불구하고, 조합주의 이론은 다원주의 이론에서는 설명할 수 없는 게임의 법칙과 자원배분의 변화를 설명할 수 있기 때문에, 중앙-지방 관계의 분석에 도움이 된다고 여겨지고 있다.

결국, 로즈의 모델은 첫째, 권력-의존 관계의 기반에 초점을 맞춤에 따라 중앙-지방 관계가 왜 변하는 것인가라고 하는 의문에 주의를 기울이고 있다. 이 구조에서는 권력-의존 관계의 기초로서 자원을 중요시한다. 그럴 경우, 자원은 재정적 자원만을 지칭하는 것이 아니기 때문에, 이 재정적 자원 이외의 자원이 어느 정도 중요한 것인가 하는 문제에도 지대한 관심을 갖는다.

둘째로, 이 구조는 중앙-지방 관계가 어떻게 변화하는가 하는 문제를 제기한다. 그리하여 여기에서는 중앙-지방 관계를 고도의 자유재량으로부터 고도의 의존에 이르기까지 다양하다는 것을 인정하고, 이러한 다양한 관계를 지탱해 주는 조건에 대해서도 주의를 기울인다. 또한 중앙-지방 관계가 어떻게 변화하는가에 대한 충분한 규명을 위하여, 정책결정의 여러 단계, 서로 다른 다양한 정책영역의 특징 및 정책이나 목표에 영향을 주는 관계와 결정에 영향을 미치는 관계와는 어떠한 차이가 나는가 등을 분석하지 않으면 안 된다는 것에도 관심을 갖는다.

셋째로, 이 구조는 중앙과 지방이 서로의 관계를 어떻게 처리하고 있는가에 대해서도 일련의 문제를 제기하고 있다. 게임에 참가하는 관계자는, 먼저 합의에 이른 게임법칙을 어느 정도 인식한 후에 활동하고 있는가, 다음으로 중앙-지방 관계의 대응에 있어서 어느 정도의 전략을 사용하고 있는가, 마지막으로 정책을 입안하고 집행하는 데 있어서 어느 정도로 자유재량을 요구하면서 경쟁하는가 등의 문제에 관심을 많이 기울인다.

넷째로, 이 구조는 정부 역할의 변화에 초점을 두면서, 게임법칙의 개정이나 정당화의 이데올로기 변화에 대하여 일련의 문제를 제기한다. 그것은 또한 중앙-지방 관계의 변화를 정부의 경제적 문맥의 변화와 관련된 역사적 해석의 중요성에도 관심을 기울인다.[52]

이상과 같이 로즈의 모델에 의하면, 다양한 정부의 레벨은 상호의존적이지만, 그 관계는 다원적인 교섭으로부터 조합주의 이론에 이르기까지 하나의 복잡한 게임으로 간주되고 있다. 그리하여 중앙-지방 관계를 한 측면만으로 고찰해서는 안 되고, 양자간의 연계가 다목적이기 때문에 조직이 갖는 다양한 권한이나 자원에 대응하여 검토되어야만 한다. 조직간의 상호의존은, 하나의 조직만으로는 그 기능의 수행·서비스의 제공·업무의 완성이 불가능하기 때문에 발생하게 된다. 어느 조직이 필요한 자원이나 협동을 다른 조직에 요구하기 위해서는 다양한 전략을 구사하게 된다. 조직간의 교환의 과정은 게임의 법칙에 의해 제약되고, 조직구성원의 조직 내 역할이나 환경에 의해서도 제약을 받는다.

이상으로, 구미에 있어서 중앙-지방 관계에 관한 전통적인 견해와 미국의 라이트 견해, 그리고 영국의 로즈의 견해를 살펴보았다. 이 이외에도 유럽에 있어서의 중앙-지방 관계를 '중심-변방'(centre-periphery)의 입장으로부터 파악하고자 하는 일련의 연구자 그룹,[53] 혹은 하나의 국가는 생산기능을 담당하면서 상당할 정도로 배타적인 조합주의적 과정 속에서 이익을 추구하는 중앙정부와, 소비기능을 중심으로 비교적 민주적이며 다원적인 정치를 수행하면서 수요 중심의 보다 효율적인 반응을 보이고 있는 지방정부의 전혀 다른 성질을 가진 두 개의 국가로 이루어져

---

52) R. A. W. Rhodes(1983), *op. cit.*, pp.127-129.
53) V. Menry and V. Wright ed., *Centre-Periphery Relations in Western Europe*(London: George Allen & Unwin, 1985)

있다고 보는 '이중국가'(dual state)론도 눈여겨 볼 만하다.[54]

2. 일본에 있어서 중앙-지방 관계에 관한 연구

　최근 정치환경의 변화에 따라 일본에 있어서도 중앙-지방 관계에 대한 연구가 활발하게 진행되고 있다. 그 대표적인 견해로서는 일본 지방자치의 현황을 볼 때, 전전(戰前)과는 다른 면이 많아 종전의 통설적인 위치에 있었던 전전·전후 연속론으로서는 설명될 수 없다고 하면서, 전전·전후 단절론을 주장하는 입장이다. 이러한 견해는 므라마쯔(村松岐夫)에 의하여 주장되고 있다. 므라마쯔에 의할 것 같으면, 오늘날 일본에 있어서의 중앙-지방 관계는 종래와 같은 일방적, 수직적인 관계 속에서 파악할 것이 아니라 상호의존적인 관계 속에서 파악하여야 한다고 주장하고 있다. 또 다른 견해로서는 도주제론(道州制論)의 역사적 문맥으로부터 〈분권〉-〈집권〉·〈분리〉-〈융합〉이라고 하는 두 개의 축을 이용하여, 일본의 중앙-지방 관계를 파악하고자 하는 아마가와(天川晃)의 견해 등이 그것이다.

1) 므라마쯔(村松崎夫)의 모델

　오늘날 일본 지방자치의 현 주소를 둘러싼 전전·전후 연속론과 전전·전후 단절론의 제기는 므라마쯔로부터 시작되었다.[55] 므라마쯔는 전후 일본의 지방자치 이론은 쯔지(辻清明)를 중심으로 하는 전전·전후 연속론이 정통파 이론으로 되어 장기에 걸쳐 강력했지만, 최근 도처에서 여

---

54) P. Saunders, *Social Theory and the Urban Question*(Hutchinson, 1981).
　55) 므라마쯔는 전후 일본의 지방자치 이론 형성에 공헌한 두 명의 행정학자(長浜政壽와 辻清明)의 이론을 소개함으로써 일본 지방자치 이론의 관심의 소재를 보여주고 있다. 이 둘 중 쯔지를 중심으로 하는 지방자치 이론이 정통파 이론으로 되어 왔다. 지방자치의 부재를 지적하는 이 이론은 오랫동안 지속되었다. 그러나 최근에 이르러 도처에서 이 정통파 이론에 대한 의문이 나오기 시작하고 있다고 하면서, 므라마쯔는 오늘날 일본의 지방자치는 전전과는 판이한 양상을 보여주고 있다고 주장하고 있다. 그리하여, 전전·전후 단절론을 제창하고 있다. 즉 일본의 중앙·지방관계는 전후의 지방자치를 전전과의 관련 여하에 따라, 전전·전후 연속론과 전전·전후 단절론으로 나누어 설명하고 있다. 므라마쯔는 통설과는 달리 후자의 입장에서 중앙·지방관계를 다루고 있다.

기에 대한 의문이 제기되기 시작했다고 하면서, 새로운 이론의 제안을 시도하고 있다. 므라마쯔에 의할 것 같으면, 종래의 전통적인 중앙-지방 관계를 수직적 행정통제 모델이라고 명명(命名)하고, 이 모델은 사회 정세의 변화와 지방자치의 발전, 그리고 지방정치의 활성화에 따라 현재 일본의 중앙-지방 관계를 설명하는 모델로서는 적절하지 못하다는 것이다. 그리하여, 므라마쯔는 새로운 모델로서 수평적 정치경쟁 모델을 제시하고 있다. 므라마쯔는 지사 면접 데이타의 분석을 통한 실증적 관점으로부터 중앙 레벨의 정치와 지방자치는 상호 연동하고 있으며, 그 연동의 성격은 행정 관계로부터 설명될 부분과, 정당의 활동이라든가 선거로부터 설명되어야 하는 부분이 있다고 한다. 다시 말한다면, 중앙-지방 관계는 각각 정치적 가치와 행정적 가치의 두 종류의 가치를 가지고 있다. 그리하여 양자의 관계에 있어서도 밑으로부터 솟아오르는 압력활동과 경쟁에 의해, 중앙-지방 관계가 규정되는 경우가 확대되고 있다고 지적하고 있다.

　　일본의 중앙-지방관계는 혁신자치체(革新自治體)[56]를 시작으로 논의되기 시작한 환경문제라든가 복지정책에 있어서 신산업도시(新産業都市)[57]와는 별도의 의미에서 보다 철저한 수평적 정치적 경쟁모델이 작용하고 있다고 한다. 여기에서 경쟁을 '수평적'이라고 하는 것은 지방간의 경쟁을 중요시하기 때문이며, 또 '정치적'이라고 하는 것은 그 경쟁의 과정이 선거에 기초를 두고 있기 때문이다. 특히 일본에 있어서 지방간의 경쟁의 특징으로서 '동열의식'(橫幷び意識)[58] 을 들고 있다. 이 동열의식 메카니

---

56) 일본에서 혁신자치체란 시민운동 세력과 사회당, 그리고 경우에 따라서는 공산당 등 진보적인 지지 세력을 기반으로 당선된 지방정부의 장을 가지고 있는 지방정부를 일컫는다. 따라서 혁신자치체는 자유민주당(자민당)으로 대표되는 보수적 입장에 비판적인 정책을 지역적 수준에서 실현시키고자 하였으며, 1970년대 중반에 가장 절정을 이루었다.

57) 일본에서 신산업도시란 신산업도시건설촉진법에 근거하여 지정된 도시로서, 1960년대 소득배가계획 및 여기에 기초한 거점개발구상 중 공업개발거점 도시구상을 구체화시키기 위한 정책대상지역을 말한다.

58) 므라마쯔에 의할 것 같으면, 동열의식이라는 것은 각 지방정부가 자기의 경쟁 상대로 생각되는 다른 지방정부의 시책 수준에 뒤떨어지지 않도록 노력한다든가, 혹은 앞서 가고자 하는 것을 의미한다. 경쟁 상대의 지방정부를 기준으로 한 동열의식에는 두 종류가 있다고 한다. 하나는 인근 지방정부간의 동열의식이고, 다른 하나는 동격으로 간주되는 지방정부

즘과 선거 메카니즘이 상호작용하여 결합될 때, 거기에서 생기는 정치적 동태를 억제한다는 것은 매우 어렵다. 그런 의미에서 동열의식은 므라마쯔의 수평적 정치경쟁 모델을 구성하는 중요한 요소가 된다. 이와 같이, 므라마쯔는 전후에 있어서, 지방이 갖고 있는 정치적 자원의 확대에 의해 중앙-지방 관계도 변화되고 있으며, 그것을 기반으로 전전·전후 단절론을 주장하고 있다. 즉 전후의 고도성장에 힘입어 지방정부의 주요 과제는 소위 '자본축적' 기능으로부터 '공동소비' 기능으로 이행되고 있으며, 그 과정에서 중앙도 지방도 모두 기능을 확대시켜, 중앙-지방 관계도 전전과는 다른 양상을 보여주는 면이 많아지고 있다는 것이다.[59]

결국, 전후의 일본에 있어서의 중앙-지방 관계는 많은 경우 기관위임사무라든가 보조금 등의 형태로 중앙과 지방이 상호 밀접하게 연결되어 왔었다. 그러한 의미에서 일본의 중앙-지방 관계는 융합관계이며, 아울러 리더십이 중앙관료에 있다고 여겨지는 것은 그다지 부자연스러운 가설은 아니다. 반면, 현대국가에 있어서 사무량의 증대가 중앙의 지방에의 의존관계를 만들어 내고 있는 현실에도 주목해 볼 필요가 있다. 이와 같이 중앙 관료의 리더십을 어느 정도 존속시키면서 동시에 중앙이 지방에 의존 관계를 갖는 일본의 중앙-지방 관계를 므라마쯔는 상호의존 가설로부터 이해하고자 한다. 중앙 관료가 지방에 의존할 수밖에 없게 된 배경에는 집행정보의 수집이라든가 중앙정부의 정책실시를 위해서는 지방의 협력을 구할 수밖에 없기 때문이다.[60] 이와 같은 상황 속에서는 중앙-지방 관계는 서로 대립적이라기보다는 상호의존 또는 협력이 요구되어질 수밖에 없게 된다. 그러한 의미에서 므라마쯔는 중앙-지방 관계에 관한 수평적 정치경쟁 모델을 더욱 발전시켜 상호의존 모델을 도출하여 내고, 전자를 후자의 서브모델로 하고 있다.[61]

간에 보이는 것이다. 이와 같은 지역간의 끊임없는 경쟁을 통한 주민간의 향토심을 이끌어 내야 한다는 주장은 이미 라스키(H. Laski)에 의해서도 강조되고 있다. 橫越英一 譯. 政治學大綱, 下卷(A Grammar of Politics)(東京: 法政大學出版局, 昭和 28), p.173.

　59) 村松崎夫, 地方自治(東京: 東京大學出版會, 1988), pp.72-74.
　60) 村松岐夫, "政府間關係と政治體制", 大森彌·佐藤誠三郎 編, 前揭書, p.248.
　61) 村松岐夫(1988), 前揭書, p.189.

　　므라마쯔는 상호의존 모델을 전개하여 나가는 데 있어서, 다원주의 이론을 도입하여 설명하고 있다.[62] 다원주의적 입장으로부터의 중앙-지방 관계의 파악은 지방정부 상호간의 상대적 세력관계라든가 경쟁의 설명에 그치지 아니하고, 중앙-지방간에 전개되고 있는 과정까지도 교섭이라든가 경쟁의 관계로 파악하여 중앙정부의 권력을 상대화시켜 이해하고자 하는 것이다.[63] 이와 같은 므라마쯔의 상호의존 모델의 관점에는 중앙-지방 관계에 걸치는 법률상의 권한 체계로부터 본다면, 배분의 방식에 라이트(D. S. Wright)의 중첩권위모델이 타당성을 가진다고 하겠다. 일본의 중앙-지방 관계에 면면히 흐르는 권한체계(행정체계)는, 각 레벨의 정부가 상호 밀착되어 동일 영역에서의 권한과 책임을 나누어 갖는 공유 시스템이다. 즉, 일본의 권한 체계에 있어서는 제도적 집권과 정치적 자율성이 병존하고 있다고 간주되고 있다. 아마가와(天川晃)의 말을 빌리자면, 일본 지방자치법하의 지방자치제는 기본적으로 '분권·융합'형이라는 것이다.[64] 중앙-지방관계가 상호의존적이기 때문에 행정기능의 공유 내지는 융합관계는 역으로 지방이 중앙에 영향을 미칠 수 있는 메카니즘으로 된다.

　　또한, 상호의존 속에는 중앙-지방 관계의 '키'는 '교섭'이라고 간주된다. 교섭에의 참가자는 다양하며, '밑'으로부터 '위'로의 교섭도 중요시된다. 그 배경으로서, 중앙이라든가 지방의 선거가 중앙과 지방을 결합시키는 중요한 역할을 수행하고 있다. 이와 같이 중앙-지방 관계는 상호의존적이며 교섭의 과정이 중요시되기 때문에, 교섭에 임하는 지방정부 전략의 꽤 많은 부분이 다른 지방정부와의 경쟁 원리로부터 설명할 수 있다고 주장하고 있다. 또한 이 모델에서는 광역정부로서의 시도(府縣)의 역

---

　　62) 므라마쯔는 일본의 다원주의는 미국의 순수이론으로서 논의되고 있는 다원주의와는 다른 요소가 있다고 한다. 일본에 있어서의 다원주의는 행정조직이 커다란 역할을 수행하고 있으며, 보수와 혁신간의 이데올로기의 대립이 중앙-지방관계를 매우 심하게 규정하고 있다고 하면서, 이러한 현상을 '패턴화된 다원주의'라고 부르고 있다.

　　63) 村松岐夫(1987), 前揭論文, p.253.

　　64) 天川晃, "地方自治制度の再編成", 日本政治學會 編, 年報政治學: 近代日本政治における中央と地方(東京: 岩波書店, 1984), p.228.

할을 보다 중요시하고 있는 것이 주목된다.[65]

　므라마쯔는, 이상과 같이 중앙-지방 관계를 취급하는 데 있어서, 종래와 같이 행정 영역에 한하지 않고, 정치의 세계까지 확대시키고 있다. 그 경우 전제 사실로서 미리 다음의 세 가지를 들고 있다. 첫째, 집권화와 자치를 제로-섬(zero sum)의 관계, 또는 상호 배타적인 관계로 생각할 필요가 없다는 것이다. 둘째, 지방의 자주성 발휘가 가능한 것은, 지방에도 종래 커다란 주목을 끌지 못했던 정치적 자원이 있다는 것이다. 셋째, 지방자치가 현재와 같이 정치 과정 전체 속에서 그 비중을 증가해 갈 경우, 지방자치의 기본적 성격을 논한다는 것은 정치 과정 내지는 정치 체제 자체의 기본적 성격을 논하는 것으로 되고 만다. 동경집중화(東京一極集中) 현상이 계속되고 있는 오늘날, 므라마쯔는 일본에서의 상호의존 모델의 가능성을, 정책의 가치 전제로서의 쾌적한 환경(amenity)에 대한 중요성의 인식과 신중산층의 역할에서 찾고 있다.[66]

　결론적으로, 전후의 일본의 중앙-지방 관계는 지방측이 끊임없이 자신의 역량을 신장시켜 오고 있을 뿐만 아니라, 복지국가의 요구에 따라 지방정부의 행정업무도 확대되고 있는 실정이다. 그리하여, 중앙-지방관계는 '이것이나 저것이나'와 같은 제로-섬(Zero-Sum)적인 관계가 아니고, '이것도 저것도'와 같이 파이의 팽창을 통한 상호간의 공존의 공간을 넓혀 나가고 있는 플러스-섬(plus-sum)적인 관계라고 말할 수 있을 것이다.

2) 아마가와(天川晃)의 모델

　아마가와는 일본의 지방자치 제도를 분석하는 시각으로서, 종래에 많이 사용된 '집권·분권'의 분석 틀에 덧붙여, '분리·융합'이라고 하는 분석 틀을 병용하여 설명하고 있다. 즉, 하나의 축은 중앙정부와의 관계에 있어서 지방정부가 갖는 의사결정의 자율성으로서, 이것을 '집권·분권'이라고 한다. 또 다른 축은 중앙정부와 지방정부가 수행하는 행정 기능

---

　65) 村松岐夫, "中央地方關係論の轉換(下)", 自治研究, 第59卷 第4號(1983), pp.12-14.
　66) 村松岐夫(1988), 前揭書, pp.187-209.

에 관한 것으로서, 이것을 '분리·융합'이라고 한다. 이와 같이 파악할 경우, 중앙-지방 관계는 '집권·분권'이라고 하는 축과, '분리·융합'이라고 하는 축에 의해 설명될 수 있다.[67] 이리하여, 이 두 개의 축을 합쳐보면, 중앙-지방 관계는 '집권·융합(Ⅰ)', '집권·분리(Ⅱ)', '분권·융합(Ⅲ)', '분권·분리(Ⅳ)'의 네 가지 모델이 가능하다(그림3-4 참조).

<그림3-4> 아마가와의 모델

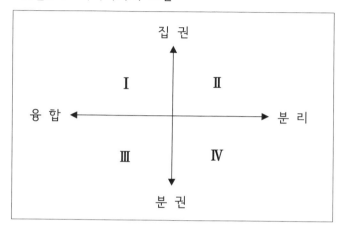

　　먼저, '집권·분권'(centralization-decentralization)을 둘러싼 문제라는 것은, 중앙정부와의 관계에서 지방정부가 어느 정도 자율적으로 그 구역 내의 주민의 의사에 따라 의사결정을 할 수 있을 것인가에 관한 것이다. 어떠한 지방정부도 그 지역 내의 주민의 의사를 대표하는 기관을 가지고 있으며, 그 의사에 따라 자주적으로 의사결정을 할 수 있는 것이 가능하다. 즉, 지역적인 대표기관이 자기 지역의 문제를 자율적으로 정할 수 있다는 것이다. '집권'이라는 것은 지방에 관한 의사결정도 전적으로 중앙정부가 행하고, 따라서 지방정부와 그 주민에게 허용된 자주적 결정의 범위가 매우 좁은 경우를 말하며, 그 역으로 지방정부와 그 주민의 자주적 결정의 범위가 광범위하게 허용된 경우를 '분권'으로 간주된다. 지역

---

67) 天川晃, "廣域行政と地方分權", ジュリスト增刊總合特輯, No.29, 行政の轉換期(東京: 有斐閣, 1983), p.120.

에는 독자의 개성과 고유의 이해가 있어서, 거기에 관한 결정은 중앙정부에 맡길 수 없다는 사고방식은 '분권'지향에 연결된다. 한편, 국민 전체의 복지 향상 혹은 '균등화'의 요청 때문에, 획일적인 결정이 필요하다는 사고방식은 '집권' 지향에 연결된다고 하겠다.

다음으로 '분리·융합'(separation-interfusion)이라고 하는 축은 중앙정부와 지방정부간의 행정의 기능, 정책의 실시 관계를 문제로 하고 있다. 지방정부 스스로 결정한 내용을 스스로 집행하는 것은 당연한 것이다. 그러나 그 구역 내의 중앙정부의 행정기능을 어디에서 수행할 것인가가 문제이다. 지방정부 구역 내의 것이어도 중앙정부의 기능은 중앙정부의 기관이 직접 수행하여야 한다는 것이 여기에서 말하는 '분리'의 사고방식이다. 반면, 중앙정부의 기능일지라도 지방정부 구역 내의 것이라면, 지방정부가 그 고유의 기능과 함께 그것을 수행하여야 한다고 하는 것이 여기에서 말하는 '융합'의 사고방식이다. 결정된 정책을 기능적 합리성에 근거하여 개별적으로 처리하여야 한다고 하는 사고방식은 '분리'형을 지향하며, 정책결정의 주체는 다를지라도 그 정책이 실시되는 지역에서 이것을 종합적으로 처리하여야 한다고 하는 사고방식은 '융합'형에 결부된다. 따라서 이러한 사고방식의 차이는 행정기능을 분화하거나, 그것을 통합하고자 할 때 여러 형태로 나타난다.[68]

아마가와는 이 두개의 축을 이용하여 메이지(明治) 이후 이제까지의 도주제(道州制) 도입에 관한 주요한 논의의 역사를 살펴보고 있다. 이러한 일련의 검토를 통해, 도주제 논의의 역사적 문맥을 명백히 한 후, 상기의 분석 모델인 '집권·분권'과 '분리·융합'이라고 하는 두 개의 축을 이용하여 중앙-지방 관계의 변동의 흐름을 설명하고 있다. 그리하여, 이 모델에 비추어 일본의 지방자치제도를 살펴본다면, 메이지 이후의 '집권·융합'형이 '전후 개혁'을 거치면서 '분권·융합'형으로 재편되었다고 한다. '집권·분권'이라고 하는 의미에서는 커다란 전환이 있었지만, '분리·융합'이라고 하는 의미에서는 전전으로부터의 기본적 성격이 '전후 개혁'을 거치면서도 지속되고 있다는 것이다.

---

68) 天川晃(1987), "變革の構想―道州制論の文脈", 大森彌·佐藤誠三郎 編, 前揭書, p.119.

이와 같은 지적이, '분리'형의 사고방식이라든지 담당자가 이제까지 전혀 없었다는 의미는 아니다. 통상 '행정책임 명확화의 원칙'으로 알려진 샤프(Shoup) 권고의 기조는, 그 기초정부 우선의 원칙과 함께 '분권·분리'형의 전형적인 사례라고 할 것이다. 또한 임명제 지사로부터 선출직 지사에로의 전환에 즈음하여 격증했던 중앙 각 기관의 일선기관 설치는 '집권·분리'형의 사례라고 할 것이다. 이와 같이 '분리'형에의 시도도 끊임없이 있어 왔지만, 이제까지의 지방자치 제도는 기본적으로는 '융합'형으로 구성되어 왔다고 한다.[69] 바꾸어 말한다면, 중앙정부의 특정 지역의 행정기능과 당해 지방정부와의 관계는 점령하의 개혁을 거쳤음에도 불구하고, 아직까지 해결되지 못하고 있는 상황이다. 그리하여, '융합'형 제도를 계승함과 동시에 '분리'화가 진행되고 있어 혼란이 더욱 가중되고 있다고 한다.[70] 그러나 1999년 지방이양일괄법 제정과 거기에 따른 기관위임사무 폐지 이후, 아마가와의 모델에 대한 재해석이 요청된다.

끝으로, 아마가와는 이 분석 틀을 이용하면서도 도주제 도입을 둘러싼 '관료정치'의 구도를 그리고 있다. 아마가와는 메이지 헌법 시기에 형성된 관료정치의 기본 배치는, '전후 개혁'을 거친 오늘날에 이르기까지 그 기본구조는 바뀌지 않고 계속되고 있다고 한다. 즉, 전후개혁의 결과는 메이지 헌법 시기의 구도를 불식시키지 않은 채, '분권'화와 '분리'화가 동시에 추진된 결과, 네 개의 행위 주체[71]의 독립성이 보다 강화되어, 관료정치를 보다 복잡화시키고 있다고 한다.[72] 이와 같은 관료정치의 복잡화는 제도개혁이 구체화되는 경우, 그 대상이 되는 각 주체는 관련되는 계열단체라든가 정치가를 동원하여 때로는 경합하고, 때로는 연합하면서, 결국은 현상 유지로 수렴되고 만다. 그러나 관료정치가 현상 유지

---

69) 天川晃(1983), 前揭論文, p.121.
70) 天川晃(1984), 前揭論文, p.229.
71) 여기에서 말하는 네 개의 행위주체라는 것은, 중앙정부에 있어서의 총무성(구 내무성)과 그 이외의 중앙부처, 지방정부인 시·도(府縣)와 시·군·구(市町村, 특히 대도시)를 일컫는다.
72) 天川晃(1987), 前揭論文, p.133.

적이라고 해도 거기에서 파생하는 문제는 중앙-지방 관계를 둘러싼 문제
로서 혹은 권한이나 재원의 배분론이라든가 기관위임 사무론이라고 하는
형태로 전개되어, 일상적인 관료정치의 문제로서 전개되고 있는 것이다.
이렇게 볼 때, 지방자치의 문제는 단순히 중앙-지방 관계뿐만 아니라 중
앙정부 전체를 포함한 일본의 행정구조 전반에 관계되는 문제라는 것이
선명하게 나타난다는 것이다.[73] 요컨대 아마가와의 구상은 중앙-지방 관
계를 다루는 데 있어서, '분리·융합'의 축을 사용함으로써 종래의 법 제
도론적인 '집권·분권' 중심의 중앙-지방 관계를 파악하는 데 있어서 유효
한 단서를 제공했다고 할 수 있을 것이다.[74]

　　이상에서 살펴본 바와 같이, 최근 일본에 있어서의 중앙-지방 관계
를 둘러싼 논의는 관점에 따라 상이하다. 아마가와는 지방정부가 놓여
있는 현재의 상황에 대하여 비판적인 데 반해, 므라마쯔는 긍정적이라고
할 수 있다. 이와 같은 지방자치의 현황에 대한 인식의 차이는 그 평가에
도 커다란 갭을 만들어 내, 결국은 전전·전후 연속론과 전전·전후 단절론
이라고 하는 논의까지 일으키고 있다. 다만 그 어느 견해도 지방정부를
종래와 같이 지방자치단체로 파악하지 아니하고, 하나의 정부 주체로서
인식하여 지방정부로서 파악하고자 하는 점에 있어 공통점이 보여진다.

　　이 이외에도, 일본의 중앙-지방 관계를 다루는 데 있어서, 연방시스
템을 기초로 한 분권 모델로서 연합형·연방형·단일형·지부형(出先型)의
네 가지로 나누어 분석한 이와자키(岩崎美紀子)의 견해,[75] 새로운 제도적
접근을 시도한 키타야마(北山俊哉)의 견해,[76] 그리고 구조론과 과정론의

---

73) 上揭論文, p.135.
74) 니시오(西尾勝)는 아마가와의 모델을 일응 높이 평가하면서도, 약간의 의문을 나타
내고 있다. 즉 아마가와가 사용한 '집권·분권'과 '분권·융합'에 덧붙여 '집중·분산'과 '분
립·통합'이라고 하는 새로운 개념을 추가함으로써, 중앙·지방관계를 보다 입체적인 분석
틀을 구축하고자 한다. 이와 동시에 중앙-지방간의 행정기능을 파악함에 있어서 타카키(高
木鉦作)의 '개별행정'과 '포괄적 자치체'라고 하는 개념도 고려해볼 만하다고 할 것이다. 西
尾勝, 行政學の基礎槪念(東京: 東京大學出版會, 1990); 高木鉦作, "戰後體制の形成一中央政
府と地方政府", 大森彌·佐藤誠三郎 編, 前揭書.
75) 岩崎美紀子, 分權と連邦制(東京: ぎょうせい, 1988).
76) 北山俊哉 "中央地方關係と公共政策一·二", 法學論叢, 第124卷 第2號, 第125卷 第4號.

통합을 탐구한 류-(笠京子) 등의 견해77) 등도 음미해 볼 만하다.

제3절 정부간 관계론의 모델과 접근방법

1. 정부간 관계의 모델

새로운 변화에 대한 하나의 대응책으로서 중앙-지방 관계에 대한 관심의 고조는 그 취급방법에 있어서도 중앙-지방 관계의 모델(model)과 접근방법(approach)에 대한 다양한 연구를 진척시키고 있다. 여기에서는 앞에서 고찰한 주요 선진국에서의 중앙-지방 관계에 대한 이론적 고찰을 근거로 하면서, 지방이 가진 자율성과 의존성 여부를 바탕으로 중앙-지방 관계에 관한 하나의 이념형(ideal type)으로서 관치모델(dependent model)·자치모델(independent model)·상호의존모델(interdependent model)의 세 가지 모델을 상정하여 고찰하고자 한다.

1) 관치모델(Dependent Model)

이 모델은 중앙정부가 지방정부를 완전히 포괄하고 있는 형태이다. 따라서 여기에서는 전형적인 계층제적 국가체제의 성격을 띠고 있으며, 중앙정부와 지방정부와의 역학 관계는 제로-섬 게임(zero-sum game) 이론으로서 설명될 수 있다.

관치모델하의 중앙-지방 관계는 당해 지역의 중요한 결정이 그 지역의 지방정부가 아니고 중앙정부에 의해 이루어지며, 따라서 지방정부는 전적으로 중앙정부에 의존하는 형태를 취하고 있다. 그리하여, 국가적 기구라고 하면 중앙정부 차원에서의 정치기구만을 지칭하고, 지방에서의 정치적 기구, 예를 들면 지방의회라든가 단체장 등은 거의 무시되는 것이 일반적 현상이다. 더욱이 지방에서의 정치적 기구가 수행하여야 할

---

77) 笠京子, "中央地方關係の分析枠組", 香川法學(1990).

기능도 중앙 집권화된 계층제적 관료기구에 의해 수행되어 버린다. 이와 같이, 지방에서의 정치의 배제는 결과적으로 행정만이 남게 되어 중앙-지방 관계는 일방적인 상하관계로 되고 만다.[78] 여기에 있어서는 '국가와 지방과의 관계'라고 하는 표현에서 알 수 있듯이, 지방정부는 하나의 정부로서 취급되는 것이 아니고 중앙정부의 일선기관으로 취급되는 것에 불과하다.

이 관치모델은 므라마쯔의 수직적 행정통제 모델에 해당된다. 므라마쯔는 전통적인 중앙-지방 관계를 수직적 행정통제 모델이라고 명명하고, 그 특징을 다음과 같이 지적하고 있다. 첫째, 중앙-지방 관계의 중요한 구성요소는 행정이고, 정치는 제이차적인 역할을 수행하는 것에 불과하다. 둘째, 지방 레벨에서의 의사결정은 행정을 통한 중앙 각 부처의 지방 통제에 의해 규정된다. 셋째, 광역정부는 중앙 각 부처의 의도를 기초정부에 매개하는 중계점이 된다. 이 점을 강조하여, 중앙 레벨의 자기부처 우선주의(sectionalism)가 광역정부 레벨에서 일층 강화되어 기초정부에 전달되게 된다. 이 모델하에서는 중앙관료의 지방통제, 자기부처 우선주의가 중앙-지방 관계의 주요한 특징으로 된다.[79] 따라서 중앙-지방 관계는 국가(頂點)-지방(底邊)의 관계를 형성하여, 결국 지방은 '위를 향해 걸어가는'자세를 취할 수밖에 없게 되고 만다.[80] 이 모델의 약점은 중앙 및 지방 레벨에서의 정치가의 역할을 무시하고 있는 점에 있지만, 이 무시에 의해 도리어 모델로서의 순도는 높아지고 철저하다고 할 수 있

---

78) 이와 같은 예는 한국에서 잘 나타나고 있다. 즉, 한국에서는 이제까지 지방자치를 논의하는 경우, 정치학의 분야보다도 행정학의 분야에서 주로 취급되고 있는 경향이다. 이는 지방자치가 하나의 독자적인 학문분야로서가 아니라 지방행정의 일부로서 기술되고 있음에서도 알 수 있다. 그 단적인 예는 대학의 강의에서조차도 '지방자치론'이라는 제목하의 강의가 어려웠다는 진술에서 읽을 수 있다(한국일보 1990년 10월 20일 제5면 참조). 그러나 오늘날에 이르러서는 민주화의 추진과 더불어 상황은 변하여, 지방자치에 관한 연구도 활발히 진행되고 있는 실정이다. 그리하여, 지방자치의 시각을 행정적 관점으로부터가 아니라 정치적 관점으로부터 다루어야 한다는 주장도 나오고 있다. 吳然天(1990), "行政的 視覺 아닌 政治的 視覺에서 地方自治論 展開", 김원웅, 지방자치: 어떻게 참여할 것인가?(앎과 함, 1990)
79) 村松岐夫(1987), 前揭論文, pp.244-245.
80) 赤木須留喜, 行政責任の研究(東京: 岩波書店, 1978), p.183.

다.[81]

관치모델은 또한 라이트(D. S. Wright)의 포괄권위모델과도 관련지을
수 있다. 포괄권위모델하에서의 중앙정부는 지방정부에 대한 자신의 파
워를 확대하기 위하여 사용 가능한 전략은 두 가지 방법이 있을 수 있다
고 가정하고 있다. 그 하나는, 지방정부의 다양한 파워를 감소시키는 것
이며, 다른 하나는 지방정부의 행정영역의 확대와는 관계없이 중앙정부
의 행정영역을 확대시키는 것이다.

이 둘의 전략은 게임 이론으로 이해할 수 있다. 전자의 전략은 '유형
Ⅰ'(type Ⅰ)이라고 하며, 포커처럼 제로-섬 게임의 전형적인 예로서 간주
된다. 이 전략하에서의 중앙정부는 지방정부의 희생 위에 자신들의 파워
를 확대시키고자 한다. 따라서 중앙정부의 이익은 그만큼 지방정부의 손
실이 되고 만다. 반면, 후자의 전략은 '유형 Ⅱ'(type Ⅱ) 또는 '파이의 팽
창'이라고 하며, 비경합 게임(nonconstant-sum game)으로 받아들여지고
있다. 이 유형의 게임 이론에서는 참여자는 모두 승리자이며, 따라서 모
두에게 이익이 된다. 유형 Ⅱ의 좋은 사례는 재정적 측면, 특히 조건부 보
조금(conditional grants-in-aids)에서 볼 수 있다. 중앙정부의 보조금에는
조건이 붙어 있음에도 불구하고, 그 보조금에서 얻을 수 있는 이익이 그
구속보다도 훨씬 더 크기 때문에, 지방정부에게도 결국은 이익이 된다는
것는 것이다. 이러한 두 개의 전략에서, 우리는 정부간 관계 정책(IGR
policy)이 유형 Ⅰ보다도 유형 Ⅱ에 더 많은 관심과 지원을 보낸다는 것을
알 수 있다. 중앙-지방 관계에서 유형 Ⅱ 전략은, 국가의 총체적 자원은 항
상 팽창하고 있다고 간주하고 있지만, 미국에서 알 수 있는 바와 같이 항상 그
렇지만은 않을 수도 있다는 것이다. 캘리포니아주의 주민발의 13(proposition
13), 감축관리(cut-back management), 내핍생활에 관한 대통령의 호소 등이
전형적인 그러한 예이다. 그러한 의미에서, 사회·경제적 상황의 변동에 따
라, 유형 Ⅰ으로 중앙-지방 관계의 이동도 있을 수 있다.[82]

일본에서도 고도 성장기에는 중앙도 지방도 그 영향을 받아 상호 자

---

81) 村松岐夫, "中央·地方關係に關する新理論の模索(上)", 自治研究, 第60卷 第1號(1984), p.8.
82) D. S. Wright(1988). op. cit., pp.43-49.

신의 동심원을 확대시키는 것이 가능했다. 그러나 1970년대 석유 파동 이후 경제위축에 따라, 중앙도 지방도 모두 긴축 재정정책을 취할 수밖에 없게 되었다. 따라서 고도 성장기의 유형 Ⅱ로부터 유형Ⅰ으로의 중앙-지방 관계가 변화되고 있다고 할 수 있다. 그러나 1980년대 후반의 새로운 경제성장과 막대한 무역흑자는 중앙-지방 관계에 대한 새로운 환경 만들기를 압박하고 있다. 그 중에서 특히 주목되는 것은 무역흑자를 둘러싼 외국, 특히 미국과의 무역마찰이 드디어 '미일 구조협의'(日·米構造協議)에로까지 진전되어, 일본에서의 공공투자 확대가 요구되었다는 점이다.[83] 여기에서 '공공투자의 확대'가 갖는 의미는, '정부부문의 확대'를 의미한다. 예컨대, 국내의 잉여저축을 정부가 어떠한 형태로든지 받아들여, 국외로 나가는 자금의 흐름을 국내 수요로 대체하는 방안 등을 고려해 보아야 한다는 것이다.[84] 이처럼, 사회 자본에 대한 충실화 요청은 정보자원과 조직자원에 있어 중앙정부보다 우위에 있는 지방정부의 활동 영역을 확대시킬 수밖에 없다. 여기에서 일본의 중앙-지방 관계는 라이트가 말하는 유형Ⅰ으로부터 다시 유형Ⅱ에로 변화하게 되었다. 그렇지만 또다시 1990년대에 들어서부터 시작된 버-블 경제의 붕괴에 따라 중앙도 지방도 초 긴축재정이 강요되어 공공부문의 바람직한 역할에 대한 문제가 제기되고 있다.

요컨대, 이 유형하에서의 중앙-지방 관계는 ① 지방에서 정치성이 배제되어 행정적 측면만이 강조되고 있다. ② 지방정부 권위의 원천이 해당 주민으로부터 나오지 않고, 중앙정부로부터 나오기 때문에 지방정부의 시책은 실제에 있어서 주민 지향적이라기보다는 중앙정부 지향적이다. ③ 그리하여 지방정부의 담당자가 정책의 결정 및 실행에 있어서 고려하는 것은 상부의 의사이다. 그 당연한 결과로서 지방정부의 담당자는 공복의식보다는 목민관(牧民官)의 입장에서 지역민 위에 군림하고자 한다. 여기에서 지방정부와 주민과의 관계는 행정편의주의가 된다.

---

83) 일미구조협의에서의 주요 쟁점의 하나인 '공공투자의 확대' 문제가 지방정부에 미친 영향에 대해서는 地方自治總合研究所가 발행한 "地方財政レポート '90: 430兆円投資時代の地方財政"에 비교적 자세하게 기록되어 있다.

84) 前揭報告書, p.62.

2) 자치모델

자치모델하의 중앙-지방 관계는 명확한 상호분리를 그 특색으로 한다. 따라서 이 모델하에서는 중앙과 지방의 각각의 정부는 상호간에 자주성과 자율성을 인정해, 완전히 독립적·배타적으로 운영되고 있다. 다만, 상호간에 접촉적인 관계만을 유지하고 있을 뿐이다.

자치모델하에서의 각 레벨의 정부는 다른 정부의 간섭 없이 전적으로 자신의 책임 하에 스스로 모든 결정을 행하여야만 한다. 바꾸어 말한다면, 지방정부 권위의 원천이 상급정부가 아니고, 주민주권에 기초한 그 정부의 관할 구역 내의 해당지역 주민이기 때문에, 하나의 정치적 활동 무대로서의 정부가 성립된다는 것이다. 즉, 지방정부는 관할 구역 내에서는 정치적 기구를 갖는 훌륭한 하나의 정부라는 것이다. 지방정부가 하나의 정부가 된다는 것은, 당해 지역 내의 주민을 위해서는 다른 정부와는 상관없이 다양한 정책을 독자적으로 수행할 수 있다는 것을 의미한다. 또한 지방정부는 경우에 따라서는 주민을 위하여 중앙정부와는 대립적일 수 있다.[85] 따라서 자치모델하에서의 중앙-지방 관계는 독립적인 대등관계로 규정할 수 있다. 여기에서의 문제점은 각각의 정부간에 접촉점이 상실되고 균형이 파괴되어 조정이 어렵게 될 때, 자칫하면 커다란 국가적 위기가 초래할 수도 있다는 점이다.[86]

이 모델은 아마가와(天川晃)의 '분리·분권' 모델에 해당한다고 할 것이다. 아마가와는 일본 지방자치의 발달과정 속에서 '분권·분리'모델의 유형을 1950년에 발표된 샤프(Shoup) 권고에서 찾고 있다. 이 권고는, 지방자치를 강화하기 위해서는 강력한 지방정부가 필요하다는 전제로부터, 세제 개혁을 권고하고 있다. 즉, 샤프 권고는 국세·시도세·시군구세를 명

---

85) 일본에서의 이와 같은 사례는 환경이라든가 공해 규제와 관련하여, 지방정부가 국회에서 제정 공포된 법률보다 더 심한 규제정책을 실시한 것이라든가, 가나가와(神奈川縣) 즈시(逗子)시의 미군기지의 가족 사택의 건설이나 오키나와 주둔 미군기지의 이전을 둘러싼 중앙정부와 당해 지방정부와의 대립 등은 좋은 예라고 할 것이다.

86) 조창현, "中央과 地方과의 關係", 湖南政治學會 編, 湖南政治學會報, 제2집(광주: 샘물), p.3.

확히 분리하여, 지방세의 증세를 도모함과 동시에 지방간의 조세부담과 서비스의 질을 균등화하기 위한 재정조정제도로서의 형평교부금 제도의 도입을 제안하고 있다. 여기에 덧붙여, 중앙정부로부터의 각종 보조금에 대해서는 일부의 장려적 보조금을 제외하고는 모두 폐지할 것을 제안하고 있다. 그것은 장래 지방정부가 중앙정부의 대리인이 되는 것을 방지하기 위해서였다. 이러한 제안과 함께, 서로 다른 정부간 사무의 재배분에 대해서도, 가능한 한 명확히 구분하여 어떤 특정의 사무는 한 단계의 정부에 전담되도록 권고하고 있다. 그 권고 속에서 특히 주목되는 것은, 사무배분의 원칙으로서, 제1차적으로는 기초정부, 그리고 제2차적으로는 광역정부에 그 우선순위를 부여해야 한다는 방침이다. 이를 구체화시키기 위한 방안으로서, 위원회의 설치를 권고하고 있다.[87] 이 샤프의 권고안은 아마가와에 의할 것 같으면, 기본적으로 '분권·분리'형에 해당한다고 한다.[88]

이 '분권·분리'형과 같은 맥락에서 그려지고 있는 것이, 라이트의 대등권위모델이다. 이 대등권위모델은 연방정부와 주정부와의 명확한 경계 위에 중앙-지방 관계가 묘사되고 있다. 따라서 연방정부와 주정부와의 파워관계도 상호 독립적이며 자주적이다. 그러나 라이트의 대등권위모델은 주정부가 지방정부를 완전히 포섭하고 있다는 점에서 '분권·분리'형 혹은 자치모델에서 다루어지고 있는 중앙·지방 관계와는 다소 다른 관점을 보여주고 있다. 즉, 연방정부와 주정부와의 관계에서는 상호 분리적이고 독립적이라는 점에서는 '분권·분리'형 내지는 자치모델에 해당한다고 말할 수 있지만, 주정부와 지방정부와의 관계에서는 지방정부가 주정부에 완전히 종속되어 있다는 것을 생각한다면, '분권·분리'형 내지는 자치모델과는 완전히 정반대라고 하지 않을 수 없다. 이 대등권위모델의 문제점은, 서로 간에 완전하게 독립적이라고 상정하기 때문에, 경우에 따라서는 중앙정부와 주정부 사이에 충돌이 발생하는 경우도 있을 수 있다.

---

87) Shoup Report에 대해서는 다음의 문헌 참조. 財團法人 神戸都市問題研究所 編. "戰後地方行財政資料 別卷1: シャウプ使節團日本税制報告書"(東京: 勁草書房. 1983).

88) 天川晃(1987), 前揭論文, pp.129-130.

그 경우, 미국에서는 연방 최고재판소가 중앙정부와 주정부와의 조정자로서 문제의 해결에 노력한다.

요컨대 이 유형하에서의 중앙-지방 관계는 ① 지방정부가 하나의 훌륭한 정부이기 때문에 당해 지역에서의 정치적 활동은 매우 중요시된다. ② 지방정부 권위의 원천은 상급정부가 아니고, 주민주권 이론에 근거하여 당해 지역 주민으로부터 나온다. 즉, 중앙정부도 지방정부도 모두 국민(주민)의 선거에 의해 그 정당성이 지지되고 있기 때문에, 상호간에 권위의 우열관계란 있을 수 없다. ③ 거기에서 지방정부와 주민과의 관계는 관치모델에 보이는 바와 같이 행정편의주의가 아니고, 주민 본위의 정치·행정으로 된다.

3) 상호의존모델(Interdependent Model)

앞에서 살펴본 두 가지 유형의 모델이 집권과 분권의 양극에 놓여 있다고 한다면, 이 상호의존모델은 집권과 분권의 적절한 조화 속에서 각 정부 주체간의 상호의존과 협력을 중시하는 입장이다. 여기에서 상호의존이라고 하는 입장은, 중앙-지방 관계를 취급하는 데 있어서 각 정부 주체간의 자율과 자주를 인정한 후, 현대사회에 요구되고 있는 제반 사회적 니즈(needs)에 적절히 대응하기 위해서는 정부 상호간의 협력이 국민(주민)을 위해서도 바람직스럽다고 하는 사고방식이다.

이 상호의존모델은 므라마쯔의 견해 속에 잘 나타나고 있다. 므라마쯔는 앞에서 이미 살펴보았듯이, 전통적인 중앙-지방 관계를 수직적 행정통제 모델이라고 명명하고, 여기에 대응하는 모델로서 수평적 정치경쟁 모델을 설정하고 있다. 더욱이 이 수평적 정치경쟁 모델을 발전시켜 상호의존모델을 도출해 내, 수평적 정치경쟁 모델을 상호의존모델의 서브모델(sub-model)로 위치짓고 있다. 상호의존모델과 관련하여 언급하지 않으면 아니 될 것은, '정부간관계'연구 집단의 견해이다.

'정부간관계'연구 집단의 대표 지위에 있는 니시오(西尾勝)는, 오늘날 선진 제국에 보이는 현저한 동향의 하나로서 행정기능이 계속 확대·팽창되고 있다는 것이다. 이러한 현상은 정부 체계의 전 레벨에 걸쳐 일어나고 있고, 특히 지방정부가 차지하는 비중이 상대적으로 높아지고 있다고 지적하고 있다. 그 원인은 현대국가가 복지국가화되어 가는 과정에서 확대·팽창하고 있는 행정기능의 성질에서 찾고 있다. 이와 같이, 계속 증대해 가고 있는 행정기능에 대응하기 위해서는, 중앙정부는 자신의 일선기관을 만들어 맡기든가, 혹은 지방정부에 맡겨 분산시키든가 하는 방도를 취할 수밖에 없다. 특히 이들 행정기능의 위탁에는 그것이 규제행정이든 급부행정이든 간에 어느 정도의 통제와 거기에 수반되는 재량의 여지가 있기 마련이다. 여기에서, 이와 같은 중요한 통제와 재량을 수반하는 행정기능을 중앙정부의 일선기관인 관료기구에 맡겨두는 것이 과연 타당한가 하는 의문이 나오기 마련이다. 거기에서 동일한 지역에 존재하며, 이미 민주적 통제의 조직을 갖추고 있는 지방정부에 맡기는 편이 보다 정당하며 간편하다고 하는 사고방식이 나오게 된다. 동시에 이러한 재량의 여지가 많은 행정기능은 지역의 개별적 사정에 따라 행사되어져야 한다고 하는, 보다 적극적인 이유로부터도 지방정부에 위임해야 한다는 것이다.

현대 복지국가에 있어서의 행정기능은 이러한 여러가지 원인들로 인하여, 지방에 분산시킴과 동시에 그 행정기능 또한 지역의 자기 관리 주체로서의 지방정부에 맡겨져, 지방정부 행정기능의 확대·팽창을 초래시키고 있는 것이다. 그리하여 고유사무이든 위임사무이든 관계없이, 많은 사무가 지방정부에 맡겨진 결과, 중앙정부는 한 국가 사회의 제반 생활 관리 기능의 대부분을 지방정부에 의존할 수밖에 없게 되고 말았다. 그 반면에 있어서 지방정부는 그 생활 관리의 책무를 수행하기 위하여 필요한 재원의 대부분을 중앙정부에 의존하는 결과로 되고 말았다. 이리하여 중앙정부는 정책실시를 지방정부에 의존하고 있는 반면, 지방정부는 그 재원을 중앙정부에 의존하고 있는 것을 상호의존모델은 그 전제로 하고 있다. 중앙정부와 지방정부가 상호의존의 관계에 있다고 하는 것은, 상호간에 협력을 얻지 않으면 자기의 역할을 충분히 수행하기 어렵게 되고, 따라서 서로간에 영향력을 갖게 되며 아울러 대항력도 있다는 것을 의미한다.[89]

---

89) 西尾勝(1990), 前揭書, pp.428-432.

이상에서 알 수 있듯이, '정부간관계'연구 집단의 입장도 결국은 중앙-지방 관계의 취급방법으로서는 상호의존 모델로 귀착하고 말아, 므라마쯔의 견해와 일치하게 되고 만다. 다만, 니시오와 같이, 정부간 관계를 너무나도 광범위하게 사용하는 경우,[90) 그 의미하는 바가 오히려 애매하게 될 우려가 있기 때문에, 여기에서는 한 국가 내의 정부 주체간에 한하여 사용하고자 한다. 즉, 상호의존모델이라든가 정부간 관계론에서 언급되고 있는 '상호의존'이라고 하는 말은, 그 의미내용으로부터 생각해 볼 때, 한 국가 내에 있는 일방의 정부 주체가 다른 일방을 포섭한다든지 혹은 포섭된다든지 하는 관계가 아니고, 상호 대등을 전제로 한 협력과 경합을 통해서 국가의 목적을 달성하기 위하여 상호간에 밀접히 연결되어 있다는 것을 의미한다. 이 점을 고려한다면, 상호의존모델과 정부간 관계론은 그 용어의 상위에도 불구하고 실제상 그 내용의 차이는 거의 없다. 단지, 정부간 관계론에는 라이트의 모델에서 보는 바와 같이 세 개의 모델이 포함되어 있고, 그 하나의 모델이 상호의존모델(중첩권위모델)이라는 것을 생각한다면, 정부간 관계론의 경우가 상호의존모델보다도 그 취급범위가 넓다고 하겠다.

상호의존모델은 로즈가 제시한 권력-의존 모델과도 연관된다. 로즈는 영국의 중앙-지방 관계는 상호의존성과 상호복잡성, 그리고 상호 역동성 속에서 파악되어야 한다고 주장하고 있다. 이처럼 중앙과 지방이 상호 밀접한 관계를 가질 수밖에 없는 것은, 어느 수준의 정부이든 간에 한편만으로는 국민(주민)이 요구하는 제반 행정적 니즈(needs)에 적절하게 대응할 수 없기 때문이라는 것이다. 즉 중앙정부만이 자원을 독점하는 것이 아니라, 지방정부도 중앙에 대응할 수 있는 자원을 가지고 있으므로, 중앙과 지방과의 관계는 일방적인 관계가 아니라 상호의존적인 관계라는 것이다. 일반적으로 정부는 정치적 자원·법적 자원·재정적 자원·조

---

90) 니시오가 정부간관계에서 말하고 있는 '정부간'이라는 것은 일반적으로 사용되고 있는 의미보다도 그 대상범위를 넓혀 다루고 있다. 즉, 니시오는 정규의 정부관계뿐만 아니고, 넓게는 국제정부에 준하는 국제기구를 시야에 넣고, 좁게는 인보단체로서의 자치조직을 그 검토의 대상으로 하지 않으면 아니 된다고 하고 있다. 西尾勝(1983), 前揭論文, pp.4-5.

직 자원·정보 자원 등 다섯 가지의 자원을 가지고 있다. 이들 자원 중 정치적 자원은 어느 정부이든 국민(주민)의 선거에 의하여 구성되기 때문에 우월관계가 있을 수 없다는 것이다. 다만 법적 자원과 재정적 자원은 중앙정부가 유리한 반면, 조직 자원과 정보 자원은 지방정부가 유리하다는 것이다. 그리하여 중앙과 지방이 상호 협력하지 않으면 어떠한 정책도 실효성 있게 집행할 수 없다고 로즈는 주장하고 있다.

<표3-1> 중앙-지방 관계의 모델에 관한 제 견해

전통적 견해	대리인 모델	동반자모델	
연방주의	명목적 연방주의	이중연방주의	협조적 연방주의
D.S.Wright	포괄권위 모델	대등권위 모델	상호의존 모델
R.A.W.Rhodes			권력·의존 모델
村松岐夫	수직적 행정통제 모델	수평적 정치경쟁 모델	상호의존 모델
天川晃	집권·융합 모델	분권·분리 모델	분권·융합 모델
오재일	관치 모델	자치 모델	상호의존 모델

요컨대 상호의존 모델하에서는 ① 일방의 정부 주체만으로는 현대사회의 제반 니즈를 제대로 충족시켜 줄 수 없기 때문에, 각급 정부는 상호 협력하지 않으면 아니 된다. ② 상호 협력해야 된다는 것은 그만큼 각 정부의 권력이 제한되고 분산된다는 것을 의미한다. ③ 따라서 지방정부도 중앙정부에 영향을 미친다. 최소한 지방정부와 관련이 있는 입법이나 정책은 지방정부와의 긴밀한 협조 속에 이루어지지 않으면 아니 된다. 이것이 '지방정부의 국정참가(國政參加)'로서 독일의 일부 주에서는 이미 입법화되었고, 일본에서는 그 도입을 둘러싼 논의가 계속되고 있다.[91]

이상으로 논한 중앙-지방 관계에 대한 제 견해들을 요약한 것이 <표3-1>이다.

---

91) 지방정부의 국정참가에 대하여서는 다음의 문헌 참조. 神奈川縣自治總合研究센터-國政參加硏究會, '國政參加'制度の構想—新たな國·自治體關係を求めて—(昭和 58年 2月)

2. 정부간 관계론의 접근방법

앞에서 정부간 관계의 모델로서 관치모델·자치모델·상호의존모델이라는 세 개의 모델을 상정하고, 각각에 대하여 고찰하여 보았다. 여기에서는 각각의 모델에 대한 구체적인 실태를 파악하기 위한 접근방법으로서 정치적 접근방법·행정적 접근방법·재정적 접근방법·사법적 접근방법의 네 개로 나누어, 각각에 대하여 살펴보고자 한다.

1) 정치적 접근방법

정부간 관계를 파악하는 하나의 방법으로서의 정치적 접근방법은 종래 학자나 실무가들의 관심을 끌지 못하였다. 이제까지 정부간 관계를 다루는 방법으로서는 행정적 접근방법이 학자뿐만 아니라 실무자 사이에서도 주류를 이루어 왔었다. 그러나 국제화·정보화·지방화라는 커다란 물결 속에서 국민경제·국민국가·국가주권 등 '국민적'(national)인 것과 연결된 전통적 단위들이 도전받고, 아울러 '국민적' 중심이라는 국가단위의 정치적 쟁점 대다수가 외국과의 상호 밀접한 관계 속에서 진행되고 있다는 점을 간과할 수 없는 상황이 되어 버린 것이다. 이처럼 한 국가의 정치적 이슈들이 외국의 영향으로부터 자유로울 수 없는 상황이 계속되고 있을 뿐만 아니라,[92] 한 국가 내에서의 국법이 가지는 숙명이라고도 할 수 있는 전국적 획일성·부처이기주의·관료적 경직성 등에 대하여, 지방정부가 가지고 있는 지역적 개성화, 지역적 종합화, 지역적 선도성을 목표로 한 지방정부의 독자적인 정책의 개발과 집행이 이루어지고 있는 상황이 계속되고 있다.[93]

이와 같은, 국내외를 막론하고 중앙정부를 둘러싼 환경이 급변하고 있는 가운데, 정부간 관계를 포함한 국가 전체도 이러한 격변 속에 싸여 있다. 그리하여, 기존의 정부간 관계의 접근방법만으로는 정부간 관계를

---

92) 水口憲人, "分權改革と中央·地方關係", 日本行政學會 編, 分權改革·その特質と課題(年報行政研究31, 1996), p.36.

93) 松下圭一, 現代政治の基礎理論(東京: 東京大學出版會, 1995), pp.199-200.

제대로 파악할 수 없게 되었고, 따라서 정부간 관계를 접근하는 하나의 방법으로서 정치적 접근방법이 부상하게 되었다. 앞에서 살펴본 권력의 존모델, 수평적 정치경쟁모델 등은 주로 정치적 접근방법을 취한 것이라고 할 수 있다. 이처럼 정치적 접근방법이 부상하게 된 것은 이제까지 간과되었던 지방에서의 자원의 발견이고, 다른 하나는 시민의식의 고양의 결과라고 할 수 있을 것이다.

먼저, 지방에서의 자원의 발견이다. 이제까지 중앙에만 있는 것으로 인식되어 관심을 끌지 못하였던 자원이 지방에도 있다고 하는 점이다. 즉, 중앙정부가 국민을 위하여 형성한 정책이 성공하기 위해서는 지방의 협력이 필요하게 되었으며, 따라서 일방적인 관계가 될 수 없는 상황이 되어 버린 것이다. 이처럼 중앙과 지방과의 상호의존성의 강화는 정당 내지는 국회의원을 매개로 하는 중앙과 지방간의 정치적 루트가 중요하게 작동되고 있다는 것을 의미하게 된다.[94]

또 다른 하나는 1960년대 이래 선진국을 중심으로 한 시민운동이 활발하게 전개되고, 시민의식이 높아지고 있다는 점이다. 이와 같은 시민의식의 고양은 '개방적 지식공동체'(open community of knowledge)의 구성원으로서의 '적극적인 시민성'(active citizenship)을 만들어 내어, NGO 등을 통한 행정에의 참가가 일반화되게 되었다.[95] 그런데 행정에의 시민참가는 주권재민자로서의 국민(주민)으로부터 멀리 떨어져 접근하기 어려운 중앙정부보다는, 보다 가까이에 있어 접근하기 용이한 지방정부에서 용이하게 이루어지고 있다.

이처럼 지역에서의 자원의 발견과 시민의식의 고양은, 지역에 관한 정책을 중앙정부가 만들고자 할 때, 반드시 이해관계가 있는 지방정부의 의견을 듣지 않으면 안 되게 되고 있다. 이러한 입장은 영미계 국가의 경우 협의(consultation)의 원칙하에 광범위하게 이루어지고 있으며, 대륙계

---

94) 北山俊哉, "中央地方關係と公共政策(Ⅰ)", 京都大學法學會 編, 法學論叢, 第124卷 第2號, p.34.

95) C. M. Stivers, "Active Citizenship and Public Administration", G. L. Wamsley et al., *Refunding Public Administration*(London: Sage Publications, 1990), p.260.

국가에서는 최근 지방정부의 국정참가라는 형태로 나타나고 있다. 특히, 지방정부의 국정참가는 중앙-지방 관계를 종래와 같이 국가창설권설에 기초한 고전적인 행정관청 내부의 계층적 관계로서 파악하지 않고 있다. 또한 그와는 정반대의 고유권설에 근거한 상호 배타적인 독립관계로 파악하지도 않는다. 지방정부의 국정참가론은 국가 전체의 공적 기능을 담당하는 주체로서 중앙정부뿐만이 아니고, 지방정부도 바르게 인식하여 상호간의 협력과 경쟁을 통해 국민(주민)의 복지를 향상시켜 나가고자 하는 입장으로부터 나타난 경향이다. 따라서 지방정부의 국정참가는 중앙-지방 관계에 있어서 상호 병렬적인 공동 관계를 강조한다.

이 지방정부의 국정참가는 주로 독일에서 발달해 왔다. 독일에서는 지방정부에 대한 국가의 입법권은, 연방과 주로 나누어져 있기 때문에, 지방정부의 입법참여, 즉 지방정부의 국정참가는 주에 대한 것과 연방에 대한 것으로 나누어져 있다. 연방 입법 제정 과정에의 지방정부 참가권에 대해서는 지금 활발하게 논의되어 있는 단계로서, 아직 일반적인 형태로서 그 결실을 보지 못하고 있는 상황이다. 반면, 주 레벨에서는 주 헌법과 법령의 규정에 의해 이미 실시되고 있는 곳도 있다.[96] 이것이 일본에서 1970년대 중반에 이르러, 중앙과 지방간의 병렬적 협력과 협동 관계의 확립이라는 모토하에, 주민의 국정참가 기능의 확충·지방정부 자치권의 보장 등의 입장으로부터 지방정부의 국정참가에 대한 필요성이 나타나기 시작했던 것이다.[97]

나리타(成田賴明)는, 일본에서 지방정부의 국정참가가 처음 문제로 된 계기는, 1976년 혁신시장회(革新市長會)의 제언 중에 '국가 정책 결정에 대한 지방정부의 참가와 그 제도화를 확립하자'라는 문장이라고 지적하고 있다.[98] 그 이후, 지방정부의 국정참가 문제는 혁신자치체를 중심으로 관심의 대상이 되기 시작했다.[99]

---

96) 成田賴明, "地方公共團體の國政參加(中·1)", 自治研究, 第55卷 第11號, p.8.
97) 遠藤文夫, 地方行政論(東京: 良書普及會, 1988), pp.209-210. ,
98) 成田賴明, "地方公共団体の國政參加", 自治體學研究, 第4號(1980), p.4.
99) 지방정부의 국정참가 문제는 가나가와현 산하의 자치종합센타(神奈川縣自治總合研究センタ-)에서 발표한 "'國政參加'制度の構想―新たな國·自治體關係を求めて―(1983)"가

　　여기에서, 지방정부의 국정참가는 지방자치 제도 및 그 운영과 밀접한 관련이 있는 국가 법령·계획·정책 등의 입안 및 실시 과정에 지방정부의 대표자 및 그 연합조직이 일정한 제도상의 보장하에 직접 참여하여 지방정부의 의사를 국정에 반영시키고자 하는 것이다. 이와 같은 정의에 기초하여, 일본에서 지방정부의 국정참가를 구체적으로 실현시켜 나가기 위한 기본 전제로서, 첫째 일본 헌법 원칙의 하나인 '지방자치의 본질'을 새로운 시각에서 파악하여, 보다 발전시켜 나간다. 둘째, 중앙-지방 관계를 대등한 정부간 관계로써 취급한다. 셋째, 국정의 내용으로써는, 행정부의 활동을 중심으로 하면서도 법률 제정 등 필요한 경우에 한하여 입법부의 활동도 검토의 대상이 된다. 넷째, 원칙적으로 광역정부(都道府縣)와 기초정부(市町村) 양자 모두 동일한 자격을 가진다. 다섯째, 국가의 입법·행정 과정에의 참여이지, 국가나 내각 등 관계기관의 최종결정권을 침해하는 것은 아니다. 이러한 지방정부의 국정참가가 갖는 효과로서는 ① '주민 친화적인 정부'의 확립, ② 지역사회에 있어서의 종합행정의 실현 등을 들고 있다.[100]

　　지방정부의 국정참가 문제는, 분권·다양화를 기본 축으로 한 지방자치 제도의 근본적인 개혁에 연관되는 문제이기도 하다. 따라서 지방자치 제도를 개혁하기 위해서는 지방정부에 국정참가의 길이 열려야 한다고 주장하고 있다. 그 구체적인 방법으로서 현재 임의단체에 불과한 지방6단체(地方六團體)를 지방정부의 연합조직으로서 지방자치법에 명확히 규정하고, 그 전문적 연구능력의 충실화를 전제로, 지방6단체의 권한 강화와 지방6단체의 대표자와 정부 대표자, 그리고 학식경험자의 3자로서 구성하는 가칭 '지방정부 행·재정위원회'를 국가행정조직법 제3조에 기초하여 설치할 것을 건의하고 있다.[101]

　　이러한 일련의 국정에 대한 지방정부의 참가는, 국정 전반에 걸쳐

가장 대표적인 문헌이다.
　　100) 神奈川縣自治總合硏究センター, 前揭構想, pp.18-45.
　　101) 社會經濟國民會議政治問題特別委員會. "地方改革に關する提言", 地方自治總合硏究所資料, 社會經濟國民會議'地方改革に關する提言'と自治勞のこれまでの提言について(1985), pp.10-13.

인정되어야 한다고 하는 것은 아니다. 당연히 지방정부와의 이해관계가 있는 법령 등에 한정되어야 한다. 이를 역으로 생각한다면, 지방정부에 관계되는 입법 활동에는 적극적으로 참여의 폭을 넓혀야 한다는 것을 의미하기도 하다. 그 대상으로 생각할 수 있는 것은, 첫째, 지방제도조사회를 위시하여 중앙정부 관계의 심의회·조사회에 적극적으로 지방정부 대표를 참여시킴으로써, 주민의 의사가 보다 정확하게 반영될 수 있도록, 그 구성 및 운영의 개선을 도모하여야 한다. 둘째, 대규모 프로젝트에 대해서는, 계획 단계로부터 관련 지방정부의 참가를 인정하여야 한다. 셋째, 국가 직할 사업의 존재 여부와 그 부담금의 감시를 수행하기 위하여, 지방정부측도 '회계감사'를 할 수 있어야 한다. 넷째, 지방의 부담을 수반하는 제도의 개정이 있을 때, 지방정부 대표자를 참여시키는 새로운 심의회를 설치하고, 그 심의를 거쳐 실시하도록 하는 제도의 확립이 필요하다는 것 등등이다.[102]

이처럼 지방정부의 국정참가는 시민참가·직원참가와 함께 참가의 개념을 더욱 확대·운영하게 한다. 이러한 과정에서 지방정부 스스로 자신들과 관계가 있는 문제에 있어서 중앙정부에만 맡겨버리는 대신에, 자신들과 관계있는 문제에 대해서는 정부 레벨을 불문하고 적극적으로 의견을 제출하고 관여하는 것을 제도적으로 확인하는 것이다. 그리하여, 지방정부의 국정참가는 이것까지의 중앙-지방 관계였던 국가→광역정부→기초정부→주민이라고 하는 관치형 정치 이미지로부터, 주민→기초정부→광역정부→국가라는 자치형 정치의 이미지에로의 전환을 도모하고자 하는 주목할 만한 새로운 동향이라 할 수 있을 것이다[103]

한편, 기능분담론을 근거로 하여 제시되고 있는 지방정부의 국정참가에도 문제가 없는 것만은 아니다. 특히, 독일에서는 지방정부의 국정참가가 자치권의 제약에 대한 '대상'(代償) 혹은 '보상'(補償)으로서 제기되기도 하고 있다. 그러나 거기에서 실현되고 있는 참가의 내용이나 내실이 공동결정권이 아니라, 단순히 의견을 개진한다든가 청취하는 등의 수준

---

102) 鳴海正泰, 轉換期の市民自治(東京: 日本經濟評論社, 1987), p.85.
103) 松下圭一, 都市型社會の自治(東京: 日本評論社, 1987), p.26.

에 지나지 않는 경우, 그 '보상'이 정당한 것인가 아닌가 하는 의문의 여지가 있을 수 있다.[104] 거기에서 자치권에 본질적인 영향을 미치는 입법이나 계획 등에는 자치권을 옹호한다고 하는 관점으로부터 보다 강력한 참가권을 구상해야 한다고 하는 의견도 나오고 있다.[105] 그럼에도 불구하고, 지방정부의 국정참가는 자치행정에 있어서의 시민참가, 행정운영에 있어서의 직원참가 등과 함께 중앙-지방 관계에 연관되는 새로운 분야로서, 헌법에서 정하고 있는 입법정신을 살려나간다고 하는 점에서, 점점 불가결한 요소로 되고 있다.

2) 행정적 접근방법

중앙-지방 관계를 취급하는 접근방법으로서의 행정적 접근방법은 종래 연구자나 실무자들 사이에서 가장 많이 활용된 접근방법이었다. 그러나 시대의 변화와 함께, 중앙-지방 관계를 취급하는 방법으로서의 행정적 접근방법에 그 한계가 나타나 새로운 접근방법이 모색되고 있지만, 그럼에도 불구하고 행정적 접근방법은 아직까지 중앙-지방 관계를 취급하는 접근방법으로서 그 효용성을 무시할 수 없다. 중앙-지방 관계를 다루는 전통적 견해, 므라마쯔의 수직적 행정통제모델, 라이트의 포괄권위모델, 아마가와의 집권·융합 모델 등이 이에 해당된다고 할 것이다.

일반적으로 중앙정부는 특정의 서비스에 대해서 지방정부와 항상 의사소통을 하고 있다. 그러나 중앙정부가 서비스를 제공하는 경우에도 부처간뿐만 아니라 같은 부처 내에서도 의견이 엇갈리는 경우가 있다. 이것은 서비스 성격의 차이에도 원인이 있으며, 결과적으로 중앙의 지방에 대한 태도의 차이를 낳기도 한다. 전통적인 견해에 의하면, 중앙의 지방에 대한 태도는 크게 세 가지 형태로 나누어지는바, 자유방임적인 태도(laissez-faire), 규제적인 태도(regulatory), 조장적인 태도(promotional)가

---

104) 村上武則, "ドイツ連邦共和國における市町村の財政自治の限界", 廣島法學, 第5卷 第3·4合倂號, p.152.

105) 村上武則, "地方財政過程の檢討―國と地方の關係を中心として·法律學の觀點から―", 日本財政學會 編、地方財政の諸問題(財政法叢書2)(東京: 學陽書房, 1985), p.71.

그것이다.[106] 그러나 현대사회의 복잡화는 중앙-지방간의 공관(共管)사무를 증대시켜, 종래와 같은 서비스 공급시스템으로는 새로운 행정수요에 대응하지 못하도록 하고 있다.

전통적인 입장에서 중앙-지방 관계를 다루는 경우, 영미계 국가에서는 중앙과 지방의 사무를 분명하게 구별하고, 각각의 정부는 사무 처리를 위한 독립기관을 가지고서 독자적으로 사무를 처리하였다. 반면에 대륙계 국가에서는 중앙정부가 특정 지역에서 자신의 사무를 처리하는 경우, 독자적인 기관을 설치하지 않고, 민주적 정당성을 가진 지방정부에 위임하여 처리하는 것이 일반적인 경향이었다. 그러나 중앙-지방 관계가 서로 뒤얽혀 더욱 복잡한 관계로 되고 있는 현대 사회에서, 영미계 국가이든 대륙계 국가이든 전통적인 중앙-지방간의 사무배분 방식은 불가능하게 되고, 상호간의 협조와 의존이 요청되고 있는 상황이다. 이러한 시대적 변화에 맞게끔 정태적인 사무배분이라고 하는 용어보다도 동태적인 개념의 성격이 강한 기능분담이라고 하는 용어가 사용되고 있다. 1970년부터 일본에서는 지역주의가 등장하고, '지방의 시대'가 주창되는 등 지방자치에 대한 관심이 높아짐에 따라, 중앙-지방 관계를 헌법 정신에 맞게끔 재검토하고자 하는 경향과 함께 자치권 확충이라는 입장으로부터 지방에 대한 사무·권한의 이양 문제가 새삼스럽게 주요한 과제 중의 하나로 떠오르기 시작하였다.[107] 그리하여 새로운 관점에서 중앙-지방간의 사무재배분의 문제를 다루고자 하는 움직임이 나타나고 있는바, 그것은 바로 중앙-지방간의 '기능분담론'이다.

이 기능분담론은 종래의 사무재배분에 대신하여 사용되기 시작하였다. 그 배경에는 샤프 권고 이후, 몇 번이고 제안되었던 중앙-지방간의 적절한 사무재배분을 둘러싼 문제가 아직까지도 해결되지 않고, 오히려 개선의 주장이 역행되는 듯한 현상마저 나타나고 있는 상황에 대한 반성과 비판 위에서의 새로운 발상이라고 할 수 있다. 사토우(佐藤功)에 의하면, 이러한 새로운 발상은 다음의 세 분야에서 찾을 수 있다고 한

---

106) J. A. G. Griffith, *op. cit.*, p.515.
107) 荒木昭次郎, "國と地方との機能分擔", 都市問題, 第72卷 第2號(1981), p.22.

다.[108] 첫째, 이사(砂子田)의 사무재배분의 실현과정 계획화의 필요성, 둘째, 구제(久世公燒)의 사무재배분에 있어서 발상의 전환 필요성, 셋째, 나리타(成田賴明)의 '사무재배분으로부터 기능분담으로' 등을 들고 있다. 이들 세 가지 주장들은 그 중점에 있어서는 차이가 있을지라도 그 어느 것도 너무나도 오랫동안 끌어온 사무재배분 문제의 정체를 타파해 나가기 위해서는 무엇인가의 조치가 필요한 시기라는 데에는 모두 공통성을 보여주고 있다. 이 세 가지 발상 중에서 기능분담론에 대하여 하레야마(晴山一穗)는, 그 최소의 발단을 미야자키(宮澤弘)의 논문에서 찾고 있다. 기능분담론에 대한 미야자키의 발상은, 그 후 마루타카(丸高滿)·구제(久世公燒)·사카다(坂田期雄)·아키모토(秋本敏文) 등으로 계승되고, 최근에 이르러 나리타의 일련의 논문에 의하여 체계적으로 전개되었다고 한다.[109]

　　일본에서 있어서의 기존의 사무분배론은 간베(神戶) 권고로 대표되며, 그 중에서도 '행정책임 명확화의 원칙'에 따라 어느 사무가 중앙정부의 사무이고, 지방정부의 사무인가 하는 관점에서 문제를 설정하고, 그것을 전적으로 중앙인가 지방인가에 배분하고자 하는 입장이었다. 그러나 현대 복지국가의 진전에 따라, 중앙이든 지방이든 간에 어느 일방만의 행정주체로서는 자기완결적인 사무처리가 곤란하게 되고 있는 상황이 증대되고 있다. 즉 중앙과 지방 모두에 연결되는 공동사무 내지는 공관(共管)사무가 증대하고 있는 것이다. 따라서 이러한 사무 처리에 있어서, 하나의 사무를 중앙이나 지방의 어느 한 행정 주체에 전속적으로 배분하는 전통적인 사무배분의 방식은 이미 적절하지 않게 되었다. 그리하여 각 행정 주체간의 병렬적 협력관계를 전제로 하는 기능분담이라고 하는 관점이 필요하게 된 것이다. 그러한 관점에서 '사무배분론으로부터 기능분담론으로'의 발상의 전환이 필요하게 되었으며, 이러한 전제하에 중앙-지방 관계에 대한 체제의 재정비가 요청되고 있는 것이다. 따라서 중앙과 지방간의 기능분담이라고 하는 문제는, 중앙과 지방간의 행정사무의

---

108) 佐藤巧, "行政事務の再配分", 雄川一浪 編, 公法の理論(下1)(東京: 有斐閣, 1977), pp.1842-1846.

109) 晴山一穗, "中央·地方關係と機能分擔", 都市問題, 第79卷 第1號, p.47.

재배분이라고 하는 각종 권한의 지방으로의 적극적인 이양이라고 하는 정부 주체간의 권한 배분만의 문제뿐만 아니라, 더 나아가 중앙과 지방이라고 하는 기능분담 주체간의 존재양식이라고 하는 중요한 주제를 내포하고 있는 것이다.

　　일본에서의 사무재분배를 둘러싼 문제는, 전후 일본 지방자치 제도의 개혁에 있어서 해결하지 못한 누적된 과제로서, 중앙-지방 관계에 대한 다른 과제에 비하여 훨씬 많이 논의되고, 다양한 연구와 개선책이 제시되어 왔다. 그러나 거의 가시적인 성과를 내지 못한 체, 1990년대 후반에까지 이르렀다. 그 원인에 대해서 나리타(成田賴明)은 ① 중앙 부처의 지방정부에 대한 불신감과 부처 이기주의, ② 지방정부 측의 의견 불일치와 분권 의욕의 결여, ③ 이 문제의 실현을 압박할 수 있는 여론의 미비 등을 들고 있다.110) 그리하여, 그는 이제부터 검토를 필요로 하는 새로운 과제로써, ①공적인 영역과 사적인 영역간의 적정한 기능분담 관계의 검토, ②입법권한뿐만 아니라 사법권까지를 포함한 중앙-지방간의 적정한 기능분담의 검토, ③중앙-지방간의 병렬적이며 협동적인 관계의 제도화, ④광역정부의 기능에 대한 새로운 검토 등을 열거하고 있다.111)

　　이과 관련해서 고려해야 할 것은, 중앙 각 부처간의 업무 재점검이라는 문제이다. 따라서 중앙·지방·민간 사이의 상호기능 분담도 고려하면서, 중앙 각 부처간의 계획·업무 등에 대한 조정이 선결적 과제가 되어야 한다.112) 결국, 기능분담의 문제는 지방자치 강화의 견지뿐만이 아니라, 중앙 및 지방 모두에 관련되는 행정개혁의 중요한 항목인 것이다. 이러한 가운데, 일본에서는 '중앙부처 등 개혁기본법'(中央省庁等改革基本法,1998년)과 '지방분권의 추진을 도모하기 위한 관계 법률의 정비 등에 관한 법률'(地方分権の推進を図るための関係法律の整備等に関する法律, 지방분권일괄법이라고도 한다. 1999년)이 성립됨으로써, 기관위임사무가 폐지되는 등

---

110) 成田賴明, 前揭論文, p.8-12.
111) 成田賴明, "行政における機能分擔(上)", 自治研究, 第51卷 第9號, pp.19-20.
112) 久世公堯, "綜合開發と行政", 辻清明 編, 行政と環境(東京: 東京大學出版會, 1977), p.119.

전후 최대의 변혁이 새로운 세기의 시작과 함께 중앙뿐만 아니라 지방에 있어서도 시작되고 있는 것이다.

이상과 같은 기능분담론은 종래의 사무배분론과는 어떠한 점에서 차이가 있는 것인가?[113] 첫째, 대상사무의 범위에 있어서, 사무배분론이 인·허가권을 중심으로 한 행정사무적인 것이 주류를 이루는 데 비하여, 기능분담론은 급부행정론적인 것이 주요 대상이 되고 있다. 둘째, 사적인 부문과의 관계에 있어서, 사무배분론이 공공부문 내부에 있어서 사무 배분이 주된 문제인 반면, 기능분담론은 먼저 공적인 부문과 사적인 부문과의 분담관계를 다루고, 이어서 공적 부문 내부에 있어서 역할 분담 관계를 다룬다. 셋째, 기본 이념에 있어서, 사무배분론이 국정의 민주화 실현에 주안점을 둔 반면, 기능분담론은 공공서비스 공급시스템의 합리성을 확보하고자 하는 데에 보다 중점을 두고 있다. 넷째, 방법론에 있어서, 사무배분론이 하나의 사무는 가능한 한 어느 한 단계에 전속으로 배분되어야 한다고 하는 반면, 기능분담론은 각 단계마다 중앙과 지방의 역할에 상응하여 각각의 기능을 상호 나누어 분담한다고 하는 입장이 강하다.

어쨌든, 중앙-지방 관계의 접근으로서써의 기능분담론은, 각급 정부 주체간의 상호의존관계가 깊어지면 깊어질수록, 정부간 영역의 구분보다는 통합 또는 협력이 더 강화될 것이라고 주장하고 있다.

3) 재정적 접근

재정이란 정부가 수행하는 경제활동으로서 국민경제에 차지하는 정부활동의 비중 및 역할이 점점 증대함에 따라, 그 역할도 점차 확대되고 있다. 자본주의 체제에서는 민간기업의 자유로운 활동을 원칙으로 하여, 시장을 통한 일상적인 생활에 필요한 재화와 서비스가 시민에게 제공되지만, 그것에 의해 모든 시민적인 수요가 충족되는 것은 아니다. 소위, '사회자본'이라고 일컬어지는 것이 그 대표적인 경우이다. 이처럼 민간의 경제활동만으로는 충족시킬 수 없는 재화·서비스의 수요를 충족시켜 주

---

113) 秋本敏文·田中宗孝, 現代地方自治全集2(東京: ぎょうせい, 1978), pp.49-50.

는 것이 정부의 역할이다. 정부는 조세와 공채 등의 수입 수단과 함께 민간부문으로부터 자금을 조달하여, 이를 기반으로 국민생활의 기반이 되는 제반 조건을 갖추어 나가기 위하여, 다 방면에 걸쳐 활동을 수행하고 있다. 이러한 정부활동을 경제적 측면에서 파악하는 것이 다름아닌 재정인 것이다.114)

한편, 지방재정의 주요한 역할로서의 공공 서비스에 대한 급부활동은, 조세의 지불과 관련하여 고찰하는 것이 중요하다. 즉, 우리가 민간시장에서 생활에 필요한 물품을 그 가격에 맞추어 구입하는 것과 같이, 조세를 지불해서 사회생활에 필요 불가결한 공공 서비스를 구입하고 있다고 생각할 수도 있을 것이다. 물론, 개개인의 자발적인 의지에 따라 이루어지는 상품구입에 있어서의 대가 지불과, 항상 일정한 정도의 강제력을 동반하는 조세지불과의 사이에는 차이가 있다는 것도 인정해야 한다. 그러나 양자 모두 실생활에 필요한 재화와 서비스를 획득하기 위한 지불이라는 점에서는 동질성을 갖는다. 그리하여 경제활동에 있어서 여러 사람의 자유의지를 가능한 한 인정하고자 하는 민주적 사회에 있어서는 공공 서비스의 급부에 있어서도 사람들의 자유의지에 따라 시장에서의 상품구입과 같이, 여러 사람의 선호(選好)에 따라서 이루어질 것이 요구된다.

그러나 공공서비스의 이익에는 스필오버(spill-over)의 효과를 갖는 것도 있을 수 있기 때문에, 그 경우에는 중앙정부가 스필오버의 이익을 가지는 사람들의 대표자 역할을 수행하는 것이 인정된다. 이리하여, 스필오버 효과를 수반하는 공공 서비스의 급부에 관해서는 중앙정부가 누출(漏出)한 이익을 향유하는 사람들의 대표로서 그것을 급부하는 지방정부에 재정적 원조를 주는 동시에 급부 받은 서비스의 질에 대하여 약간의 주문을 할 수 있는 것이 정당화된다. 그리고 중앙정부가 어느 정도의 재정 원조를 주고, 어느 정도의 관여를 할 수 있는가는 스필오버 효과의 크기에 좌우 된다.115)

재정 측면에서의 중앙-지방 관계는, 다음의 세 가지의 측면에서 파

---

114) 田村義雄 編, 日本の財政(東京: 東洋經濟新報社, 1996), p.2.
115) 木下和夫 編, 地方自治の財政理論(東京: 創文社, 1966), pp.6-15.

악할 수 있다. 첫째, 지방정부에 의한 자본지출은 중앙정부의 엄격한 통제하에 이루어진다. 둘째, 중앙정부는 개별적인 서비스를 조성하는 특정 보조금(specific grants)에 의해 지방정부의 경상지출에 영향을 미칠 수 있다. 게다가 교부된 특정 보조금의 다른 용도에의 유용은 할 수 없기 때문에, 지방정부는 소정의 기준에 따라 그 서비스를 공급할 수밖에 없다. 셋째, 중앙정부는 지방정부의 제반 정책에 일반적인 영향력 행사를 정당화하고, 또 지방정부 지출 전반에 걸쳐 영향을 줄 수 있는 방법으로서, 일반보조금(general grants) 제도를 사용할 수 있다. 재정 면에서 살펴본 중앙-지방 관계의 이러한 여러 측면이야말로, 20세기 후반에 이르러 여러 논쟁을 불러일으키고 있는 커다란 계기가 되고 있다.[116] 그리하여 중앙-지방간의 적절한 재정관계의 구축이 커다란 관심을 끌게 되었다. 정부간의 재정관계는, 정부활동이란 결국은 금전적인 통계로 나타나게 되고, 또 상대적인 숫자로서 용이하게 비교·설명할 수 있기 때문에, 많은 연구자에 의해 선호되고 있는 실정이다.

한편, 근대국가의 성립 이래, 법률 제정권을 거의 독점한 중앙정부는 재정면에서 점점 여유롭게 됨에 따라 지방정부의 과세 자주권을 둘러싼 다양한 논쟁들을 불러일으키고 있다. 그러나 지방정부 재정권의 확보라고 하는 문제는 매우 모순된 두 개의 가치 혹은 이념으로부터 발생하고 있다. 그 하나는 지방정부의 자주성의 발휘이며, 이것을 '자율권으로서의 지방정부 재정권'이라고 한다. 다른 하나는 중앙정부에 의한 지방정부 재원의 보장이며, 이것을 '재원보장으로서의 지방정부 재정권'이라고 부른다. 더 나아가, 지방정부는 매우 다양한 경제적, 사회적 환경 속에 놓여 있기 때문에, 재정면에 있어서 이 두 개의 가치 내지는 이념을 어떻게 조화시켜 나갈 것인가 하는 문제는 매우 어려운 과제이다.[117]

더욱이 환경 변화가 더욱 가속화되고 있는 오늘날, 지난 20세기가 만들어 낸 사회·경제·정치 시스템에 대한 대변혁이 요청됨에 따라, 지방

---

116) W. Hampton, *Local Government and Urban Politics*(London: Longman, 1987), p.170.

117) 石井光明, "稅財政をめぐる政府間關係", 都市問題. 第81卷 第1號(1990), p.45.

재정도 새로운 국면에 직면하고 있다. 즉, 정보화에 동반하는 하이테크 중심의 산업구조의 변화와 다국적기업이 지배하는 국제 경제질서의 형성에 의한 국제화의 진전은, 지역경제에도 중대한 변혁을 초래시키고 있다. 그것은 세계도시를 정점으로 한 지역경제 네트워크의 형성이다. 세계도시는 국민경제의 틀을 넘어, 금융 자본이 만들어 낸 시장의 네트워크이며, 이것은 또한 위성 통신 등에 의한 국제정보의 네트워크에 의해 가속화되고 있다. 그 결과, 일본에서는 1980년대에 다시금 동경권(東京圈)으로 자본과 인구의 집중을 낳고 있는 상태이다. 그리하여, 한편에서는 동경권 집중이 일어나고 있는 반면, 제2차 과소화·고령화라고 할 수 있는 농·산촌의 경제력이 극단으로 쇠퇴하여, 정부간 재정조정문제를 더욱 어렵게 하고 있다.[118]

더욱이, 지방정부의 지출은 각각의 지방정부에 따라 다르다. 특정의 서비스에 많은 경비를 사용하는 지방정부도 있는 반면, 그렇지 않은 지방정부도 있다. 이처럼 차이가 생기는 이유를 해명하는 것은 쉽지만은 않다. 많은 요인이 서로 뒤얽혀, 인과관계를 분명하게 규명하는 것도 그리 쉽지만은 않다. 이와 관련하여 보던(N. Boaden)은, 모든 서비스 활동은 그 서비스에 대한 니즈(needs)의 발생률, 그 서비스를 제공하는 지방정부의 기질(disposition), 그리고 그 서비스의 제공에 이용 가능한 자원(resources)에 의해 가변성을 가지고 있다고 한다. 이 세 개의 요소는, 지방정부의 정책에 관한 논의에서 중심이 되는 사항이며, 특히 니즈와 재원은 중앙정부의 보조금을 검토할 때에 반드시 고려해야 할 사항이라고 한다.[119]

4) 사법적 접근

중앙이든 지방이든 어느 정부 주체도 모두 국법의 창조물로서, 그 존재는 법에 의하여 규정되고 있다. 따라서 정부가 행하는 법적 근거 없

---

118) 宮本憲一, "分權化時代における地方財政論の展開", 日本地方財政學會 編, 分權化時代の地方財政(東京: 勤草書房, 1994), pp.77-78.

119) W. Hampton, *op. cit.*, pp.165-168.

는 행동은 월권행위(ultra-vires)라고 하여, 어떠한 행위도 지출도 인정되지 않는다. 그러나 일단 국법이 지방정부에 부여한 권한은 그 범위 내에서 중앙정부의 간섭을 받지 아니하고, 지방정부가 자율적으로 행사할 수 있다. 이와 같이 된 것은, 제2차세계대전 이후 대부분의 국가가 지방자치를 헌법상 보장하여, 법적 제약에 어느 정도 한계를 만들어 두었기 때문이다. 소위 말하는 자치권에 대한 제도적 보장이라고 하는 통설의 등장이 바로 그것이다.

중앙정부가 지방정부에 개입하고자 할 때에는 국법의 규정에 비추어, 지방정부에의 개입 근거를 확실하게 하지 않으면 아니 된다. 따라서 중앙정부는 지방정부가 법적 근거 없는 정책을 수행하지 못하도록 하든가, 혹은 법적 의무를 수행하도록 하든가 하는 어느 쪽에도 관여할 수 있지만, 그럴 경우 반드시 법적 근거가 있어야 한다. 다시 말하면, 개입은 지방적 정책의 효과라고 하는 점에서, 법적 범위 내에서 억제적인 수도 촉진적일 수도 있다는 것이다.

근대 민주주의 국가에서 사회의 다양한 분쟁은 재판에 의하여 최종적인 결론이 난다는 것이 이미 하나의 원칙으로 인정되고 있다. 따라서 중앙과 지방 사이에 어떠한 형태의 갈등이 발생한 경우, 재판에 의하여 해결되어야 한다는 사실은 당연한 일이 되고 있다. 중앙과 지방과의 관계에 있어서 사법적 의존은, 중앙과 지방간 관계의 악화된 상태의 직접적이며 불가피한 결과인 것이다.[120] 최근에 이르러, 지방정부 재량의 한계를 둘러싼 논쟁이 가속화되고 있는 가운데, 국가권력의 행사에 있어서 재판소의 역할이 더욱 중요시되고 있다. 정부간 관계에 대한 사법적 조정을 중시하는 입장은, 미국에 있어서 '딜런의 법칙'에서 확인된 바 있으며, 자치권이 확대됨에 따라 더욱 강화될 전망이다.

일반적으로 재판소는 선례와 법 원칙에 비추어 법률해석권의 행사를 통하여 중앙-지방간의 관계에 영향을 미치지만, 법적 의무의 이행을 강

---

120) M. Grant "The Role of the Courts in Central-Local Relations", Michael Goldsmith, ed., *New Research in Central-Local Relations*(Vernmont: Gower Pub., 1986), p.203.

제하기보다는 위법행위를 저지하는 데 보다 효과적이라고 할 수 있다. 어쨌든 중앙-지방간의 분쟁사항에 대한 사법적 판단은 정부간 관계의 존재양식에 지대한 영향을 미친다. 그럼에도 불구하고, 중앙-지방 관계를 다루는 접근 방법으로서 사법적 접근방법는 그다지 관심을 끌지 못하였다. 따라서 중앙-지방 관계를 다루는 접근방법으로서의 사법적 접근방법에 대한 연구에 보다 많은 관심을 경주해야 될 것이다.

이상에서 논의하여 왔던 정부간 관계의 모델과 접근방법을 정리하면 〈표3-2〉와 같다.

<표3-2> 중앙-지방 관계의 모델과 접근방법

접근방법 \ 모델	관치모델	자치모델	상호의존모델
정치적 접근방법	부존재	상호긴장	권력공유
행정적 접근방법	일방적	상호접촉관계	상호협력
사법적 접근방법	부존재	문제해결의 주역	당사자 처리
재정적 접근방법	의존재원	독립재원	공유재원
형 태			

* A: 중앙정부   B: 광역정부   C: 기초정부

3. 정부간 관계론의 모델과 접근방법

1) 관치모델과 접근방법

(1) 정치적 접근방법

관치모델하에서의 중앙-지방 관계는 일방적·권력적·상하적 관계이기 때문에, 정치적 접근방법은 존재할 수가 없다. 지방의 자원도, 시민의식도 존재하지 않을 뿐만 아니라, 주민은 의존형 주민이 주류를 이룬다.

(2) 행정적 접근방법

관치모델하의 중앙-지방 관계는 주로 행정적 접근방법을 중심으로 이루어지고 있다. 여기에서의 지방정부는 독립적인 기관이라고 하기보다는 중앙정부의 하청기관으로서의 성격을 가지며, 중앙의 강력한 통제와 감독하에 놓여 있다.

첫째로, 사무배분의 관계를 보면, 지방정부의 자율성이 거의 인정되고 있지 않으며, 고유사무의 비율이 낮을뿐더러 공무를 담당하고 있는 담당자들 사이에서도 고유사무에 대한 인식을 갖지 않고 있다. 즉, 대부분의 사무가 위임사무이며, 그 중에서도 단체위임사무보다도 기관위임사무가 주류를 이루고 있다. 더욱이 자치권도 인정되고 있지 않기 때문에, 현장에서 근무하고 있는 지방정부의 직원들조차 사무구분의 필요성을 느끼지 못하고 있다. 그리하여, 지방정부의 기능은 고유·위임사무의 구별 없이 상호 혼재되어 수행되고 있다.

둘째로, 중앙-지방간의 관여를 살펴보면, 전형적인 상하감독 관계를 나타내고 있다. 지역의 중요한 결정이 해당 지방정부에 의해서가 아니고 전적으로 중앙무대에서 이루어지고 있기 때문에, 지방정부는 결정된 정책에 따를 뿐이다. 여기에서 정치는 실종되고, 정책의 관리적 측면, 즉 행정만이 이루어지고 있다. 따라서 중앙의 지방에 대한 관여 혹은 통제는 행정적 관여가 주류를 이룬다. 그리하여 지방정부를 다루는 학문은 지방행정이 주류를 이루게 된다.

셋째, 인사 면을 살펴보면, 인사권이 중앙정부에 집중되어 있으며, 지방정부의 자주적인 인사권은 거의 찾아보기 힘들다. 즉, 중앙정부는 적어도 지방정부의 주요 직급에 대한 인사권을 통하여 지방정부에 대한 영향력을 행사하고자 한다.

(3) 재정적 접근방법

관치모델하에서의 재정면을 살펴보면, 지방정부의 과세권이 거의 인정되지 않기 때문에, 지방은 재정 면에서 중앙에 완전히 종속되어 있다. 더욱이 현대 사회에 있어서 행정기능이 극히 전문화·복잡화되고 있다는 사실을 염두에 둔다면, 국가 전체의 행정능률의 향상이라는 명목 하에 재정은 집중적으로 관리되고 집행되어야 한다는 논리하에 재정적 집중화가 합리화되는 경향이다. 이러한 현상은 마르크스주의자들의 소위 말하는 민주적 중앙집권의 주장 속에 잘 나타나고 있다.[121]

(4) 사법적 접근방법

관치모델하에서 지방정부의 자주성과 자율성은 거의 없으며, 전적으로 중앙의 통제하에 있기 때문에 중앙과의 갈등도 발생하지 않는다. 따라서 중앙-지방 관계의 사법적 접근방법도 존재할 수 없다.

결론적으로 관치모델하에서의 중앙-지방관계는 지방정부의 자주성·자율성·독립성이 거의 억압되어 강력한 중앙통제하에 놓여 있다. 따라서 중앙-지방관계는 독립적·자주적·배타적인 대등관계라기보다는, 권력적·감독적·후견적인 상하 종속관계라고 할 수 있다. 이와 같은 상태하에서는 주체성을 갖는 지방정부라고 하는 말보다는 중앙정부의 일선기관으로서의 지방단체 혹은 지방자치단체라는 표현이 적절하다고 할 것이다. 그리하여 중앙-지방 관계도 '정부간 관계'라고 하는 용어보다는 '국가와 지방과의 관계'라는 표현으로 다루어진다.

2) 자치모델과 접근방법

(1) 정치적 접근방법

자치모델하에서의 중앙-지방 관계는 상호 독자성과 고유성을 인정하고 있기 때문에, 일방이 다른 일방을 감독한다든지 지도한다고 하는

---

121) 齋藤博, "民主的中央集權と民主的地方自治", 自治體問題硏究所 編, 現代の地方自治(東京: 自治體硏究社, 1979).

일은 있을 수 없다. 중앙도 지방도 국민(주민)으로부터 직접 선출되어, 모두 정치적 정당성을 가지고 있기 때문에 국민(주민)을 위하여 상호 긴장 속에서 노력하지 않으면 아니 된다.

(2) 행정적 접근방법

자치모델하에서의 중앙도 지방도 모두 고유의 사무를 가지고 활동하고 있다. 중앙이 지방에서 자신의 업무를 처리하고자 할 경우에 중앙은 지방에 일선기관을 설치하여 처리한다.

첫째로, 사무배분의 문제이다. 지방정부가 하나의 정부이기 때문에, 고유사무가 주류를 이룸과 동시에 당해 지역 내의 주민과의 관계가 있는 모든 사무는 원칙적으로 다른 정부와의 관계없이 독자적으로 이루어진다. 전형적인 자치모델하에서는 지방정부의 사무에는 중앙정부로부터 위임된 사무는 포함되지 않는다. 중앙정부가 당해 지역에서 사무 처리의 필요성이 있을 때는 자신의 일선기관을 만들어 처리시킨다.

둘째로, 중앙-지방간의 관여의 방법이다. 당해 지역의 중요한 문제에 대해서는 당해 지역민의 신탁에 의하여 정당성을 갖는 지방정부가 자주적인 판단에 근거하여 제반 시책을 실시한다. 따라서 중앙정부와의 관계는 관치모델과는 전혀 다른 양상을 보여 준다. 즉, 중앙정부의 지방정부에 대한 관여 방법은 권력적·행정적인 방법이 아니고, 조언적·입법적 관여에 멈춘다.

셋째로, 인사면에서도 외부의 간섭 없이 당해 지방정부가 자주적으로 이를 행한다. 즉 지방정부의 주요 인사는 당해 주민의 선거에 의해 충원되며, 이 선출된 간부들에 의해 당해 지방정부의 공무원들도 선발·관리·통제된다. 따라서 지방정부에는 원칙적으로 다른 정부의 공무원이 있지 아니하다.

(3) 재정적 접근방법

자치모델하의 재정적 접근방법은 선택과 부담의 논리에 따라, 당해 지방정부의 행정 서비스는 원칙적으로 당해 지방정부의 부담으로 충당되어야 한다. 따라서 과세 자주권이 폭 넓게 인정되어 있는 것이 보통이다. 자치모델하에서의 각각의 정부 주체는 상호간에 서로 다른 세원을 기초로 하여 운영되고 있고, 중앙-지방간의 재정 원조 및 협력은 원할하게 이루어지지 않고 있다. 바꾸어 말하자면, 이 모델하의 중앙-지방 관계는 재정적으로도 상호 대등 내지는 독립적이기 때문에, 지방재정의 독립적 운영이 이루어질 수 있는 제도적 장치가 강구되어야 한다.

(4) 사법적 접근방법

중앙도 지방도 그 정치적 정당성이 국민(주민)의 동의로부터 나오기 때문에, 상호간에 우열관계란 존재할 수 없다. 다만 상호간에 접촉점만을 공유할 뿐이다. 여기에서 문제가 되는 것은, 양자 사이에 관할권을 둘러싼 분쟁이 발생하였을 때, 어떻게 될 것인가 하는 점이다. 이 경우 라이트의 대등권위모델에서 보는 바와 같이, 재판소가 제3자의 입장에서 양자간의 분쟁을 조정하지 않으면 아니 된다.

결론적으로, 자치모델하에서는 지방정부가 관할 지역의 제 문제를 전적으로 자신의 책임하에 처리하고 있기 때문에 중앙-지방 관계는 완전히 자주적·독립적이다. 중앙과 지방은 각각 별개의 정부 주체로서 행동하고, 중앙의 지방에 대한 관여는 극히 한정된 분야에만 인정되고 있다. 따라서, 중앙-지방 관계는 권력적·행정적·후견적인 상하 감독관계가 아니고, 독립적·자주적·배타적인 대등관계라고 하겠다. 여기에서의 지방정부는 당해 지역의 문제와 당해 지역의 다양한 제반 이해관계를 조정하는 하나의 훌륭한 정치의 무대가 된다. 그러한 점에서 중앙-지방 관계는 '국가와 지방과의 관계'라는 용어보다도 '정부간 관계'라고 하는 용어가 보다 적절하다고 할 것이다.

3) 상호의존모델과 접근방법

(1) 정치적 접근방법

현대사회에서 보는 바와 같이, 중앙-지방간의 복잡성과 애매성의 증대는 지역사회에 있어서도 정치적 의미를 중요하게 한다. 이처럼, 현장성을 갖는 지방정부의 판단이나 재량에 의존하는 업무가 많아지고, 아울러 딜레마를 딜레마로서 인식시키는 상황이 등장하게 된다. 따라서 단체장이나 공무원은 물론 지방의회나 NGO·언론·공무원 노동조합 등 재량이나 판단에 영향을 미치는 제반 요소들의 활동을 촉진시키는 지방정치가 독자적인 정치공간으로서 중요시된다.

아울러, 중앙-지방 관계에서도 정치의 비중이 높아진다. 지방은 중앙이 가지고 있는 각종 행정적 자원을 자신들에게 유리하게 활용하기 위하여 지역출신 국회의원이라든가 정당의 힘을 빌려 중앙부처에 영향력을 행사하고자 한다. 한편 역으로 이들 정치가들은 그 기대에 보답하고, 지역사회에 이익을 환원시킴으로써 자신들의 정치기반을 확대하고자 한다.

(2) 행정적 접근방법

중앙도 지방도 모두 국민(주민)을 위하여 존재하고 있다. 따라서 양자 모두 국민을 위하여 노력하지 않으면 아니 된다. 더욱이 광역행정에의 요구와 정보통신의 발달에 따라, 정부간의 영역도 점점 희박해지고 있다는 사실을 염두에 둔다면, 중앙도 지방도 모두 상호 협력 없이는 국민(주민)에게 충분한 서비스를 제공하기 어렵다.

첫째로, 사무배분의 문제이다. 현대 복잡다기한 사회에서 변화 역군자 및 사회 관리자로서의 각 정부는 상호 협력과 경쟁이 중요시되고 있음과 동시에, 기능적 연계성도 높아지고 있다. 그리하여 중앙행정도 지방행정도 총체로서의 공행정 시스템과 관련된 공관적 공동사무를 떠맡고 있다.[122] 현대국가에 있어서는 일방의 정부 주체만으로는 자기 완결적으로 처리하기 곤란한 사무, 다시 말한다면 정부간에 걸치는 사무가 증대하고 있다. 그리하여 사무배분이라는 용어보다는 기능분담이라는 용어가 중앙-지방간의 업무 배분에 있어서 보다 적절하다는 지적은 음미해 볼 만하다.[123]

---

122) 徐元宇, "한국의 지방자치에 관한 法的 諸問題", 비교행정, 제3호(1985), p.35.
123) 佐藤功, "行政事務の再配分", 雄川一郎 編, 公法の理論(下1)(東京: 有斐閣, 昭和52); 荒木昭次郎(1982), "國と地方の機能分擔", 都市問題, 第72卷 第2號(1982); 成田賴明, "國と地方の機能分擔", 自治研修, 第230號(昭和 54).

둘째로, 중앙-지방간의 관여방법이다. 중앙정부는 전통적인 방법과는 달리, 지방정부의 능력이 못 미치는 영역에 대한 기술적·전문적 지원에 그쳐야 한다. 공관사무가 늘어나고 정부간에 주관 쟁의가 있을 가능성이 크기 때문에, 각 정부는 어떠한 사업을 시작하기 훨씬 이전부터 상호 긴밀한 협의를 통한 조사와 기획을 공동으로 시행해야 한다.

셋째로, 인사면에서는 상호 호혜의 입장에서 정부간에 인사교류를 통한 협력을 모색하여야 할 것이다. 모든 문제는 결국은 사람 문제로 귀착되기 때문에 일정한 조건과 기준하에 상호 인적 교류를 통한 상호 이해의 폭을 넓히도록 하여야 할 것이다.[124]

(3) 재정적 접근방법

상호의존 모델하에서는 중앙정부가 지방정부에 대한 통제수단으로 재정수단을 사용하는 경향이 늘어날 것으로 생각된다. 전국의 경제적 기반이 동일할 수 없기 때문에, 중앙정부는 지방간의 재정력 격차를 해소해주기 위해서도 중앙정부의 지방정부에 대한 재정적 지원은 피할 수 없다. 주민에 대한 행정적 재화와 서비스 제공의 제1차적인 책임은 지방정부에 있다. 그러나 지방정부의 재정 부족은 당해 지방정부만의 책임일수만은 없기 때문에, 중앙정부의 지방재정 조정기능은 필요하지만, 이 경우에도 전국적 최저수준을 위한 최소한에 그쳐야 한다.

(4) 사법적 접근방법

중앙과 지방간에 있어서 기능이 중복되어 있기 때문에, 양자 사이에는 권한 쟁송과 책임회피의 문제가 빈번하게 발생할 수 있다. 여기에서 재판소는 중앙과 지방간의 조정자로서 역할과 책임이 매우 크다. 다만 한 가지 주의할 것은 지방자치의 역사가 일천한 국가에서는 중앙과 지방간의 문제가 발생하였을 경우, 재판소가 중앙 중심의 판결을 내릴 우려가 있기 때문에, 여기에 대한 지방정부의 대책이 강구되지 않으면 아니 된다.

---

124) 정부간의 인사교류를 원만히 하기 위하여 조창현 교수는 가칭 政府間 人事交流法을 제창하고 있다. 조창현, 지방자치론(박영사, 1993), pp.102-109.

결론적으로 상호의존모델하에서의 각급 정부는 일방이 일방을 포섭한다든지 혹은 상호 배타적이어서는 사회의 제반 요구에 적시에 적절히 대처할 수 없다는 인식하에, 국민을 위한 행정이라는 민주주의 국가의 행정목표를 달성하기 위하여 상호 의존·협조·경쟁하지 않으면 아니 된다.

제4장
지방정부의 구성 요소

　한국 헌법은 그 제8장에 지방자치를 제도적으로 보장하고 있다. 이 규정에 의하여, 한국의 지방자치는 헌법기관의 성격을 갖는다. 따라서 헌법상의 제도로서의 지방정부는 인간의 정주권(定住圈)을 기반으로 하여, 그 정주민(定住民)들로 하여금 그들의 공통적 생활사항을 스스로 처리하도록 헌법이 승인하고 있는 하나의 정치적 실체라고 할 수 있다.

　국가가 영토·국민·주권의 세 가지 요소로 구성되듯이, 지방정부도 일정한 구역과 그 구역 안에 거주하는 주민, 그리고 일정한 범위의 자치권이라는 세 가지를 구성요소로 성립된다. 즉, 지방정부에 있어서 구역(area)은 그 장소적 요소가 되고, 주민(residents)은 인적 요소가 되며, 자치권(the right of autonomy)은 법제적 요소가 된다.

제1절　지방정부의 의의와 종류

1. 지방정부의 의의

　지방정부란 일정한 지역적 범위를 그 구역으로 하여, 그 구역 안의 모든 주민에 의하여 자율적으로 구성된 기관이 중앙정부의 간섭을 받지 않고 자주적으로 그 지역의 공공사무를 처리할 수 있는 권능을 가진 법인격 있는 지역 단위의 공공단체를 말한다. 따라서 지방정부는 그 무엇보다도 기관의 자기선임원칙이 중요하며, 그 구성요소는 ① 장소적 요소로서의 구역, ② 인적 요소로서의 주민, ③ 법제적 요소로서의 자치권의 세 가지로 설명되고 있다.

2. 지방정부의 특질

지방정부는 다른 공·사 단체 또는 기관, 특히 특별지방행정기관과는 구별되는 몇 가지 기본적인 특징을 가지고 있다. 지방정부는 소송의 당사자 능력과 재산소유능력 등을 가지며, 국법의 범위 내에서 행·재정적 독립성이 보장되는 자치권을 지니고 있다는 점에서 그 특질을 찾아볼 수 있는데 그 구체적인 내용은 다음과 같다.[1]

1) 법인으로서의 지방정부

지방정부는 법인격을 갖는다. 그것은 지방정부가 국가와는 별개의 독자적인 권리·의무의 주체임을 의미한다. 지방정부는 법인이기 때문에, 국가가 지방에서 행정집행의 편의상 설립한 법인격 없는 각종 특별지방행정기관과는 구별된다. 지방정부가 법인이라는 사실은, 각각의 독립적인 고유한 명칭을 가지고서 재산의 취득과 관리뿐만 아니라 사업을 운영할 수 있는 재정권의 주체가 되며, 아울러 소송을 제기하고 그 객체가 되는 등 권리·의무의 주체도 될 수 있음을 의미한다.

한편, 지방정부가 권리를 향유하고 의무를 부담하는 행위의 범위가 포괄적이라는 데 특징이 있다. 따라서 지방정부는 법률이 명시한 바에 따라 특별히 금지된 경우가 아닌 한, 원칙적으로 자기책임하에 어떠한 결정과 집행도 할 수 있다고 보아야 할 것이다.

2) 공공단체로서의 지방정부

지방정부는 본래 공공적 사무의 집행이 그 존립의 근거가 된다는 점에서, 사법인과는 구별된다. 지방정부는 공공단체라는 성격에 입각하여,

---

1) 정세욱, 지방자치학(법문사, 2000), pp.462-434; 이규환, 한국지방행정(법문사, 2006), pp.214-216.

그 공공적 임무를 수행하기 위한 여러가지 실정법상의 특색이 인정되고 있다. 따라서 사법인에게는 인정될 수 없는 통치권 또는 지배권을 갖는다. 또한 사법인의 행위는 원칙적으로 정치성을 내포하지 않으나, 지방정부의 행위는 본질적으로 정치성을 내포하고 있으므로, 주민·지방의회·정당·NGO·이익집단 등의 통제·감시 및 비판을 받게 된다.

그러므로 지방정부는 주민이나 지방의회가 지지하지 않는 사항을 집행할 수 없다. 일반적으로 지방정부의 행위는 사법인과는 달리 엄격한 법적 규제를 받는다. 지방정부에 대한 이러한 엄격한 법적 규제야말로 법치행정 또는 자치행정에 있어서 합법성이 강조되는 당연한 요청으로 간주되고 있다.

3) 지역단체로서의 지방정부

지방정부는 일정한 지역을 그 기초로 하는 지역단체라는 점에서 공공조합 및 영조물법인 등 협의의 공공단체와 구별된다. 물론 공공조합도 일정한 지역을 단위로 하여 설립되지만, 그 지역은 공공조합의 구성요소가 아니고, 다만 조합원의 자격을 정하는 기준에 불과하다. 그러나 지방정부는 일정한 지역을 그 기관 구성의 기초로 하고, 그 지역 안의 모든 주민을 지배하는 포괄적인 권능을 가지고 있으므로, 그 구역 내의 주민은 당연히 지방정부의 구성원이 되어 통치를 받게 되는 것이다.

4) 자치권 보유자로서의 지방정부

지방정부는 자치권을 가진다는 데 그 특질이 있다. 다른 공공단체는 특정한 목적을 위해 설치되고 그 목적의 범위 내에서 행정권을 부여받는데 비하여, 지방정부는 국가로부터 그 구역 내에서의 포괄적인 지배권을 부여받고 있다. 지방정부가 중앙정부의 특별지방행정기관과 구별되는 근거는 바로 여기에 있다. 따라서 지방정부에 행·재정상의 독자성이나 자주성이 인정되지 않는다면 이미 지방정부라고 할 수 없다. 이러한 의미에서 지방정부가 자치 행정권이나 자치 입법권 등의 자치권을 가질 때만이, 비로소 국가의 하급행정기관과 구별될 수 있는 지방자치의 본질이 발현하게 되는 것이다.

3. 특별지방행정기관과의 차이

특별지방행정기관이라고 함은, 중앙정부(혹은 광역정부)의 공공사무를 지역적으로 분담·처리하기 위하여, 현지에 설립된 중앙정부의 하급 행정 기관을 말한다. 따라서 특별지방행정기관은 고유의 법인격은 물론 자치 권도 가지고 있지 않다. 이러한 특별지방행정기관은 국가행정을 지방에서 수행하기 위한 국가의 직접적 대리인(field agent)으로서,[2] 지방정부와 몇 가지 점에서 구별된다. 첫째는 권한의 근거와 관련하여, 지방정부가 법률로 정한 업무에 관해 독립적인 결정권과 집행권을 가지고 있는 데 반해, 특별지방행정기간은 중앙에서 확정된 사무의 집행권만 행사한다는 점이다. 둘째, 특별지방행정기관이 전국적인 업무를 다루는 데 반하여 지방정부는 지방적 업무를 다루고 있다는 점이다. 셋째, 특별지방행정기관의 행정서비스 특성이 특정분야나 전문분야에 국한하고 구체적이며 명료한 반면, 지방정부의 행정서비스는 일반적이고 종합적이며, 포괄적이고 때로는 불명료한 특성을 지니고 있다는 점이다.[3]

4. 지방정부의 종류

지방정부를 어떠한 기준에 의해 어떤 종류로 나눌 것인가 하는 것은 각 국가의 법 체제에 따라 다양하지만, 일반적으로 지방정부가 수행하는 기능의 종합성과 일반성 여부에 따라 보통 지방정부와 특별 지방정부로 나누어 설명할 수 있다. 보통 지방정부는 그 목적·조직·구성·권능 등이 일반적인 성격을 가지고 있는 데 비하여, 특별 지방정부는 그 성격이 특수적·예외적·단일적인 경우를 말한다.

---

2) 김익식, "특별지방행정기관의 의의와 역할", 지방행정, 589호, 2002, p.19.
3) 소진광, "특별지방행정기관의 운영실태와 문제점", 지방행정, 589호, 2002, p.26.

1) 보통 지방정부

한국 헌법 제117조 제2항은 '지방자치단체의 종류는 법률로 정한다'고 규정되어 있으며, 이를 근거로 지방자치법에서는 보통 지방정부를 특별시·광역시·도·특별자치도·특별자치시와 시·군·(자치)구의 두 종류로 나누고 있다. 일반적으로 전자를 편의상 광역정부, 후자를 기초정부라고 약칭하여 부르고 있다.

광역정부란 중앙정부와 기초정부의 중간에 위치하고 있는 지방정부로서 상급 정부라고도 한다. 광역정부는 두 개 이상의 기초정부가 관련된 광역적 사무, 일정한 지역적 단위에서 통일적 사무를 요하는 사무, 기초정부 상호간의 연락 및 조정에 관한 사무, 그리고 기초정부가 독자적으로 처리하는 것이 부적당하다고 판단되는 사무 등을 처리한다.[4] 한국의 광역정부에는 특별시·광역시·도·특별자치도·특별자치시가 있다. 다만, 특별자치도와 특별자치시는 다른 광역정부와는 달리 기초정부가 없는 단일 계층제로서 제주특별자치도와 세종특별자치시뿐이다.

기초정부는 주민과 가장 가까이에 있는 지방정부로서, 지역 주민의 일상생활에 필요한 공공서비스를 제공하는 등 주민들의 안전과 복리에 관한 업무를 담당하는 최소단위의 자치정부이다. 또한 기초정부는 그 유래나 기능면에서 자치적 성격이 매우 강한 지역사회 공공관리의 기본적 단위라고 할 수 있다. 한국의 기초정부는 시와 군, 그리고 특별시와 광역시 관할 구역 안에 존재하는 (자치)구가 있다.

2) 특별 지방정부

특별 지방정부란 자치행정을 수행하는 과정에서 특정한 목적을 수행하거나 특정한 사무처리 혹은 사무의 공동처리를 위하여 정책적 필요에 의하여 설치되는 지방정부를 말한다.[5] 따라서 특별 지방정부는 보통 지방정부에 비하여 그 기능·구역·조직 등이 특수한 경우를 말한다. 이러한

---

4) 최봉기, 지방자치론(법문사, 2006), p.187.
5) 상게서, p.190.

특별 지방정부에는 특정한 목적이나 특수한 행정사무를 처리하기 위한 것과 광역행정방식에 입각한 행정사무의 공동처리를 위한 것이 있다.

특별 지방정부는 독자적인 의회나 집행기관을 보유하고 있으며, 과세권·조례제정권·소송당사자능력·계약체결권 및 기타 재산권 등을 갖는 것도 있는데, 특히 미국의 특별구가 그 대표적인 경우이다. 또한 특정한 목적이나 행정사무를 처리하기 위해 형성된 특별 지방정부는 특수사무처리 단체라고도 한다. 미국의 교육구·위생구·소방구·급수구와 같은 특별구, 도시정부가 도시권 내의 특수한 행정사무를 처리하는 영국의 특별행정기관, 일본의 특별구 및 재산구 등이 이에 속한다.

그리고 행정사무의 공동처리를 위해서 설립된 특별지방정부는 광역도시권 내 행정사무처리 단체라고도 하며, 프랑스의 Commune 조합·연합구·도시공동체, 독일의 Gemeinde 조합·광역연합 등이 이에 해당한다.

특별 지방정부는 주민을 구성원으로 하는 것과 보통 지방정부를 구성원으로 하는 것의 두 가지 종류가 있다. 미국의 각 특별구, 스위스의 특별지방정부와 일본의 특별구 등은 전자의 예이고, 영국의 공동위원회 또는 특별행정기관, 프랑스의 Commune 조합, 독일의 Gemeinde 조합, 일본의 지방공공단체 조합 등은 후자의 예에 속한다.[6] 한국는 특별 지방정부 설치에 대하여 지방자치법 제2조 ③항에 대하여 명시하고 있지만, 특별 지방정부 관련 대통령령이 제정되지 않음으로써 그 실효성을 확보하지 못하고 있는 상태이다(제2조 ④항).

한국의 특별 지방정부에는 일반적으로 지방자치법에 의한 '지방자치단체조합'과 지방공기업법에 의한 '공기업조합'이 있다고 주장되고 있지만,[7] 지방자치단체조합은 헌법상 보장되는 지방정부가 아니라는 주장도 있다.[8] 지방자치법 제2조 ③항 및 ④항에 비추어 볼 때 지방자치단체조합이나 공기업조합이 특별 지방정부인가에 대하서는 논란의 여지가 있다.[9]

---

6) 이규환, 전게서, pp.220-221.

7) 상게서, p.221; 정세욱, 전게서, p.448; 안용식 외, 지방행정론(대영문화사, 2006), pp.226-227; 최봉기, 전게서, pp.191-194.

8) 이기우 외, 지방자치법(대영문화사, 2007), pp.63-64.

9) 이달곤, 지방정부론(박영사, 2005), p.175.

제2절 지방정부의 계층구조

1. 계층구조의 의의

　　지역에서 수행되는 자치행정 업무는 매우 복잡하고도 다양하기 때문에, 이를 어느 한 계층의 지방정부 단위나 행정기관만으로 처리하기에는 한계가 있을 수밖에 없다. 어떤 업무는 비교적 좁은 지역을 단위로 수행될 수 있는 데 비하여, 어떤 업무는 보다 광역적인 지역을 대상으로 처리되는 것이 보다 효율적일 수 있다. 그리하여 도시국가가 아닌 대부분의 국가에서는 좁은 지역을 관할하는 지방정부나 행정기관과 이들을 기준으로 보다 광범위한 지역을 관할하는 또 다른 지방정부나 행정기관들을 설치하여, 상호 유기적인 조화와 협력 속에서 위민행정(爲民行政)을 수행하고 있는 것이 일반적인 경향이다.

　　이처럼 지방정부 계층구조의 문제는 지방정부 상호간 기능배분의 문제와 밀접한 관련을 가지며, 자치구역의 문제와도 맞물려 있다. 일반적으로 보통 지방정부는 일정한 구역과 주민, 그리고 자치권을 그 구성요소로 하고 있다. 아울러 그 목적이나 사무 처리의 범위가 제한되어 있지 않은 일반적 단체임을 그 특질로 하는 까닭에, 이론상 그것은 일정한 구역에 하나만 설치되어 있으면 된다. 이를 단층제(single-tier system)라고 한다. 그러나 현실에 있어서는 보통 지방정부가 그 구역의 일부를 구성요소로 하는 다른 보통 지방정부를 가지고 있어서 지방정부가 중복되는 경우가 많다. 이를 중층제(multi-tier system)라고 한다. 중층제에 있어서는 주민들과 직접 접촉하는 가장 소구역을 기초로 하는 지방정부를 기초정부 또는 제1차적 자치정부라고 하며, 중앙정부와 기초정부의 중간에 위치하는 넓은 구역의 지방정부를 광역정부 또는 제2차적 자치정부라고 한다.

　　대체로 지역주민의 생활과 밀착된 공공사무를 처리하는 기초정부에는 광범위한 자치권을 부여하고 있으나, 광역정부에 대해서는 제한적인

자치권을 부여하는 경우가 많다.[10]

2. 행정계층과 자치계층

일반적으로 지방행정에 있어서 계층(tier)은 성격상 크게 두 가지로 나누어진다. 그 하나는 행정계층이고, 다른 하는 자치계층이다. 행정계층 이란 법인격을 갖지 않은 지방행정기관간의 상·하 수직적인 지휘·복종관 계의 체계를 말한다. 반면 자치계층이란 법인격을 가진 지방정부간의 업 무처리 체계를 말한다.

원래 각 지방정부는 법적으로 상호 대등한 지위에 있으며, 그들간에 는 상·하관계란 있을 수 없다. 그러나 지방정부도 국가사무를 위임받아 처리하고 있는바, 그러한 한도 내에서는 지방정부도 상급기관의 지시와 통제를 받을 수밖에 없다. 따라서 위임사무 처리에 있어서 감독기관과 지방정부 사이에 상·하관계가 성립한다. 또한 한국과 같이 자치사무를 처리하는 경우에도 그 지방정부의 처분이 위법하거나 현저히 부당한 경 우에는 감독기관이 이를 취소 또는 정지할 수 있으므로, 그 감독기관과 지방정부 사이에 상·하 관계가 성립하고 있다고 볼 수 있다. 이 경우 감 독기관이란 보통 기초정부에서는 광역정부가, 광역정부에서는 국가가 되 기 때문에 국가와 광역정부, 그리고 광역정부와 기초정부 사이에 상·하 관계가 성립하는 것을 볼 수 있게 된다.

한국의 경우, 지방정부에는 ① 특별시와 광역시 및 도·특별자치도· 특별자치시, ② 시와 군 및 자치구의 2종으로 하고 있다. 특별시와 광역 시 및 도·특별자치도·특별자치시는 중앙정부의 관할하에 두고, 도의 관 할 구역 안에 시군, 특별시의 관할 구역 안에 구, 광역시의 관할 구역 안 에 군과 구를 두고 있다. 이처럼 하나의 지방정부가 다른 레벨의 지방정 부 관할 구역 안에 있음으로 인하여 발생하는 여러가지 상호작용 관계가 다름아닌 자치계층간 관계인 것이다.

---

10) 최봉기, 전게서, p.194.

또한 한국에서는 인구 50만 이상의 대도시에 구(행정구)를 두고, 군에는 읍과 면을 두며, 시와 구에는 동을, 읍과 면에는 리를 두고 있는데, 이들 사이에도 상하관계가 성립하는바, 이것이 행정계층 관계가 된다.

3. 단층제와 중층제

1) 의 미

한 국가에 자치계층이 하나밖에 없는 경우에 이를 단층제라 하고, 그것이 둘 이상 있는 경우에 이를 중층제라 한다. 한국은 기본적으로 2층 구조를 가지고 있는바, 주민에 가장 가까이 있는 지방정부를 기초정부, 그리고 중앙정부와 기초정부 사이에 있는 지방정부를 광역정부라고 한다. 자치계층은 보통 2계층으로 구성된 나라가 대부분이지만, 프랑스나 이탈리아와 같이 자치계층이 3계층으로 이루어진 경우도 있다.

기초정부는 주민의 생활과 밀착된 공공사무를 처리하는 소규모의 자치단위로서, 지방자치가 발달한 대부분의 국가에서는 기초정부에 광범위한 자치권을 부여하고 있다. 그러나 광역정부에는 다소 제한된 자치권을 부여하고 있는 경우가 일반적이다. 다만 영국·미국·일본 등에서는 광역정부에게도 기초정부와 같은 넓은 자치권을 부여하고 있다. 한국은 근대적 의미의 지방자치 역사가 짧고, 오랫동안 간직하여 온 중앙집권체제로 인하여 기초정부보다 광역정부에 더 많은 권한이 부여되고 있는 실정이다. 광역정부에 어떠한 기능을 부여할 것인가 하는 문제는 지방제도에 있어서 중요한 문제 중의 하나이다.[11]

2) 단층제와 중층제의 장단점

단층제가 바람직한가, 중층제가 바람직한가에 대해서는 논란의 여지가 있을 수밖에 없다. 따라서 지방정부의 계층 문제는 그 나라의 역사적 문화적 토양과 국토 면적, 인구 수 등을 고려하여 다루어져야 한다. 일반

---

11) 최창호, 지방자치학(삼영사, 2007), p.135.

적으로 단층제의 장점은 중층제의 단점이 되고, 중층제의 장점은 단층제의 단점이 된다. 단층제와 중층제의 단·장점을 살펴보면 다음과 같다.[12]

(1) 단층제의 장단점

먼저, 단층제의 장점은 다음과 같다. 첫째, 중복행정의 폐단방지와 행정의 신속성 확보이다. 단층제는 중층제에 비하여 이중 행정이나 이중 감독의 폐단을 방지하고 신속한 행정을 도모할 수 있다. 한국과 같이, 기초정부와 광역정부 사이의 사무배분이 명확하지 않은 경우에, 동일한 사무처리를 수준이 다른 두 지방정부에서 동일하게 처리하는 경우도 있을 수 있으므로 이중행정의 현상이 일어날 수 있다. 계층구조가 하나일 경우에 이러한 중복행정을 방지할 수 있게 된다.

둘째, 행정의 낭비 제거와 능률 증진이다. 단층제의 경우, 중층제에 비하여 여러 면에서 능률성을 확보할 수 있다. 행정계층이 많을수록 사무처리가 지연될 뿐만 아니라 행정비용이 그만큼 증가하게 된다. 따라서 단층제는 이중행정을 수행함에 따른 불가피한 낭비를 제거함으로써, 상대적인 능률을 증진시킨다.

셋째, 행정책임의 확보이다. 단층제는 중층제에 비하여 업무에 대한 행정책임을 명확하게 한다. 단층제하에서는 지방정부 계층이 하나이기 때문에, 중앙정부와 지방정부간의 행정기능 배분이 쉽게 이루어지고, 조정 또한 쉽게 이루어질 수 있다. 따라서 행정책임의 불명확이나 책임전가, 행정 사각지대의 발생과 같은 문제가 제기될 가능성이 훨씬 줄어들게 된다.

넷째, 지역적 특수성을 살릴 수 있으며, 개별성의 존중이 가능하다. 단층제는 중층제에 비하여 각 기초정부의 자치권이나 지역의 특수성과 개별성을 더욱 존중할 수 있다. 중층제를 채택하는 경우, 광역정부는 대개 그 구역 안에 서로 성격이 다른 도시행정과 농촌행정, 그리고 인구·재정능력 등이 상이한 많은 지방정부를 포괄하게 된다. 이럴 경우, 광역정

---

12) 최봉기, 전게서, pp.195-198; 정세욱, 전게서, pp.451-454; 최창호, 전게서, pp.135-137.

부는 관할 구역 안의 기초정부가 갖는 지역적 특수성과 개별성을 충분히 고려하지 않고, 그 구역 안의 모든 공공사무를 획일적으로 처리하기 쉬우며, 따라서 각 지역의 특수성이나 개별성이 희생되는 경우가 발생할 수 있다.

다섯째, 중앙정부와 주민간 의사전달의 정확성과 신속성 확보이다. 단층제는 지방정부가 중앙정부의 위임사무를 처리하는 경우, 그 사무에 관한 주민의 의사와 여론을 중앙정부에 신속하게 전달할 수 있고, 중앙정부의 정책이나 계획을 주민에게 신속·정확하게 주지시킬 수 있다. 중층제에 있어서는 경유기관이 추가되므로 중앙정부와 주민간의 의사소통이 지체되고, 또한 누수현상이 생길 가능성이 많다.

다음으로, 단층제의 단점은 다음과 같다. 첫째, 효율적인 국토관리에 부적합하다. 단층제는 국토가 광활하고 인구가 많은 나라에서 채택하기 곤란하다. 국토 면적이 넓은 나라에서, 소구역을 기초로 하는 기초정부와 전국을 관할하는 중앙정부를 직접 연결시키는 것이 비효율적이기 때문이다.

둘째, 중앙집권화를 강화시킬 우려가 있다. 단층제를 채택하면, 광역정부가 없으므로 기초정부의 능력만으로 처리할 수 없는 사무를 바로 중앙정부가 처리하게 되어 중앙집권화의 문호를 개방하는 결과를 초래할 수도 있다. 또한 기초정부를 보호할 여과장치가 없어, 지방자치의 기반이 공고하지 않은 나라에서는 자칫 지방자치가 허구화될 우려가 있다.

셋째, 광역 행정수요에의 대응이 미흡하다. 단층제는 일반적으로 소구역을 단위로 하기 때문에 광역적 행정이나 개발에 관한 사무의 처리에 부적합하다. 소구역 단위의 지방정부에서는 대규모 사업이나 광역행정을 수행할 수 있는 행·재정적 능력의 한계가 있기 때문이다.

(2) 중층제의 장단점

먼저, 중층제의 장점은 다음과 같다. 첫째, 행정기능의 분업적 수행이 가능하다. 중층제는 기초정부와 광역정부간에 행정기능을 분업적으로 수행할 수 있다. 즉, 행정기능이 양적으로 팽창하고 질적으로 고도화된 현대 사회에 있어서, 일정한 구역 내의 모든 사무를 하나의 지방정부가 종합적으로 처리하기에는 너무나도 비효율적이다. 그러므로 주민의 일상 생활에 직결되는 공공서비스는 주민과 가장 가까이에 있는 소구역의 기초정부가 담당하고, 광역적 행정기능이라든가 조정업무는 광역정부가 담당하는 이른바, 행정서비스 처리에 있어서 수직적 분업체계가 확립될 때 행정서비스의 제공이 보다 효율적으로 될 것이다.

둘째, 기초정부의 보완적 기능이 가능하다. 보충성의 원칙에 따라, 중층제는 기초정부가 그 본연의 기능을 제대로 수행하지 못할 경우, 광역정부가 이를 보완할 수 있다는 장점을 가진다. 즉, 기초정부의 능력으로 적절히 처리할 수 없거나 처리하기 곤란한 사무, 또는 그 처리가 비경제적이거나 행정의 질을 저하시킬 우려가 있는 사무에 대하여는 광역정부가 그 능력과 기능을 보충하여 처리할 수 있다.

셋째, 역사적 맥락과의 일치이다. 중층제는 역사적 이유에서 채택되기도 한다. 인간의 사회생활 역사를 회고해 보면, 먼저 동·리나 촌락과 같은 근린 지역사회가 형성되어 거기로부터 인간의 단체생활이 영위되었던 바, 이것이 발전하여 오늘날의 기초적 지방정부를 이루게 되었다고 볼 수 있다. 한편, 교통·통신수단이 아직 충분히 발달되지 못하였던 근대 이전의 국가에 있어서는 중앙정부가 전 영토를 직접 통괄해 나갈 수 없었으므로 영토를 여러 구역으로 구분하고, 거기에 지방관을 파견하여 통치권을 행사하는 것이 보통이었다. 이러한 국가의 통치구역이 발달되어 광역적 지방정부가 되었다고 할 수 있다.

넷째, 과도한 중앙 관여로부터의 완충 역할을 한다. 중층제는 정부간 관계의 원활한 유지에도 도움이 된다. 즉 중앙정부가 모든 기초정부를 직접적으로 감독할 수는 없다. 따라서 중간적 감독기관을 설립하여 그 기관으로 하여금 기초정부를 감독하게 하는 한편, 국가의 강력한 간섭과 감독으로부터 기초정부를 보호하기 위하여 중간적 감독기관 성격을 가진 광역정부를 필요로 한다고 할 수 있는 것이다.

다음으로, 중층제의 단점은 다음과 같다. 첫째, 행정기능의 중첩현상과 이중행정의 폐해이다. 기초정부와 광역정부는 동일한 주민과 구역을 대상으로 하고 있다. 따라서 두 지방정부간에 명확한 기능 배분이 이루어지지 않는 한, 행정기능의 중첩현상 내지 이중행정의 폐단이 생기게 된다. 또한 기초정부는 중앙정부와 광역정부로부터 이중감독을 받게 되며, 따라서 구체적인 지시·감독 내용이 서로 다를 때에는 기초정부 차원에서는 혼란을 일으킬 수도 있다.

둘째, 행정책임의 불명확화이다. 기초정부와 광역정부간의 기능배분이 명확하지 않을 때에는 행정책임이 모호해진다. 따라서 권한 사항에 대해서는 서로 자기 소관이라고 주장하는 반면, 책임 사항에 대해서는 자기 소관이 아니라고 회피·전가하는 경향이 생기게 되며, 그 와중에서 주민들은 많은 불편을 겪거나 예상치 못한 손해를 입게 된다.

셋째, 행정의 지체와 낭비의 초래이다. 지방정부에서 국가의 위임사무를 처리할 경우, 중앙정부의 사전적·적극적인 지도와 감독을 받아야 하므로 계층의 수가 많을수록 경유기관이 많아지는 까닭에 그만큼 행정은 지연되게 되며, 그에 따르는 경비도 증가하게 된다. 아울러 계층 수가 많아지면, 중앙정부에 대한 주민 의사의 전달과 주민에 대한 중앙정부의 정보 전달이 느려지고 왜곡되기 쉽다.

넷째, 지역의 특성과 개성을 살린 시책 추진의 어려움이다. 광역정부는 그 관할 구역 안에 여러 이질적인 지방정부를 가지고 있다. 농촌형 자치정부가 있는가 하면, 도시형 자치정부도 있을 수 있다. 이들을 포괄하고 있는 광역정부는 모든 행정기능을 획일적으로 처리하고자 하기 때문에, 자치행정의 큰 장점이라고 할 수 있는 지역적 특성과 개성을 고려한 업무처리가 이루어지기 어렵다.

4. 계층구조의 동향

중층제가 가지고 있는 단점 때문에 하나의 구역 안에는 하나의 자치계층만을 설치하는 것이 이상적이라는 주장이 제기되고 있다. 즉, 공공사무는 대개 이를 상·하 두 계층의 소관사항으로 명백히 분리할 수 없고, 따라서 모든 사무를 단일의 자치계층에 전속시킴으로써 행정책임의 명확화 등 이상적인 사무 처리를 할 수 있다는 것이다. 그러나 이 주장은 좁은 구역 안에 많은 인구가 밀집되어 있고 주민의 경제적·사회적 생활관계가 불가분의 관계에 있으며 각종 행정서비스를 종합적으로 제공할 재정적·행정적 능력을 가지고 있는 도시지역에서는 타당할지 모르나, 농촌지역에서는 그 실현이 불가능하다는 지적이 제기되기도 한다. 따라서 각국의 자치계층은 국토면적·인구수·인구밀도·개발정도·사회구조·문화정도·전통 등 여러 요인에 따라 그 나라의 실정에 적합하도록 설정되어야 한다고 볼 수 있다.

오늘날 지방자치를 실시하고 있는 나라들 중 많은 나라가 2계층제를 채택하고 있다. 즉, 국가가 전국을 수개의 구역으로 구분하여 구역별로 통치권을 행사하였던 역사적 유산, 그리고 현대에 있어서의 일상생활 관련 사무와 광역적 사무의 분업적 처리의 요청, 중앙정부와의 연락·조정의 필요 등에 의하여 기초정부 외에 광역정부를 설치하여 자치계층을 2계층으로 하는 것이 일반적인 추세이다. 지난 1970년대의 각국의 지방제도 개혁에서도 대체로 2계층제가 채택된 바 있고, 앞으로도 많은 국가들이 특수사정이 없는 한 2계층제를 선호할 것이 예견되고 있다. 다만, 프랑스가 1980년 지방제도 개혁을 하면서 3계층제를 채택한 바 있으며, 대도시 지역에서는 단층제를 채택한 경우도 있다.[13]

지방자치의 2층 구조에 있어서 광역정부의 지위나 성격에 관하여는 논란이 많다. 한국과 같이 중앙집권적 역사 전통을 가진 나라에서는 광역정부가 기초정부 위에 군림하는 경우도 있으나, 지방자치의 본래적 기능을 고려한다면 광역정부는 보충성의 원칙에 따라 기초정부를 보완해주는 보완적 자치계층이라고 할 수 있다.

---

13) 최창호, 전게서, pp.137-139.

제3절 지방정부와 구역

1. 문제의 제기

오늘날 민주주의를 지속적으로 유지·발전시키기 위한 한 방편으로서 지방자치의 위기 극복이 중요한 과제로 등장하고 있다. 이것은 현대 사회가 지방정부에 요구하는 각종 행정수요에 대하여 지방정부가 적절하게 잘 대응하고 있는가의 문제로 귀결된다고 할 수 있을 것이다. 그리하여 지방정부의 행·재정 능력, 즉 지방정부의 급부 능력의 향상이 주요 과제로 등장하고 있으며, 이러한 정부의 급부 능력 문제는 국가운영의 기본단위인 관할구역의 크기와 밀접한 상관관계가 있다. 그러므로 20세기 후반에 이르러 선후진국을 막론하고 정부의 급부 능력 조정이라는 차원에서 관할구역 재조정의 문제가 중요한 과제로 제기되고 있는 것이다.

그런데, 현행 한국의 관할구역은 지방정부의 규모가 작고 지방행정 사무가 단순했던 시대에 주로 주민 편의를 중심으로 책정된 것이기 때문에, 오늘날에는 많은 문제점을 안고 있는 것이 현실이다. 특히 한국의 관할구역은 갑오개혁 이후인 1895년의 개혁과 1914년 일제 치하에서 획정된 이후로 근본적인 개편 없이 현재에 이르고 있는 실정이다. 이제까지 단편적으로 이루어진 땜질식의 관할구역 개편은 주민 편의나 국가경쟁력 제고의 차원에서 다루어졌다기보다는, 주로 통치의 편의나 관료의 이해관계에 따라 좌우되어 왔던 것이다.

그러한 현실을 고려할 때, 세계사적인 조류로서의 지방화와 주민편의 제공, 근대화의 완결, 그리고 남·북 통일에의 적극적인 대응이라는 차원에서 행정 제도의 근본적인 토대라고 할 수 있는 관할구역을 시대에 맞도록 근본적으로 재편하는 일은 매우 중요한 국가적 과제 중의 하나라고 하지 않을 수 없다.

2. 자치구역 개편의 기준과 방법

1) 구역개편의 기준

한국의 관할구역은 약 100여 년 전에 획정된 것이 근본적인 변화 없이 오늘에까지 이르고 있어, 현대가 요구하는 제반문제를 행정이 효율적으로 잘 대처할 수 있을 것인가에 대한 의문이 제기되고 있다. 따라서 시대적 변화에 대응하고 행정의 효율적인 수행을 위해 구역개편의 필요성이 강력히 요청되고 있다.

구역을 개편할 때 그 기준을 어디에 두어야 할 것인가? 지방정부의 구역을 개편하는 데 있어서 가장 기본적인 문제는 지방정부의 크기를 어느 정도로 하는 것이 적정한가 하는 이른바 규모의 적정화에 관한 것이다. 능률의 관점에서 본다면 지방정부의 규모는 가능한 한 넓어야 할 것이나, 이처럼 규모가 너무 큰 경우에는 지방자치의 중요한 가치인 주민 참여나 통제가 어렵게 되어 민주화에 지장을 초래하게 된다. 따라서 지방정부 구역의 크기 문제는 서로 상반되는 성격을 가진 민주성과 능률성을 동시에 어떻게 충족시킬 수 있는 것인가 하는 문제로 직결된다.[14)]

지방정부 규모의 적정화에 대해서는 많은 학자들이 그 기준을 제시하고 있다. 밀스포(A. C. Millspaugh)는 공동사회·행정능률·행정편의·자립재원 등 네 가지를,[15)] 영국의 지방행정위원회는 효과성과 편의성의 두 가지를,[16)] 와다(和田英夫)는 지리적 조건, 면적·인구·재정능력, 기능적 관할구역, 재정적·인사적 능력 네 가지를,[17)] 김안제는 등질성(等質性)·거점성·계획성 등 세 가지를,[18)] 장지호는 주민수, 행정능력, 사무, 지역공동

---

14) 오재일, "남북행정구역의 변천과 발전방향", 행정논총, 40(2), 서울대학교 행정대학원. 2002, pp.30-31.

15) A. C. Millspaugh, *Local Democracy and Crime Control*(Washington,D.C: Brookkings, Inc., 1936), pp.71-78.

16) 최창호·정세욱, 행정학(법문사, 1980), p.597.

17) 和田英夫, 現代地方自治論(東京: 評論社, 1965), pp.65-74.

18) 김안제, 환경과 국토(박영사, 1982), p.559.

체, 개관성(概觀性), 행정의 접근성, 주민참여 등 일곱 가지[19]를 제시하고
있다. 이러한 견해들을 바탕으로 여기에서는 관할구역 개편의 기준, 즉
적정화의 기준으로서 공동사회성·행정능력·주민편의성·지역개발성 등
네 가지 측면에서 살펴보고자 한다.

(1) 공동사회성

　　적정한 관할구역은 공동사회적 성격을 띠고 있어야 한다. 여기에서
공동사회(community)란 그 공동체의 크기와 관계없이 지역민이 일상생활
을 하는 데 있어서 불편을 느끼지 않는 심정적·공간적 범위를 말한다.
즉, 공동사회는 자연적·정신적·사회적·경제적으로 자기완결적인 일체성
을 갖는 생활권 및 지역경제권을 의미한다고 할 수 있다. 따라서 관할구
역은 '우리'라는 의식 속에 모두가 공감대를 형성할 수 있는 정도의 일체
성을 가질 수 있도록 구획되어야 한다. 관할구역이 이와 같이 공동사회
적인 성격을 가지고 있을 때, 그 주민들은 공통적인 가치와 이해관계 속
에서 상호 응집성과 유대성이 잘 발휘되어, 지역적 충성심 또는 향토심
이 발휘되게 된다. 따라서 인위적으로 책정되는 지방정부의 구역은 바로
이러한 공동사회의 영역과 일치되어야 한다.

　　그런데 이러한 공동사회는 다음의 세 가지 속성에 의하여 한정될 수
있다.[20] 첫째, 생활권과의 일치이다. 관할구역이 주민들의 일상적인 생
활범위와 관련되는 생활권과 일치하는 경우, 주민들은 지방정부에 보다
적극적인 관심을 갖고 참여하게 되어, 주민의 자치의식도 촉진되게 된
다. 둘째, 전통과의 일치이다. 전통성은 그 지역사회가 오랫동안 지속되
어 오는 동안 자연적으로 형성되는 것이기 때문에 지방정부 구역이 이
전통성과 일치하는 경우, 주민들의 지역사회에 대한 애착은 더욱 증대하
게 된다. 셋째, 지형상의 일치이다. 산맥·하천·바다 등 지리적 여건은 주
민생활에 여러가지 영향을 미치고 있기 때문에 관할구역이 이러한 지형·

---

　　19) 장지호, 지방행정론(대왕사, 1990), pp.348-353.
　　20) 노융희, "지방자치단체의 적정구역의 기준설정에 관한 연구", 행정논총, 16(1), 서울대학
교 행정대학원. 1968, p.160.

지세에 일치할 때에는 공동사회 형성력이 훨씬 강해지는 것이다.

(2) 행정능력

행정능력이란, 지방정부가 어느 정도 규모를 이룰 때 행정이 효율적으로 되느냐 하는 규모의 적정성을 말한다. 이 행정능력을 구성하는 요소는 크게 나누어 물적 능력과 인적 능력으로 나눌 수 있다. 이 물적·인적 능력은 지방정부가 그 맡은 바 임무를 효율적으로 처리하는 데 실질적으로 아주 중요한 요인이 된다.

가) 물적 능력

지방정부가 해당 지역 내의 행정수요에 효율적으로 대처하기 위해서는 충분한 재정적 능력을 구비하고 있어야 한다. 따라서 관할구역은 재정조달 가능성을 고려하여 획정되어야 한다. 왜냐하면 건전한 재정을 확보하고 있어야만 중앙정부에의 의존도를 줄이고, 더 나아가 주민들에게 충분한 서비스를 제공함으로써 지방자치 본래의 의도를 구현시킬 수 있기 때문이다. 자기의 재정으로서 해당 지역의 행정수요를 감당할 수 없는 빈곤한 관할 구역은 통합되거나 폐지되어야 한다. 재정적 견지에서 본다면 지방정부의 규모는 크면 클수록 좋다고 할 것이다.

나) 인적 능력

지방정부가 현대 사회의 제반 요구에 능동적으로 대응하기 위해서는 충분한 인적 능력을 구비해야 한다. 이제까지 지방정부는 해당지역에 관한 사안이라고 하더라도 거의 대부분 중앙에서 결정된 사항을 중앙의 지시에 따라 집행하기만 하면 되었다. 그러나 자치시대의 도래와 함께 해당 지역의 문제는 해당 지역에서 결정·집행하지 않으면 아니 되게 되었다. 아울러 도시형 사회의 출현과 지식정보화 사회의 진전은 지방정부가 당면하고 있는 제반 과제도 예전과는 달리 복잡하고 해결하기 어려운 문제들이 많아, 행정 담당자에게 있어서도 더 많은 지식과 통찰력이 요구되고 있다. 따라서 유능한 인재를 확보하기 위해서도 지방정부는 그 규모를 적정화하는 것이 필요하다. 유능한 인재의 부족은 일부의 지방적 사무를 지방정부로부터 중앙정부의 일선기관으로 이관하게 하거나 중앙정부의 지방정부에 대한 통제를 초래하게 하는 원인이 되고 만다.[21] 이러한 점에서 필요하고 충분한 인력을 확보할 수 있도록 구역을 재조정하는 것이 필요하다.

다) 주민의 편의성

지방자치가 가지고 있는 본래적인 가치를 생각하여 볼 때, 지방정부의 구역은 주민이 행정을 잘 통제하고 감시할 수 있을 뿐만 아니라, 쉽게 관청에 접근할 수 있도록 책정되어야 한다. 이런 입장에서 보면 지방정부의 구역은 소규모인 것이 바람직스럽다. 관할구역과 관련된 주민 편의성은 관청이용과 주민 통제의 양면에서 파악해 볼 수 있다.

첫째, 주민의 관청 이용면에서 볼 때, 관할구역이 너무 넓음으로 인한 과도한 시간적·물질적 비용을 절약하고, 관청에 대한 주민의 접근성을 용이하게 하기 위해서 관할구역은 주민들이 정신적으로나 물질적으로 큰 부담 없이 쉽게 왕래할 수 있을 정도의 넓이가 되어야 한다.

둘째, 주민 통제 면에서 볼 때, 지방정부의 구역은 주민의 행정에 대한 통제가 효율적으로 행사될 수 있는 정도의 구역이어야 한다. 즉, 지방정부에 대한 주민통제를 위해서는 주민이 공직자와 자주 접촉할 수 없을 정도로 넓어서는 안 된다. 구역이 너무 넓게 되면 ① 공직취임의 기회가 적어지고, ② 공동체 의식이 약화되어 주민들의 행정에 대한 관심이 약해지며, ③ 공직자의 지역에 대한 친근감을 잃게 된다.[22] 그리하여 행정이 주민들로부터 원격화되어 주민들과의 유대감이 약화된다. 이는 결국 지방행정의 관료주의를 초래한다. 따라서 지방행정의 관료화를 방지하고 지방자치의 건전화를 위해서는 지방정부와 주민 사이의 거리를 가깝게 함으로써 주민참여의 기회를 확대시켜야 한다.

라) 지역개발성

적정한 관할구역은 지역개발에 지장을 주지 않아야 한다. 관련된 개발자원은 가능한 한 동일 관할구역 내에 있고, 개발권역은 관할구역과

---

21) 김종표, "현대지방자치구역 재편성에 관한 연구", 단국대학교 박사학위청구논문, 1978, p.42.
22) 장치호, 전게서, p.352.

일치할 것이 요망된다.[23] 관할구역과 개발자원에의 일치성의 요구는 필연적으로 구역의 확대를 요구하여 오늘날의 광역행정을 초래하게 하였다. 관할구역은 그 자체가 가지는 보수성과 전통성으로 인하여 그 변경에는 많은 저항이 수반되어 쉽게 이루어질 수가 없는 경우가 많다. 따라서 구역을 개편할 때에는 미래의 지역개발 이익까지도 고려하여 종합적으로 이루어져야 할 것이다.

이상에서 살펴볼 때, 관할구역은 사회공동성이나 주민편의성의 견지에서 보면 적을수록 좋고, 행정능력이나 지역개발성의 입장에서 보면 클수록 좋다고 할 것이다. 전자의 입장은 행정의 민주화와 연관되고, 후자의 입장은 행정의 능률화와 관계된다고 볼 때, 결국 관할구역 개편의 문제는 현대 행정의 2대 과제라고 할 수 있는 행정에 있어서의 민주화와 능률화의 조화 문제와 관련된다고 하겠다.

2) 구역개편의 방법

구역의 변경, 즉 개편 방법에는 여러가지가 있지만, 여기서는 국가의 경우와 마찬가지로 자연적 원인에 의하는 경우와 인위적 원인에 의하는 경우로 나누어 고찰하고자 한다. 전자는 자연현상으로서 구역의 변화인데, 예를 들면 하천의 유역변경이나 토지의 함몰 또는 융기와 같은 자연현상의 변동에 따라 구역이 자연적으로 변화되는 경우를 말한다. 인위적 원인에 의한 변경이란 인간의 추구목표 내지 생활영위 여하에 따라 구역이 변경되는 경우를 말한다. 여기에는 폐치분합과 경계변경 및 구역재편의 세 가지 형태가 있다.

(1) 경계변경

경계변경은 지방정부의 존폐와는 관계없이 단지 경계의 변화만을 가져오는 구역변경을 말하는 것으로서 법인격의 변화가 수반되지 않는다. 다시 말하면, 어느 지방정부의 구역의 일부를 떼어서 다른 지방정부의 구역에 이관시키는 것을 말하는 경우이다. 일반적으로 구역변경이라 할

---

23) 노융희, 전게서, p.161.

때에는 경계변경만을 가리키는 것이 보통이다.

(2) 폐치분합(廢置分合)

폐치분합은 법인격의 변동을 수반하는 것으로서 단체의 신설 또는 폐지를 수반하는 구역의 변화를 의미한다. 여기에는 분할·분립·합체·편입 등 네 가지 종류가 있다.[24] 분할이란 하나의 지방정부를 폐지하고, 그 구역을 분할하여 여러 개의 지방정부를 설치하는 것이다. 합체는 둘 이상의 지방정부를 폐지하여, 그 구역에 새로운 하나의 지방정부를 설립하는 것이다. 편입은 하나의 지방정부를 폐지하고, 그 구역을 다른 지방정부의 구역에 포함시키는 것을 말한다. 분립은 하나의 지방정부 구역의 일부를 떼어내서 거기에 새로운 지방정부를 설립하는 경우를 말한다.

(3) 구역의 재편

구역재편이란 구역의 전면적 재획정이라고도 한다. 이는 기존 지방정부 규모의 불합리성을 시정하기 위하여 구역을 일정한 기준에 의하여 전면적으로 재조정함으로써 지방정부의 규모가 전면적으로 재정립되는 것을 말한다. 이 방식에 의하여 책정되는 구역은 종전의 구역과는 전혀 다른 새로운 것이며, 그 규모는 재편 이전의 지방정부 규모에 비해 현격히 달라지는 것이 보통이다.

3. 한국 관할구역의 변천

한국 관할구역의 역사는 멀리 한사군의 군현제까지 소급할 수 있지만, 근대적 의미의 관할구역은 갑오개혁 이후부터라고 할 수 있다. 전근대적이지만 수많은 개편을 겪으면서 유지되어 온 관할구역은, 이른바 '갑오개혁'으로 오늘날과 같은 구역 형성의 근간이 되었다.

---

24) 地方自治行政研究會 編, 地方自治(東京: ぎょうせい, 1983), p.86.

1) 대한민국 정부 이전

(1) 갑오개혁시대

1895년 5월 칙령 제98호에 의하여 대대적인 지방제도의 개혁이 이루어지게 되었다. 즉, 조선 개국 이래 약 500년간 지속되어 오던 8도제가 폐지되고 23부제가 채택되었으며, 종래 부·목·군·현 등 다양하게 불려오던 하부 관할구역들이 군으로 통일되고, 이를 23부 밑에 두도록 하였다. 또한, 모든 지방관의 계층을 새로 확립하였으며, 이제까지 지방장관이 가지던 군사권·재판권·경찰권을 분리하여 중앙관서의 각 기관이 관장토록 함으로써 지방행정 체계에 커다란 변화를 가져왔다.

그러나 이러한 23부제는 소지역주의에 입각한 과다 분할로 실제의 행정운영상 많은 어려움이 노출되었을 뿐만 아니라, 오랫동안 이어져 온 8도제를 충분한 검토도 없이 외압에 의하여 인위적으로 개편하였기 때문에, 전통과 현실 사이에 마찰이 일어 그 실시 1년 3개월 만에 폐지되고 말았다. 그리하여 1896년 8월 칙령 제36호로 '지방제도·관제·봉급경비 개정'의 건을 공포하여, 23부제를 폐지하고 13도제를 다시 채택하게 되었다. 이때의 13도제는 대체로 종래의 8도에 바탕을 두어 경기·강원·황해의 3개도를 제외한 충청·전라·경상·평안·함경 등 5개도를 남북양도로 분할한 것이었고, 이 13도 아래의 하부 관할구역으로는 부·목·군 등으로 구분하였는데, 수도인 한성부만은 정부직할하에 두어 도와 그 격을 같이 하였다.

그리하여 1895년의 23부제와 1896년의 13도제에 입각한 두 차례의 대개편을 통하여 종래 모든 관료들이 왕에 대하여 직접 책임을 지던 평면적인 행정조직체계로부터, 책임분담을 원칙으로 하는 계층제에 입각한 이른바 '피라미드'형의 현대적 행정체제로의 전환을 보게 되었다. 한국의 현행 지방행정 구역체계는 이 13도제에서부터 그 기반이 확립된 것으로, 한국 지방행정 구역 발전사에서 차지하는 의의가 매우 크다고 할 것이다.[25]

---

25) 김진봉 외, "지방행정구역변천의 정치·사회적 배경에 대한 연구", 호서문화연구, 제1호, 충북대학교 호서문화연구소, 1981, pp.47-51.

(2) 일제시대

1910년 8월 한·일합방과 함께 조선통독부가 발족되고, 바로 뒤이어 지방제도에 대한 정비가 단행되었다. 1910년 9월 칙령 제354호와 357호에 의하여 도 관찰사를 도 장관으로 개칭하고, 도의 하부 관할구역으로 부·군을 두며, 각 부·군에 면을 두었다. 그리고 이제까지 명백한 법제적 규정이 결여되어 있던 면을 지방행정의 최하급기관으로 인정함과 동시에 면·사·방·부·기타 여러 가지 명칭으로 불리던 것을 면으로 통일하였다. 또한 그때까지 정부 직할하에 두었던 한성부를 경성부로 개칭함과 동시에 경기도 관할하에 두도록 하였다.

일제하에서의 대대적인 지방행정 구역 개편은 1913년에 이루어졌다. 즉, 1913년 12월 부령 제11호에 의하여 도의 관할구역과 부·군의 명칭 및 관할구역이 대폭 조정되었는데, 특히 이때 부·군 관할구역의 대폭적인 합병은 그 하부의 면과 동·리의 명칭과 관할 구역의 대대적인 개편까지도 수반하였다는 점에서 가히 전면적 개편이었다고 할 수 있다. 오늘날의 각급 지방행정 구역의 명칭과 규모는 이때에 그 기틀이 확립되었다고 할 수 있다.

1913년 부령 제14호 '부제'에 의하여 부가 최초로 공법인인 자치단체로 되었으며, 1917년 부령 제1호 '면제'에 의하여 이제까지 단순한 행정구역에 불과하였던 면에 일정한 범위 내에서 공공사무를 스스로 처리할 수 있는 능력을 부여하였는데, 이와 관련하여 면을 지정면과 보통면으로 나누었다.

뒤이어 1920년에는 제1차 지방제도 개정이 단행되어, 지방공공 사무의 폭이 넓어짐과 동시에 자문기관인 도 평의회, 부·면 협의회 등의 설치를 보게 되었다. 1930년에는 제2차 지방제도 개정이 이루어져 과거의 지정면이 읍으로 됨과 아울러 도와 읍이 공법인으로 되었고, 도·부·읍에 의결기관인 도회·부회·읍회가 설치되어, 한정적이나마 지방자치가 실시되었다.[26]

---

26) 최창호, "한국지방행정구역개편에 관한 연구", 건국대학교 박사학위청구논문,

1913년 지방행정 구역의 대규모 정리 이후로 1945년 해방에 이르기까지 행정구역은 큰 변화 없이, 면의 읍 승격이나 읍의 부 승격 같은 부분적인 관할구역의 조정만이 있었다.

(3) 군정시대

1945년 8월 해방은 되었으나 남·북 분단 및 미·소의 신탁통치에 따른 절름발이 독립을 맞이하게 되었고, 관할구역 개편 문제는 이러한 정치적 영향을 받아 근본적인 개편 없이, 남·북 분단에 따른 부분적인 관할구역 개편만이 있었다.

미군정은 지방제도에 관하여 일제법령의 효력을 그대로 지속시킴으로써 과도기적 통치를 행하였다. 즉, 경성부를 서울시로 개칭함과 아울러 1945년 11월 군정법령 제22호로써 북위 38도선 이남에 인접한 관할구역을 조정하고, 1946년 3월에는 군정법령 제60호로써 도회·부회·읍회 등의 지방의회를 해산하였다.

(4) 관할구역 개편의 특징

근대화를 주체적으로 소화하지 못한 한국은, 관할구역에 있어서도 한국의 역사적 유산과 문화에 맞도록 개편하지 못하고, 식민지 지배의 편의를 위하여 관할구역이 개편·정리되었다. 그리고 군정시대에는 과도기적 성격을 가진 채 일제시대의 산물을 그대로 답습함으로써, 관할구역은 민족적 자주성 없이 외세에 의해 좌지우지되어 왔음을 알 수 있다.

2) 대한민국 정부 이후

(1) 제1·제2공화국 시대

정부 수립과 함께 1948년 11월 법률 제8호로서 '지방행정에 관한 임시조치법'이 공포되어, 1945년 8월 현재의 시·도(道)·부·군·도(島)의 관할구역이 그대로 계승되었다. 곧이어 1949년 8월 법률 제32호로서 '지방자치법'이 시행됨으로써 한국은 최초로 근대적 의미의 지방자치가 실시

되기에 이르렀다. 동법에 의하여 지방정부의 계층적 구조가 도와 특별시, 그리고 시·읍·면의 두 종류로 되었다. 도와 특별시는 정부의 직속하에 두고, 시·읍·면은 도의 관할 구역 내에 두었다. 또한 도의 관할 구역 내에 군을, 서울특별시와 인구 50만 이상의 시에 구를, 시·읍·면과 구에는 동·리를 두도록 하였다. 그리고 부를 시로, 울릉도를 울릉군으로 개칭하는 이외에는 종래의 관할구역을 그대로 계승하였고, 이를 변경하거나 폐치·분합하고자 할 때에는 법률로써 하도록 하였다.

한편, 1950년대는 지극히 불가피한 경우를 제외하고는 지방행정 구역이 개편되지 않았다. 그러다가 1960년 4·19 이후에 출범한 제2공화국에서는 지방자치법을 대폭 개정하여 시·읍·면장 및 서울특별시장·도지사의 공선제 등을 채택·실시하였으나, 정권의 단명으로 인하여 관할구역에는 손을 대지 못하고 5·16 군사 쿠데타를 맞이하였다.

(2) 제3·제4공화국 시대

1961년 5·16 군사 쿠데타의 발발로 모든 지방의회는 해산되었으며, 동년 9월 '지방자치에 관한 임시조치법'에 의하여 기초정부를 읍·면 대신에 군으로 개편함과 동시에 지방행정의 방향을 '지방주민의 자치로 행하게 함으로써 대한민국의 민주적 발전을 기함'에서 '능률화하고 정상화함으로써 지방자치 행정의 건전한 토대를 마련함'으로 바뀌었다. 즉, 지방자치의 목적을 민주화보다는 능률화에 우선을 두었다고 할 수 있다.

1962년 1월에는 '서울특별시 행정에 관한 특별조치법'이 제정되어 서울특별시가 국무총리 직속으로 되었으며, 동년 11월에는 '부산시 정부 직할에 관한 법률'에 의하여 부산시가 경상남도 산하로부터 분리되어 정부 직할로 됨으로써 서울시와 부산시는 다른 시와 달리 취급받게 되었다. 1970년대에는 이농현상과 경제성장의 가속화로 수도권과 공단지역에 인구가 몰리게 되어 많은 시들이 새로이 생겨났으며, 광주와 대전에도 구제(區制)가 도입되었다. 아울러 군청 소재지는 인구의 규모에 관계없이 모두 읍으로 되었다.

(3) 제5·제6공화국 시대

제5·제6공화국 시대에도 공업위주 성장 정책의 영향으로 대도시 지역을 중심으로 하는 공단지역에 인구가 집중하여 대도시 주변지역에 많은 위성도시들이 탄생하였으며, 직할시의 승격이 정치적 고려에서 많이 이루어졌다. 즉 1981년 7월에는 대구시와 인천시가, 1986년 11월에는 광주시가, 그리고 1988년 1월에는 대전시가 직할시로 되었다. 또한 이 기간에는 관할구역의 명칭변경과 경계변경, 그리고 관할구역의 분립 등이 이루어졌다.

(4) 문민정부 시대

김영삼정부가 들어선 이래 사회 각 분야에서의 개혁이 진행되면서 지방행정 구역의 개편도 함께 이루어졌다. 그간 내무관료 중심의 관할구역 개편이 이루어진 까닭에 관할구역의 불합리한 면이 많았다. 그 대표적인 예가 1994-1995년에 논의된 소위 도·농통합형 관할구역 개편 논의이다. 정부는 1994년 43개 군과 49개 시를 통합 대상 시·군으로 선정하여 공청회와 여론 조사식 주민 의견수렴 절차 등을 거쳐 주민간의 갈등을 빚은 지역을 제외하고 1995년 1월 1일자로 제1차 도농통합시를 발족시켰다. 그 뒤 5개 지역이 통합되어, 모두 40개의 도농통합시가 성립하게 되었다. 그리고 1995년 대대적인 시·군 통합 추진시, 지역주민의 반대로 무산되었던 여수시·여천시·여천군 통합이 1998년 4월 1일 이루어져, 통합 여수시로 되었다. 아울러 1995년 1월 1일부터는 자치시대에는 그 용어가 맞지 않는다고 하여 직할시가 광역시로 그 명칭이 바뀌었다. 1997년 7월에는 울산시가 인접 울주군을 흡수하여, 경상남도로부터 분리되어 '울산광역시'로 승격되었다.

(5) 국민의정부 시대

교통·통신의 발달, IMF 경제위기 등과 같은 지방행정을 둘러싼 환경여건의 변화로 1980년대 이후 방만하게 운영되어 온 지방행정조직에 대하여, 국민의 정부는 구조조정 차원에서 기구와 인력을 축소·조정하였

다. 동시에 그 동안 주민과 가장 밀접한 관계에 있던 읍·면·동에 대해서
도 과소(過小) 동의 통·폐합과 함께 그 기능 전환 등을 추진하여 지방행정
조직에 커다란 변화가 이루어졌다.

우선 지방정부의 구조조정 차원에서 1998년 6월말 현재 인구 5천명
미만인 과소 동의 통·폐합을 추진하여 총 274개의 동을 통·폐합하였다.
그리고 읍면동 사무소는 그 동안 지방행정의 최일선 기관으로서 주민과
직접 만나는 역할을 담당하여 왔으나, 교통·통신의 발달과 생활권·경제
권의 확대 등으로 읍면동 단위의 일반 행정기관성이 약화됨에 따라 그
기능과 역할을 새롭게 조정하는 차원에서 읍면동의 폐지와 기능 전환의
문제가 검토되기에 이르렀다. 그리하여 국민의 정부하에서는 구조조정이
라는 차원에서 읍면동의 폐지를 시도하였으나, 읍면동 폐지에 따른 부작
용 등을 고려하여 기능 전환으로 방향을 전환하게 되었다. 그러나 읍과
면, 그리고 동의 역사와 역할이 다른 점을 고려하여 동일한 하부 행정기
관이라고 하여, 이를 획일적으로 다룰 수 있는가에 대한 문제점도 지적
되고 있다.[27]

또한, 국민의정부하에서는 대도시 지역의 동을 민원과 사회복지업무
중심으로 재조정하고, 여유 공간을 주민들의 참여와 생활 편의 공간으로
활용하고자 주민자치센터화하여 주민들로 구성된 주민자치위원회에서
이를 자율적으로 관리하도록 하였다.

(6) 참여정부 시대

분권과 균형을 국정의 주요 과제 중의 하나로 내건 노무현 '참여정
부'는 분권과제를 논의하는 과정에서 관할구역 개편의 중요성은 인정하
지만, 지방정부 수용태세의 기본이라고 할 수 있는 '담을 그릇론' 논의가
자칫하면 분권과제의 수행에 지장을 준다는 의미에서 관할구역 개편 논
의는 그 대상에서 제외하였다. 다만 분권과제의 시범적 실시라는 측면에
서, 2006년 제주도를 제주특별자치도로 법제화하여, 기존의 시군과 도의

---

27) 오재일, "읍·면·동의 합리적 개선방안에 관한 고찰", 지방행정연구, 13(1), 한국지
방행정연구원, 1999, p.100.

중층제를 단일 계층제로 변경하고, 자치경찰제도 등을 도입하는 등 선구적 자치실험을 시도하였다.

(7) 이명박정부 시대

이명박정부 등장과 함께 분권과제는 국정의 주요 이슈가 되지 못하였다. 다만 기존의 중앙행정권한의 지방이양 등에 관한 특별법과 지방분권특별법을 하나로 하여, 한시법으로서의 '지방분권촉진법'을 제정하여 분권과제 등을 논의하였다.

이명박정부하인 2010년 7월에는, 창원·마산·진주의 세 도시가 통합되어 통합 창원시로 발족하였다. 이러한 행정구역 통합 논의는, 결국 2010년 10월 1일 '지방행정체제 개편에 관한 특별법'이 국회에서 한시법으로 제정·공포됨으로써 본격화되었지만, 가시적인 성과를 보지 못하였다.

(8) 박근혜정부 시대

박근혜정부는 정부 발족과 함께 각종 대통령 소속의 위원회를 통합하였다. 지방분권 정책 추진과 관련하여, 기존의 이원 체제하에 운영되고 있던 '지방분권촉진위원회'와 '지방행정체제개편추진위원회'를 통합하고, '지방분권촉진 및 지방행정체제개편에 관한 특별법'을 제정하여, 2013년 9월 13일 대통령 소속하에 '지방자치발전위원회'를 발족시켜, 지방분권 관련 과제 및 지방행정체제 정비 작업을 수행하고 있다.

이상의 주요 시대별 관할구역을 정리하여 보면, 〈표4-1〉과 같다.

<표4-1> 행정구역 변천 내역

구분 연도	특별시	광역시	도	특별 자치도	특별 자치시	시	군	구	읍	면	동
1896			13			17(부)	331				
1910			13			12(부)	317			4,322	
1914			13			12(부)	218			2,518	
1945			13			21(부)	218		107	2,243	
1948	1		9			14(부)	133	8	73	1,456	
1949	1		9			19	134	9	75	1,448	
1953	1		9			19	135	9	75	1,448	
1955	1		9			24	139	9	73	1,426	
1960	1		9			26	139	15	85	1,382	
1963	1	1 (직할시)	9			30	139	20	91	1,382	
1980	1	1	9			38	139	41	204	1,256	
1985	1	3	9			46	139	44	177	1,266	
1990	1	5	9			67	137	56 (일반구11)	180	1,261	
1995	1	5 (광역시)	9			67	98	65 (일반구23)	193	1,240	
2000	1	6	9			72	91	69 (일반구21)	196	1,229	
2005	1	6	9			77	88	69 (일반구22)	211	1,209	2,153
2006	1	6	9			77	88	69 (일반구26)	209	1,208	2,168
2007	1	6	8	1		75 (행정시2)	86	69 (일반구26)	212	1,206	2,166
2008	1	6	8	1		75 (행정시2)	86	69 (일반구26)	212	1,205	2,145
2009	1	6	8	1		75 (행정시2)	86	69 (일반구28)	211	1,205	2,071
2010	1	6	8	1		75 (행정시2)	86	69 (일반구28)	214	1,202	2,058
2011	1	6	8	1		73 (행정시2)	86	69 (일반구33)	215	1,201	2,061
2012	1	6	8	1	1	74 (행정시2)	85	69 (일반구33)	216	1,198	2,068
2013	1	6	8	1	1	74 (행정시2)	84	69 (일반구33)	216	1,198	2,073

* 주: 1948년 이후는 남한만의 행정구역이다
* 자료: 1) 행정자치부(2001). 지방행정구역발전사. 16면
　　　 2) http://www.index.go.kr/egams/stts/jsp/potal/stts/PO_STTS_IdxMain.jsp?idx_cd=1041

(8) 관할구역 개편의 특징

해방 이후 군정기를 거쳐 대한민국 정부가 들어선 후, 한국의 관할구역은 조선말기와 식민지 초기 외세에 의하여 책정된 것이 근본적인 개편 없이 오늘에 이르고 있다. 특히, 1980년대에 들어서면서 대중적 기반이 더욱 약화된 군사정권은 그 정권 유지의 주요 축이었던 내무 관료들의 기관팽창주의를 정치적으로 제어하지 못함으로써, 오늘날 관할구역 개편 논의의 직접적인 계기가 된 관할구역의 난립성을 보여주고 말았다.

이러한 난립상의 관할구역을 시대적 흐름에 맞추어 정비하고자 하여, 이명박정부하에서는 특별법을 제정하여 지방행정체제를 정비하고, 통합하고자 하였다. 그러나 전략의 부재와 일방 통행적인 정책추진으로 가시적인 성과를 내지 못하였다.

4. 한국 관할구역의 문제점

한국의 관할구역은 전술한 바와 같이 전통적인 농업사회의 틀을 벗어나지 못한 조선말기와 일제초기에 이루어진 것을 근간으로 하고 있으며, 시대의 변천에 따라 땜질식의 부분적인 개편을 겪으면서 오늘에 이르고 있다. 따라서 관할구역이 오늘날 사회가 요구하는 제반문제의 해결을 위해 민주적이고 효율적으로 잘 대응할 수 있느냐에 대한 의문이 제기되고 있다. 한국 관할구역의 문제점으로서는 다음과 같은 점들이 지적되고 있다.

1) 계층구조의 과다

계층구조의 높이의 문제는, 관할구역의 넓이의 문제와 깊은 관련이 있다. 현행 한국 지방행정의 계층구조가 과도하게 다층으로 형성되어 있다는 점이다. 시·도와 시·군·자치구의 자치 2계층과 (행정구)구·읍면·동리 등 비 자치 2계층이 있어, 모두 합하여 3-4계층의 구조를 이루고 있다. 이 4계층 중 전자의 2계층은 외국에서도 일반적으로 채택되고 있는 제도로서 문제될 것이 없다고도 할 수 있지만, 후자의 비 자치 계층이 문제된다. 특히 기초정부 밑에 비 자치행정계층이 2계층이나 존재한다는 것은 효율적인 행정처리라는 측면에서 문제라고 아니할 수 없다. 즉, 행정계층이 농촌지역에서는 4계층이고, 일반시 지역에서는 3-4계층이며, 특별시나 광역시에서는 3계층으로 되어 있다. 이와 같은 계층의 과다는 한국에 '터널행정'이라는 용어를 만들어내고 있으며,[28] 의사소통의 왜곡과 시간적 지체 등을 초래하여 행정의 효율성 제고에 많은 지장을 주고 있다.

2) 자치구역의 과대성

현재 자치구역인 군은 5·16 군사 쿠데타 당시 단순한 행정단위에 불과하였던 것을 충분한 검증도 거치지 아니한 채, 이를 그대로 자치구역화시킴으로써 문제점이 제기되고 있다. 즉, 1961년 '지방자치에 관한 임시조치법'에 의하여 기초정부를 읍면에서 군으로 하였다. 그런데 기초정부인 시·군·자치구의 평균면적이나 인구가 세계에서 그 유례가 없을 정도로 대규모화됨으로써(표4-2 참조), 공동생활권에 의한 공동체의식이란 생각할 수 없게 되었다. 지방자치란 본래 주민들의 지연에 근거한 공동체적 의의, 즉 애향심을 기초로 그들 간의 공통의 관심사를 공동으로 처리해 나가는 것을 그 본질로 하기 때문에 소규모적인 지방정부가 가장 이상적이라고 할 수 있다. 따라서 한국의 경우는 주요 선진제국과는 달리 기초정부의 축소문제가 고려되어야 한다. 지방자치의 본래적 취지가 아래로부터의 민주주의(grass-roots democracy)라는 것을 생각하여 볼 때, 현행 기초정부의 규모는 너무 크다고 하겠다.

---

28) 박동서 외, 지방행정론(한국방송통신대학출판부, 1982), p.95.

<표4-2> 각국의 기초정부별 인구와 면적의 비교

(단위: 천명,㎢)

국가명	인 구	면 적	기초자치단체		
			개 수	평균인구	평균면적
한 국	48,386	99,912	234	206.8	426.9
일 본	127,347	377,385	3,229	39.4	116.8
영 국	60,178	241,752	434	138.6	557.0
프랑스	59,440	543,965	36,700	1.6	14.8
독 일	82,506	357,021	15,300	5.4	23.3
오스트리아	8,170	83,855	2,350	3.5	35.7
스페인	42,600	506,030	8,100	5.3	62.5
네덜란드	16,068	41,863	548	29.3	76.4
포르투갈	10,084	92,389	308	32.7	300.0
핀란드	5,184	338,127	452	11.5	748.0
노르웨이	4,525	386,919	435	10.4	889.5
스웨덴	8,833	450,000	310	28.4	1,451.7

*제17대 국회의 지방행정체계 특위 자료

3) 주민의 생활권과 행정권의 유리

교통·통신과 과학기술의 발달, 그리고 지역개발 등의 국토개발 사업이 이루어짐에 따라 하천이나 산맥 등 자연적 조건을 근간으로 책정되었던 지방정부의 경계는 사실상 그 의미를 잃어 가고 있다. 그 동안 급격하게 진행된 산업화와 도시화는 인간생활의 구조를 근본적으로 변화시키고 있으며, 또한 직강공사·댐건설·고속도로건설·간척사업 등 각종의 건설사업은 국토공간의 지리적 공간을 대폭 변혁시켜 주민의 생활권에 많은 변화를 일으킴으로써 비탄력적인 행정권과 탄력적인 생활권 사이에 괴리현상을 더욱 심화시키고 있다. 이러한 생활권과 행정권의 유리현상은 주민들에게 많은 불편을 주고 있다. 따라서 미래의 지역 개발성을 고려한 생활권과 행정권의 일치라는 측면에서 관할구역이 재편되어야 한다.

4) 지방정부간 규모의 불균형

지방정부의 구역이 동종의 지방정부간에도 불균형이 심하다는 것이다. 〈표4-3〉에서 볼 수 있는 것과 같이, 도의 예를 보더라도 인구·면적·관할시군 수·예산규모·재정자립도 등에서 격심한 편차를 보이고 있으며, 이러한 현상은 시·군·구에 있어서도 마찬가지이다. 이러한 지방정부간의 불균형은 그 구역이 오래 전에 책정된 후, 지금까지 이루어진 산업화와 도시화에 의한 인구이동과 경제적 여건의 변화에도 불구하고 근본적인 개편이 없이 그대로 유지되어온 결과라고 할 수 있다. 지방정부간의 이러한 불균형은 지역발전의 불균형을 초래하여 국토의 균형적 발전을 저해할 뿐만 아니라 주민의 지역감정을 더욱 악화시킬 우려가 있다. 따라서 지방정부의 급부능력의 향상이라는 차원에서도 관할구역은 재편되어야 한다.

<표4-3> 지방정부 규모의 도 단위간 비교

(2013년 기준, 단위)

구 분	면적(㎢)	인구(명)	예산(억원)	관할시군 수(개)	재정자립도(%)
최 고	19,028 (경북)	12,093,299 (경기)	155,676 (경기)	31 (경기)	60.1 (경기)
최 저	7,406 (충북)	1,538,630 (충북)	33,885 (충북)	12 (충북)	16.3 (전남)
최고 對 최저 비	7.2:2.8	8.9:1.1	8.2:1.8	7.2:2.8	7.9:2.1

* 주: 제주특별자치도는 제외함
* 자료: http://www.index.go.kr/egams/stts/search/index.jsp

5) 구역개편의 획일성과 단견성

해방 이후 한국의 관할구역 개편의 과정을 살펴보면, 구역개편이 매우 획일적이고 단견적이다. 즉, 관할구역의 개편시, 정치적 의도 혹은 '인구'를 주된 기준으로 삼아, 일반시의 광역시화 또는 읍의 시 승격이 주로 이루어져 왔다. 이러한 당국의 획일적이고 정치적인 관할구역 개편은 체계성과 역사성을 결여하여 많은 문제점을 야기하고 있다. 이제까지 한국의 관할구역은 국민적 합의 위에 주체적으로 이루어지지 않은 채 오늘에 이르고 있는데, 지식정보화 시대를 맞이하여 관할구역 개편 문제는 식민지 잔재 청산, 국가경쟁력 제고, 통일에의 대비, 그리고 주민 편의 등의 차원에서 거시적으로 이루어져야 한다.

6) 구역개편의 행정주도성

지방행정구역 개편은 선거나 시민들의 생활에 지대한 영향을 미치는 매우 중대한 일이다. 그런데 한국의 지방행정구역 개편은 관료들, 특히 구내무 관료의 기관팽창주의가 크게 영향을 미치고 있다. 군부독재시대에 정당성을 결여한 군사정권은 그 정권유지의 기반이 내무관료들의 부당한 선거개입에 의한 바가 매우 컸다. 그리하여 정치가 행정을 이끌지 못하고, 이끌려 가는 상황이 된 것이다. 도움을 받았으니 보답을 해야 하고, 그 보답이 일반시의 광역시 승격, 읍의 시 승격 등 직급을 상향 조정하여 관료들의 승진욕을 충족시켜 주는 것으로 나타난 것이다.

7) 획일적인 도시제도

한국의 도시제도는 특별시·광역시·(보통)시 제도로 나누어지고 있다. 이 중 특별시와 광역시는 완전한 광역정부로서의 법인격을 가지고 있으며, 시는 인구 50만 이상인 경우에 약간의 특례제도를 인정하고 있지만 기본적으로 커다란 차이를 주지 않고 있다.

특별시 제도는 수도로서의 특성을 살린다는 의미에서 별 문제가 없으나, 광역시 제도는 기존의 도로부터 분리되어 도와 대등한 법인격을 가진 지방정부가 됨으로써 분리된 기존의 도와 광역행정 수요 등의 문제로 많은 마찰을 빚고 있어 문제가 되고 있다. 특히 내륙형 광역시에서 이러한 문제가 더욱 현저하게 나타나고 있다. 기존의 도와 새로이 승격된 광역시와의 갈등은 1990년대 중반 이후 광주·전남 지역에서 시도 통합과 도청 이전을 둘러싸고 전개된 갈등에서 잘 나타나고 있다.[29]

---

29) 신원형 외, "광역자치구역 개편 결정에 관한 사례연구—광주·전남 통합실패 및 전

또한 도시의 규모와 능력에 따라 자치능력을 차별하여 인정하지 않고 획일적으로 취급함으로써 대도시가 무리하게 인접의 지방정부를 흡수·통합하여 광역시에로의 승격을 시도하는 경우도 생기고 있다. 기존의 광주·대전·울산과 같은 대도시가 그러한 경우이며, 최근 경기도 일부 대도시나 도청 소재지의 대도시 지역에서 광역시에로의 승격을 둘러싸고 도와 갈등을 야기시키고 있는 사례에서 잘 알 수 있다. 따라서 중앙정부 차원에서 광역시 문제를 포함한 대도시 제도에 대한 근원적인 재검토가 요망된다.[30] 이럴 경우 일본에서 실시되고 있는 도시의 규모와 능력에 따른 자치권의 차등인정에 따른 도시제도, 즉 지정시(指定市)·중핵시(中核市)·특례시(特例市)·(보통)시와 같은 제도적 장치의 마련이 필요하다고 할 것이다.

제4절 지방정부와 주민

1. 주민의 의의

주민은 구역, 자치권과 함께 지방정부의 3대 구성요소의 하나가 된다. 지역의 공공사무를 자율적으로 처리하기 위하여 구성된 지방정부에 있어서, 자치행정에의 주민참여와 통제는 지방자치의 본질적인 요소가 된다. 지방정부란 본질적으로 주민들의 복리후생을 위하여 주민들에 의하여 자주적으로 설립된 지역의 공공단체이기 때문이다. 따라서 주민의 지위·의무 및 권리, 그리고 그 자세와 역할은 지방자치의 성공 여부를 가

남도청 이전 결정을 중심으로", 한국행정학보, 34(4), 한국행정학회, 2000.

30) 지방자치법 제175조는 인구 50만 이상의 대도시에 대한 특례를 인정하고 있다. 그러나 경기도 수원시, 통합 창원시 등 인구 100만 이상의 도시가 출현함에 따라, 대도시 문제가 주요 정치적 과제 중 하나가 되어, 2010년 10월 1일 제정된 '지방행정체제 개편에 관한 특별법'에서 인구 100만 이상의 대도시에 대한 특례를 규정하였다. 그리하여 이명박 정부하의 '지방행정체제개편추진위원회'와 이 위원회를 계승한 박근혜정부하의 '지방자치발전위원회'에서 '대도시 특례 제도 개선'이 20개 지방자치발전 과제 중 하나로 선정되어, 제도적인 개선 방안을 강구하고 있다

름하는 중요한 잣대가 된다.

지방정부의 구역 안에 주소를 가진 자는 그 지방정부의 주민이 된다. 이에는 인종·국적·성별·연령 및 종교나 행위능력의 여하를 불문하며, 자연인이나 법인도 포함된다. 다만 주민등록을 주민자격의 취득요건으로 보아야 하느냐, 아니면 거주사실의 공증요건으로 보아야 하느냐에 관하여 견해가 나누어지고 있다. 따라서 이를 일률적으로 논할 수 없고, 후술하는 주민의 지위와 관련하여 그 해석을 달리하여야 한다.[31]

1) 주민의 지위

주민은 지방정부의 구성원이며 그 주체이기도 하다. 즉 지방정부는 본래 주민의 복리증진을 목적으로 주민들에 의하여 설립된 단체이기 때문에, 주민은 지방정부의 중핵으로서 지방정부의 모든 권능의 원천이 된다고 할 수 있다. 따라서 지방정부에 있어서 주민의 지위는 지방정부에 대한 주체적 지위와 지방정부의 구성원으로서의 지위로 대별하여 볼 수 있다.

(1) 주체적 지위

주민의 주체적 지위란 주민이 주권재민자로서 지방정부 통치권의 주체가 된다는 것을 의미한다. 이에 근거하여 주민은 지방정부를 구성하며, 선거권·피선거권·청원권·소청권 등 이른바 참정권을 행사하게 된다.

(2) 구성원적 지위

주민의 구성원적 지위는 주민 개개인으로서 가지는 주민의 지위이다. 이에는 다음과 같은 지위가 포함되어 있다. 첫째, 수익자로서의 지위이다. 주민은 지방정부의 활동으로부터 혜택을 받는다. 지방정부의 재산 및 공공시설을 이용하고 각종 서비스를 향수하는 경우가 그 예이다. 둘째, 의무부담자로서의 지위이다. 주민은 지방정부의 구성원으로서 일정한 의무를 부담한다. 자치업무의 비용(지방세)을 분담하는 경우가 그 예이

---

31) 최창호·강형기, 지방자치학(삼영사, 2011), p.406.

다. 셋째, 피통치자로서의 지위이다. 주민은 지방정부의 구성원으로서 그 통치권의 대상이 된다. 주민이 지방정부의 권능에 복종하는 경우가 그 좋은 예이다.

2) 주민의 범위

주민의 지위를 주민등록과 관련시켜 보면, 주체적 지위를 취득하는 데에는 반드시 주민등록을 요하며, 따라서 이 경우에는 주민등록을 주민자격의 취득요건으로 보아야 한다. 그러나 구성원적 지위를 취득하는 데에는 주민등록이 불가결의 필수조건이 아니며, 따라서 이 경우에는 주민등록을 거주사실의 공증요건으로 볼 수 있을 것이다. 물론 30일 이상 거주할 목적으로 해당 지방정부의 관할 구역 안에 거주하는 자는 주민등록을 하여야 하며, 좁은 의미로는 그러한 사람만을 해당 지방정부의 '주민'으로 볼 수 있을 것이다.

2. 주민의 권리와 의무

1) 주민의 권리

주민은 지방정부의 주체로서 또는 그 구성원으로서 선거권·피선거권·공무담임권, 주민투표권·조례제정청구권·주민감사청구권·행정참여권, 공공시설이용권, 행정서비스 향수권, 납세자 불복종권 및 배상·보상 청구권 등을 갖는다. 이러한 권리 가운데, 선거권·피선거권·공무담임권·주민투표권·조례제정청구권·행정참여권 등은 참정권에 해당하고, 공공시설이용권과 행정서비스 향수권 등은 수익권에, 불복과 보상 청구권 등은 쟁송권에 해당한다.

2) 주민의 의무

주민은 이상과 같은 권리 외에 일정한 의무를 진다. 주민의 의무에는 여러가지가 있으나, 이를 크게 비용분담과 법규준수의 의무로 나눌 수 있다. 특히 주민은 법령이 정하는 바에 따라, 그가 속하는 지방정부의 비용부담을 분담할 의무를 진다. 구체적인 부담의 내용으로서 지방세뿐만 아니라 분담금, 사용료, 수수료, 수익자부담금 등 지방정부가 주민에게 부과하는 부담을 포함한다.

3. 주민의 자세와 역할

근대적 의미의 지방자치가 뿌리를 내린 유럽의 역사에서 알 수 있듯이, 주민의 자세와 역할은 지방자치의 성공을 위하여 매우 중요하다. 지방자치가 민주주의에 대하여 갖는 의의를 생각하여 볼 때, 민주주의를 정착시켜 나가야 하는 한국으로는 지방자치 실시의 의의를 결코 평가절하해서는 안 되며, 아울러 주권재민자로서의 주민의 자세와 역할을 아무리 강조해도 지나치지 않을 것이다. 그리하여 지방자치의 실시에 있어서 의회와 장을 수레바퀴의 양쪽이라고 하지만, 그 근원은 주권재민자로서의 주민이라고 할 수 있을 것이다.

1) 지방자치와 자치의식

지방자치의 성공을 위해 무엇보다도 중요하고도 결정적인 요소는 지방자치에 대한 시민들의 태도와 자세라고 할 수 있을 것이다. 시민들이 지방자치에 대하여 갖는 태도와 자세는 다름아닌 자치의식이다. 다시 말하면, 자치의식이란 자치행정에 대하여 주민이 지니는 정치의식이라고 할 수 있으며, 더 나아가 자치행정 일반 또는 특정문제에 대해서 갖는 견해나 사고방식을 의미한다. 이러한 자치의식은 지역사회에 대한 귀속의식과 그것에 토대를 둔 지방정부에 대한 태도에서 잘 나타나고 있다. 따라서 자치의식이란 지역사회에 대한 애착과 정서적 일체감에 기초한 어떤 지역의 주민이라는 자각뿐만 아니라, 시민사회의 일원으로서의 자기주체성에 기인하여 자기의 생활을 개선해 나가기 위해 주위의 사람들과 협력해서 지역사회의 제 문제를 처리해 나가려는 생각과 태도를 말하는 것이다.

여기에서 '어떤 지역의 주민이라는 자각'은 공동체의식으로서의 지역사회의식이라고 할 수 있으며, '시민사회의 일원으로서의 자각'은 서구적 시민의식이라고 준별할 수 있다. 따라서 이러한 개념규정을 전제로 할 때, '시민의식의 강약'을 하나의 축으로 하고, '지역사회의식'을 또 하나의 축으로 하여 이들 두 축을 교차시키면, 그 특성에 따라서 다음 〈그림4-1〉과 같이 주민의 유형을 네 가지로 나눌 수 있을 것이다.32) 즉, 주민이 어떠한 자치의식을 갖느냐에 따라 주민의 유형화를 시도해 보면 다음과 같다.

〈그림4-1〉 자치의식을 통해 본 주민의 유형

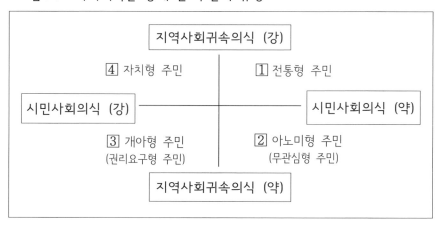

위 그림 중 제1유형인 '전통형 주민'은 지역사회에 대한 귀속의식은 강하나 시민사회의식은 거의 갖지 않는 주민들이다. 이들은 당해 지역에 비교적 오랜 기간 동안 거주해온 저학력의 주민들로서, 스스로를 자치행정의 주체라고 생각하기보다는 행정의 객체로서 참여할 뿐인 수동적인 주민들이다.

제2유형인 '무관심형 주민'은 그들의 거주 장소가 대단히 유동적이므로 자신이 현재 살고 있는 지역사회에 대한 관심이나 귀속의식도 없으

---

32) 강형기, "지방자치 실시를 위한 마음의 준비는", 지방자치, 9월호, 1989, pp.30-31.

며, 또한 교육 정도가 낮아 자치행정에 참여할 방법도 모르고 있는 계층으로서, 이러한 유형은 미조직 육체 노동자층에서 많이 나타난다. 이들은 자치행정에 대하여는 주체적 자아의식뿐만 아니라 객체적인 자아의식도 갖지 않으므로, 모든 것을 남에게 미루려 하며 최소한의 자치의식도 찾아보기 어렵다.

제3유형인 '권리요구형 주민'은 교육수준과 정치적 식견은 높지만, 외부에서 지리적으로 이주해 온 이후, 아직 지역사회에 귀속감을 갖지 않기 때문에 공동체의 문제에 참여하려 하지 않는다. 이들은 행정의 객체로서, 그리고 더불어 사는 이웃으로서의 의무이행에는 무관심하지만, 자신과 관련된 구체적인 문제로 참여할 동기가 유발되면 급진적인 태도를 취한다. 오늘날 한국에서도 도시화·산업화는 이러한 계층의 주민들을 양산하고 있는데, 이들의 태도는 자치행정운영에 커다란 걸림돌이 되고 있다.

제4유형인 '자치형 주민'은 자신이 지역사회의 주체라는 자각하에 지역사회의 문제해결과정에 참여하려 할 뿐만 아니라, 이러한 권리를 행사하기 위해서는 지방정부의 행정활동에도 적극적으로 협조하려는 마음의 준비도 되어 있는 계층이다. 따라서 자치형 주민은 우리가 지향하는 가장 이상적인 주민형인 것이다.

이상과 같이 주민의 유형을 넷으로 분류해 볼 때, 한국은 전통형 주민으로 출발하여 1960년대 개발시대를 거치면서 지역사회에 대한 귀속의식이 약화되고, 그러면서도 서구적인 시민의식도 성숙되지 못하여 무관심형 주민으로 1980년대 중반까지 거쳐 왔다고 할 것이다. 즉, 1960년대 이후 공업위주의 개발정책은 이농현상을 재촉하였고, 이는 자연부락 위주의 전통적 공동체의식을 해체시켰으며, 동시에 도시는 농촌으로부터의 유입인구에 의해 많은 도시문제를 일으키기 시작하였다. 이 시기는 주민들이 주권자로서의 의식보다는 아직도 관으로부터 혜택을 받고자 하는 수혜자 의식이 강한 시기이기도 했다.

한편, 높은 경제성장과 교육열에 의하여 시민은 이제까지의 의존적 주민으로부터 탈피하고자 하는 노력을 계속해 왔으며, 그것은 1987년의 '6월시민항쟁'으로 잘 나타나고 있다. 이후 주민은 관(官)에 대하여 자신의 의사를 강하게 개진하기 시작했으며, 때로는 이것이 사회문제화 되기도 했다. 즉, 이제까지 공적 결정에 대해 수동적으로 따르기만 했던 주민들은 자신의 문제에 대해 관심을 가지기 시작했다. 그 단적인 예가 '안면도 핵 폐기장 건설'과 '동강 댐 건설'을 둘러싼 시민단체의 저항으로 대표되는 주민들의 저항이다. 더불어 도시화의 진전에 따라 도시 인구는 급성장했지만, 아직도 서구와 같은 시민의식이 성숙되지 못하고, 아울러 책임의식보다는 권리의식만이 사회에 팽배하는 합리성 부재의 권리요구형 사회가 되고 있다.

따라서 한국의 주민이 이와 같은 권리요구형 주민으로부터 권리와 책임이 조화를 이룬 자치형 주민으로 어떻게 변모되어 갈 것인가 하는 것은, 선진국 시민으로 성숙해 나가는 데에 있어서 최대의 과제라고 하지 않을 수 없을 것이다.

2) 자치의식과 주민의 자세

지방자치에 대한 주민의 태도 또는 의식을 자치의식이라 할 때, 지방자치의 성공을 위해서 무엇보다도 중요한 것은 자치의식이라 하지 않을 수 없을 것이다. 그런데 이 자치의식은 생활환경 의식과 정치 의식과의 상호교호 속에 살펴볼 수 있는 것으로서, 이는 행위에 대한 자기주체성(자치참여), 자기결정성(자치의식), 자기책임성(자치능력)을 의미한다.[33] 이러한 자치의식의 고양을 위한 바람직한 주민의 자세는 어떠하여야 하는가?

(1) 주인의식

여기에서 주인의식이란 스스로의 생각과 말과 행동을 자신의 책임하에 자신이 결정하는 것을 말한다. 이 주인의식은 고도의 자각과 자율적인 판단이 전제되는 것으로서, 나그네 의식과 다르다.

주인의식은 높은 시민의식에서 비롯된다. 스스로에 대한 자존심과 도덕심, 그리고 양식과 교양이 있는 곳에 시민정신은 고양될 것이다. 자

---

33) 노융희, 한국의 지방자치(녹원출판사, 1987), pp.533-535.

유민주주의 사회에서 주인은 다름아닌 시민이다. 주인이 된다는 것은 형식적인 요건이 아니다. 거기에는 주인다움이 있어야 한다. 남이 시켜서가 아니라 스스로 자각하고 자율하면서 스스로 시민사회를 위해 생각하고 행동하며 실천하는 바가 있어야 할 것이다.[34] 주인의식을 실천하기 위해서는 다음과 같은 마음가짐이 필요하다.[35]

① 자율적 정신: 자율적 정신이 없이는 주인의식을 실천에 옮길 수가 없다. 자율은 다른 사람의 명령이나 지시에 의하여 행하게 되는 타율과는 달리, 스스로 자진해서 행함을 의미한다. 주인은 고용인과 달리 스스로 자기가 해야 할 일을 알아서 처리하고, 그것에 대해 책임을 져야 하기 때문에 자율적 정신을 가져야 할 뿐만 아니라, 그 정신을 실천에 옮겨야 한다. 그런데 한국 국민이 이와 같은 자율적 정신을 가지기 위해서 불식해야 할 두 가지가 있다. 그 하나는 일제식민지 통치가 민족 의식 속에 남긴 피지배의식이요, 다른 하나는 1960년대 이후 경제성장을 주도한 행정적 관료주의가 남긴 수동적 타율의식이다.

② 사명의식: 주인의식을 실천에 옮기기 위해서는 사회 구성원 각자가 맡은 바 직책에 대하여 사명의식(책임의식)을 갖는 것이 필요하다. 주인은 다른 사람이 하라고 해서 하는 것이 아니라, 자기의 일이므로 스스로 알아서 한다. 그리고 주인은 자기의 일이기 때문에 그 일에 대해서 더욱 관심이 깊고, 따라서 다른 사람이 보지 못하는 점까지도 볼 수 있다. 주인 아니면 무관심하게 지나버리고 말 것도 주인은 관심을 가진다. 주인의식을 가지고 자기의 직책에 임하는 사람은 깊고 세심한 관심을 가지게 되며, 주인의식이 없는 사람에게서는 찾아볼 수 없는 적극적인 열의와 깊고 자상한 관심을 가지게 된다.

③ 창의적 정신: 현재에 만족하고 더욱 더 향상되려고 하는 발전적 의욕이 없으면, 그것은 주인 역할을 제대로 한다고 할 수 없다. 주인은 더 나아지고 더욱 더 잘 되려고 하는 발전적 의욕을 가지고 있어야 하며, 그래야만 주인의 구실을 제대로 한다고 할 것이다. 이러한 발전을 할 수

34) 김대환, "주인의식과 시민논리", 지방행정, 1983.5, pp.14-21.
35) 고범서, "주인의식 실천의 길", 지방행정, 1983.5, pp.22-32.

있게 하는 원동력은 창의성이다. 아무런 창의력을 발휘하지 못하고 그저 하던 방식을 언제까지나 되풀이만 하는 주인은 결국 경쟁에서 패배할 수밖에 없을 것이다. 산업사회를 넘어 지식정보화 사회로 진입한 오늘날에 있어서는 더욱 그러하다. 정보와 아이디어 경쟁의 사회라고 할 수 있는 오늘날, 새로운 정보(기술)와 아이디어를 활발하게 창의적으로 개발하는 국가와 지역사회, 그리고 기업이 국제사회의 치열한 경쟁사회에서 살아남을 수 있다. 그렇기 때문에 참다운 주인의식은 이어받은 것을 그대로 지키고 현상을 그대로 유지하는 것이 아니라, 쉬지 않고 새로운 가능성을 탐구하여 그것을 실현시키는 창의적 정신을 가지고 있지 않으면 안 된다. 따라서 참다운 주인의식을 가지고 자기의 책임을 수행하려고 하는 사람은 무사안일주의에 안주할 수 없을 것이다.

④ 공동체의식: 인간은 고립적인 존재가 아니라 사회적 존재이기도 하다. 특히 과학기술과 교통통신의 발달에 힘입어 인간간의 관계는 더욱 의존적인 존재로 되어 가고 있다. 농경적 전통사회에서는 가족단위 또는 부락단위의 공동체 생활을 영위하였다. 즉, 전통사회에 있어서는 희생과 봉사는 가족의 테두리 안에, 그리고 상부상조는 부락단위로 대개 이루어져 왔다. 그러나 오늘날 우리는 상호의존적인 개방사회 속에 살고 있기 때문에, 이 전통적인 가족과 친족 중심의 인보(隣保)정신을 어떻게 확대시켜 승화시켜 나갈 것인가가 중요하다. '사고는 지구적으로, 행동은 지역적으로'라는 말에서 알 수 있듯이, 지역에 바탕을 둔 범지구적인 공동체 의식이 필요하다.

(2) 시민의식

서유럽과는 달리 한국의 역사에서는 시민이 역사의 주 무대로 등장한 경험이 거의 전무하다 해도 과언이 아니다. 그리하여 시민의식도 매우 낮고, 따라서 민주적 행동양식이 몸에 배인 것도 아니다.

주지하다시피, 민주사회에서는 시민 각자가 스스로 만든 질서를 스스로 지키지 않으면 안 된다. 민주사회는 지배자가 곧 피지배자이기 때문이다. 따라서 이 질서를 지키는 데에는 시민 모두가 감시자의 역할을 하지 않으면 안 된다. 시민 모두가 주인이기 때문이다. 이 감시자의 역할은 고발정신으로부터 나온다. 그런데 한국의 습관은 시키는 대로 해 온 교육방식 때문에 고발정신이 매우 약하다. 적극적으로 참여하여 스스로 깨닫게 하기보다는 미리 못하게 하는 소극적 예방적 생활태도로 인하여 진취성이 매우 약하다. 한국 사회에는 '하지 말아라' 하는 것이 '해도 된다'라는 것보다 더 많이 듣는 교육을 받아 왔기 때문에, 해서 좋은 것인지가 명확하지 않을 때는 아예 행동에 옮겨 놓지 않게 된다.

우리가 고발정신을 기르자면, 우선 각자가 일상생활에 있어서 일어나고 있는 일에 대하여 관심을 가질 필요가 있다. 대체로 도시화된 사회에서는 도시사회가 갖고 있는 익명성으로 인하여 남의 일에 대해 무관심해 버리기 쉽다. 현대사회의 커다란 병폐의 하나로서 무관심이 지적되고 있음에서 알 수 있듯이, 이 무관심은 시민정신을 기르는 데 장애요소가 되고 있다. 그래서 도시는 담이 없지만, 담을 쌓고 사는 것이나 다름 없이 서로가 서로의 일에 대해 모르고 있을 뿐만 아니라 알려고 하지도 않는다.

민주사회에서는 시민정신이 없으면 안 된다. 이 시민정신을 함양시키기 위하여 시민정신에 따라 행동으로 옮기는 시민에 대해서는 널리 알려 주위의 사람들에게 자극제가 되도록 해야 할 것이다. 시민이 당국에 어떤 불의나 질서파괴 등에 관하여 분개해서 고발을 했다고 해도, 간혹 그것을 취급하는 기관에서는 오히려 '귀찮다'는 식으로 시민들의 고발정신을 흐려 놓는 사례를 가끔 볼 수 있다.

거리의 질서 지키기, 각종 불법행위의 고발, 의리를 위한 위험 감수와 같은 시민정신을 계발하고 유도하기 위한 노력들이 다각적으로 꾸준히 모색되어야 한다. 그렇게 함으로써만이 앞으로 더욱 가속화될 도시화 시대에 주민들의 안정되고 밝은 시민생활이 영위될 수 있을 것이다.[36)]

(3) 이기주의, 특히 집단 이기주의의 극복

최근 한국사회에서 자주 사용되는 단어 중의 하나가 집단 이기주의

---

36) 김원, "도시화와 시민정신", 지방행정, 1985.5, pp.39-41.

이다. 권위주의적인 사회운영체제가 민주적인 체제로 전환되면서, 그 동안 개인이나 집단들이 비합리적이라고 느끼면서도 감내해 왔던 일들에 대해 이의를 제기하면서 사회는 급기야 사익(私益)의 전투장으로 변하고 말았다. 집단이기주의란 어떤 사회의 개개 집단들이 공익보다는 그들 집단의 이익을 최대의 가치로 보고, 그들의 사익을 극대화시키기 위하여 투쟁하는 것을 지칭한다.

    그러면 이러한 집단이기주의는 왜 발생하게 되는가? 첫째로, 가치의 혼돈에서 방황하는 개인이나 집단이 사회변화에 대하여 단기적이고도 미성숙한 대처를 하기 때문이다. 우리는 1960년대부터 1990년대 초반에 이르기까지 성장 중심의 경제정책을 추진해 온 결과, 사회 전체적인 발전이나 내적 성숙에는 별로 관심을 갖지 못하였다. 즉 권위주의적 절대자가 시키는 것이 규범이었고, 소수의 사람들은 문제가 있다고 하였지만 대부분의 사람들은 큰 반발 없이 대통령이, 정부가, 힘 있는 사람이 시키는 대로 살아 왔다. 그러다보니 자연히 외부 지향적이면서 의존적인 삶의 양식에 익숙해져 있었다. 개인의 삶의 경로와 가치에 우선순위를 부여했던 사람은 소수에 불과하였다.

    그런데 상황이 바뀌어 많은 사람들이 그러한 권위주의적 체제 속에 살 수 없다는 인식을 가졌고, 이러한 의식이 뭉쳐 1987년의 '6·29민주화선언'을 얻어냄으로써 구체제로부터 형식상 탈각(脫却)되었다. 그러나 새로운 민주적 질서, 좀더 구체적으로 말한다면 절차적 민주주의를 지키는 수양에는 익숙하지 못했기 때문에 많은 문제점이 제기되고 있는 것이다. 소위, 시민이 국가운영의 주인 노릇을 하는 시민사회를 그토록 바라면서도 시민의 가치체계는 권위주의적 옛 양태를 벗어나지 못하고 있을 뿐만 아니라 시민사회를 움직이는 원동력인 시민의식은 재충전되지 못하고 있는 것이다. 내적 성찰을 통한 시민의 자질향상이 성숙된 민주사회 건설을 위한 필수적인 조건이라는 것을 우리는 인식해야 된다.

    둘째로, 지도층의 무능과 부패를 들 수 있다. 특히 정치 지도자들의 단견과 이기적 행동은 한국 사회 구성원에게 심각한 상처를 주었고, 좋지 못한 영향을 깊숙이 남겼다. 국가권력을 개인권력으로 착각하고 일차적인 인간관계를 통치과정이나 정치활동에서 제일 중시하는 지배 집단이 기주의를 정치인 스스로가 실천한 것이다. 특히, 한국 역사에서 과거 지방관은 단기간의 재임으로, 해당지역의 문제를 장기적 시야에서 근본적으로 해결하려는 의지보다 현직에서 보다 좋은 자리로 옮기고자 하는 관료적 이기심이 많은 상황에서 지역민을 사랑하려는 동기 부여가 오래 갈 수 있었을 것인가는 매우 의문이다.

셋째로, 게임의 질서(rule of game)가 서지 않았기 때문이다. 근대국가 이전에는 신분제가 있어서 그 시대에 적절한 도덕과 규범이 삶의 전 영역을 에워싸고 있었으며, 인간의 이기심을 억제하게 하고 국민으로 하여금 조심하게 만들었다. 한편 서구에서는 시민사회가 형성되면서 거기에 맞는 시민의식이 정착되었다. 그러나 한국 사회는 식민지, 해방, 한국 전쟁, 갖가지 정변, 대규모 부정사건 등을 거치면서 사회의 이해관계를 규정하는 규범에 심대한 혼란이 왔다. 이에 따라 정당한 순서와 질서를 지키면 손해 보는 세상이라는 의식이 자리잡게 되었다. 이러한 요인 등에 의하여 발생한 집단이기주의는 하든(G. Harden)이 1960년대부터 이론화시키고 있는 '공유재산의 비극'(the tragedy of the commons)이라는 가설에 잘 나타나고 있다.

많은 학자들의 연구에 의하면, 공유재산이 일단 좀먹기 시작하면 그 해결방도가 용이하지 않는다고 한다. 따라서 그 사회에 엄격한 게임의 룰이 서지 않으면 모두가 좀 같은 존재로 변하여 서로를 불신하며, 진실한 말과 행동도 음모로 해석하는 음모설의 시대가 개막되고 만다.

이러한 사회문제를 어떻게 해결할 수 있을 것인가? 여기에는 크게 두 가지로 요약할 수 있다. 하나는 양식(consciousness)이고, 다른 하나는 지도자의 수범(垂範)노력(leadership)이다. 사회성원이 양식을 찾으면, 불신과 탐욕(貪慾)에서 일어난 공유재산의 비극에 종지부를 찍을 수 있음은 자명한 일이다. 그런데 문제는 과연 실제로 가능한가 하는 것이다. 둘째는 지도자의 수범 노력인데, 여기에서 지도자란 반드시 '제일 높은 사람'만을 뜻하는 것은 아니다. 물론 가장 영향력 있는 사람의 수범은 많은 사람의 인식과 형태를 변화시킬 것이고, 또 일차적으로 바람직한 것임은 두

말할 여지가 없다. 문제는 내가 지도자라고 하는 창조적 소수(creative minority)가 비판적 대중(critical mass)을 형성하여 사회운동이나 시민사회의 길을 제시하면서, 그들이 실제로 행동할 때 가능하다.[37]

집단이기주의를 논의할 때, 한 가지 짚고 넘어갈 것은 집단이기주의가 무조건 나쁜 것만은 아니라는 것이다. 문제는 집단이기주의를 인정하고 그것을 어떻게 극복해 나갈 것인가를 강구하는 것이 보다 바람직스럽다 할 것이다. 그 한 방편으로서 사회성원 모두가 협상을 생활화시키는 일이다.

집단민원이나 집단이기주의가 발로되는 양상을 보면 대개 이해관계나 갈등 상황에서 당국이나 강한 집단이 비공개적으로 약한 집단을 일방적으로 장악하려고 하거나, 문제를 외면하거나 지연시킴으로써 생기는 경우가 많다. 권위주의적 체제로부터 민주적·공개적 사회로의 전환기에 처하여 있는 한국 상황하에서는 일단 집단이기주의를 인정하고, 그 해결을 위하여 이해 당사자간의 협상과 타협을 통하여 문제를 해결하고자 하는 마음가짐이 중요하다.

민주주의 시민사회란 서로 정확하고 적절히 의사소통을 하며 상대를 적으로 인식하지 않는 융화적 태도에서 꽃피울 수 있다. 더불어 타협하고 조정할 줄 아는 지혜가 사회의 원동력이 된다. 집단이 이기적 투쟁을 벌일 때, 공직자가 하여야 할 가장 중요한 일은 전문가의 도움을 받아 집단 간의 이해관계를 조정하는 조정자로서의 역할이다.

(4) 참여의식

여기에서 주민의 참여의식은 대표자를 뽑는 일에 적극적으로 관여하는 일, 즉 선거에의 참여와 아울러 자신이나 자신이 속해 있는 지역문제에 대하여 자발적으로 참여하여 해결해 나가는 주민참여(시민참여)의 두 측면에서 살펴볼 수 있는데, 여기에서는 후자에 한하여 살펴보고자 한다.

지역사회의 주민들은 지역사회 정책을 결정하는 주체자이다. 다시

---

37) 이달곤, "집단이기주의의 원인과 합리적 해소방안", 지방자치, 6월호, 1991, pp.10-18.

말해서, 지방자치는 지역사회 발전의 제도적 장치이므로, 주민들은 행정의 주체자로서 정책결정과정에서 주역이 되어야 한다는 것이다.[38] 즉, 지난날 중앙의 일방적인 통제와 간섭으로부터 벗어나 지역의 문제는 해당 주민이 자발적으로 참여하여 해결해 나가야 하는 자치 시대에 있어서 시민참여는 매우 중요하다. 전통적인 주민참여와는 달리, 자치 시대의 시민참가는 사회형평의 원칙에 입각하여 보다 적은 양의 정치적 자원만을 가지고 있는 서민층·소수인종, 그리고 행정행위에 의해 직접 영향을 받는 그러한 시민들을 포함하는 광범위한 대표성을 추구하도록 해야 한다.[39]

이처럼 지방자치에 있어서 시민참여가 핵심이 되는 또 다른 이유는 민주주의가 채택하고 있는 대의제도 그 자체가 경직화되어 있고, 아울러 정당과 관료의 체제가 민주적 운영과는 멀리 반동화되는 경향 등으로 인하여 민의와 대표와의 거리가 생기기 때문이다. 여기에다 주민 입장에서는 생활수준과 의식수준의 향상에 의해 삶의 질에 대한 관심이 증대하고, 지역의 관리담당자인 지방정부에의 관여와 관심을 높여 직접참여의 방법을 요구하게 된 데 그 원인이 있다고 할 것이다.

이와 같은 주민의 행정에의 참여는 지방정부의 의사결정 및 집행의 제반 과정에 어떠한 형식이나 방식으로 시민 내지의 주민이 그 의사를 반영시키는 활동이라고 할 수 있을 것이다. 그것은 선거에서의 투표로부터 시작하여, 지방자치법에 규정되어 있는 주민소환제도 등 각종 직접참정권과 청원권, 그리고 공청회에의 출석·진정·여론 등에 이르기까지 다양한 방식이 있다. 이들 참가에의 수단은 대의제 혹은 대표제에서 나타나는 간접민주제에 내재하는 대표와 민의와의 갭을 보완하기 위해 나타난 직접민주제의 현대적 재현이라 할 수 있을 것이다. 따라서 참가의 사상과 운동은 주로 간접민주제의 공동화(空洞化)에 대한 도전이라 할 수도 있다.

---

38) 유종해, "자치시대의 주민자치의식", 지방행정, 4월호, 1990, p.110.
39) 임성한, 관료제와 민주주의(법문사, 1978), p.355.

3) 자치시대에 있어서의 주민의 역할

1990년대 지방자치의 완전 복원으로 이제까지 사회에 팽배해 있던 '중앙의 논리'와 '관청의 논리'는, 점점 '지방의 논리' 또는 '시민의 논리'로 바뀌어 갈 것이다. 지역주민은 지금까지의 대표권 없는 납세자로서 통치의 객체에 머무르며 수익자 의식에 사로잡힌 '전통형 주민'에서 대표권을 인정받는 납세자로서 통치의 주체인 당사자 의식을 지닌 '자치형 주민'으로 전환되고 있는 시점에 있다. 이러한 전환기적 상황에서 시민이 지녀야 할 역할과 책임은 어떠하여야 하는가? 이를 유권자·납세자·감시자·참가자라는 네 가지 입장에서 살펴보고자 한다.

(1) 유권자(주권자)로서의 주민

유권자란 주민주권의 원칙에 따라 인정되는 자치행정에의 참정권을 주민의 입장에서 표현한 개념이다. 자치행정하의 참정권으로서 주민개인에게 인정되는 범위는 나라마다 다르지만, 대체로 선거·주민발의·주민투표·해직청구·청원·진정 등에 관한 참여의 권리와 자유를 뜻한다. 그러나 여기에서는 간접민주제의 참정권, 즉 선거권과 피선거권을 행사하는 주민의 역할에 대해서 살펴보고자 한다.

선거(피선거)권의 법적 성격에 대해서는 많은 논의가 있는데, 권리와 의무의 2중적 성격을 인정하는 것이 통설인 듯하다. 즉, 유권자의 선거(피선거) 참여는 한편으로는 자치행정에 대한 자기 개인의 뜻을 주장할 수 있는 기회임과 동시에 또 다른 한편으로는 선거라는 공무에 참가하는 것이기도 하다. 전자의 의미에서는 참정의 권리가 되고, 후자의 의미에서는 선거라는 공무집행의 의무로 된다. 따라서 권리란 '포기할 수 있는 권리'까지 포함하는 것이므로, 기권도 권리의 행사라는 단순논리로 유권자들이 이유 없이 선거(피선거)권을 포기해서는 안 될 것이다.

한국 사회에서 특히 주의할 것은 전통적 공동체의식의 파괴로 인하여 이미 동질성을 많이 상실하고, 다수가 승복할 권위를 잃어버린 현실을 바라볼 때, 목가적인 인화만을 앞세워 이해관계의 충돌이나 의견의 대립을 죄악시하는 자세는 자치의 존립을 부정하는 결과로 될 수도 있다. 자치란 저절로 통치됨을 뜻하는 것이 아니고, 스스로 통치함을 뜻하기 때문이다. 그리고 스스로 통치한다는 것은 대립된 의견을 통일시키고 마찰을 일으키는 이해관계를 조정하는 노력을 뜻하는 것이다. 유권자로서의 시민이 이러한 노력을 기피하고 대립과 마찰이 없는 이상만을 추구한다면, 지방자치는 발붙일 곳을 잃게 될 것이다.

(2) 납세자로서의 주민

주민의 재정적 부담은 자치행정의 전제이고 그 내용이기도 하다. 따라서 지방자치 실시에 있어서 무엇보다도 중요한 것은 납세자로서의 주민의 존재이다. 이들의 부담을 통해 마련된 재원으로 행정수요에 대응하는 서비스의 제공과 공공투자가 가능하기 때문이다. 자치행정의 목표는 최소의 주민부담으로 최대의 시민복지를 증진시키는 일이다. 여기에서 최소의 비용부담이란 부담의 절대 액의 다소에 따른 것이 아니고, 공평한 부담과 효율적인 이용을 뜻한다. 따라서 납세자로서의 주민은 언제나 부담의 공평성과 행정공급의 효율성에 신경을 써야 하고, 그렇게 되도록 자치행정에 압력을 넣어야 한다. 이것은 '발에 의한 투표'(voting by feet)로 잘 알려진 티보우 가설(Tiebout hypothesis)에 의하여 잘 설명되고 있다.[40]

한국의 지방재정은 국세 중심의 조세정책으로 인하여 그 기반이 매우 취약하며, 그 당연한 결과로서 중앙의존형 재정 속에 주민들의 수익자 의식을 크게 가꾸어 왔다. 이러한 수익자 의식은 정부의 서비스 제공을 하나의 혜택으로 간주하여 정부로부터 가능한 한 많은 혜택을 받고자 하는 의존 심리를 더욱 조장시켜 왔다. 이것은 행정수요를 무한하게 확대시키고, 아울러 주민의식 속에는 무임승차(free rider)적인 기질을 키워 왔다. 이것이 자치시대에 부적합한 것임은 두말할 필요가 없다.

결국 행정서비스도 국민(주민)이 낸 세금으로 이루어진다는 의식, 즉

---

40) 티보우 이론에 대해서는 다음의 문헌 참조. 이달곤 외, 지방자치론(박영사, 2012), pp.45-51.

납세자 의식이 중요하다. 지난 1989년 일본이 소비세(부가가치세)를 도입하는 과정에서 물가가 2.9% 가량 올랐을 때, 일본 국민들은 집권 자민당에 일격을 가하였다. 이는 다름아닌 국민의 납세자 의식의 발로이다. 선진국일수록 납세자 의식은 강하다. 그리하여 '납세자 소송'이라는 제도까지 등장하고 있다. 자본주의 체제하에서는 수혜자로서의 국민이 아니라 납세자로서의 국민이 존재하게 될 때, 주권재민은 꽃피우게 될 것이다.

(3) 감시자(통제자)로서의 주민

민주주의 국가에서의 주인은 국민(주민)이며, 따라서 주민은 주인의식을 가지고 행정이 누구를 위해서 행하여지고 있는가에 대하여 끊임없는 감시 혹은 통제를 하지 않으면 안 된다. 보통 인간은 자칫하면, 자의성이나 임의성을 가지기 쉽다. 주민의 선거에 의해 뽑힌 대표자도 선거기간 동안은 몰라도 일단 선출된 뒤에는 심부름꾼이라는 의식을 버리고, 주민 위에 군림하려는 경향이 있다. 주민은 투표를 하는 순간만 주인일지도 모른다. 그리하여 시정이나 의정 활동이 주민 본위로부터 벗어나기 쉽다. 따라서 뽑힌 대표자들이 주민을 위한 시정 내지는 의정활동을 할 수 있도록, 주민은 항상 감시 혹은 통제하지 않으면 안 된다.

이러한 감시자의 역할은 기본적으로 비판정신에 기초한 것으로서, 시정에 대한 관심으로부터 나온다. 현대 대중사회의 가장 큰 병폐의 하나로서 현대인의 무관심이 지적되고 있는 바에서 알 수 있듯이, 현대인은 갈수록 공동체의식 내지는 사회의식이 약화되고 있다. 이기적 자아만이 존재하고 있는 것이다. 주민들은 이러한 이기적 자아로부터 탈피하여 지역사회에 대한 관심과 애정을 가지고 대표자들이 과연 자신들을 위하여 활동하고 있는가를 감시하여야 할 것이다. 주민들이 비판 내지는 감시를 소홀히 할 때, 의혹사건이 발생하기 쉽다.

(4) 참여자로서의 주민

1960년대 미국의 지방정부에서 새롭게 대두된 시민참여는 특정사업과 관련된 구체적인 쟁점의 문제, 또는 정책형성 과정에서 소외된 소수 계층의 문제로부터 비롯되었다. 이 참여운동은 시간이 경과함에 따라 특정 지역의 문제를 넘어 전국적으로 활발하게 되었고, 세계적으로 확산되었다. 각국에서는 폭발적인 참여에의 요구와 운동이 일어나, 이를 '참가의 분출 시대'(G. A. Almond) 또는 '참여 민주주의 시대'(R. A. Dahl)라고까지 명명하고 있는 학자도 있다.

이처럼, 시민참가는 참여민주주의의 대두와 더불어 강조되고 있으며, 조직 내부의 의사결정 과정에 참여하는 직원참가와 함께 참여행정의 핵심적 요소를 이룬다. 시민참가는 지방정부의 제반 정책에 외부에 있는 주권재민자로서의 주민이 지방정부의 의사결정 과정에 영향을 미치는 것을 의미한다. 특히 지방정부에서 주민의 참여가 중요한 것은 그들의 생활에 민감한 영향을 미치는 정책과 프로그램에 대해서 다수의 주민이 직접적으로 의사를 투입할 수 있기 때문이다. 이러한 시민참가는 대의민주주의를 보완하여 주민의 견해를 반영시키는 특수한 형태의 통치방식이거나 직접민주주의 방식이라고 할 수 있다.[41] 따라서 지역사회에 있어서 지역민주주의를 심화시키는 데 있어서, 참여자로의 주민이 제 역할을 얼마나 잘 하느냐에 달려 있다고 할 것이다.

제5절   지방정부와 자치권

1. 자치권의 의의

한국 헌법 제8장 제117조 제1항에 '지방자치단체는 주민의 복리에 관한 사무를 처리하고 재산을 관리하며, 법령의 범위 안에서 자치에 관한 규정을 제정할 수 있다'고 규정하고 있다. 이에 따라 지방정부는 헌법이 부여한 자치권에 의하여, 그의 관할구역과 주민을 통치하고 공공사무를

---

41) 이달곤 외, 전게서, p.94.

자기의 창의와 책임하에 처리할 수 있는 법률적 권능을 갖게 되었다.

1) 자치권의 개념

지방정부의 자치권이란 지방정부가 그 존립목적을 실현하기 위하여 가지는 일정한 범위의 권능을 말한다. 자치권에 대한 정의의 요체는 '국법이 인정한 범위'라는 한계성과 '독자적 권리'라는 자주성이라고 볼 수 있다. 따라서 자치권이란 국가의 주권이나 기본제도(헌법)에 의하여 창설된 국가에 의하여 부여된 권능이면서도 국가의 지방행정기관이 갖는 권한과는 달리 정치적·제도적으로 보장된 독자적 권능 또는 자율적 통치권능이라고 볼 수 있다.

2) 자치권에 대한 학설

지방자치의 본질을 밝히는 하나의 지표로서, 법적인 측면에서의 자치권의 본질이란 무엇인가? 이 자치권의 본질, 즉 자치권 발생의 근거에 대해서는 약간의 차이가 있으나, 대체로 국가창설권설과 고유권설의 두 가지 견해로 대별되는바, 이에 대해서는 지방자치의 법적 성격에 대하여 앞에서 고찰한 바 있다(제2장 제1절 참조).

3) 자치권의 특성

근대 민주주의 정치시스템하에서의 자치권은 한 국가의 정치적 통일을 전제로 하여 국가의 영토를 적정한 단위로 구획하여, 지역의 공공 사무는 해당 지역 주민 스스로가 처리할 수 있도록 헌법상 보장된 권리라고 할 수 있다. 이러한 자치권의 특성은 다음과 같다.[42]

(1) 예 속 성

지방정부의 자치권은 국가주권 아래의 권능이며, 그 범위는 국법에 의해 정해진다는 의미에서 '예속성'을 가진다. 이를 자치권의 배분성이라고도 한다. 중앙정부와 지방정부 사이의 권능의 배분도 국가에 의해 정

---

42) 이규환, 전게서, pp.95-96; 최창호, 전게서, pp.207-208.

해지며, 그 권능의 행사도 국가로부터 일정한 감독과 통제를 받는다. 따라서 자치권은 국가로부터 수여된 권리이므로 중앙정부와 지방정부간의 사무배분 또는 기능배분 문제가 나타난다.

(2) 자 주 성

자주성은 독립성 또는 자기책임성이라고도 한다. 지방정부의 자치권이 일정 부분 예속성의 특징을 지닌 반면, 국가의 기본법(헌법)에 의해 보장된 권리로서 국가의 통치권으로부터 어느 정도의 독립성을 갖고 있다는 것이다. 이 자주적 권리가 지방정부의 권능과 중앙정부의 하급기관의 권한을 구별하는 기준이 된다. 만일 자치권을 가진 지방정부를 상급기관의 무제한한 지휘·감독을 받는 하급행정기관의 지위와 동일시한다면 자치권의 본질은 상실되며, 헌법에 자치권을 보장한 의의가 없어지는 것이다.

독립성의 정도는 시대·나라·상황에 따라 다양하지만, 지방정부는 일정한 범위 내에서 자주적으로 입법·조직·인사·재정, 그리고 행정 운영상의 권한을 행사한다. 자치권이 자주성을 지니는 독자적인 권리라는 점은 지방정부의 자치입법권·자치조직권·자치재정권·자치행정권 등에서 잘 나타나고 있다.

(3) 포 괄 성

포괄성은 보편성이라고도 하는데, 지방정부의 자치권은 원칙적으로 해당 지방정부의 관할구역 내에 있는 사람과 사물에 포괄적으로 미친다는 것이다. 자치권이 미치는 인적 범위는 주민뿐만 아니라, 지방정부의 관할구역 내에 거주하는 자, 재산을 소유하거나 사업소를 가진 자 등 모두가 포함된다. 또한 자치권에 의해 처리되는 공공사무의 범위는 관할구역 내의 주민 복리에 관한 모든 사항이 된다.

2. 자치권의 종류

1) 자치입법권

(1) 의 의

자치입법권이란 지방정부가 자치법규를 자주적으로 제정할 수 있는 권능을 말한다. 대한민국헌법 제117조 제1항은 '지방자치단체는… 법령의 범위 안에서 자치에 관한 규정을 제정할 수 있다'고 규정하여 지방정부의 자치입법권을 명백히 보장하고 있다. 지방정부의 자치법규로는 현행법상 조례와 규칙이 인정되고 있다. 협의의 자치법규는 조례만을 의미하지만, 보통 자치법규라고 할 때에는 조례와 규칙이 모두 포함된다.

(2) 종 류

가) 조례제정권

조례는 지방정부가 법령의 범위 안에서 그 권한에 속하는 사무에 관하여 지방의회의 의결로써 제정하는 규범이다. 이러한 조례가 갖는 특징은 지역적응성과 선도성을 들 수 있는데, 이는 자치행정의 특질을 반영한 것으로 자치입법권의 기능이라고도 할 수 있다.[43]

지방의회의 조례제정권은 다음과 같은 범위에 한정하여 행사되어야 한다. 첫째, 지방정부의 소관 사무에 한정한다. 따라서 지방정부의 조례는 지방자치법 제11조가 규정하는 국가사무(외교·국방·사법·국세에 관한 사무 등)를 규정할 수 없고, 기초정부의 조례는 동법 제10조에 의하여 광역정부에 배정된 사무를 규정할 수 없다. 둘째, 조례는 지방정부 관할구역 안의 자치사무(고유사무)와 법령에 의하여 지방정부에 속하는 사무(단체위임사무)에 관하여 규정할 수 있다. 따라서 지방의회는 기관위임사무와, 단체장 전속 사항에 관하여는 조례로 규정할 수 없다.

이러한 조례제정권의 범위에 속하는 사항에 대하여도 조례는 일정한

---

43) 猪野積 編, 新地方自治法講座②: 條例と規則(1)(東京: ぎょうせい, 1997), p.9.

한도 안에서만 제정·개정될 수 있다. 조례의 제정에 있어서 이러한 제정의 한계에 위반할 때에는 위법의 문제가 발생한다. 첫째, 지방정부의 조례는 국가의 법령이나 상급 지방정부의 법규에 위반해서는 안 된다. 둘째, 지방정부의 조례는 주민권리 침해 사항에 대해서는 국회의 의결을 거친 법률의 위임이 있는 경우에 한하여 제정될 수 있다.

나) 규칙제정권

규칙은 지방정부의 장이 법령 또는 그 제정을 위임한 조례의 범위 안에서 그 권한에 속하는 사무에 관하여 제정하는 규범이다(지방자치법 제23조).

규칙으로써 규정할 수 있는 사항의 범위는 다음과 같다. 첫째, 지방정부의 장(또는 교육감)의 권한에 속하는 모든 사무에 걸친다. 이에는 고유사무와 단체위임사무뿐만 아니라 기관위임사무도 포함된다. 둘째, 지방정부의 사무(고유사무와 단체위임사무)로서 법령에 의하여 조례 규정 대상으로 지정된 사항, 의회의 전속권한의 사항을 제외한 기타의 모든 사항을 규칙으로 제정할 수 있다. 셋째, 조례가 규칙에 위임한 사항 또는 조례의 실시를 위하여 필요한 사항도 규칙으로 규정할 수 있다.

그러나 규칙의 제정에는 다음과 같은 한계가 있다. 첫째, 규칙은 법령 및 그 제정을 위임한 조례에 위반해서는 안 된다. 둘째, 시장·군수·지치구의 장이 제정하는 규칙은 시·도의 조례나 시·도 지사가 제정하는 규칙에 위반해서는 안 된다. 셋째, 규칙은 법령의 개별적인 위임이 없는 한 주민의 권리제한 또는 의무부과를 규정할 수 없고, 벌칙을 규정할 수도 없다.

2) 자치조직권

(1) 의 의

자치조직권이란 지방정부가 자치행정을 위하여 자기의 조직을 자주적으로 만들 수 있는 권리 또는 권한을 말한다. 헌법에 기초한 지방자치법 등에서는 지방정부의 행정조직에 관한 대강만을 정하고, 구체적이고도 개별적인 행정조직의 세부사항은 이를 각 지방정부의 자주적인 결정에 맡기는 것이 일반적인 경향이다. 이렇게 하는 것이 지방자치의 정신에도 부응하기 때문에, 각국은 지방정부에 자주적인 행정조직 결정권을 인정하고 있다.[44]

(2) 내 용

국가가 지방정부에 자치조직권을 인정하는 범위는 나라에 따라 다양하다. 대체로 영·미계 국가에서는 지방정부에 광범한 자치조직권을 인정하고 있다. 미국에서는 지방정부의 정부조직 및 행정조직이 지역 주민들이 자주적으로 만드는 자치헌장(home-rule charter), 주정부가 마련한 여러 가지 헌장 가운데 지역 주민들이 하나를 선택하는 선택헌장(optional charter), 지방정부를 공통적 특성(인구규모 등)에 따라 몇 개의 유형으로 나누고 주 의회가 이러한 유형에 따라 표준헌장을 정해주는 분류헌장(classified charter), 주 의회가 모든 지방정부에 일률적으로 적용되는 동일한 헌장을 제정하는 일반헌장(general charter), 주 의회가 법률에 의하여 각 지방정부에 특별한 헌장을 제정해 주는 특별헌장(special charter) 등 지방정부의 자치조직권이 폭넓게 보장되어 있다.[45] 영국에서는 지방의회 의원의 정수, 의회 상임위원회의 종류, 행정조직의 구성·사무분장, 공무원의 정원·인사·급여 등에 자주적 결정권이 거의 완전하게 지방정부에 인정하고 있다.

반면, 자치권의 범위가 좁은 프랑스·일본 등 유럽 대륙계 국가에 있어서는 지방정부의 자치조직권이 상당히 제한되어 있다. 1980년대 대대적인 지방분권화 개혁이 단행된 프랑스의 경우를 보더라도, 지방정부의 지방장관(국가위원)을 비롯한 주요 간부들이 국가공무원으로 보해지고, 특정 직원 및 위원의 임명에 내무부 장관의 승인을 요하게 하고 있다.

한국의 경우에는 대륙계 국가의 영향을 받아, 지방정부의 자치조직권의 범위가 매우 제한되어 있는 것이 특징이다. 지방정부의 행정조직 및 공무원의 인사에 관한 많은 사항이 법률 또는 대통령령으로 규정되고 있거

---

44) 최창호, 전게서, p.225.
45) 정세욱, 전게서, pp.162-164.

나 감독기관의 승인을 얻도록 하고, 또한 조직이나 인사에 있어서 지방정부간의 균형 유지를 위해 필요한 권고권을 중앙정부에 인정하고 있다.

3) 자치행정권

(1) 의 의

자치행정권이란 지방정부가 중앙정부로부터 간섭을 받지 않고 자기의 사무를 자주적으로 처리할 수 있는 권한을 말한다. 한국의 지방정부는 자치행정권을 헌법적으로 보장받고 있다. 즉, 대한민국헌법 제117조 제1항에서 '지방자치단체는 주민의 복리에 관한 사무를 처리하고…'라고 규정하고 있다.

(2) 내 용

지방정부의 자치행정권을 인정하는 범위도 영·미법계와 대륙법계 사이에 차이를 보이고 있다. 영·미에서는 지방정부가 처리하는 사무는 원칙적으로 이를 모두 자치사무로 하고 이에 대한 국가의 관여도 입법적·사법적 관여와 기술적 조언 및 재정적 지원을 중심으로 하고 있으므로, 자치행정권의 범위가 매우 넓다. 이에 비하여, 유럽 대륙계 국가에서는 지방정부가 처리하는 사무 가운데 국가사무가 상당히 큰 비중을 차지하고, 지방정부에 대한 국가의 관여가 매우 많으므로 자치행정권의 범위가 좁다고 할 수 있다.

한국의 경우, 중앙과 지방의 관계가 수직적인데다가, 지방정부에 대한 중앙통제가 권력적·관료적이어서 지방정부의 자치운영권의 범위가 협소하다고 할 수 있다. 지방정부의 자치운영권에는 권력적 측면과 관리적 측면의 두 가지가 있다. 권력적 측면의 예로는 각종 통제·규제, 공용부담 등을 들 수 있고, 관리적 측면의 예로는 공공시설의 설치·관리, 민간 활동보조 등을 들 수 있다. 오늘날 자치행정에 있어서는 권력적 작용도 중요하지만, 주민에 대한 서비스의 제공을 내용으로 하는 비권력적 작용, 즉 관리적 작용도 매우 중요시되고 있다.[46]

---

46) 최창호, 전게서, pp.230-231.

4) 자치계획권

(1) 의 의

자치계획권은 지방정부가 그 사무를 수행하기 위하여 구속력 있는 계획을 자주적으로 수립하고, 지방정부와 관련되는 상위계획의 수립에 참여하는 권리 또는 권한을 말한다. 자치계획권은 과거에는 자치운영권 속에 포함시켜 별도로 논의되지 않았으나, 오늘날의 행정에서 계획업무의 중요성이 커짐에 따라 자치권의 영역에 있어서 별도의 중요한 의미를 갖고 등장하게 되었다.

(2) 내 용

자치계획권은 그 계획의 대상에 따라 물리계획·사회계획·경제계획·복지계획·도시계획·농촌계획·총괄계획·개별계획 등 여러가지로 나눌 수 있다. 그 중에서 국토공간계획과 관련하여 도시계획에서 지방정부의 자주성이 오늘날 특별히 중요한 문제로 대두되고 있다. 이러한 공간계획 분야가 과거 중앙집권시대에 계획의 결정권이 중앙에 집중되었던 분야이기 때문에, 오늘날과 같은 지방분권시대에 특별히 개선되어야 할 과제로 부상하고 있다.

5) 자치재정권

(1) 의 의

자치재정권이란 지방정부가 자기사무의 처리에 필요한 경비를 충당하기 위해 중앙정부의 간섭을 받지 않고 자주적으로 그 재원을 조달·관리하는 권리 또는 권한을 말한다. 헌법은 제117조 제1항에서 '지방자치단체는… 재산을 관리하며…'라고 규정하여 지방정부의 자주적인 재정권을 보장하고 있다. 자치재정권은 지방정부의 자주성을 실질적으로 보장하기 위한 것이다.

(2) 내 용

지방정부의 자치재정권 확립의 핵심은 지방정부의 자주적 과세권 확립에 있다고 할 수 있다. 그러나 오늘날에는 조세법률주의와 함께, 전국을 하나의 경제단위로 하는 국민경제화의 경향이 강해지고 지역을 경계로 하는 지역경제가 취약해짐에 따라, 지방정부의 과세권에 원칙적인 제한이 따르고 있다.

지방정부의 자치재정권에도 두 가지 측면이 있다. 그 하나는 지방정부가 재원을 취득하기 위하여 주민에게 명령하고 강제하는 권력적 작용이고, 다른 하나는 그 재산을 관리하고 수입·지출을 실행하는 관리적 작용이다. 권력적 작용의 예로는 지방세의 부과·징수·강제집행·체납처분·과태로 부과 등을 들 수 있고, 후자의 예로는 재산 및 기금의 보유·운영, 공기업의 경영, 예산·결산의 관리 등을 들 수 있다.

제5장
지방정부의 기관 구성

　지방정부를 어떻게 구성할 것인가 하는 문제는 각 국가가 처한 역사적·문화적 환경, 정치 시스템, 민주주의의 발달 정도 등에 따라 각기 다르다. 한국 지방정부의 구성 방법을 살펴보면, 제도적 획일주의와 집행부 우위의 수장(首長) 주의가 그 특색이라고 할 수 있다. 민주주의라는 것은 다양성과 상대성, 수평성 등을 그 특색으로 한다. '풀뿌리 민주주의'로서의 지방자치를 강조하는 것도, 민주주의가 갖는 특색을 지방자치의 실시를 통하여 구현할 수 있기 때문이다. 그런데 한국의 역사 문화적 전통과 거기에 따른 정치제도는 그 외형상의 발전에도 불구하고, 다양성과 상대성·수평성 등과 충돌하는 측면들이 많다. 1993년 2월 등장한 소위 말하는 '문민정부'라는 김영삼 정권 이래, 지방자치 제도 개혁과 지방분권 강화를 위한 노력들이 경주되고 있지만,[1] 주민체감적인 지방자치가 실시되고 있지 못한 이유는, 한국의 역사 문화 속에서 찾지 않으면 아니된다. 따라서 '제도로서의 민주주의'보다는 '생활양식으로서의 민주주의'가 강조되어야 한다. 여기에서는 획일주의와 수장주의에 특색을 찾을 수 있는 한국의 지방정부의 구성과 연관되는 지방의회와 집행부에 대하여 살펴보고자 한다.

---

　1) 김영삼 정권 등장과 함께 지방자치가 완전하게 복원되어, 지방자치 발전을 위한 노력들이 국가적 차원에서 계속 이어지고 있다. 지방이양합동회의(김영삼 정권), 지방이양추진위원회(김대중 정권), 정부혁신지방분권위원회·지방이양추진위원회(노무현 정권), 지방분권촉진위원회·지방행정체제개편추진위원회(이명박 정권), 그리고 지방자치발전위원회(박근혜 정권) 등이다.

제1절 지방정부의 구성 방법

오늘날 지방정부의 기관은 일반적으로 당해 지역사회의 공공문제 해결을 위하여 의사결정을 하는 의결기관과 이 결정된 단체의사를 집행하는 집행기관으로 구성되어 있다. 그런데 의결기관과 집행기관으로 나누어진 지방정부의 기관을 어떻게 구성할 것인가가 문제이다. 이 지방정부의 기관구성 방법은 각 국가가 처한 역사적·문화적·사회적 요건 등에 따라 다양하다. 그러므로 각 국가의 지방정부는 상호 영향을 주고받으면서 모방도 하고 스스로 고안도 하여 각 국가의 정치 환경에 적합한 모형들을 발전·변형시켜 나가고 있다.

일반적으로 지방정부 기관 구성에 있어서 의결기관과 집행기관을 단일 기관에서 담당하게 할 것인지 아니면 의결기관과 집행기관을 대립적 관계에서 담당하게 할 것인지에 따라 지방정부 구성 형태는 기관통합형 지방정부 형태(parliamentart system)와 기관대립형 지방정부 형태(presidential system), 양 제도를 혼합한 절충형 지방정부 형태, 그리고 주민총회형으로 나누어 볼 수 있다.[2]

1. 기관통합형 지방정부

기관통합형 지방정부 형태는 지방정부의 정책결정 기관과 정책집행 기관을 의회라는 단일 기관에서 담당하는 형태이다. 이를 기관단일주의 또는 권력통합형이라고도 한다. 국가 권력구조에 있어서 의원내각제도와 유사한 것으로서 권력통합주의 원칙에 입각하여 지방정부의 의사를 결정하는 기관과 결정된 의사를 집행하는 기능을 단일기관인 지방의회에 귀속시키는 제도이다. 이 유형은 의회의 장이 집행부의 장을 겸임하고 있

---

2) 한국지방자치학회편, 한국지방자치론(삼영사, 2000), pp.282-287; 임승빈, 지방자치론(법문사, 2010), pp.22-33; 이달곤, 지방정부론(박영사, 2005), pp.287-289; 최창호, 지방자치학(삼영사, 2006), pp.291-301; 이규환, 한국지방행정학(법문사, 2006), pp.223-240.

지만, 이것은 어디까지나 상징적 존재로서 집행부를 대표할 뿐 실질적인 집행권은 의회에 통합되어 있다. 즉, 주민의 선거에 의하여 구성된 지방의회가 의결기능과 집행기능을 동시에 수행하도록 되어 있다. 따라서 지방의회가 자치행정의 중심이 되고, 모든 기능이 의회에 집중되어 있다. 기능통합주의에 입각하여 의결기능과 집행기능이 단일기관에 귀속된 지방정부의 의회로서, 영국의 의회형(council type)[3]과 미국의 위원회형(commission form)을 들 수 있다.

2. 기관대립형 지방정부

기관대립형 지방정부 형태는 지방정부 구성에 있어서 상호견제와 균형의 원리에 입각하여, 집행기능을 담당하는 기관과 의결기능을 담당하는 의회가 상호 분리되어 운영되는 자치행정을 말한다. 기관대립형은 의결기관과 집행기관이 분리되기 때문에, 상호관계 설정 과정에 있어서 견제와 균형을 이루어야 하므로, 다양한 법적·제도적 장치들이 강구된다. 두 기관이 권한 면에서 사실상 정확한 균형을 이루기 어렵기 때문에, 어느 한쪽의 권한이 상대적으로 강하게 되기 마련이다. 행정의 양대 이념이라고 할 수 있는 민주성과 효율성 중 어느 쪽에 중점을 두느냐에 따라 어느 기관이 더 우위에 있는지가 판가름나게 된다.

대부분의 경우, 주민이 의회 의원과 집행부의 장을 직접 선출하지만, 주민발의·주민소환·주민투표 등 직접민주주의 요소들이 강조되고 있다. 기관대립형은 중앙정부 구성에 있어서 대통령제를 연상시키는 것으로 미국의 대도시 지역에서 많이 채택되고 있는 시장·시의회형(mayor-council form), 한국과 일본 등에서 볼 수 있다.

---

3) 최근 영국의 지방정부 구성형태도 변화하고 있다. 그 좋은 예는 2000년 영국 런던 시장을 주민 직선형으로 바꾼 경우이다.

3. 절충형 지방정부 형태: 참사회·이사회형

절충형 지방정부 형태는 참사회·이사회형이 있다. 이 유형은 주민에 의해 직접 선출된 지방의회가 중요사항을 결정하며, 지방의회에 의하여 위임받은 참사회가 집행부를 구성하지만, 이 경우 단체장은 참사회장이 겸임하도록 하여 자치행정을 집행하는 형태로서 북부 유럽에 많은 유형이다.

집행기관이 참사회라고 하는 합의제 기관으로 되어 있는 기관대립형의 한 유형이다. 이 유형은 미국의 기관대립적인 시장·시의회형과 비교하여 볼 때, 의결기관과 집행기관을 분리시키고 있다는 점에서는 서로 같다. 그러나 집행기관이 독립기관이 아닌 합의제 기관이라는 점에서는 다르다. 또한 영국의 의회형이나 미국의 위원회형과 비교하여 보면, 이 두 유형이 의결기관과 집행기관을 통합 운영하고 있는 점에서는 같지만, 참사회·이사회형에서는 이사회가 의회를 기반으로 하고 있으면서도 의회와는 독립된 집행기관의 지위를 가지고 있다는 점에서 서로 구별된다. 이러한 이유에서 참사회·이사회형은 시장형과 의회형이나 위원회형과를 절충한 중간형으로 보는 견해이다.

4. 주민총회형

주민총회형은 비도시 지역의 기초정부에서 채택되고 있는 지방정부 구성형태이다. 즉, 당해 지역의 일정 수 이상의 주민이 직접 참여하여, 지역사회의 공공문제에 대한 주요 안건을 결정하고, 이를 집행하는 유형이다. 직접 민주주의의 원리를 정치 현실에 적용한 조직유형이다. 즉, 당해 지방정부 유권자 전원으로 구성되는 주민총회가 당해 지방정부의 최고 의사결정기관이 되어, 지방정부의 기본 정책이나 예산, 인사 문제 등을 직접 결정하고 집행하는 형태이다. 미국이나 스위스 등에서 지금도 남아 있지만, 현대 대중사회에 있어서의 여러 한계로 인하여 점점 그 수가 줄어들고 있는 실정이다.

제2절   지방의회

1. 지방의회의 본질

1) 민주주의와 지방의회

　　자유민주주의 국가의 의회는 국회 차원이건 지방의회 차원이건 홀로 존립할 수 없을 뿐만 아니라 기능할 수도 없다. 지방의회는 해당 지역의 주민에 의한 직접 선거에 의하여 구성되기 때문에, 주민 없는 지방의회란 생각할 수 없다. 따라서 지방의회는 그 존립의 원천인 주민을 위해서 활동할 때만이, 그 존재의 의미가 있다. 아울러 의결기관으로서의 지방의회는 그 의결된 사항을 집행하는 집행기관과 긴밀한 협력이 이루어질 때, 지방의회가 추구하는 목표는 달성될 수 있다.

　　근대 민주주의의 발달과정을 살펴볼 것 같으면, 집행부의 장(절대 군주)이 가지고 있는 절대 권력을 어떻게 하면 분산시켜, 권력의 집중을 방지할 것인가에 많은 노력이 이뤄져 왔다. 왜냐하면, 권력의 집중은 항상 독재자를 탄생시킬 수 있는 위험이 있기 때문이다. 권력을 분산시키기 위하여, 횡적으로는 삼권분립적 정치체제를 탄생시켰고, 종적으로는 지방자치 제도를 탄생시켰다.

　　이러한 측면에서 지방자치는 민주주의에 기여한다고 주장되어 왔고, 실제로 그렇게 되어오고 있다. 지방정부 차원에서도 중앙정부에서와 마찬가지로, 권력의 집중에 따른 권력의 남용을 방지하기 위하여 권력의 분립을 통한 권력 상호간의 견제와 균형이 필요하다. 다만, 지방정부 차원에서는 중앙정부와는 달리 공공부문이 담당하고 있는 영역이 권력적 현상이라기보다는 일상생활과 관련이 많은 비권력적 현상이 주된 영역이기 때문에, 중앙정부 차원보다는 정치성이 미약하다고 할 수 있을 뿐이다.

　　일반적으로 집행부(장)에 비하여 의회는 1인이 지배하기 어렵다. 따라서 한국사회가 진정으로 민주사회를 지향한다면, 집행부보다는 의회 쪽에 더 많은 관심과 지원을 보내야 한다. 근대 민주주의 발달 과정을 보면, 의회 중심의 정치 시스템이었다. 그러나 20세기에 들어서면서, 현대 복지국가에 있어서 행정기능의 팽창과 전문화는 행정권을 강화시켰으며, 상대적으로 의회의 지위를 약화시켰다. 이를 보완하기 위하여 주민투표·주민발의·주민소환 등 직접민주적 요소들이 강조된 직접민주주의가 모색되고 있다. 그러나 현대사회에 있어서 대의제 민주주의의 위기를 극복하기 위해서는 의회의 복권을 주장하는 경우도 있다. 즉, 기존과 같이 국민(주민) 대표성에 근거한 입법부 우위를 주창할 것이 아니라, 현대 사회의 제반 니즈에 따라 집행부와의 역할 분담을 재 모색하고, 거기에 맞는 역할을 수행할 수 있는 새로운 의회주의의 원리가 모색되어야 한다는 것이다.4)

그러나 한국은 다른 선진국과는 달리 이제 갓 의회주의를 정착시키기 시작한 단계이기 때문에, 한국의 정치 현실은 이와는 다르다. 즉, 한국은 역사적으로 오랜 중앙집권적인 정치·행정문화의 영향을 강력하게 받아 왔고, 또한 그 영향으로 장 중심의 정치·행정문화가 사회 전반에 팽배하고 있기 때문에, 권력분립적인 의회 문화를 한국 사회에 어떻게 정착시켜 나갈 것인가 하는 문제와 연관된 논의와 연구, 그리고 제도적 개선이 요망된다.

2) 지방의회와 국회

지방의회와 국회는 기본적으로 그 정신과 원리를 같이하고 있는 까닭에 지방의회의 지위도 국회의 그것과 크게 다를 것이 없다. 다만 다른 점이 있다면, 국회와는 달리 지역적으로 그 미치는 범위가 한정된다는 것이다. 또한, 의회라는 말은 보통 중앙정부의 의회와 지방정부의 의회 양쪽을 모두 일컫는 개념으로 사용되고 있다. 한편, 한국의 현행 제도 아래에서는 국가의 의회를 '국회'라 하고(헌법 제3장), 지방정부의 의회를 단순히 '의회'라고 하고 있다(헌법 제118조). 다만, 제도상의 명칭은 별도로 하고 통상 국회도 단순히 의회라고 하는 경우가 적지 않으며, 국가의 의회와 구별되는 의미에서 지방정부의 의회를 말하는 경우에는 '지방의회'

---

4) 八木欽之介 編, 實務地方自治法講座 5卷: 議會(東京: ぎょうせい, 1999), p.7.

라는 용어를 사용하는 경우가 많다. 이러한 지방의회와 국회와의 유사점과 차이점은 다음과 같다.[5]

(1) 유 사 점

국회와 지방의회간의 유사점은 성격면, 기능면, 그리고 운영면에서 그 적용 대상과 지역이 다르지만, 일반적으로 다음과 같은 공통점을 갖는다.

첫째, 성격면에서 국회와 지방의회는 국민 또는 주민의 직접·평등·비밀·보통 선거에 의하여 선출된 의원으로 구성된 합의체 기관으로서, 국민(주민)의 대표기관으로서 헌법상의 기관이라는 공통점이 있다. 둘째, 기능면에서는 국가 또는 지방정부의 중요한 의사를 결정하는 입법기관으로서, 입법활동을 수행하는 입법기관이다. 아울러 집행기관에 대하여 견제와 감시를 하는 점 등에서도 공통점이 있다. 셋째, 운영 면에서도 의원 임기가 거의 동일하고 회기제를 채택하고 있다는 점에서도 유사하다. 넷째, 국회의원과 지방의회 의원의 보수 체계는 동시에 유급제를 적용하고 있다는 점에서 유사하다.

(2) 차 이 점

지방의회와 국회는 다음과 같은 점에 차이가 있다. 첫째, 입법기관이라고 하지만, 그 내용과 적용 범위가 다르다. 국회에서 만드는 법은 '법률'이라는 형식으로서 국가 전 지역의 모든 국민에게 적용되지만, 지방의회에서 제정하는 법은 법령의 범위 내에서, '조례'라는 형식으로 당해 지방정부의 구역 내의 주민에게만 적용된다. 둘째, 국회의원은 면책특권·불체포특권 등의 특권이 부여되어 있으나, 지방의회 의원에게는 이러한 특권이 없다. 셋째, 국회의원이나 지방의회 의원 모두 선거권과 피선거권 등 일반요건은 같으나, 지방의회 의원의 경우에는 거주 요건이 추가된다. 즉, 국회의원에게는 거주 요건이 불필요하지만, 지방의회 의원에 출마하고자 하는 자는 선거일 현재 계속하여 60일 이상 당해 지방정부의

---

5) 문재우, 지방의회행정론(대영문화사, 2007), pp.159-161.

관할 구역 안에 주민등록이 되어 있어야 한다. 넷째, 의회의 회기가 다르다. 국회의 정기회는 연 1회 소집되고 그 회기는 100일을, 그리고 임시회는 30일을 초과할 수 없다. 반면, 지방의회의 정례회는 연 2회 개최하며, 연간 회의 총 일수와 정례회 및 임시회의 회기는 당해 지방정부의 조례로 정하도록 되어 있다.

3) 지방의회의 지위

지방의회의 지위는 기본적으로 주민의 대표기관이라는 사실로부터 파악해야 한다. 주민의 대표성을 갖는 지방의회는 당해 지역의 공공사무에 대한 의결권을 가짐과 동시에, 의회의 결정이 집행부에 의하여 잘 수행되고 있는지에 대한 통제권, 그리고 자치법규인 조례를 제정할 수 있는 입법권을 가진다.[6]

① 주민 대표기관으로서의 지위이다. 지방의회는 주민에 의하여 선출된 의원으로 구성되는 민주적 정당성을 가진 헌법적 기관으로서, 당해 지역주민의 대표기관이다. 여기에서 대표기관이란 지방의회가 주민의 정치적 대표기관임을 의미하는 동시에 지방의회의 행위는 법적으로 모든 주민의 행위와 동일시된다는 의미에서 법적 대표기관을 의미한다. 말하자면, 주민의 대표로 구성된다는 의미에서의 대표기관을 뜻하는 것이다. 최근 정주 외국인이 증대되는 상황에 비추어, 정주 외국인의 의사를 수렴할 수 있는 기구를 설치하는 것도 검토할 만하다.

② 의결기관으로서의 지위이다. 지방의회는 해당 구역 내의 최상위의 의결기관으로서, 기본적으로 모든 자치사무에 대한 의사결정 권한을 갖는다. 이러한 지위로부터 지방의회는 지방정부의 정책을 주도하기 때문에, 모든 사무에 대한 자료와 정보를 집행부로부터 제공받아야 한다. 한국은 기관대립주의에 입각한 의결기관과 집행기관으로 구분된다. 따라서 의결기관으로서의 지방의회는 주민의 대표기관이지 지방정부의 대표기관은 아니기 때문에, 지방정부를 대표하는 단체장과는 상호 견제와 균형

---

6) 임승빈, 전게서, pp.273-275; 홍정선, 신지방자치법(박영사, 2009), pp.216-221.

의 원리에 의하여 주민의 의사를 대변하도록 노력해야 한다.7)

　　③ 통제기관으로서의 지위이다. 지방의회는 지방정부 내부에서 집행기관의 행정을 통제하는 기관으로서의 지위를 갖는다. 특히, 의결기관 대립주의를 채택한 지방정부 구성에 있어서의 통제기관으로서의 지위는 중요하다. 이처럼 집행기관의 통제를 통하여, 지방의회는 자신의 의결사항이 집행기관에 의하여 잘 처리되고 있는가를 확인하고 보장할 수 있는 것이고, 주민의 대표기관으로서의 책무를 다 할 수 있게 된다. 통제권능을 효율적으로 잘 수행하기 위하여, 지방의회에 대한 정보권으로서의 서류제출요구권이나 행정사무 감사권과 조사권 등의 보장이 중요하다.

　　④ 입법기관으로서의 지위이다. 국회의 가장 기본적인 권한이 법률을 개·폐하는 것이라면, 지방의회의 가장 기본적인 권한은 자치법규인 조례를 제정하고 개·폐하는 것이라고 할 수 있다. 즉, 지방의회는 주민의 대표기관으로서 당해 지역사회를 규율할 수 있는 입법권한을 가진다. 이것이 다름아닌 지방의회가 갖는 자치입법권으로서의 조례 제정권이다. 그러나 입법기관으로서의 지방의회에는 많은 한계가 있다는 점도 인식해야 한다.

2. 지방의회의 구성과 조직

1) 지방의회 의원의 정수

　　지방의회는 당해 지방정부의 주민에 의하여 선출된 의원으로 구성된다. 지방의회 의원 정수를 결정하는 기본적인 요소는 지방정부의 인구 규모와 의회의 회의체로서의 규모 등 두 가지라고 할 수 있다.

　　첫째, 의원 정수 결정의 주된 요소는 지방정부의 인구 규모이다. 지방의회는 주민의 대표기관이기 때문에 주민의 의사를 널리, 그리고 충분하게 반영하기 위하여 어느 정도의 의원이 필요하다. 그런데 그것은 주로 인구 수에 따라 결정된다.

---

7) 안용식 외, 지방행정론(대영문화사, 2006), p.255.

둘째, 의원 정수의 결정 요소는 지방의회의 회의체로서의 규모이다. 지방의회는 대의기관으로서 주민을 대표하고 있으면서, 토론의 과정을 거쳐 다원적인 의사를 통합하고 지방정부의 의사를 결정하는 사명을 가지고 있는 회의체이다. 따라서 의원의 정수는, 주민의 대표 기능을 충분히 발휘할 수 있는 규모로 되어야 한다.

이와 같은 정수의 결정 요소에 따라 현행 지방자치제도하에서 기초 지방의회인 시·군·자치구 의회의 지역 의원 정수는 인구·행정구역·지세·교통 그 밖의 여건에 따라 획정하되, 하나의 지역구에서 선출할 의원 수는 2인 이상 4인 이하로 하며, 그 지역구의 명칭·구역 및 의원 정수는 시·도 조례로 정하도록 하고 있다(공직선거법 제26조 제2항. 이하 '선거법'이라 약칭한다). 아울러 기초 지방의회 의원 구성에 있어서도 비례 대표제를 도입하여, 비례 대표 의원 정수는 지역구 의원 정수의 100분의 10으로 하되, 단수는 1로 보도록 하고 있다(선거법 제23조 제3항). 또한 기초 지방의회의 최소 의원 정수는 7인으로 하고 있다(선거법 제23조 제2항).

광역 지방의회의 의원 정수는 관할 구역 안의 시·군·자치구에 2인의 의원을 두고, 시·군·자치구가 둘 이상의 국회의원 지역선거구로 된 경우에는 원칙적으로 2인의 의원을 두도록 하고 있지만, 인구 수가 과소한 경우에는 1인을 두도록 하고 있다(선거법 제22조 제1항). 이 경우 산정된 의원 정수가 19인 미만이 되는 광역시 및 도는 그 정수를 19인으로 하고 있다(선거법 제22조 제3항). 광역 지방의회에도 비례대표제를 도입하고 있는바, 비례대표 의원 정수는 지역구 정수의 100분의 10으로 하되, 산정된 비례대표 광역의회 의원 정수가 3인 미만인 경우에는 3인으로 하고 있다(선거법 제22조 제4항). 여기에다 2010년 지방선거부터 시도교육위원회가 광역 지방의회로 통합됨으로서, 각 광역 지방의회에는 일정수의 교육의원이 추가되었다.

그런데 지방의회의 의원 수를 어떻게 할 것인가는 상기의 기본적인 요소 이외에 각국의 역사적 상황이나 역사적 전통에 따라 다르다. 일반적으로 첫째, 주민의 대표성을 강조할 것인가(다수주의) 아니면 능률성을 강조할 것인가(소수주의), 둘째, 명예직으로 할 것인가(다수주의) 아니면 유급·전문직으로 할 것인가(소수주의), 셋째, 지방의회 의원의 겸직을 허용할 것인가(대의회형) 아니면 금지할 것인가(소의회형) 등에 따라 의원 정수는 다르다. 또한 지방정부의 규모에 따라 명예직으로 할 것인가 혹은 유급직으로 할 것인가도 고려되어야 한다.

2) 지방의회의 구성방법

지방선거제도는 지방의회의 구성에 있어서 중대한 영향을 미친다. 즉, 한 선거구에서 선거에 의한 당선인의 수를 몇 명으로 할 것인가? 1인의 선거인이 몇 명의 후보자에게 투표하게 할 것인가, 당선인의 결정을 어떻게 할 것인가 등등은 지방의회의 구성과 운영에 있어서 매우 중요하다. 여기에서는 지방의회의 구성에 지대한 영향을 미치는 첫째, 비례선거제를 도입할 것인가, 둘째, 선거구를 어떻게 획정(劃定)할 것인가, 셋째, 지방의회 의원을 일시에 전부 개선할 것인가, 넷째, 지방의회 의원 선거에 정당의 개입을 허용할 것인가 등에 관하여 고찰해 보고자 한다.

(1) 주민직선제와 비례대표제

지방의회는 그 지역 주민의 대표기관이므로 대표제 민주주의의 당연한 요청에 따라 그 지역의 주민이 직접 선출하는 의원으로 구성하는 것이 원칙이다. 대부분의 구미제국은 이 원칙에 따르고 있으나, 간혹 여기에 직능대표제 또는 비례대표제를 가미하는 경우도 있다. 그리고 전 의원을 비례대표제로 선출하는 경우도 있다. 스페인이 그 대표적인 예이다. 비례대표제는 정당의 존재를 기초로 하여 당선기준표에 초과한 표를 일정한 방식으로 이양하여, 정당이 정한 후보자에게 이전하는 방식으로 사표를 줄이고 정당을 발전시키는 등의 장점도 있다. 이 방법은 각계의 전문가나 여성과 같은 특수한 사람의 진출을 가능하게 하고, 동시에 소수 정당의 의회 진출을 보장할 수 있다.[8] 즉, 현대 사회의 다원성과 소수자를 위한 제도적 배려가 고려된 정치적 제도라고 할 수 있다. 한국은 먼저 광역 지방의회에 정당명부식 비례대표제를 도입한 후, 이를 기초 지

---

8) 이달곤, 전게서, p.247.

방의회에까지 확대하여 실시하고 있다.

(2) 소선거구제·중선거구제·대선거구제

선거구란 지방의회 의원을 선출하는 단위인 지구로서, 선거 절차상의 편의적, 지역적 단위를 말한다. 지방의원을 주민직선으로 뽑는 경우, 선거구 별로 한 사람의 의원만을 뽑을 것인가, 아니면 복수의 의원을 뽑을 것인가에 따라 소선거구제·중선거구·대선거구제로 나누어진다. 소선거구제는 한 선거구에서 의원 한 사람만을 선출하는 경우이고, 중선거구제는 한 선거구에서 보통 2인부터 5인까지를 선출하는 경우를 말한다. 대선거구제는 지방의회 의원을 구성하는 모든 의원을 한 선거구에서 뽑는 경우를 말한다. 한국의 지방의원 선출 방식은, 기초 의원은 한 선거구에서 2-4인을 뽑는 중선거구제를 채택하고 있지만, 광역 의원은 한 선거구에서 한 사람만을 선출하는 소선거구제를 채택하고 있다.

(3) 일부 개선제와 전원 개선제

지방의회 의원의 임기 만료를 앞두고, 지방의회 의원 모두를 개선할 것인가, 아니면 의원 정수의 일부를 개선할 것인가에 따라 전원 개선제와 일부 개선제로 나누어진다. 의회 정치의 안정성과 계속성을 추구하는 면에서 본다면, 의원이 일정한 수를 시차를 두고 선출하는 방법이 바람직할 수 있다. 한국은 지방의회 개원 이래, 전원 개선제를 채택하고 있다.

(4) 지방의회 의원선거와 정당 관여

지방의회의원을 선출하는 데 있어서, 정당의 참여를 허용할 것인가를 둘러싼 논쟁도 활발하다. 정당정치의 본질을 생각한다면, 당연히 지방선거에 있어서 정당의 참여가 허용되어야 한다. 반면, 지방선거에 있어서 정당 참여는 생활행정이 주 무대인 지역정치를 과도하게 정치화할 수 있다는 측면에서의 비판도 있다. 지방선거에서의 정당참여 문제도 각국의 역사적, 문화적 환경에 따라 제도적 상이가 보여지고 있다. 한국은 지방선거에 있어서 정당 참여를 허용하고 있다.

3) 선거권과 피선거권

선거권과 피선거권도 나라에 따라 다르다. 선거권이란 선거인단의 일원이 되는 자격, 다시 말하면 선거에 참가할 수 있는 자격을 말한다. 한국은 선거일 현재 19세 이상의 국민으로서 선거 공고일을 기준으로 당해 지방정부의 관할 구역 안에 주민등록이 되어 있는 자로서, 선거인 명부에 등록되어 있어야 한다(선거법 제15조②). 여기에서 주목할 만한 것은, 한국은 일정한 조건을 갖춘 정주외국인에게 2006년 제주도 자치계층 개편 관련 주민투표에 있어서, 선거권을 부여하였다는 점이다. 한국 근대 정치에 있어서 제한적이기는 하였지만, 외국인에게 선거권을 부여하였다는 것은 특기할 만하다. 뒤이어 2010년 지방선거에 일정한 조건을 갖춘 정주외국인에게 선거권을 부여하였으며, 국내거소신고인명부에 등재된 해외 거주 한국인에게도 선거권을 부여하고 있다(선거법 15조②). 한편, 피선거권은 선거에 의하여 의원으로 될 수 있는 자격을 가진 사람을 말한다. 한국은 25세 이상의 주민으로서 선거일 현재 계속하여 60일 이상 당해 지방정부의 관할 구역 안에 주민등록이 되어 있어야 한다(선거법 제16조③). 선거권이나 피선거권 모두 형사상 제약을 받고 있는 사람은 그 범위 내에서 제약을 받고 있다.

4) 지방의회의 조직

지방의회가 하나의 유기체로서 주어진 목적을 잘 수행하기 위해서는 내부 조직을 구성하여야 한다. 특히, 주민의 대표기관으로서의 의회는 그 내부조직을 구성할 때, 어떠한 외부의 간섭을 받아서도 아니 되며, 의회 스스로의 의사에 의하여야 한다. 일반적으로 지방의회의 구조는 국회의 구조보다 비교적 단순하다. 이것은 상대적으로 업무의 복잡성이 낮기 때문이며, 또한 제도화의 정도가 미진하다는 것을 의미하기도 한다. 즉, 지방의회의 구성요소는 상대적으로 단순하며, 그들간의 관계도 그리 복잡하지 않다. 지방의회는 그 내부 조직으로서 ① 의장단, ② 위원회, ③ 지

원단이 있다.9)

(1) 의 장 단

가) 의장단 구성

일반적으로 회의체에는 의장과 의장의 보좌기구가 있다. 주로 의회의 의장과 부의장을 의장단이라고 한다. 의장단의 선출 방법도 다양하다. 의장단 선출 방법은 지방정부의 구조에 영향을 받는데, 다음의 세 가지로 나누어 볼 수 있다. 첫째, 의원을 선거할 때에 주민이 직접 선출하는 방법, 둘째, 의회에서 무기명 투표로 선출하는 방법, 셋째, 주민이 선출한 단체장이 의장을 겸임하는 방법 등이다. 가장 다양한 국가는 역시 지방자치의 실험실로 불리는 미국이다. 미국의 일부 시는 첫번째 방법을 택하기도 한다. 의장이 주민에 의해 직접 선출되는 지방정부에서는 의회의 의장도 상당한 권위를 갖게 된다. 한국과 일본은 두번째 방법을 채택하고 있으며, 독일이나 프랑스의 기초 정부에서는 세번째 방법을 채택하는 경우도 있다.

부의장은 다른 기관의 부기관장과 마찬가지로 의장의 직무를 보좌하며, 의장이 유고되어 궐위될 때 그 직무를 대행한다. 즉, 의장이 의장의 기능을 하지 못할 때에 이를 대신하는 대위(代位)기관인 것이다. 의장단의 임기는 의원이 임기와 같은 국가도 있고, 의원 임기의 1/2 또는 1/4 등으로 하는 국가도 있다.

나) 의장의 지위와 권한

지방의회에서의 의장은 상징적으로나 실질적으로 의회를 대표하고, 의사를 정리하며 의회 내의 질서를 유지하고 의회 사무를 감독하는 데 있어서 매우 중요하다. 즉, 외부적으로 회의체인 의회의 대표가 되는 의회 대표권을 가짐과 동시에 의회의 토의 사항인 의사(議事)를 다루는 데 주도적인 역할을 하는 의사정리권을 가진다. 또한 회의장 내의 질서를 유지하는 질서유지권과 의회 내의 사무를 감독하는 사무감독권 등을 가진다. 따라서 지방의회 의장의 리더십은 의회의 효율적인 운영에 있어서 매우 중요한 역할을 한다. 의장의 리더십은 직급이나 권한의 차이가 없

---

9) 이달곤, 전게서, pp.250-254.

는 협의체로서의 의회를 운영하는 데 대단히 중요한 요소이다. 따라서 의장은 일단 선출되면, 그 소속과 관계없이 그 직무를 수행함에 있어서 항상 공평 정대하게 관계 법률 등에 따라 의회를 운영하여야 한다. 일반적으로 의장이 직무상 가지는 지위는 ① 회의 주재자로서의 지위, ② 지방의회 대표자로서의 지위, ③ 행정청의 의장으로서의 지위 등이다.[10]

(2) 위 원 회

위원회는 전문적이고 세부적인 사전심의를 위한 기구이다. 이러한 위원회 제도는 지방의회의 부담 완화에 기여하고, 의사 운영의 능률성과 전문성의 제고에 기여한다. 한국의 지방자치법은 위원회를 임의적인 기관으로 규정하고 있다(지방자치법 제56조 제1항. 이하 '법'이라 약칭한다). 지방의회는 그 규모가 작을 경우에는 위원회를 둘 필요가 없지만, 의회의 규모가 커다란 경우에는 업무의 효율성을 도모하기 위하여 의회의 의결로서 위원회를 둘 수 있다.

위원회의 종류는 상설하여 한정된 업무를 관장하는 상임위원회와 특정한 안건을 일시적으로 심사·처리하기 위한 특별위원회가 있다. 위원회의 위원은 보통 의회에서 선임한다. 상임위원회의 수는 국가마다 다르다. 다만, 너무 많으면 의결 및 심의의 효율성이 떨어지고, 너무 적으면 전문적이고 체계적인 검토가 어려워진다. 위원회를 규정하는 방식에는 법률로 규정하는 방식, 인구에 따라 설치할 수 있는 상임위원회의 수를 법규로서 정해 놓고 조례로 하도록 하는 방식, 자치헌장으로 규정하는 방식 등이 있다. 유럽에서는 지방의회에 위원회를 설치하지 않거나 설치하더라도 1개만을 설치하는 국가도 많지만, 미국의 경우는 의원 수에 비하여 위원회를 다수 설치하는 경향이 있다. 그리고 영국의 지방의회와 같이 의원 1인이 복수 상임위원회에서 활동할 수 있는 국가도 있고, 일본과 같이 그렇게 하지 않게 하는 국가도 있다. 상임위원회의 설치와 같은 의회의 내부 구조와 운영에 대해서는 가능하면 지방의회의 자율에 맡기는 것이 자치의 정신에 부합된다.

---

10) 홍정선, 전게서, p.236.

어느 국가든 상임위원회 이외에 특별위원회를 두는 것이 보통이다. 한국에서는 특별위원회도 조례에 의하여 설치되는데, 특별위원회는 문제의 성격과 중요성으로 보아 기존의 위원회에서 전문적으로 다루기가 어렵다고 판단될 때, 안건의 소관이 분명하지 않을 때, 복수의 상임위원회에 속할 때 구성할 수 있다.

(3) 지원조직

의회와 같은 합의제 기관에는 보통 그 운영을 지원하기 위한 지원조직이 있다. 지방의회에 설치되어 있는 사무처(국·과)가 그러한 예이다. 지방의회는 그 자체의 규모와 업무가 한정적이기 때문에, 지원조직의 규모도 적을 수밖에 없다. 지원조직의 충원은 의회의 역사와 더불어 변천하고 있으며, 그 규모의 한계로 인하여 여러가지 어려움을 겪고 있다. 집행부의 한 부서로서 의회 사무국 역할을 수행하는 국가도 있고, 의회에 속하지만 집행부와 밀접하게 관련되어 의회를 지원하는 유형의 국가도 있다.

지원조직의 기능은 첫째, 행정적인 지원, 둘째, 조례제정과 관련된 입법적 전문성 검토, 셋째, 예산 등에 대한 연구·분석 기능으로 나누어 볼 수 있다. 한국에서는 이제까지 첫번째인 행정적 지원 기능에 주안점이 주어져 왔으나, 지방자치의 발전에 따라 두번째 역할과 세번째 역할의 비중이 점점 커질 것으로 예상되기 때문에, 거기에 따른 지원조직의 기능과 역할에 대한 재검토가 필요하다.

지원조직인 사무처(국·과) 직원의 임명권과 관련하여 의회와 집행부 간에 마찰이 발생한다. 지방의회와 집행기관 사이에 적용되는 견제와 균형의 원리에 비추어 본다면, 사무처 직원의 임명권은 당연히 단체장이 아니라 의장이 가져야 한다. 특히, 기관대립형을 취하는 지방정부 형태를 채택하는 경우는 더욱 그러하다. 한국의 경우, 지방의회 사무처 직원은 지방의회 의장의 추천에 따라 단체장이 임명하지만, 사무직원 중 별정직·기능직·계약직 공무원에 대한 임용권은 지방의회의 사무처장·사무국장·사무과장에게 위임하도록 하고 있다(법 제91조 제2항).[11]

---

11) 노무현 정권하의 정부혁신지방분권위원회(지방분권전문위원회)와 행정자치부(당

3. 지방의회의 권한

지방의회의 권한은 그 국가가 처한 역사적·문화적·사회적·정치적 환경에 따라 다르다. 그러나 일반적으로 ① 자치권의 범위, ② 지방정부의 계층구조, ③ 지방정부 형태, ④ 집행기관의 선임방법, ⑤ 당해 국가의 정치·행정·문화적 특성에 따라 달라진다.[12] 일반적으로 지방의회가 갖는 권한은 의결권·감시권·동의권·승인권 등으로 나눌 수 있다.

1) 의 결 권

지방의회는 주민의 대표기관으로서 지방정부의 최고 의결기관이다. 한국 지방자치법에서는 자치법규인 조례와 예산은 의회가 결정하며 중요한 행정집행에 대해서도 일단 의회의 의결을 거치도록 하고 있다. 따라서 집행기관이 제안한 안건이나 의원들이 발의한 안건 등 의회의 의결을 요하는 안건에 대해서 가부를 결정하는 것이 의회의 가장 중요한 사명이며 직책이라고 할 수 있다. 이와 같은 의회의 의사결정이 '의결'이고, 의회의 권한 중에서도 가장 본질적이고 기본적인 권한이라 할 수 있다.

그러나 지방의회의 의결권은 지방정부에 관한 모든 사항에 미치는 것이 아니고, 지방정부의 의사결정 중에서 기본적인 사항과 중요한 사항에 한정되어 있는데, 이것을 의결사항이라 한다. 이러한 의결사항은 필요적 의결사항과 조례에 의한 의결사항, 임의적 의결사항으로 나눌 수 있다.

(1) 법정(필요적) 의결사항

지방자치법 제39조에 '지방의회는 다음 사항을 의결한다'고 규정하고 있다. 이처럼, 제한적 열거주의를 채택하고 있는 한국의 지방의회는 다음 사항을 반드시 의결해야 한다.

시)간에 지방의회 사무처(국·과) 직원 임명권에 대한 논의 끝에 지방의회 소속 사무직원 중 정규 지방공무원을 제외한 별정직·기능직·계약직 공무원에 대한 임용권을 지방의회 의장에게 넘기기로 합의하였지만, 그 후 지방자치법 개정에서는 별정직·기능직·계약직 공무원에 대한 임용권을 단체장이 의회 사무처장·사무국장·사무과장에게 위임하도록 하였다.

12) 정세욱, 지방자치학(법문사, 2000), pp.525-528.

① 조례의 제정 및 개폐, ② 예산의 심의·확정, ③ 결산의 승인, ④ 사용료·수수료 등의 결정, ⑤ 기금의 설치·운용, ⑥ 중요재산의 취득·처분, ⑦ 공공시설의 설치·처분, ⑧ 법령과 조례에 규정된 것을 제외한 예산외 의무부담이나 권리의 포기, ⑨ 청원의 수리와 처리, ⑩ 외국 지방정부와의 교류 협력 등 기타 법령에 따라 그 권한에 속하는 사항 등이다.

(2) 조례에 의한 의결사항

지방자치법 제39조 제2항은 제1항의 지방의회 법정 의결사항 이외에 조례로 의결하여야 할 사항을 따로 정할 수 있도록 규정하고 있다. 즉, 지방자치법은 의결사항의 결정을 지방정부가 자기책임하에서 스스로 정할 수 있게 하고 있다. 조례에 의한 의결사항도 지방의회가 반드시 의결하여야 하지만, 의결의무가 법률이 아니고 조례로 정하여진다는 점에서 법정 의결사항과 차이가 있다.

(3) 임의적 의결사항

법령이나 조례에 정해지지 않은 사항에 대해서도 지방의회가 의결 여부를 스스로 결정할 수 있는지가 문제된다. 지방자치법에서는 이에 대해 아무런 언급이 없으나 학자에 따라서는 지방의회가 주민의 직선에 의해 구성된 민주적인 정당성을 획득한 주민의 대표기관이란 점에서, 의회의 전권능성(全權能性)을 인정하여 이를 긍정적으로 보는 견해와, 지방자치법 제35조의 지방의회 의결사항은 제한적 열거주의를 채택하고 있기 때문에 부정적으로 보는 견해로 나누어진다.

2) 감 시 권

지방의회는 지방정부의 의사결정 기능과 함께 집행기관에 대한 감시적·통제적 기능을 갖고 있다. 즉, 주민의 대표기관인 의회의 감시권은 집행기관과 단체장에 대한 독주를 방지하고 적정한 행정운영을 유도하며 의회의 의결권행사를 보완하는 데 그 의의를 찾아볼 수 있다.

지방자치법 제41조는 지방의회가 당해 지방정부의 사무에 대한 감사나 그 사무 중 특정 사안에 관한 조사를 할 수 있도록 규정하고 있다. 이 같은 감사권 및 조사권 행사에 필요한 서류 제출 요구권도 인정하고 있다. 물론 여기서의 행정사무란 지방정부의 고유사무와 법령에 의하여 지방정부에 위임된 소위 단체위임사무만을 의미한다.

그 외 국가와 다른 지방정부 및 기타 공공단체로부터 단체장에게 위임된 사무인 소위 기관위임사무에 대하여는 원칙적으로 지방의회의 감시권은 인정되지 않고 있다. 그러나 당해 주민 및 공익과 밀접한 관계가 있을 뿐만 아니라 지방정부가 경비의 일부를 부담하고 있다든가 또는 관리를 하고 있다면, 특별히 지방의회가 단체장에게 설명을 요구하거나 의견을 진술하게 하는 정도는 가능하다고 생각된다.

한편, 의회의 행정 감시권은 광역정부 또는 중앙 감독기관의 감독권 및 지방정부 자체의 감사와도 중복될 수 있다는 점과 감사·조사권을 남용할 때에 행정의 마비 등의 우려가 예상된다는 점에서 의회의 행정 감시권은 그 발동에 있어 신중을 기해야 할 것이다.

3) 동 의 권

지방정부의 집행권은 원칙적으로 그 장에게 속하므로 단체장과 기타 집행기관의 집행행위에 대해서는 의회의 의결을 필요로 하지 않는 것이 일반적이다. 그러나 자치행정의 주요사항에 대해서는 집행의 전제 절차로서 동의라는 형태의 권한을 의회에 부여하고 있다.

의회의 동의는 집행기관이 행하고자 하는 행위에 대하여 찬성하거나 또는 이의가 없다는 의사를 표시하는 것이므로, 그 성질상 제안권은 단체장에게 전속하고 의회는 수정 없이 동의나 부동의의 결정만을 할 수 있다.

동의는 단순히 이의가 없다는 취지의 표시에 불과하기 때문에 원칙적으로 동의를 필요로 하는 행위에 대한 법적 효과는 동의 없이 행하면 무효이기 때문에, 그것은 유효한 행위를 하기 위한 전제조건이라고 볼 수 있다.

4) 승 인 권

동의권이 행정사무의 집행이 있기 전에 사전적으로 얻어야 하는 데 비해, 승인권이란 집행기관이 이미 처리한 사항에 관하여 사후적으로 집행결과에 정당성을 부여하는 권한이다. 예를 들면, 단체장이 선결처분한 사항에 대해서는 다음에 열리는 의회에 보고하여 그 승인을 얻도록 되어 있으므로, 지방의회가 이를 심의하여 승인할 것인가 또는 승인을 거부할 것인가를 결정하는 권한이다.

만약 이미 집행된 사항에 대하여 의회가 승인을 거부할 경우, 잘못된 집행에 대해서는 법적·정치적 책임문제와 향후 정책판단에 참고가 될 뿐 이미 집행된 사항을 되돌릴 수는 없다고 할 것이다.

5) 의견 제출권

지방정부는 도시계획의 결정 등과 같이 특히 중요사항에 대하여 당해 지방의회 또는 관계 지방정부 의회의 의견을 듣도록 하고 있다. 중요사항에 대하여 지방의회로부터 의견을 듣도록 한 것은 주민의 대표로 하여금 주민들의 이해관계가 많은 사항에 대해 조정할 수 있는 기회를 부여하려는 것이다. 이것은 지방의회가 가지는 의결권이나 동의권, 승인권과 같이 집행기관에 대하여 구속력을 가지는 권한이 아니라 주민의 대표기관인 지방의회의 의견을 들어 정책을 결정하도록 규정하고 있는 사항이다. 이러한 예로서, 지방자치법 제4조 제2항에서 지방정부의 명칭과 구역을 변경하거나 폐치·분합할 때에는 그 지역을 관할하는 도의회의 의견을 듣도록 하고 있다.

이 외에도 법령으로 규정하고 있지 않지만 지방정부가 중요한 정책의 입안이나 시책의 결정, 다수 주민의 이해와 관련되어 있는 인·허가 등의 처분 등에 있어서도 가급적 지방의회의 의견을 들어 결정하는 것이 의회와 집행기관간의 원만한 협조관계를 유지할 수 있는 하나의 방법이 될 것이다.

6) 보고·서류의 수리 및 질문권

지방의회는 단체장이나 그 밖의 집행기관의 사무를 주민대표 기관의 입장에서 감시하는 권한이 있으므로, 지방자치법에서는 지방정부가 처리하는 사무에 대하여 일정한 보고를 의무화하고 있다. 또한 의안의 심의를 위하거나 의회에 집행상황을 알리기 위하여 일정의 서류를 의회에 제출하도록 의무화하고 있다.

지방의회는 본회의 의결 또는 위원회의 의결로 단체장 또는 관계공무원으로 하여금 지방의회나 위원회에 출석하게 하여 행정사무의 처리상황을 보고하게 할 수 있다. 더 나아가 지방정부 사무에 대한 질문을 할수 있으며, 단체장 또는 관계공무원이 출석요구를 받은 때에는 본회의 또는 위원회에서 출석하여 행정사무처리 상황을 보고하거나 의견을 진술하고 질문에 응답할 수 있다(법 제42조).

행정사무 처리상황의 보고와 질문·응답권은 지방의회의 권한인 동시에 단체장 및 집행기관의 권한이기도 하다. 이것은 지방의회가 지방정부의 행정사무처리가 위법·부당하게 처리되었거나 의문점이 발생하였을 때 그 상황을 보고하게 하거나 질문을 하고, 단체장 또는 관계공무원 입장에서는 처리상황을 보고하고 의견을 진술하는 등 해명(설명)할 수 있는 기회가 되기 때문이다.

7) 서류제출 요구권

지방의회는 안건의 심의 또는 행정사무의 감사나 조사와 직접 관련된 서류를 당해 지방정부의 장에게 요구할 수 있다(법 제40조). 이러한 서류제출 요구시에는 반드시 본회의 또는 위원회의 의결을 거쳐 요구하여야 하며, 위원회에서 요구할 때에는 의장을 경유하도록 하고 있다.

지방의회가 서류제출을 요구할 때에는 의안의 심의나 감사·조사에 필요한 최소한의 범위 내에서 요구하여야 하며, 불필요한 서류의 요구나 애매모호한 서류의 요구, 서류로써 요구할 성격이 아닌 의원 개인의 사용 또는 타인의 부탁 등에 의하여 서류를 요구하는 일은 있어서는 안 된다.

또한 서류 요구의 한도에 있어서도 법에서 규정하고 있지는 아니하지만, 1인이 필요한 적정수준의 범위 내에서 요구하여야 하며, 1인이 수십 건의 서류제출을 요구하여 집행기관이 요구 서류의 준비 등으로 인해 업무의 공백을 발생하게 하거나, 이로 인해 민원인의 불편을 사는 일은 없도록 하여야 할 것이다.

8) 청원심사권

청원권은 국가기관 또는 지방정부 기관에 대하여 일정한 사항에 관한 희망을 진술하는 권리로서 국가 또는 지방정부 등의 기관은 이를 수리하여 성실하게 처리할 의무가 있다. 청원은 권리나 이익이 침해된 경우에만 하는 것이 아니며, 청원법에 의거하여 수리기관은 청원에 대하여 심사하고 그 결과를 통지할 의무가 있지만, 그 결과에 당해 기관이 기속되지 않는다는 점에서 행정쟁송과는 구별된다.

헌법상 청원권은 국가기관에 대하여 일정한 행위를 요구할 수 있는 청구권적 기본권의 하나로서 소극적인 측면에서 보면 국민에게 청원할 수 있는 자유를 보장하는 것이고, 적극적인 측면에서 보면 국민이 국가기관에 대하여 일정한 국가적 행위를 요구할 권리와 그에 대응하는 국가의 의무를 내용으로 하는 것이다. 즉 청원권은 자유권과 청구권의 성질을 함께 가지고 있다 하겠다.

지방자치법은 제73조에서 '지방의회에 청원을 하고자 하는 자는 지방의회 의원의 소개를 얻어 청원서를 제출하여야 한다'고 하여, 지방의회에 청원수리권을 인정하고 있다. 지방의회가 청원을 접수한 경우, 이를 심사하고 의결하여 이를 관계기관에 이송함과 동시에 그 처리의 결과를 관계기관으로부터 보고받을 수 있다.

9) 자 율 권

지방의회의 자율권이라 함은 의회가 다른 기관의 간섭을 받지 아니하고 법령 및 회의규칙이 정하는 바에 따라 그 의사와 내부사항에 관하여 독자적인 결정을 할 수 있는 권한을 말한다. 즉 지방의회의 자율권은 지방의회가 주민의 대표기관이라는 본질에 비추어 최대한 보장되어야 한다. 현행 지방자치법상 지방의회의 자율권은 법령의 범위 내에서 행사할 수 있도록 하고 있다. 자율권은 의회주의 사상과 권력 분립 원칙에 근거한 권한이라고 할 수 있다. 자율권에는 내부 조직권, 회의 규칙제정권, 의원의 신분에 관한 권한, 집회 등에 관한 권한, 질서 유지에 관한 권한 등이 있다.

4. 지방의회의 운영

지방자치법은 의회의 권한을 존중하기 위하여 그 정치적 활동의 자유를 보장함과 동시에, 그 권한의 행사가 집행기관과 상호 독립적이고 대등한 지위에서 이루어지도록 여러가지 조치를 강구하고 있다. 그리하여 의회운영의 제도도 의회의 자주적 활동을 확보하고 적극적인 활동을 촉진할 수 있도록 한다는 여러 규정을 두고 있다. 그러나 의회의 운영은 지방자치법보다도 회의규칙·조례 등 지방의회의 자주적 결정에 맡겨지는 부분이 많다. 따라서 주민의 의회에 대한 태도뿐만 아니라, 의원 개개인의 자질·식견·경험 등은 의회운영의 질과 양을 결정하는 중요한 요인이 될 것이다. 여기에서는 지방자치법과 회의규칙, 조례 등을 중심으로 한 지방의회의 운영에 대해 살펴보고자 한다.

1) 회의 운영의 원칙

지방의회가 민주적·능률적으로 운영될 수 있도록 각종의 규칙이 있는데, 이 중에는 법률에 직접 규정되고 있는 것과 의회제도의 운영에 관한 관습이 있다. 즉, 지방의회의 운영에 근거가 되는 것은 지방자치법과 회의규칙이지만, 회의 운영에 관한 판례와 선례도 무시할 수 없으며, 회의 운영에 있어서 관습과 회의 원칙은 충분히 존중되어야 한다. 국회의 운영방법도 동일한 회의체라는 면에서 참고될 수 있지만, 국회와 지방의회는 상호간 성격과 적용 법규가 다르기 때문에 회의 운영도 당연히 달라야 한다.

　지방의회의 회의는 지방자치법과 당해 지방정부 의회가 정한 회의 규칙에 따라 운영되고 있다. 일반적으로 회의에는 어떻게 하면 회의를 원활하게 운영하여, 회의의 목적을 달성할 수 있는가에 대한 방법이 강구되는데, 보통 이것을 '회의 운영의 원칙'이라고 한다. 이와 같은 원칙은 지방자치법이나 회의규칙에 있고, 다른 법령에도 있다.

　이들 회의 운영의 원칙은 그 목적에 따라, 의회 의사결정에 관한 것, 회의 운영의 공정성을 확보하기 위한 것, 의회 운영의 규율에 관한 것 등 세 가지로 분류할 수 있다.[13]

(1) 회의 공개의 원칙

　한국의 지방자치법 제35조는 지방의회의 회의를 공개하도록 하고 있다. 다만, 의원 3명 이상이 발의하고, 출석 의원 3분의 2 이상이 찬성한 경우 또는 의장이 사회의 안녕질서 유지를 위하여 필요하다고 인정한 경우에는 공개하지 아니할 수 있다. 이처럼 지방의회의 회의는 공개를 원칙으로 하고 있다.

　지방의회가 주민을 대표하는 의원으로 하여금 공적인 입장에서 당해 지방정부 의사결정의 투명성과 정당성을 확보하기 위하여, 그 과정을 당해 지역의 주민에게 공개하는 것은 당연하다. 이는 지방정부의 의사결정기관인 의회가 그 활동상황을 공개함으로써 주민의 관심과 비판을 받고, 그 활동의 공정성을 확보하여 주권재민자인 주민으로 하여금 의회 및 의원의 활동을 이해하게 되는 데 도움이 된다. 이처럼 회의 공개의 원칙은, 주민자치=민주주의가 충분하게 작동하도록 하는 데 있어서 주요한 원칙이 되는 것이다. 회의 공개의 원칙은 그 주된 내용으로서 ① 방청의 자유, ② 보도의 자유, ③ 회의록의 공개 등 세 가지를 들 수 있다.

(2) 정족수의 원칙

　집합체로서의 의회가 그 의사를 표시하기 위해서는 일정한 수 이상

---

13) 山本信一郎 編, 新地方自治法⑥: 議會(東京: ぎょうせい, 1996, pp.380-416.

의 의원이 모여야 한다. 이에 관한 규정이 정족수의 원칙이다. 지방의회의 정족수에는 의사 정족수와 의결 정족수가 있다. 즉, 지방의회는 재적의원 3분의 1 이상의 출석으로 개의하며(법 제63조), 특별히 규정된 경우를 제외하고는 재적의원 과반수의 출석과 출석의원 과반수의 찬성으로 의결하도록 되어 있다(법 제64조). 전자가 의사 정족수이며, 후자가 의결 정족수이다. 정족수의 원칙은 회의 개회와 의결을 위한 중요한 원칙이지만, 회의를 계속하기 위한 요건이기도 하다. 특히, 과반수 의결의 원칙은 민주정치의 기본원리인 다수결의 원리에 기초하는 것으로서, 다수의 의사가 의회의 의결을 결정하는 원칙을 말한다.

다수결에는 절대다수결·비교다수결·특별다수결의 3종이 있다. 일반적으로 과반수 의결은 절대다수결을 말하는 것으로서, 의회에 있어서의 일반적인 의사결정방법이다. 과반수 의결의 예외(특별다수결)에는 의장·부의장 불신임 결의, 회의 비공개 의결, 의원의 자격상실 의결 등이 있다.

(3) 일사부재의(一事不再議)의 원칙

지방의회에서 부결된 의안은 같은 회기 중에 다시 발의하거나 제출할 수 없다(법 제68조). 이를 일사부재의의 원칙이라고 한다. 일사부재의의 원칙이라 함은 일단 부결된 의안은 동일 회기중에 다시 발의하지 못한다는 원칙을 말한다. 이 원칙은 의회의 결정이 있으면, 이미 의회의 의사로 확정된 것이므로 결정된 의안에 대해서 동일 회기중에 다시 발의하게 되면, 회의의 원활한 운영이 어렵다는 측면에서의 회의 운영의 합리성과 능률성을 도모하기 위함이다. 이 원칙은 특히 소수파에 의한 의사방해를 막으려는 데에 주된 목적이 있다.[14]

(4) 회기 계속의 원칙

지방의회에 제출된 의안은 회기중에 의결되지 못한 것 때문에 폐기되지 아니한다. 다만, 지방의회 의원의 임기가 끝나는 경우에는 그러하지 아니하다. 이를 회기 계속의 원칙이라고 한다. 이 원칙은 한국과 프랑스,

---

14) 정재길, 지방의회론(박영사, 1991), pp.152-153.

미국 등에서 채택되고 있는 회의 운영 방식이다. 반면, 영국이나 일본 등에서는 회기 불계속의 원칙을 적용하고 있다.[15) 즉 영국이나 일본 등에서는 한 회기중에 심의가 완료되지 아니한 안건은 그 회기가 끝남으로써 폐기되고, 따라서 다음 회기에 계속되지 아니한다는 원칙이다.

(5) 의원 평등의 원칙

의원 평등의 원칙이란, 의사결정 기관으로서의 의회의 구성원인 의원은 법률상 모두 대등하며 평등하다는 것을 의미한다. 의원은 성별, 남녀노소, 이념, 사회적 지위, 당선횟수 등과는 관계없이 의회 내외에서 의원이 갖는 권한과 의무는 모두 평등하다는 것을 의미한다. 의원 평등의 원칙은 회의 운영의 가장 기본적인 원칙 중의 하나이다. 따라서 법률로도 이에 반하는 특별한 규정을 만들 수 없다. 이처럼 모든 의원이 대등하고 평등하다는 전제 위에 다수결의 원칙이 나온다. 민주정치는 의회정치이고, 의회정치는 다수결에 따르기 때문에, 이러한 전제가 무너진다면 민주정치는 존재할 수 없다.

(6) 현상유지의 원칙

의장은 의결에 있어서 표결권을 가지며, 가부 동수일 때에는 부결된 것으로 본다(법 제64조 제2항). 이를 현상유지의 원칙이라고 한다. 우리 인간 사회에는 급격한 변화가 있게 되면, 여러가지 지장이 생기게 된다. 그리하여 여기에 적응하지 못한 사람들이 발생함으로 인하여 공동생활이 원활하지 못할 우려가 생길 수도 있다. 이러한 의미에서 의장이 표결에 참여하여, 가부 동수가 되었을 때 어떻게 할 것인가가 문제가 될 수 있다. 이럴 경우 결과적으로 현상 유지 쪽으로 해석을 하여야 한다는 것이 현상유지의 원칙이다.[16) 따라서 현상유지의 원칙이란, 가부 동수일 경우에 의장은 재결권(裁決權)을 행사하여 의안의 가부에 종지부를 찍어야 하지만, 이럴 경우에 의장은 현상을 유지하는 방향에서 재결을 하여야 한다는 것이다.

---

15) 문재우, 전게서, pp.369-370.
16) 정재길, 전게서, p.151.

(7) 제척(除斥)의 원칙

지방의회의 의장이나 의원은 본인·배우자·직계존비속 또는 형제자매와 직접 이해관계가 있는 안건에 대해서는 그 의사에 참여할 수 없다. 다만, 의회의 동의가 있으면 의회에 출석하여 발언할 수 있다(법 제70조). 제척의 원칙은 의회가 주민의 대표기관임을 고려할 때, 의사결정에 있어서 사적 관계를 떠나 공적 문제 해결에 대한 공정성을 확보하기 위한 수단이라고 할 수 있다.

(8) 심사 독립의 원칙

심사 독립의 원칙은 위원회에 한하여 적용되는 원칙이다. 즉, 위원회는 본회의로부터 회부된 안건을 심사할 때, 독립된 위치에서 자유로운 판단에 따라 심사하며, 본회의나 다른 위원회로부터 어떠한 제약이나 간섭을 받지 않는다는 원칙이다. 위원회는 상임위원회·특별위원회 관계없이 모두 본회의의 하부기관이자 예비적 심사기관으로서 본회의와 밀접한 관계가 있다. 그러나 일단 본회의로부터 위원회에 회부된 안건을 심사함에 있어서는 전적으로 독립된 입장에서 독립된 의견을 가지고서 심사에 임한다는 것이다. 이 원칙에 따라, 본회의는 회부된 안건에 대하여 가결 또는 수정의 결론을 내서 보고해 달라는 조건을 달 수가 없다. 이 원칙을 거꾸로 본회의 측에서 생각한다면, 본회의는 위원회의 심사결과에 구속받지 않는다고 할 수 있다. 따라서 위원회의 결정과 본회의의 의결은 서로 다를 수 있다.[17]

2) 본회의와 위원회

광역 지방의회와 일부 기초 지방의회에는 상임 위원회가 설치되어 있는데, 이는 의안을 효율적으로 심의하기 위한 것이다. 일반적으로 위원회에서의 심의는 본회의 심의에 앞서, 의안을 예비적·전문적·기술적으로 처리하는 제도이다. 따라서 위원회의 결정은 대외적으로 효력을 갖는 것

---

17) 상게서, p.155.

이 아니다. 위원회의 심의 결과에 의거하여 본회의에서 심의하고 의결함으로써, 비로소 의회의 의사로 결정된다.

의회의 심의절차와 관련하여 심의의 중점을 본회의에 둘 것인가, 아니면 위원회에 둘 것인가에 따라서 '본회의 중심주의 제도'와 '위원회 중심주의 제도'로 구별될 수 있다. 본회의 중심주의 방식은 모든 의안을 본회의에서 심의하는 것을 원칙으로 하고 있으며, 특히 중요한 의안에 대하여서만 위원회에 회부하여 심의하는 것인데, 비교적 의원 정수가 적은 지방의회가 채용하면 적합하다.

한편 위원회 중심주의는 모든 의안을 상임위원회에 회부하여 심의한 후, 본회의에서 심의하는 방식인데, 의원 정수가 많은 지방의회에서 채용되고 있다. 이 중 어느 것을 채용할 것인가 하는 것은 의원 정수의 정도, 의안의 질과 양 등을 감안하여 개별 국가가 자주적으로 판단하여 회의규칙으로 정해 놓을 필요가 있다. 본회의 중심주의에 의한 심의는 형식을 중시하기 때문에, 제출자에 대한 질의만으로 심의의 목적이 충분히 달성될 수 있는 정도의 안건에 적합하다.

지방의회의 회의는 본회의와 위원회에서 각각 다르다. 일반적으로 본회의에서의 심의 절차는 안건의 제출→의사일정의 작성→개의→의제의 선포→취지 설명→질의→위원회 회부의 순으로 진행되며, 위원회에 회부된 안건의 심의 절차는 제안 이유 설명→질의→토론→표결순으로 진행된다. 위원회에서 심의가 완료된 안건은 다시 본회의에 상정되는바, 본회의에서의 심의 절차는 위원장 보고→수정안의 제출→토론→표결→의결→폐의순으로 진행된다.

5. 지방의회의 회의

1) 의회의 소집

(1) 의회 소집의 의의

의회 소집은 의회가 활동을 개시하는 것을 전제로 하여 지방의원을 일정한 장소로 집합할 것을 요구하는 행위이다. 의회 소집은 회의를 개회하기 위하여 하는 것이고, 그 전제로서 당해 의회 재적 1/3 이상의 의원이 출석해야 한다. 따라서 현재 의원이 재적 의원 1/3 이상이 되어야 하고, 이에 이르지 못하는 경우는 보궐선거를 실시하여 정수의 1/3 이상을 넘어야 의회를 소집할 수 있다. 지방의회의 소집에 의하여 의원의 일정한 수가 집합하게 되면, 비로소 의회로서 구체적인 활동능력을 취득하게 된다.

따라서 소집 행위가 없으면 의원이 한 장소에 집합하여 회의를 하여도 유효한 의회활동으로는 간주되지 않는다. 따라서 의회활동을 유효하게 하기 위한 소집은 그 절대적 요건이라 할 수 있다.

(2) 의회의 소집권자

의회 소집의 권한은 지방의회의 의장에게 전속하고 있다. 다만 현행 지방자치법 제45조 제1항에 의하면, 총선거 후 최초로 집회되는 임시회는 지방의회 사무처장·사무국장·사무과장이 지방의회 의원 임기 개시일로부터 25일 이내에 소집하도록 되어 있다. 임시회의 소집 요구권은 단체장과 지방의회의 의원에게도 부여되고 있다. 단체장이나 재적의원 1/3 이상의 요구가 있으면, 지방의회의 의장은 15일 이내에 임시회를 소집하여야 한다. 임시회의 소집은 집회일 3일 전에 이를 공고하여야 한다.

소집에 대한 공고가 될 때까지는 의원정수의 1/3 이상의 의원 수를 유지하여야 하고, 소집 요구의 방법은 반드시 문서로써 하여야 한다. 지방의회의 의장은 단체장과 재적 의원 1/3 이상으로 임시회의 요구가 있는 경우에는, 요구의 취지에 합치할 수 있도록 임시회의를 반드시 소집하여야 하나, 그 소집 시기 등에 대하여는 소집 요구를 한 단체장이나 재적의원 1/3 이상의 의사에 구속되지 않고 의장이 독자적으로 결정할 수 있다. 단체장이나 재적의원 1/3 이상의 소집요구에 응하여 소집된 임시회가 유회되었을 때, 지방의회의 의장은 임시회를 다시 소집할 의무가 없다고 본다.

2) 회 기

지방의회가 열리는 개회에서부터 회의가 끝나는 폐회까지의 기간을 회기라 한다. 의회는 상시 열리는 것이 아니기 때문에 그 활동능력은 일정한 기간, 즉 회기중으로 한정되어 있다. 회기 외의 행위는 의회의 행위로 인정되지 않는다.

회기 기간에 본회의는 물론이고 각 위원회가 의안을 심의할 수 있다. 위원회는 본회의의 폐회 중이라도 의회의 의결이 있거나 단체장의 요구가 있을 때에 한하여, 개회하여 안건을 심의할 수 있다.

회기는 개회 당일부터 기산하며, 집회 당일이 공휴일인 때에는 개회일인 다음날로부터 기산하여 폐회 일까지를 회기로 한다. 그리고 휴회기간은 회기계산에 산입되지 아니한다. 여기서 한 가지 유의할 점은, 회기란 지방의회의 의결사항이라는 점이다. 즉, 지방의회는 지방자치법에 규정된 회기의 범위 내에서 자율적으로 회기를 정할 수 있다.

3) 의사일정

지방의회의 그날그날 회의에서 처리되어야 할 안건에 대한 처리순서를 기재한 예정표를 의사일정이라 한다. 이것을 줄여서 '일정'이라고도 한다. 일반적으로 '의사일정 없는 곳에 회의는 없다'고 말한다. 이처럼 의사일정은 회의의 준비에 지장이 없도록 하고 회의의 진행을 계획적 또는 능률적으로 진행하기 위한 불가결한 것이라고 말할 수 있다.

의사일정에는 중요한 안건이 모두 기재되지만, 구체적으로 어떤 종류의 안건을 의사일정 사항으로 하는가는 회의규칙 및 회의운영의 관습에 따라서 정해진다. 의안이나 선거 안건이 기재되는 것은 일의 성질상 당연한 것이다. 의사일정은 회의의 진행순서를 기재한 것이기 때문에, 회의의 진행을 다스리고 의사를 정리하는 권한을 갖는 의장이 작성한다.

의장은 개의의 날짜와 회의에 붙이는 사건 및 그 순서 등을 기재한 의사일정을 정하여 미리 의원에게 배포한다. 단 불가피한 경우는 의장이 보고로서 배포에 대신할 수가 있다. 또 의장이 필요하다고 인정할 때에는 개의의 일시만을 의원에게 통지해서 회의를 열 수도 있다. 이때 의장은 개의 때까지 의사일정을 정하지 않으면 안 된다.

의사일정은 당일의 회의진행 예정이므로, 그에 따라서 회의진행을 하는 것이 원칙이다. 그러나 긴급한 안건이 나왔을 때와 안건심의의 사정상 순서를 바꿔야 할 때에는, 이들 사태에 대처하여 의사일정의 변경이나 추가를 인정하는 것은 회의의 탄력적 운용을 위해서 적절한 것이다. 의장은 또한 필요하다고 인정할 때 혹은 의원으로부터 동의가 제출되었을 때는 토론을 하지 않고 표결에 붙여 의사일정의 순서를 변경할 수 있고, 또한 다른 사건을 추가할 수 있다.

4) 개의와 산회

개의(開議)란 그날의 회의를 여는 것을 말하고, 산회(散會)란 그날의 회의를 끝맺는 것을 말한다. 개회·폐회가 한 회기에 있어서 전체로서의 회의를 열고 닫는 것을 뜻하는 것과는 다르다. 개의는 의사일정이 정하는 바에 따라 이루어진다. 의사일정이 없을 때에는 개의되지 않는 것이 원칙이다.

개의는 의장이 선언한다. 개의는 그날의 회의를 유효하게 하는 단서가 되므로 개의 전 의원의 행위는 의회의 회의에 있어서의 행위라 할 수 없고, 단순한 개인의 행위에 지나지 않는다. 회의 시간은 규칙으로 정한다. 필요가 있을 때에는 의회의 의결에 따라서, 또는 의장이 필요하다고 인정할 때에는 회의시간을 앞당기거나 연장할 수 있다.

그날 의사일정에 기재된 모든 안건을 종료한 뒤에 폐의하는 것이 원칙이며, 이 경우의 폐회를 산회라 부른다. 의회의 회의중 회의장이 소란해져서 의장이 정리하기 곤란한 경우에는 의원 가운데 산회에 이의가 있는 자가 있더라도, 의장 또는 위원장은 지방자치법 제74조 제3항의 규정에 따라 직권으로 산회할 수 있다.

5) 휴회와 휴게

한 회기중 며칠 쉬는 것을 휴회(休會)라 하고, 하루 회의에서 잠깐 쉬는 것을 휴게(休憩)라 한다. 일요일 및 휴일은 휴회가 된다. 의사일정 사정 상 또는 기타 필요한 때에는 의회의 의결로써 휴회할 수 있다. 그러나 의 장이 특별히 필요하다고 인정할 때나 의회의 의결이 있었을 때에는 휴일 이라도 회의를 열 수 있다.

휴게란 회의를 열지 않는다는 뜻이지, 각 위원회의 활동마저 할 수 없다는 뜻은 아니다. 휴회기간은 의회의 의결로 결정하게 되며, 휴게 횟 수에는 제한이 없다.

6) 정회 등

회의를 운영하다 보면 여러 사정으로 잠시 회의를 중단하거나, 원만 한 회의 운영을 위하여 의원들간의 비공식 대화를 나눌 수 있다. 이와 관 련된 용어는 다음과 같다. '정회'(停會)는 회의 진행중 잠시 회의진행을 중 지하기 위하여 쉬는 것을 말한다. '유회'(流會)는 의사정족수 미달로 당일 의 회의를 열지 못하는 것을 말한다. '속개'(續開)는 회의를 잠시 멈추었다 가 다시 시작하는 것을 말한다. '간담회'는 의원들 간의 이견(異見)을 조정 하기 위하여 회의를 잠시 정회하고 의견을 조율하는 것을 말한다. '질의' 는 의제로 되어 있는 것의 내용에 대하여 의문을 나타내고 따져 묻는 행 위이다. '질문'은 특정한 의제와는 관계없이 해당 지방정부의 사무에 대 하여, 집행기관에게 그 소견이나 의의에 대하여 묻는 행위이다.

6. 지방의회의 역할

1990년대 초반에 복원된 한국의 지방자치는 사회의 민주화 진전과 함께 한국 사회 속에 굳건하게 착근하기 시작하였다고 하여도 과언이 아 니다. 그러나 가끔 지방자치법 개정을 둘러싼 여·야간의 협상 과정에서 기득권 유지에 급급한 일부 국회의원이나 정당의 반자치적 행동은 지방 자치의 발전에 장애요인이 되고 있다. 그러나 의회와 단체장 모두가 당 해 지역민에 의해 직접 선출되게 됨으로써 풀뿌리 민주주의로서의 지방자치는, 이제는 그 어느 누구도 거슬릴 수 없는 하나의 커다란 역사적 흐름이 되고 있다.

기관대립형을 취하고 있는 한국의 지방정부 구성형태는, 주권재민자로서의 주민을 주춧돌로 하고 의회와 단체장을 양 축으로 하고 있다. 그러나 장(長) 중심의 정치·행정문화를 역사적으로 오랫동안 간직하여 온 한국의 역사와는 달리, 지방자치의 모국이라는 영국의 역사를 살펴볼 것 같으면, 주민을 대표하는 의회의 역할과 책임이 매우 중요시되고 있다. 따라서 한국이 민주주의를 사회 운영의 제반 기본원리로 삼기 위해서는 단체장의 비중을 줄이고, 의회의 역할을 높이는 여러 방안들을 강구하여야 할 것이다.

1) 지역주민의 대표기관으로서의 역할

현대 민주주의 정치체제하에서의 지역민의 대표기관은 주민의 선거에 의하여 구성되는 지방의회이다. 그러나 한국은 민주주의 역사가 일천하기 때문에, 합의제 기관인 의회의 비중에 대하여 실제로 시민들이 인식하는 체감온도는 매우 낮다. 따라서 한국 사회가 진정으로 선진 민주사회를 지향하고자 한다면, 단체장보다는 의회 쪽에 더 많은 관심을 지원을 보내야 하며, 그러한 방향으로 제도를 고쳐 나가야 할 것이다.

여기에서 대표기능이란 의회가 유권자인 주민들의 이익을 대변하며, 그들의 입장에서 행동하여야 함을 의미한다. 이 경우 하나의 집합체로서의 의회와 주권자로서의 주민들 사이에 나타나는 의견의 일치 여부가 매우 중요하다. 다시 말하면, 민의(民意)와 대표(代表)와의 일치성 여부에 따라, 그 나라의 민주주의 수준을 측정할 수 있다. 일반적으로 선진국일수록 대표와 민의와의 갭이 적으며, 후진국일수록 그 갭은 매우 크고 넓다. 따라서 주민의 대표기관으로서의 의회는 해당 지역민의 의사에 충실하여야 한다. 그러나 한국 지방자치의 현실을 볼 것 같으면, 지방의회가 당해 지역민의 의사에 충실하여, 주민의 대표기관으로서의 역할을 충실하게 다하고 있는가는 의문이다.

특히 현대와 같은 다원적인 사회에서는 지역사회라고 할지라도 많은 갈등과 대립을 자체 내에 내포하고 있다. 따라서 주민의 대표기관으로서의 의회는 이러한 대립과 갈등을 합리적으로 조정해 내는 역할과 책임이 그 어느 때보다도 크고 중요하다. 즉 의회에서는 각계각층의 이익이 상호 여과 과정을 거쳐, 의회 자체로서의 하나의 합의된 의견을 만들어내지 않으면 아니 된다. 이 과정에서 대립과 갈등, 협상과 조정이 필요하다. 그러나 한국 사회는 가부장적 권위주의 체제가 오랫동안 지속되어, 대립과 갈등을 합리적으로 조정해내는 기술이 매우 약하다. 따라서 의회가 지역주민의 대표기관으로서의 제 역할을 제대로 수행하고자 한다면, 무엇보다도 의회 자체가 지역사회의 갈등을 해결할 수 있는 능력을 구비하지 않으면 아니 될 것이다.

2) 지역사회의 정책 결정기관으로서의 역할

지방의회는 합의제 기관이다. 합의제 기관이란 복수의 의사를 전제로 한다. 따라서 지방의회는 지역 현안에 대하여 폭넓은 의견을 수렴하여 이를 해결하기 위한 정책을 도출해 내지 않으면 아니 된다. 지역의 주요정책 결정기관으로서의 의회는 두 가지 차원에서 고찰할 수 있다. 하나는 의회가 자주적으로 정책을 제안하여 결정하는 기능이고, 다른 하나는 집행부에서 제안한 제반 정책에 대하여 심의·의결하는 기능이다. 여기에 덧붙여 최근에는 시민들이 직접 정책을 입안하여 의회에 제출하는 경우도 늘고 있다. 소위 말하는, 주민발의(Initiative) 제도이다.

의회의 초창기인 근대적인 지방의회의 역할은 예산과 과세를 통하여 집행부를 통제하고 감시하는 역할이 주된 임무였다. 현대 대중사회에서도 이러한 역할과 책임은 물론 중요하다. 그러나 21세기 지식정보화 사회에서는, 이상과 같은 근대적인 지방의회의 역할만으로는 지방의회의 역할과 책임을 제대로 잘 수행했다고 할 수가 없다. 시대적 변화에 맞게끔 의회의 역할도 변하여야 한다는 것이다. 의회가 시대적 요구에 부응하지 못한다면, 주권재민자로서의 시민들이 직접 나서게 될 수밖에 없을 것이다. 오늘날 참가 민주주의 혹은 전자 민주주의라는 말에서 알 수 있듯이, 시민들이 자치행정에 직접 참여하겠다고 나서고 있는바, 이는 의회

정치(간접민주정치)에 대한 불신에 연유하고 있는 것이다.

이제까지 지방의회는 지역정책을 형성하는 데 있어서 집행부에 밀리고 있다. 따라서 지방의회가 새로운 흐름에 부응하기 위해서는 집행부를 감시하고 견제한다는 근대적 기능뿐만 아니라 지역문제를 해결하는 '지역정책 형성의 장(場)'이 되도록 하여야 한다.

지방의회는 그 지역 정책의 최고 결정기관이 되어야 한다. 그러하기 위해서는 의회의 정책형성능력을 길러야 하고, 의회의 구성인자인 의원 개개인의 정책형성능력이 제고되어야 한다. 지금처럼 주요한 지역정책이 집행부 중심으로 이루어진다면, 의회의 존립문제 그 자체가 심각하게 제기되는 날이 오게 될 수도 있을 것이다.

3) 집행부에 대한 통제·감시기관으로서의 역할

근대 민주주의의 발달과정을 살펴볼 것 같으면, 신흥 시민세력을 대표하는 의회세력과 기존의 귀족 세력을 대표하는 왕권(집행부)이 치열한 투쟁을 전개하였지만, 결국은 의회세력의 승리로 귀착되었다.[18] 그리하여 새로운 세력을 형성한 시민세력은 그들의 대표(의회)를 통하여 집행부를 통제하고 견제하였다. 따라서 초창기의 의회는 주로 집행부의 예산과 과세에 대한 동의권을 통하여 집행부를 감시·통제하였다. 이러한 역할은 지금도 의회의 중요한 역할로 되고 있음은 두말할 필요도 없다.

따라서 지방의회는 무엇보다도 시민적 부담을 덜어주기 위하여, 집행부가 세금을 과도하게 부과하고 있지는 아니한가? 혹은 징수된 예산이 시민적 복지를 위하여 효율적으로 잘 사용되고 있는가에 대하여 항상 감시의 눈을 게을리하여서는 아니 된다. 그리하여 집행부의 씀씀이를 줄임으로써 의회를 유지하는 데 드는 비용을 상쇄할 수 있어야 한다. 의회가 집행부를 효율적으로 견제하지 못한다면, 시민들은 의회를 만들고 유지하는 비용을 부담한 만큼 더 부담하게 되기 때문이다.

한국 지방의회의 집행부에 대한 통제·감시기능은 주로 정례회 기간

---

18) 왕권을 중심으로 한 귀족 세력과 신흥 상공인을 중심으로 한 시민세력간의 관계에 대해서는 다음 문헌 참조, 정인흥, 지방자치론(박영사, 1961).

중의 행정사무감사를 통하여 행하여지고 있다. 그러나 이러한 감사도 감사에 임하는 의원 개개인의 감사준비의 미비로 내실이 없고 명목상의 감사에 그친다는 문제점이 지적되고 있으며, 아울러 무리한 자료요구 혹은 중복요구로 인한 행정력을 낭비시킨다는 문제점도 제기되고 있다. 이처럼 지방의회의 부활로 감사활동이 활발하게 진행된 것은 바람직스러운 현상이라고 할 수 있지만, 그 내용에 있어서는 많은 문제점이 지적되고 있다.

따라서 충실한 감사준비가 필요하고, 감사의 정책지향성을 유지·발전시키는 것이 매우 중요하며, 자료제출요구를 적정화시킬 필요가 있다. 또한 감사를 심도 있고 내실 있게 실시하는 것도 중요하지만, 그 결과를 집행기관에 공식적으로 통보하고, 통보받은 집행기관이 이를 적정하게 처리하는 것도 중요하다. 즉 많은 시간과 비용을 들여 실시된 감사가 그 유효성을 가지기 위해서는 집행부에 대한 질타만으로 끝나서는 아니 되고, 환류되어 행정현장에 재투입되는 제도적 장치가 마련되어야 할 것이다.

4) 지방분권운동의 선구자로서의 역할

한국에 있어서 제도로서의 지방자치는 실시되고 있으나, 그 기초인 자치의 기반은 아직도 매우 취약하다. 따라서 지방의회는 자치의 선구자로서의 역할을 수행하여 자치의 기반을 단단하게 구축하도록 하여야 한다. 한국 사회는 세계에서 그 유례를 찾아보기 힘들 정도로 강력한 중앙집권화 전통을 가지고 있다. 아울러 풀뿌리 민주주의로서의 지방자치의 역사도 일천하다. 이는 지방자치를 위협하는 요소가 사회의 각 분야에 산재하여 있다는 말이기도 하다. 우선 자치의 선구자가 되어야 할 지방의회 의원 자체가 얼마나 지방자치의 본질을 이해하고 있으며, 자치권의 확충을 위하여 노력하고 있는가를 자문하여 보아야 할 것이다.

한국의 지방자치 제도는 한국 역사와 문화 속에서 자생적으로 생성·발전되지 못하고, 외부로부터의 이식에 의하여 탄생한 지방자치이기 때문에, 지방자치를 한국사회에 착근시키기 위해서는 많은 노력이 필요하다. 그 선두에 있어야 할 기관이 다름아닌 지방의회인 것이다. 이를 위해서는 개별 의회나 의회를 구성하는 의원 개인만으로는 강력한 집권화의 벽을 깨뜨리는 데에는 역부족임은 두말할 나위가 없다. 따라서 의회는 의원 상호간뿐만 아니라 의회 상호간에도 유기적 연계 속에 자치권을 확대하는 등 지방자치 발전을 위한 노력을 하여야 한다. 다시 말한다면, 자치권 확충을 위하여 지방의회는 시민사회와의 연대 속에서 상호 연합체를 구성하여, 중앙의 논리에 대응할 수 있는 지방의 논리를 개발함과 동시에 중앙에 공동으로 대처하여야 할 것이다.

따라서 지방의회 의원은 미국의 the Big Seven[19]이나 일본의 지방6단체(地方六團體)[20]의 예에서 보는 바와 같이,[21] 지방의 이익과 논리를 개발할 수 있는 기관을 보다 강화하고, 상호 유기적 관계를 심화시켜나가야 할 것이다.

5) 집행부에 대한 심사·평가기관으로서의 역할

주민의 대표기관으로서의 의회는 집행부가 시민들의 복리 증진을 위하여 행정을 잘 수행하고 있는가 하는 심사와 평가의 역할도 하여야 한다. 20세기 초반 이후 계속 확대·강화된 행정기능은 행정국가화 현상을 야기시키고 있다. 행정기능이 단순명료하였던 고전적 지방자치와는 달리, 현대적 지방자치하에서의 행정기능은 복잡다기하다. 이처럼 행정기능이 복잡다기화됨에 따라 행정을 통제·감시하는 데에는 일반의 아마츄어로서는 한계가 있으며, 전문적 지식이 필요하다. 따라서 의회는 전문가의 도움을 받아 행정을 일반시민들이 알기 쉽도록 재해석하여 주는 작업을 수행하여야 한다.

---

19) 미국의 the Big Seven이라 함은, Council of State Governments, National Governors Association, National Conference of State Legislatures, National League of Cities, U.S. Conference of Mayors, National Association of Counties, International City/County Management Association 등을 말한다.

20) 일본에서 지방6단체라고 함은, 전국 지사회, 전국 都道府縣 의회 의장회, 전국 시장회, 전국 시의회 의장회, 전국 町村회, 전국 町村의회 의장단회 등을 말한다.

21) 한국에도 지방자치법 제165조에 이하여 지방정부의 장 등에 관한 협의회가 구성되어 있다. 즉, 시·도지사 협의체, 시·도의회 의장 협의체, 시장·군수·구청장 협의체, 시·군·자치구 의회 의장 협의체으로서, 이들 단체를 지방 4대 협의체라고 한다. 그러나 지방자치 발전을 위한 이들의 노력과 영향력은 미흡하다.

이제까지 한국사회는 거의 모든 분야에서 결과에 대한 책임이 거의 없었다. 그리하여 결국은 IMF체제라는 국난을 맞이하게 되었던 것이다. 따라서 이제부터라도 자치행정 현장에서 결과에 대한 책임을 지도록 하는 제도적 장치가 필요하다. 이러한 현장 중시의 경향은 현대사회의 중추적 관리자로서의 행정조직에 있어서 전문관료(technocrat)뿐만 아니라, 현장관료(topocrat)의 등장을 예고하기도 하고 있다. 아울러 결과에 대한 책임을 묻기 위해서는 무엇보다도 우선 행정행위에 대한 객관적이고도 공정한 심사와 평가가 전제되어야 한다. 이는 공직윤리와도 밀접한 관련이 있다. 이러한 현상은 선진 민주주의 국가에서 행정책임과 함께 공직윤리가 중요한 국가적 과제로 떠오르고 있음에서도 잘 알 수 있다.

7. 지방의회의 의원

1) 지방의회 의원의 권리와 의무

(1) 지방의회 의원의 권리

주민의 보통·비밀·직접·평등 선거에 의하여 선출된 지방의회 의원은 주민의 대표자로서, 그리고 의회를 구성하는 한 성원으로서 그 신분과 관련하여 여러가지 권리와 의무를 가진다. 다시 말해서, 지방의회 의원은 주민의 대표자로서 주민의 의사를 모아, 이를 의회에 반영하여 당해 지방정부의 의사를 형성하는 것이 기본적인 의무인 동시에 권리라고도 할 수 있다. 이러한 지방의회 의원의 권리는 합의체인 의결기관으로서 지방의회가 갖는 권한과는 엄연히 구별된다.

한편, 의원의 권리와 의회의 권한은 구별되어야 한다. 즉, 일반적으로 의회의 권한이란 회기중에 회의체로서 행사하는 권한을 말하며, 의원의 권리란 의회의 권한을 행사하기 위하여 의회를 구성하고 있는 의원 개개인에게 부여된 권리를 말한다. 지방의회 의원은 회의와 관련해서 여러가지 권리를 행사하는바, ① 회의 출석권 및 발언권, ③ 의안제출권, ④ 동의제출권, ⑤ 표결권 등의 권리가 있다. 한편, 회의 밖에서 행사되는 권리로서는, ① 임시회의 소집과 회의 재개 요구권, ② 청원 소개권, ③ 징계나 자격심사 요구권, ④ 행정조사 발의권, ⑤ 의장과 부의장에 대한 불신임 발의권 등이 있다.

(2) 지방의회 의원의 의무

지방의회 의원은 주민의 대표자로서, 공직을 수행하는 데 있어서 다음과 같은 의무가 있다. 첫째, 청렴과 품위유지의 의무, 둘째, 양심에 따른 성실한 직무수행의무, 셋째, 직권남용과 겸직·겸업 금지의 의무, 넷째, 규율준수와 복종의 의무, 다섯째, 회의출석의 의무, 여섯째, 이권 불개입의 의무 등이다.

2) 지방의회 의원의 지위

지방의회 의원은 주민의 대표자, 의회의 구성원, 선거직 공무원, 지방정치인으로의 지위를 갖는다.[22]

첫째로, 지방의회 의원은 주민의 대표자로의 지위를 갖는다. 의원이 지역 단위에서 선출된다고 하더라도, 일단 선출이 되면 그는 그를 선출한 유권자나 지역 주민만을 대표하는 특정 주민의 대표자가 아니다. 그는 당해 지방정부의 모든 주민의 의사를 대표하고, 이를 대변하는 전체 주민의 대표자가 된다. 이처럼, 전체 주민의 대표자인 의원은 선거구민으로부터 독립된 지위에서 헌법과 법률에 의한 직무를 수행할 뿐, 선거구민의 지시에 구속되어서는 아니 된다.

둘째로, 의원은 합의체 기관인 지방의회를 구성하는 구성원으로의 지위를 갖는다. 이러한 입장에서 의원은 당해 지방정부의 의사를 결정하고, 결정된 의사의 집행을 감시하는 권한을 가진다. 따라서 의원은 의회의 구성원인 동시에 법률에 의하여 일정한 권한과 의무가 부여된 하나의 기관으로서 이중적인 지위를 가진다. 의원이 갖는 이러한 지위는 의회제도의 기본 이념으로서 주민대표성에 근거한다. 이에 의거하여, 의원은 소속 정당이나 교섭단체, 그리고 선거구민에 의한 기속으로부터 벗어날 수

---

22) 최인기 외, 지방의회론(법문사, 1993), pp.177-179.

있게 된다. 즉, 의원은 주민의 대표기관인 의회의 구성원으로서 부분 의사나 이익이 아닌 전체 주민의 의사나 이익을 대변하여야 하는 하나의 독립된 기관이라는 것이다.

셋째로, 선출직 공직자로서 정무직 지방공무원이다. 지방의회 의원은 지방정부의 주민이 선거를 통하여 선출하는 선거직 공무원이다. 선거직 공무원이기 때문에, 임용권자에 의하여 임명되는 임명직 공무원과는 그 지위의 정당성을 달리한다. 임명직 공무원은 그 자격과 능력에 의하여 임용되지만, 선거직 공무원인 의원은 주민의 신임과 지지가 그 기반이 된다. 따라서 지방의회 의원은 항상 주민 본위의 정치·행정 양태를 보여 줄 때만이 그 정당성을 계속 이어갈 수 있다.

넷째로, 지방의회 의원은 지방정치인이다. 정치란 가치배분이 그 주된 행위임을 고려할 때, 의원은 지역사회의 자원을 배분하고, 이해관계를 조정하는 지방정치인으로의 지위도 갖는다. 지방의회는 지방정부의 모든 문제 또는 안건이 정치적으로 논의되는 지방정치의 본 무대이고, 의원은 무대 위의 주역인 지방정치인 것이다. 의원이 어느 정당에 소속되어 있느냐 혹은 정당활동을 하느냐와는 관계없이 지방선거를 통하여 지방의원으로 당선되면, 그는 지방 정치엘리트(potical elite)로 등장한 것이라고 볼 수 있다.[23]

3) 지방의회 의원의 자세

지방의회에 요구되는 역할을 제대로 수행하기 위해서는 의회를 구성하는 개개인의 의원들이 갖는 자세는 대단히 중요하다. 특히, 의원으로서의 의정활동을 충실하게 수행하기 위해서는 어떠한 마음가짐을 가져야 될 것인가?

첫째로, 집행부에 대한 자료를 항상 수집하여 DB화시켜 놓아야 한다. 의정활동은 실증적 자료에 입각한 과학적인 활동이어야 한다. 이를 위해서는 평소에 관심 있는 분야에 대한 자료를 입수하여 분류하여 놓아야 한다. 문제를 인지하고 나서 자료를 찾고자 한다면, 이미 시간적으로 도움이 되지 않을 것이다.

---

23) 김동훈, 지방의회론(박영사, 1999), p.393.

둘째로, 의원들이 모든 분야에 대한 전문가가 되려고 하지 말고, 어떠한 특정 분야에 대한 집중적인 연구와 감사활동을 하여야 한다. 그러하기 위해서는 상임위원회를 자주 바꾸어서는 아니 된다. 한 곳에 오래 있다 보면 경험에 의한 전문화가 가능하다.

셋째로, 집행부 공무원과의 인간적인 신뢰관계를 형성하여야 한다. 어느 나라에서나 자료는 집행부측이 더 많이, 그리고 더 빨리 입수하고 있다. 따라서 담당 공무원들과의 인간적인 신뢰관계의 구축은 정책정보의 입수에 대단히 중요한 계기가 된다. 이를 위해서는 공무원에 대한 겸손은 최대의 무기가 될 수 있을 것이다.

넷째로, 행정용어에 대하여 숙지하고 있어야 한다. 정보화·전문화 사회에서는 전문용어가 많이 사용된다. 이들 전문용어에 대하여 충분하게 숙지한다면, 집행부 공무원들과의 대화나 의정활동에 있어서 상당한 도움이 될 것이다.

다섯째로, 다루고자 하는 행정업무의 법적 근거를 잘 파악하고 있어야 한다. 공공활동은 모두 법적 근거에 의하고 있는바, 감사대상이 되었든 의안심사의 대상이 되었든 간에 다루고자 하는 사무에 대한 충분한 법적 이해는 감사활동이나 의안 심의 과정에 커다란 도움이 될 것이다.

여섯째로, 의정활동을 수행함에 있어서 의원 자신이 떳떳해야 한다. 사회는 갈수록 투명해지고 있다. 세상에는 비밀이 없으며, 언젠가는 알려지기 마련이다. 따라서 이중적 의정활동을 지양하고, 투명성과 공정성에 근거한 의정활동이 되도록 한다.

일곱째로, 의원 상호간에 정보를 교환하도록 하며, 의원들간의 신뢰구축도 대단히 중요하다. 개개인의 의원으로서 집행부 정보를 전부 파악하기 어렵다. 따라서 의원들간의 정보교환을 통하여 전체를 볼 수 있도록 하여야 한다. 특종이라든가 한건주의는 장기적으로 보아 의원들간의 불신과 의정활동의 체계성에 문제를 야기시킬 수도 있다.

여덟째로, 연차계획을 세워 집행부의 부서를 집중적으로 감사하고 조사하도록 한다. 아직도 의회의 능력은 집행부에 비하여 상대적으로 약하다. 따라서 집행부를 감사하거나 조사할 때, 모든 분야를 전부 하고자 하지 말고, 전략적인 분야를 선정하여 집중적이고 철저하게 감시함으로써 그 확산효과를 노려야 할 것이다.

아홉째로, 예산에 못지않게 결산도 중요하다는 인식을 가져야 한다. 철저한 결산검사는 다음 연도 예산 심의를 기초가 된다는 사실을 고려하여, 결산에 충분한 시간과 노력을 기울여야 할 것이다. 이러한 결산을 통하여 행정의 책임소재를 명확하게 하여야 한다.

열째로, 정책의 입안단계에서부터 관심을 가져야 한다. 정책이 집행부의 안건으로서 확정되고 나서 수정하기는 매우 어렵다. 따라서 집행부와의 신뢰를 바탕으로 정보를 정책입안 단계에서 입수하여, 정책의 초기단계에서부터 의견의 개진과 참여를 하는 것이 바람직스럽다.

열한째로, 현장의 목소리에 귀를 기울여야 한다. 의원은 주민의 대변자이다. 항상 민의에 관심을 갖고, 의원 개인 의사가 아닌 주민의 의사를 자치행정에 반영하도록 하여야 한다. 이러한 현장 중심의 의정활동은 의정활동의 기본임과 동시에 의원 신분을 계속하기 위한 전제 조건이기도 하다. 선거 때만 되면 열심히 하지만, 선거가 끝나면 현장으로부터 멀어져 버리는 경우가 많다. 의원은 유권자들에게 항상 노출되어 있으며, 따라서 의원들의 행동을 감시하고 있다고 하여도 과언이 아니다. 따라서 항상 주민의 소리와 마음을 잘 읽도록 하여야 하며, 이것은 곧 현장 중심의 의정활동을 의미한다.

제3절   집행기관

지방정부의 집행기관(지방자치법 제6장)이란 단체장, 보조기관, 소속행정기관, 그리고 하부행정기관 등으로 이루어진다. 집행기관은 해당 지방정부를 위하여 그 담임하는 사무의 범위 내에서 지방정부의 의사를 결정하고 표시하는 권한을 가진 기관을 말한다. 일반적으로 집행기관이라 함은 의회(의결기관)와의 대비에서 인정된 기관이다. 집행기관의 지위는 한 국가의 정치문화가 어떠한가에 따라 다르지만, 한국에 있어서의 집행

기관의 지위는 다음과 같은 지위를 가진다.[24)]

1. 집행기관의 지위

1) 국가기관으로서의 지위

지방정부의 집행기관은 당해 지방정부의 구역 내에서 국가기관으로서의 지위를 갖는다. 일반적으로 국가가 특별지방행정기관을 설치하여 직접 국가적 사무를 처리하는 경우를 제외하고는 지방정부를 통하여 국가사무를 처리하고 있는데, 이 경우 지방정부는 국가의 하급기관으로서의 지위를 갖는다.

2) 지방정부의 구성기관으로서의 지위

집행기관은 지방의회와 함께 지방정부 구성의 핵심적 요소이다. 기관대립주의를 택한 한국의 경우, 지방정부의 집행기관은 지방의회와의 대립적 관계에서 지방자치 존립의 근원이 되는 지방적 사무를 수행한다. 이 경우, 기본적으로 의회의 통제와 감시를 받지만, 사무 처리에 있어서는 일정한 자율성이 보장된다.

3) 종합행정기관으로서의 지위

과학기술과 교통통신의 발달은 인간의 활동반경을 매우 넓히고 있어 전통적인 관할구역의 개념에 커다란 변화를 일으키고 있다. 또한 정부간 관계라는 표현에서 알 수 있듯이, 중앙정부와 지방정부는 상호 밀접한 관계를 가지며, 사무 또한 공관 사무 혹은 융합사무가 늘어나고 있다. 이러한 차원에서 고전적인 고유사무와 위임사무라는 구별의 실익이 점점 없어지며, 또한 실제 그 구별도 어려워지고 있는 실정이다. 따라서 국가기관 혹은 지방정부라는 차원을 넘어, 해당 지역의 행정사무는 민주적 정통성을 가진 당해 지방정부에서 처리하는 것이 바람직스럽다는 것이

---

24) 정세욱, 전게서, pp.581-582.

다. 즉, 종합행정기관으로서의 지위가 그것이다.

보편적으로 주민자치의 전통을 가진 나라에서는 지방정부의 집행기관은 지방정부의 기관으로서의 지위가 강하나, 단체자치의 역사를 갖는 나라에서는 국가기관으로서의 지위가 우월하다. 그러나 중앙과 지방과의 관계에 있어서도 상호분리보다도 상호의존성을 강조하고 있는 시대적 경향을 고려한다면, 집행기관의 지위도 종합행정기관으로서의 지위가 더 강조되리라 여겨진다.

이제까지 한국은 분권적 역사보다는 집권적 정치·행정 문화가 강한 역사를 가졌기 때문에, 지방정부의 집행기관도 지방정부의 기관으로서의 지위보다는 국가기관으로서의 지위가 월등했다고 볼 수 있다. 그러나 시민의식의 향상과 더불어 민주주의에 대한 열망이 높아짐에 따라, 기존의 전통적인 중앙 중심적 사고방식에도 많은 변화가 예상된다.

2. 단 체 장

한국은 1949년 지방자치법이 제정·공포된 후, 지방자치법의 개정이 논의될 때마다 단체장의 선임방법을 둘러싸고 여·야간의 대립이 있어 왔다. 여당은 가능한 한 선거에 의한 단체장 선출을 피하고자 하였으며, 야당은 이와는 달리 선거에 의한 단체장의 선출을 주장하였다. 단체장의 선임방법이 일본의 헌법과는 달리,[25] 한국 헌법에 명시되어 있지 않고, 법률에 유보되어 있기 때문에 지방자치 관련 법률을 제정 내지는 개정할 때, 그 선임 방법이 항상 주요 논의의 대상으로 되어 왔다. 그러나 제6공화국 출범시, 국회의 여·소야대 현상의 영향으로 단체장의 공선제가 법제화되어, 그 선임방법을 둘러싼 논란의 여지는 없어지게 되었다.

한국은 민주주의 모국이라는 영국과는 달리, 의회의 전통이 약하고 아울러 강력한 중앙집권주의의 전통으로 인하여, 대한민국 정부 수립 이후에도 항상 의회보다는 집행부 쪽에 더 많은 비중이 주어져 왔다. 이것

---

25) 일본 헌법 제93조 제2항에 의하며, 단체장, 지방의회 의원 및 법률이 정한 기타의 직원은 해당 지방정부의 주민이 이를 직접 선출한다고 되어 있다.

은 똑같은 수장주의를 취하고 있는 미국에서 중요사항이 있을 때마다 대통령이 국회에 나가 민의(民意)의 대표기관인 의원들에게 직접 호소하고 지지를 구하고 있는 데 비하여, 한국의 대통령이 그간 국회에 대하여 가져왔던 태도를 보면 바로 알 수 있을 것이다. 이러한 중앙정치의 영향을 받아 지방정치에 있어서도 의회와 집행부간의 관계가 단체장 우위, 즉 집행부 우위의 상황이 전개되고 있는 실정이다.

1) 지위의 획득

지방정부의 장은 주민이 직접 선출한다. 따라서 단체장은 주민이 직접 선출하기 때문에, 그를 뽑아준 유권자와의 정치적 약속(公約)을 실현해야 하는 정치적 책임을 안고 있다. 동시에 지역적 수준이라고는 하지만 직업으로서의 정치에 뛰어들었기 때문에, 일반적으로 재선에 의욕을 가지고서 유권자에게 가시적인 실적을 보여주고자 한다.

한국은 이제까지 극히 짧은 기간을 제외하고는, 단체장은 오랫동안 중앙에 의해 임명되어 왔다. 또한 그 재임기간도 매우 짧아,[26] 장기적 관점에서 자신의 책임하에 행정을 수행할 수 없는 실정이었다. 중앙에 의해 자신의 운명이 좌우되기 때문에 자연히 상부(중앙) 지향적인 행정이 되기 쉽다. 이는, 결국 행정이란 무엇 때문에 존재하는가라고 하는 문제와 관련된다. 군주제와는 달리, 민주제에서의 행정은 국민(주민)을 위한 행정이 되어야 한다는 사실에 이의(異意)를 제기할 사람은 없을 것이다. 여기에서 단체장의 중앙 임명제가 아닌 공선제를 주장하는 논리가 나온다. 한국도 많은 우여곡절끝에 단체장의 공선제가 입법화되어 단체장을 주민이 직접 선출하고 있지만, 이에 대한 도전 또한 만만치 않은 상황이다.

한국의 지방정부에는 광역정부(특별시, 광역시, 특별자치시, 도, 특별자치도)와 기초정부(시, 군, 구)의 두 종류가 있다(법 제2조 제1항). 그리고 특별시에 특별시장, 광역시에 광역시장, 특별자치시에 특별자치시장, 도와 특별자치

---

26) 예를 들면, 전라남도의 지사의 경우, 1948년 초대 이남규 지사로부터 1995년 마지막 임명직 지사인 제30대 조규하 지사에 이르기까지의 평균 재임기간은 1.6년에 불과한 실정이었다.

도에 지사를 두고, 시에 시장, 군에 군수, 구에 구청장을 두고 있다(법 제93조). 이러한 단체장은 주민이 이를 직접 선출한다(법 제94조). 선거의 결과, 당해 선거구에서 유효투표의 다수를 얻은 자를 당선인으로 결정하며, 최고 득표자가 2인 이상인 때에는 연장자를 당선인으로 한다(선거법 제191조 제1항).

그런데 피선거권자는 지방선거의 선거권이 있는 자로서 선거일 현재 25세 이상인 자는 모든 단체장의 피선거권을 가진다. 이와 함께 단체장으로 입후보하고자 하는 자는, 그 지역에서의 일정기간 동안의 거주 요건을 요하고 있다. 즉, 선거일 현재 계속하여 60일 이상 당해 지방정부의 관할 구역 안에 주민등록이 되어 있어야 한다(선거법, 제16조 제3항).

2) 장의 지위

단체장은 지방정부의 목적을 구체적이며 적극적으로 실현하는 최고 집행기관으로서, 당해 지방정부를 대표하며 교육·과학과 체육 사무를 제외한 지방정부의 일반적 행정사무를 통할한다. 또한 단체장은 중앙정부 혹은 상급 지방정부가 직접 혹은 그 직속의 특별지방행정 관서를 통하여 처리하는 행정사무를 제외하고는 원칙적으로 중앙정부 혹은 상급 지방정부의 하급행정기관으로서의 지위도 가진다.

(1) 지방정부 대표자로서의 지위

단체장은 지방정부의 최고 책임자로서의 지위를 갖는바, 이는 다음과 같이 두 가지로 구분될 수 있다.

첫째, 지방정부 대표로서의 지위이다. 단체장은 외부에 대하여 의례적으로 소속 지방정부를 대표하는 지위에 있다. 기관대립형을 택하고 있는 한국은 단체장이 행정 수반임과 동시에 그 지방정부의 대표자로서의 지위를 동시에 겸하고 있다.

둘째, 지방정부 집행부의 책임자로서의 지위이다. 한국의 지방정부는 의결기관과 집행기관으로 구성되어 있다. 집행부의 행정수반이라고 하는 경우, 의회와의 대비에서 당해 지방정부의 사무를 집행·관리하는 최고 책임자의 위치에 있는 경우를 일컫는다. 즉, 단체장은 교육·과학 및 체육 사무를 제외한 당해 지방정부의 일반적 행정사무를 통할한다.

(2) 국가행정기관의 책임자로서의 지위

단체장은 중앙정부 혹은 상급 지방정부의 하급 행정기관으로서의 지위도 갖는다. 지방자치의 본래적 의의를 상기한다면, 단체장은 지방정부의 기관이지, 국가기관은 아니다. 그러나 예외적으로 단체장은 법령에 의거하여 관할구역 내에서 국가사무를 수행하는 경우도 있다. 이때에 국가위임사무를 수행하는 한에 있어서는, 단체장은 국가 행정기관의 지위에 놓인다. 즉, 단체장은 국가 혹은 상급 지방정부의 행정사무를 수임·처리하는 한도 내에서는 국가공무원적인 성격을 갖게 된다. 단체장의 이러한 국가기관성은 영미적 지방자치계 국가에서보다는 유럽의 대륙적 지방자치계 국가에서 더 강하며, 또한 기초정부보다는 광역정부에서 더 강하다.[27]

3) 단체장의 권한

단체장의 권한은 집행기관의 구성 및 선임방법에 따라 다르다. 기관대립주의를 채택하고 있는 한국의 경우, 당해 지방정부의 교육·과학과 체육 사무를 제외한 모든 행정사무를 처리하고, 당해 지방정부를 통할하며, 법령에 의해 위임된 사무를 관리·집행하는 권한을 가지고 있다. 그 구체적인 내용은 다음과 같다.

(1) 지방정부의 대표 및 사무 통할권

단체장은 당해 지방정부를 대표하고, 그 사무를 통할한다(법 제101조). 지방자치법은 단체장의 지위에 대하여 '대표'와 '통할'이라는 표현으로 그 기본적 성격을 규정하고 있다. 대표란 당해 지방정부의 의사를 대외적으로 표시하는 행위를 말하는데, 여기에는 법률적 의미와 정치적 의미의 두 가지가 있다. 법률적 의미의 대표는, 단체장이 행한 행위 그 자체는 바로 법률상 지방정부의 행위로 간주된다고 하는 의미이다. 단, 단

---

27) 최창호, 지방자치제도론(삼영사, 1992), pp.512-515.

체장만이 이러한 법률적 의미에서는 유일의 대표기관은 아니다. 그 대표권의 범위는 법령의 규정에 의해 정하여지는 것으로서, 각 집행기관의 독립된 권한에는 미치지 못한다. 반면, 정치적 의미의 대표는 다른 집행기관은 물론 의회 및 주민 모두를 포함하여, 당해 지방정부의 사무에 대하여 지방정부의 입장을 집약적으로 나타낸다.[28]

사무 통할이란 지방정부 사무의 전반을 내부적으로 종합·조정하는 것을 말한다. 다만, 교육·과학 및 학예에 관하여는 관할권이 제한된다(법 제121조). 대표통할이라 함은 권한임에 틀림없으나, 그것은 단체장의 지위를 기본적으로 표시하는 추상적이며 개괄적 권한이다. 단체장에게 이와 같은 지위를 부여한 것은, 단체장이 주민의 선거로 취임된 독임제 기관이기 때문이다.

(2) 지방정부 사무의 관리 집행권

지방정부에서 시행하는 국가사무는 법령에 특별한 규정이 없는 한, 단체장에게 위임하여 행하며(법 제102조), 아울러 단체장은 당해 지방정부의 사무와 법령에 의하여 그 단체장에게 위임된 사무를 관리하고 집행한다(법 제103조).

여기에서 '지방정부의 사무'라 함은 일반적으로 지방자치법 제9조 제1항에서 말하는 사무, 즉 지방정부 관할 구역의 자치사무와, 법령에 의하여 지방정부에 속하는 사무를 말한다. 이들 사무는 특별한 규정이 없는 한, 모두 지방정부의 사무로서 단체장의 책임하에 집행한다.

(3) 지방정부 사무의 위임·위탁권

단체장은 조례가 정하는 바에 따라 그 권한에 속하는 사무의 일부를 위임 혹은 위탁할 수 있다(법 제104조). 여기에서 '위임'이란 상하관계에 있는 기관간을 말하고, 그러하지 아니한 관계를 '위탁'이라 한다. 위임과 위탁을 합하여 임탁(任託)이라고도 한다. 권한의 위탁은 행정청이 그 권한의 일부를 다른 기관에 이전하고, 위임받은 자(수임자)가 이를 자기의 책

---

28) 川村仁弘 外編, 地方自治法講座6—執行機關(東京: ぎょうせい, 1990), p.45.

임으로 수행하는 것을 말하는 것으로 단순한 사실상의 위임인 내부 위임과는 다르다. 위임으로 인해 위임청은 위임한 사무의 처리 권한을 잃게 된다.29)

권한의 위임은 사무의 위임이라고도 하는데, 국가의 행정사무로서 지방정부에 위임되어 있는 단체위임사무와 같은 위임은 여기에서 말하는 위임이 아니다. 권한을 위임하는 행정청은 위임청, 권한의 위임을 받는 행정기관은 수임청이라고 한다. 수임청은 지휘명령권에 복종하는 행정기관도 있고, 지휘명령권에 복종하지 않는 대립적인 행정기관의 경우도 있을 수 있다.30)

(4) 소속 직원에 대한 지휘·감독권 및 인사권

단체장은 소속 직원을 지휘·감독하고 법령과 조례·규칙이 정하는 바에 의하여, 그 임면·교육훈련·복무·징계 등에 관한 사무를 처리한다(법 제105조). 여기에서 '소속직원'이라 함은 단체장의 권한집행을 일상적으로 보좌하는 행정내부기관의 직원을 말한다. 단, 광역정부의 부시장과 부지사는 시·도 지사의 제청으로 안전행정부장관을 거쳐 대통령이 임명한다. 즉, 시·도 지사는 시·도의 부단체장에 대한 임명제청권을 갖는다. 이 경우, 제청된 자에게 법적 결격사유가 없는 한 30일 이내 그 임명절차는 종료하여야 한다(법 제110조 제3항). 한편, 기초정부의 부단체장은 단체장이 임명하도록 되어 있다(법 제110조 제4항)

한국은 공무원의 임용 및 승진시험 등의 실시 등을 위하여 인사위원회를 설치하도록 되어 있지만, 그 위원을 해당 단체장이 임명 혹은 위촉하도록 되어 있어, 위원회의 본래적 정신을 살릴 수 있을는지 의문이다.31)

---

29) 홍정선, 전게서, p.376.
30) 園部逸夫 外, セミナー地方自治法(東京: ぎょうせい, 1977), p.279.
31) 일본의 경우는 행정위원회의 일종으로서 인사위원회 혹은 공평위원회에서 인사행정에 관한 제반 사항을 통괄한다(일본 지방자치법 제202조의2). 위원은 3인으로 되어 있으며, 의회의 동의를 얻어 단체장이 선임하도록 되어 있다. 이 위원은 동일 정당에 2인 이상이어서는 아니 된다(일본 지방공무원법 제9조).

(5) 소속 행정청과 관할 지방정부에 대한 지도·감독권 및 직무이행명령권

단체장은 그 관할구역 안에 있는 하부 행정기관과 지방정부를 지도·감독한다.

첫째, 단체장은 그 소속의 각급 행정청을 지휘하고 감독하며, 아울러 그 장을 임명한다. 즉, (일반)시장이 구청장 또는 동장을, 자치구 청장이 동장을, 군수가 읍장 혹은 면장을 임명하며, 지휘·감독한다(법 제118조).

둘째, 단체장은 그 관할 구역 안의 지방정부를 지도·감독한다. 즉, 광역정부의 단체장은 그 관할구역 안에 있는 기초정부 사무에 관하여 조언 혹은 권고하거나 지도할 수 있으며, 이를 위하여 필요한 때에는 자료 제출을 요구할 수 있다(법 제166조). 또한 기초정부의 단체장의 명령 혹은 처분이 법령에 위반하거나 혹은 현저히 부당하여 공익을 해친다고 인정될 때에는, 광역정부의 단체장은 기간을 정하여 서면으로 시정을 명하고, 그 기간 내에 이행하지 아니할 때에는 이를 취소하거나 정지할 수 있다. 다만 자치사무에 관한 명령이나 처분에 있어서는 법령에 위반하는 경우에 한한다(법 제169조).

셋째, 광역정부의 단체장은 기초정부의 단체장에 대하여 직무이행명령권을 가진다. 광역정부로부터 기초정부의 단체장이 사무를 위임받아 처리하는 경우에, 그 위임받은 사무의 집행이나 관리를 명백히 게을리하고 있다면, 시·도 지사는 기간을 정하여 서면으로 그 이행할 사항을 명령할 수 있다. 그 경우, 당해 단체장이 기간 내에 이를 이행하지 아니할 때에는 당해 지방정부의 비용부담으로 대집행하거나 행정·재정상 필요한 조치를 취할 수 있다(법 제170조).

이들 조항에 의하여 같은 지방정부이면서도 광역정부인 시도는 기초정부인 시·군·구를 지도하고 감독할 수 있다. 그러나 오늘날 지방자치단체를 지방정부라고 부르며, 중앙과 지방과의 관계도 종래와 같이 상하 권력적 관계가 아닌 상호 대등한 협력적 관계 내지는 상호 의존관계로 보아야 한다는 견해가 대두되고 있는 경향을 참고로 한다면,[32] 이 규정

---

32) 예를 들면, 미국의 D. S. Wright, *Understanding Inter Governmental Rela-*

은 재고되어야 할 것이다. 이는 선진국 중에서도 가장 중앙집권적인 성향이 강했던 프랑스에서조차도, 1980년대 미테랑 정권이 들어서면서부터 분권화 시책을 추진하여, 1983년 1월 7일자의 '시읍면·도·레종 및 국가간의 기능배분'에 관한 법률에서 '지방정부간의 감독금지의 원칙'을 법률로써 명문화시키고 있음에서 잘 나타나고 있다.[33]

(6) 재정에 관한 권한

단체장의 재정에 관한 권한은 예산안 편성에 관한 권한과 지방채권·지방채무의 관리에 관한 권한이 있다. 먼저 예산안 편성에 관한 권한으로는 예산편성권과 집행권, 그리고 지방채 발행권 등이 있다. 기본적으로 예산편성권과 집행권은 집행부에 있으며, 집행부의 책임자인 단체장은 매 회계연도마다 예산을 편성하여 의회에 제출하여야 하며, 의회에서 통과된 예산을 성실히 집행할 책무를 진다.

다음으로, 지방채권·지방채무의 관리에 관한 권한이다. 단체장은 따로 법률이 정하는 바에 따라 지방채를 발행할 수 있으며, 지방정부의 채무부담의 원인이 될 계약의 체결이나 그 밖의 행위를 할 수 있다. 또한 단체장은 공익을 위하여 필요하다고 인정하면, 미리 지방의회의 의결을 받아 보증채무 부담행위를 할 수 있다(법 제124조).

지방자치가 완전 복원된 이후, 해당 지방정부는 지역진흥을 위한 노력에 많은 관심을 가지고 있으며, 그리하여 지역발전을 위한 재정 조달의 한 방편으로서 지방채 발행이 중요시되고 있다. 따라서 지방채 발행의 승인권을 갖는 중앙정부는 종전과는 달리, 지방채 발행의 승인 등 재정을 통한 지방통제 방법을 더욱 강화해 나갈 것이다.

(7) 지방의회에 관한 권한

지방의회에 대하여 단체장이 갖는 권한은 다음과 같다. 첫째, 의회 출석 및 진술권이다. 단체장은 지방의회나 위원회에 출석하여 행정사무

---

tions(1988); 영국의 R. A. W. Rhodes, *Control and Power in Centrol-Local Government Relations*(1983); 일본의 村松崎夫, 地方自治(1988) 등이다.

33) 鄭世煜, 전게서, pp.207-208.

의 처리상황을 보고하거나, 의견을 진술하고 질문에 응답할 수 있다(법 제42조 제1항). 둘째, 지방의회 의결에 대한 재의 요구권이다. 단체장은 지방의회가 의결한 사항 중에서 월권·법령 위반 또는 반공익의 경우(법 제107조), 예산상 집행 불가능한 의결의 경우(법 제108조), 조례안에 이의가 있는 경우(법 제26조 제3항) 등에 대해서는 이유를 붙여 재의를 요구할 수 있다. 셋째, 임시회 소집 요구권(법 제45조 제2항), 지방의회 사무국 직원의 임명권 및 일부 직원 임용권에 대한 위임권(법 제91조), 단체장이 지방의회에 부의할 안건의 공고권(법 제46조), 지방의회에서 의결할 의안의 발의권(법 제66조 제1항) 등이 있다.

(8) 선결처분권

선결처분권이란 단체장이 의회의 의결사항 중, 주민의 생명과 재산 보호를 위하여 긴급하게 필요한 사항으로서 지방의회가 성립하지 아니한 때, 지방의회를 소집할 시간적 여유가 없을 때, 그리고 지방의회에서의 의결이 지체되어 의결되지 아니한 때에 한하여 미리 처분할 수 있는 권한을 말한다(법 제109조). 이 선결처분은 긴급결정이라 할 수 있다. 이와 유사한 선결처분제도는 교육감에게도 인정되어 있다. 선결처분은 지체 없이 지방의회에 보고하여 승인을 얻어야 한다. 만약 승인을 얻지 못하면, 선결처분은 그 효력을 상실하게 된다.

(9) 입법에 관한 권한

단체장은 조례공포권과 조례안 거부권(법 제26조), 규칙 제정권(법 제23조) 등의 입법에 관한 권한을 갖는다.

4) 단체장의 의무

단체장은 당해 지방정부의 최고책임자로서 당해 지방정부를 대표한다. 이와 함께 단체장이 수행하는 업무는 광범위할 뿐만 아니라 그 임무가 주로 주민의 생활안정 및 복지증진에 관련된 비권력적 사무가 대부분이다. 따라서 단체장은 대표자로서의 품위를 유지하여야 할 뿐만 아니라, 지역민의 복리증진을 위하여 맡은 바 직무에 충실하여야 한다. 그러하기 위하여서는 다음과 같은 의무가 부과되고 있다.

(1) 겸직금지의무

단체장은 국회의원 혹은 지방의회 의원, 헌법재판소 재판관 등의 직을 겸임할 수 없다(법 제96조 제1항).

(2) 영리사업금지의무

단체장은 재임중 당해 지방정부의 영리를 목적으로 하는 거래를 하거나, 당해 지방정부와 관련 있는 영리사업에 종사할 수 없다(법 제96조 제2항). 이상과 같이 법 해석상으로는 상기 이외의 영리사업은 할 수 있는 것으로 볼 수 있다. 그러나 지방공무원법 제56조(영리업무의 겸직금지)와의 관계상 일체의 영리사업을 할 수 없다고 보아야 할 것이다. 이것은 공정한 직무집행을 보장하기 위한 것이다.

(3) 사무인계의무

단체장이 퇴직하는 경우에는 그 소관사무의 일체를 후임자에게 인계하여야 한다(법 제106조). 이러한 의무는 퇴직시 나타날 수 있는 행정의 공백·혼란·누수를 방지하기 위하여 명문으로 규정한 것이다. 이 조항에서는 단체장이 퇴임하는 경우만을 규정하고 단체장의 해임 등에 대해서는 구체적인 제재조치가 없어 혼란이 일어날 수 있다. 그 경우에도 이 조항은 준용되어야 할 것이다. 아울러 단체장이 바뀜에 따른 사무인수인계의 절차 등은 지방자치법 시행령 제66조-제70조에 자세하게 기술되어 있다.

5) 지위의 상실

(1) 단체장의 임기만료에 의한 상실

단체장의 임기는 4년이다. 그 임기는 전임자의 임기만료일의 다음날로부터 개시된다. 임기가 만료되면, 단체장의 지위는 당연히 상실된다. 임기의 기산일과 취임일은 반드시 동일한 것이 아니다.

(2) 폐치·분합으로 인한 상실

지방정부가 다른 지방정부에 편입됨으로 인하여 폐지되는 경우, 그 폐지된 단체장은 그 직을 상실한다. 또한 2개 이상의 동격의 지방정부가 하나의 새로운 지방정부로 될 경우, 종전의 단체장 중 어느 한쪽은 그 직을 상실하게 된다(법 제97조).

(3) 사임 및 사망으로 인한 상실

단체장은 사임할 수 있다. 단체장이 그 직을 사임하고자 할 때에는 당해 지방의회 의장에게 서면으로 통지하여야 한다(법 제98조). 또한 단체장이 재임중 사망하는 경우에도 당연히 그 직은 상실된다.

(4) 단체장의 퇴직으로 인한 상실

단체장은 단체장이 겸임할 수 없는 직에 취임하거나 피선거권이 없게 될 때에도 그 직을 상실하게 된다.

(5) 소환(Recall)에 의한 상실

단체장은 주민들의 소환에 의하여 단체장 직을 상실할 수 있다(법 제20조, 주민 소환에 관한 법률).[34]

6) 단체장의 역할

한 지역사회의 정치적 리더로서의 단체장의 역할과 책임은 막중하다. 특히, 수평적 정치·행정 문화보다는 수직적 정치·행정 문화의 전통이 강한 한국 지역사회에서의 단체장은 더욱 그러하다. 따라서 단체장은 지방정부의 대표자이면서 공공관리를 수행하는 정치적 관리자라는 관점에서 보아야 한다. 집행기관을 책임지고 있는 단체장의 역할은 그들이 가지고 있는 법적 권한과 정치행정적 위상으로부터 기대되고 인식되는 면과, 실제 행위와 행동으로 나타나고 있는 면을 모두 포함한다.[35]

---

34) 주민소환제에 대해서는 다음의 문헌 참조. 김영기, 한국의 주민소환제(대영문화사, 2006).

35) 이달곤 외, 지방자치론(박영사, 2012), pp.262-263.

(1) 미래 비전 제시자로서의 역할

조직의 존재 근거인 임무를 항상 분명히하는 것이 리더의 중요한 기능이다. 명확한 비전과 목표는 조직이나 공동체의 발전에 결정적인 역할을 한다. 아울러 이러한 비전과 목표를 실현시킬 수 있는 중단기 전략도 세밀하게 세워야 한다. 지역사회의 비전과 목표도 하나의 지방정부로서 조직이 잘 갖추어야 할 중요한 요소이지만, 이에 못지 않게 중요한 것은 지역사회 구성원의 공감대를 이끌어낼 수 있는 전략의 수립이다. 지역사회의 비전과 목표 설정 과정이 개방적이며 절차적 정당성을 확보할 때, 지역사회의 공동체는 더욱 결집될 수 있을 것이다.

(2) 정책문제의 발견 및 제안자로서의 역할

단체장은 단순히 주어진 문제를 해결하는 차원을 넘어, 지역사회와 주민을 위한 새로운 정책문제를 찾아내어, 이를 성공적으로 정책의제화시키는 역할이 요청된다. 지역사회의 정책문제를 제안하기 위하여 단체장은 해당 지역사회가 품고 있는 지역문제와 그 사회·경제적 환경에 대하여 숙지하고 있어야 한다. 왜냐하면, 문제의식은 이를 볼 수 있는 사람에게만 보이기 때문이다.

정책문제의 제안은 일차적으로 지방정부 내에서 이루어질 수 있다. 그러나 이러한 제안이 꼭 지방정부 내에 국한될 필요는 없다. 오히려 이러한 문제를 중앙정부의 정책의제로 승화시켜 나가는 데 더 큰 의미가 있을 수 있다. 한국과 같이 중앙정부의 역할이 강해, 중앙정부의 협력과 지원, 또는 승인이 없이는 지역사회를 위한 의미있는 사업을 제대로 할 수 없는 상황에서는 더욱 그러하다.[36]

(3) 지역문제 해결 및 조정자로서의 역할

단체장은 지역문제 해결을 위한 조정자로서의 역할이 기대된다. 사회가 민주화되면 될수록, 사회구성원간의 이해 대립이 심화되고, 따라서 이를 조정하는 역할이 중요시된다. 지역사회의 공공부문에 대한 대표자

---

36) 김병준, 지방자치론(법문사, 2009), pp.517-518.

로서의 단체장은 사회문제 인지에 누구보다도 먼저 알 수 있는 위치에 있기 때문에, 지역문제가 크게 대두되기 전에 이를 조정하는 역할이 요청된다. 특히 광역정부의 단체장은, 지방장관으로서 그 지역사회 내의 문제뿐만 아니라 중앙정부와의 관계에서 갈등이 발생했을 때, 그 지역관리의 공적인 책임자로서 이의 해결을 위하여 노력하여야 한다. 공식적이지 않지만 한때 과거 정권하에서 상례화되어 부정기적으로 모였던 협의체적 성격의 소위 말하는 '지역기관장회의'를 현대적으로 재해석하여 활성화시키는 방안도 강구해 볼 만하다.

(4) 지역 경영의 기획가로서의 역할

단체장에게는 해당 지역 경영의 기획가로서의 역할도 요구된다. 즉, 지방자치의 실시는 타 지역보다 자기 지역이 보다 쾌적한 환경 속에서 안락한 생활을 영위할 수 있는 정책을 단체장에게 요구할 것이며, 지역 간의 선의의 경쟁의식을 유발시킬 것이다. 이러하기 위해서는 장·단기 계획이 필요할 것이며, 지역민의 지혜를 응집시킬 수 있는 방안들이 강구되어야 한다. 지역의 활성화는 공적 분야만의 노력으로는 그 한계가 있다. 민간분야가 급속히 성장하고 있는 실정을 감안하여 볼 때, 지역발전을 위해 이들과의 협조를 강구하고, 또 그들을 지원해 주는 역할도 장에게는 매우 중요하다.[37]

또한, 단체장은 지역사회의 경제를 활성화시켜 지역 주민들에게 일자리를 마련해 주고, 더불어 지방정부의 재정기반을 튼튼하게 하는 자치경영자로서의 역할이 필요하다. 일종의 공공기업가로서의 역할이 요청된다는 것이다. 자본주의의 심화에 따라 지역 주민의 지역 경제 활성화에 대한 욕구가 증대해지기 때문에, 기업가적인 정신을 가진 단체장이 요청될 것이다.

(5) 집행기관의 운영자로서의 역할

단체장은 내부의 효율적인 관리를 통하여 집행부를 효율적으로 관리

---

37) 오재일, "지방자치단체의 장의 지위와 역할", 광주·전남 행정학보 제2호, 1992, pp.32-33

하여야 한다. 단체장이 조직 내부를 관리한다는 것은 직원들간의 갈등을 조정하고, 동기유발을 통하여 조직의 생산성을 높이기 위함이다. 그럼으로써 대 주민 서비스를 향상시킬 수 있다. 이러한 역할을 잘 수행할 수 있도록 집행부 업무에 대한 지휘·감독권이 포괄적으로 부여되고 있다. 단체장의 관리·집행자로서의 역할은 단체장의 전통적인 역할 중의 하나이며, 지금도 중요하다고 할 것이다. 다만, 교통 통신과 정보기술의 발달에 힘입어, 행정환경이 급변하고 있는 점을 고려하여 단체장은 민간 기업 등에서 활용되고 있는 새로운 관리기법에 대하여 꾸준한 관심과 함께 공공부문에의 적용을 적극적으로 검토해야 한다.

(6) 합리적 분권 운동가로서의 역할

지방자치가 외형적으로 완비되었다고 하지만, 그 내용을 보면 아직도 지역민주주의에 기초한 지방자치가 잘 운영되고 있다고 보기 어렵다. 지방자치 최일선에서 지역 발전을 위하여 노력하는 단체장은 정부간의 역할을 선진 수준으로 만들기 위한 노력을 경주하여야 한다. 풀뿌리 민주주의로서의 지방자치가 그 뿌리를 내릴 수 있도록, 보충성의 원칙에 입각한 정부간 기능과 재원의 재배분을 도모하는 한편, 지방분권운동이 행정적 분권 차원을 넘어 입법적 분권과 사법적 분권으로까지 확대될 수 있도록 노력해야 한다.

7) 단체장의 제 기관

(1) 보조기관

단체장의 보조기관에 대해서는 지방자치법 제6장 제2절에 규정되어 있다. 일반적으로 보조기관이라 함은 행정청, 즉 단체장의 내부적 기관으로서 단체장의 의사와 판단의 결정 및 표시에 관하여 이를 보조하는 권한을 갖는 행정기관을 말한다. 따라서 보조기관은 행정청의 권한을 대행하는 경우를 제외하고는 스스로 의사를 결정하거나, 이를 대외적으로 표시할 권한이 없다. 그러나 행정기관(행정청)과 보조기관과의 이러한 구별은 어디까지나 법률형식상의 구별에 불과하다. 현실의 행정과정에서는 하나의 행정결정을 하는 데 각 보조기관이 상호 협의 과정을 거친 후, 최종적으로 행정청의 명의로 표시되는 것이 통례이다. 이런 의미에서 보조기관이 하는 사실상의 역할은 매우 크다.[38] 지방자치법에는 단체장의 보조기관으로서 부단체장(법 제110조)과 각종 행정기구와 공무원(법 제112조)들 두도록 되어 있다.

가) 부단체장

지방정부의 부단체장은 해당 지방정부의 장의 최고 보조기관이며, 단체장과 일체가 되어 그 직무를 수행하는 매우 중요한 위치에 있다. 그 때문에 지방자치법 제110조에는 일반 공무원 규정에서 볼 수 없는 특별규정이 있다.

부단체장은 단체장을 보좌하고 직원의 사무를 감독하며, 경우에 따라서는 단체장의 직무대리 등 중요하고도 광범위한 직무수행의 내용을 가지고 있다. 이러한 중요한 위치에 있음에도 불구하고 광역정부 부단체장의 경우, 그 임명은 당해 단체장이 제청한 자를 안전행정부 장관을 거쳐 대통령이 하도록 되어 있다. 부단체장이 갖는 중요성에 비추어 볼 때, 지방의회의 관여가 완전하게 배제된 것도 문제이다. 뿐만 아니라, 지사와 대통령이 갈등관계에 있을 때, 제청권자와 임명권자가 상이함으로써 문제발생의 소지가 있을 수 있다. 이를 해결하기 위하여 지방자치법은 제청된 자에게 법적 결격사유가 없는 한, 30일 이내에 그 임명절차를 종료하여야 한다고 규정하고 있지만 근본적인 치유책은 되지 못한다. 이는 지방자치의 중요 원칙이라고 할 수 있는 기관의 자기선임권에 위배되는 것으로서 재고되어야 할 것이다. 반면에 기초정부의 경우, 부단체장은 당해 기초정부의 단체장이 임명하도록 되어 있다.

나) 행정기구

지방정부의 구체적인 업무는 조직을 통하여 수행된다. 따라서 행정조직을 어떻게 할 것인가는 매우 중요하다. 한국은 지방정부의 사무를 분장하기 위하여 필요한 행정기구를 두되, 대통령령이 정하는 기준에 따

---

38) 구병삭, 지방자치법(박영사, 1991), pp.305-306.

라 당해 지방정부의 조례로 정하도록 하고 있다. 다만, 안전행정부장관은 지방정부의 행정기구가 적정하게 운영되고, 다른 지방정부와의 균형이 유지되도록 하기 위하여 필요한 사항을 권고할 수 있도록 하고 있다(법 제112조).

다) 지방정부의 직원

행정기구가 설치되면, 이를 움직일 인적 자원이 필요하다. 이것이 지방공무원이다. 지방정부에는 당해 지방정부의 경비로서 부담하는 지방공무원을 두되, 그 정원은 대통령령에 정한 기준에 따라 당해 지방정부의 조례로 정하도록 되어 있다. 아울러 안전행정부장관은 지방공무원의 정원이 적정하게 운영되고, 다른 지방정부와의 균형이 유지되도록 하기 위하여 필요한 사항을 권고할 수 있다. 지방공무원의 임용과 시험, 자격 등에 관하여는 따로 법률로 정하도록 하고 있다(법 제112조). 이것이 지방공무원법이다. 또한 지방정부에는 법률이 정하는 바에 따라 국가공무원을 둘 수 있도록 하고 있다. 지방정부에 국가공무원을 배치하는 것은 지방자치의 본질에 비추어 타당하지 않다. 따라서 지방자치의 본질에 맞도록 지방정부에 국가공무원을 배치하는 일은 재검토되어야 한다.

(2) 소속행정기관

단체장의 보조기관이 지방정부의 업무를 효율적으로 수행하기 위한 지역적 분장조직이라면, 소속 행정기관은 주로 기능적인 측면에서의 분장조직이라고 할 수 있다. 여기에는 직속기관, 사업소, 출장소, 그리고 합의제 행정기관이 있다(법 제113조-제116조).

가) 직속기관

지방정부는 대통령령 또는 당해 지방정부의 조례가 정하는 바에 의하여 소방기관·교육훈련기관·보건진료기관·시험연구기관 및 중소기업지도기관 등을 직속으로 설치할 수 있다. 또한 제주특별자치도에 한해 자치경찰기관을 두도록 하고 있다.

나) 사 업 소

지방정부는 특정업무를 효율적으로 수행하기 위하여 필요한 때에는 대통령령이 정하는 바에 의하여 당해 지방정부의 조례로써 사업소를 설치할 수 있다. 이렇게 하여 설치된 사업소에서는 법령이나 조례에 위반하지 아니하는 범위 내에서 사업소 규칙을 제정할 수 있다. 그리고 자세한 사업계획과 거기에 따른 재정계획도 수립하여 사업수행에 차질이 없도록 하여야 한다.

다) 출 장 소

지방정부는 원격지 주민의 편의와 특정지역의 개발촉진을 위하여 필요한 때에는 대통령령이 정하는 바에 의하여 당해 지방정부의 조례로 출장소를 설치할 수 있다. 이 조항은 단체장에 속하는 권한의 지역적 분장에 관한 규정이다. 사무분장으로 권한의 이양이 수반되는 것은 아니다. 단지, 주민편의와 특정지역의 개발을 위하고 업무 수행시의 종합성과 계속성을 위한 사실상의 사무분담을 의미한다. 사업소가 특정업무를 위한 것인 데 비하여, 출장소는 일반적인 권한을 가진 종합적 행정기관의 성질을 갖는 점이 다르다.

라) 합의제 행정기관

지방정부는 그 소관사무의 일부를 독립하여 수행할 필요가 있는 때에는 법령 또는 당해 지방정부의 조례가 정하는 바에 의하여 합의제 행정기관을 설치할 수 있다. 이러한 합의제 행정기관의 설치·운영에 관하여 필요한 사항은 대통령령 또는 당해 지방정부의 조례로 정한다. 합의제 기관 설치는 더욱 전문화·복잡화되고 있는 현대 사회의 행정수요에 대한 대응이라고 할 수 있다. 이 합의제 기관은 첫째, 고도의 전문지식이나 기술이 요청되는 경우, 둘째, 중립적이고 공정한 집행이 필요한 경우, 셋째, 주민의사의 반영과 이해관계의 조정이 필요한 경우 등에 설치할 수 있다.

마) 자문기관의 설치

지방정부는 그 소관사무의 범위에서 법령이나 그 지방정부의 조례로 정하는 바에 따라 심의회·위원회 등의 자문기관을 설치·운영할 수 있도

록 하고 있다. 자문기관 등의 설치 요건은, 첫째, 업무의 특성상 전문적
인 지식이나 경험이 있는 사람의 의견을 들어 결정할 필요가 있거나, 둘
째, 업무의 성질상 다양한 이해관계의 조정 등 특히 신중한 절차를 거쳐
처리할 필요가 있는 경우 등이다. 이 자문기관의 위원은 비상임으로서 3
년을 넘지 아니하도록 하여야 한다.

(3) 하부행정기관

지방정부에는 지방정부의 기능을 지역적으로 분담하여 수행하는 하
부 행정기관이 있다. 이들은 위에서 말한 보조기관과는 달리, 외부적으로
지방정부의 의사를 표시하고 그에 따른 법적 효과를 발생시키는 행정청이
다.[39] 하부 행정기관은 지방자치법 제117조-제120조에 규정되어 있다.

하부 행정기관으로는 자치구가 아닌 인구 50만 이상의 도시에 설치
되어 있는 (행정)구, 시·군·구 산하에 있는 읍면동이 있다. 구청장은 일반
직 지방공무원으로 보하되, 시장이 임명한다. 읍장·동장·면장은 일반직
지방공무원으로 보하되, 당해 지방정부의 장이 임명한다. 이들 하부 행정
기관의 장들은 소속 단체장의 지휘·감독을 받아 소관 국가사무 및 지방
정부의 사무를 맡아 처리하고, 소속 직원을 지휘·감독한다.

또한 이들 하급 행정기관에는 소관 행정사무를 분장하기 위하여 필
요한 행정기구를 두고 있다. 이 행정기구는 주민과 가장 가까이에 있는
첨단 행정기관으로서 해당 하부 행정기관 책임자(구청장, 동장, 읍장, 면장)
의 보조기관이다. 이들 기관을 일반적으로 중앙으로 가장 멀리 떨어져
있는 말단 행정기관이라고 하지만, 자치시대에는 주권재민자로서의 주인
인 주민에 가장 가까이에 있는 첨단 행정기관이다. 이 첨단 행정기관에
근무하는 공무원이 주로 주민과의 일상적 접촉을 가지며, 이들을 통하여
정부의 추상적인 정책은 구체화되고, 아울러 주민으로부터 그 평가의 대
상이 된다. 따라서 주민과의 최일선에서 근무하는 공무원을 통하여 중앙
정부의 정책이 집행되고, 평가받는다는 측면에서 이들의 공무원의 행태
는 매우 중요하다.

---

39) 이기우, 지방자치행정법(법문사, 1991), p.198.

제6장
한국 지방자치 실제와 그 과제

1984년 11월의 여·야간의 타협의 결과, 1961년 5·16 군사 쿠데타 이후 중단되어 왔던 지방자치를 1987년 상반기부터 단계적으로 실시하기로 하였다. 이 지방자치 실시의 발표는, 그간의 민주화의 추진과 관련하여 지방자치에 대한 국민의 관심을 높이는 계기가 되었다. 이는 지방자치의 단계적 실시라고 하는 정부의 발표 이후, 정부의 대응이라든가 여러 학회의 지방자치 실시와 관련된 빈번한 학술 세미나에서 잘 나타나고 있다.[1]

이와 같은 지방자치에 관한 관심의 고조는 1980년대 제5공화국의 등장과 더불어 지방자치에 대한 헌법상의 규정의 진전에서도 그 직접적인 이유를 찾을 수도 있지만, 보다 근원적인 것은 지난 반 세기 동안 경제발전에 따른 정치적 사회적 발전이 거기에 상응하지 못하고 그 갭이 심화되어 그것을 좁히고자 하는 국민적 여망의 반영이라고 할 수 있다. 이러한 국민의 여망을 제5공화국 지도자들이 받아들일 수밖에 없었고, 그것은 민주화의 추진과 관련하여 지방자치의 실시로 귀착되었다고 할 것

---

1) 1985년도만의 지방자치와 관련된 학술 세미나를 살펴보면, 다음과 같다.
   ① 6월의 한국 행정학회외 주최: 지방학술 발표회-지방자치하의 지방행정-
   ② 6월의 한국 공법학회 주최: 지방자치에 관한 하계 세미나.
   ③ 9월의 한국 地方行政 연구소 주최: 2000년대 환경변화와 지방행정.
   ④ 10월의 지방행정연구소(사) 주최: 한국 지방자치의 적정모형과 접근방법.
   ⑤ 10월의 한국 공법학회 주최: 지방자치에 관한 추계 세미나.
   ⑥ 11월의 대한 국토 계획학회 및 전남대학교 지역개발 연구소 주최: 지방자치와 지역개발.
   ⑦ 11월의 한양대학교 행정문제 연구소 및 경향신문사 주최: 한국의 지방자치제 정착에 관한 연구 등이다.

이다. 왜냐하면, 지방자치와 민주주의와의 상관성은 일부의 부정론에도 불구하고, 근대 국가 성립 이후 그 상관성이 존재한다고 생각되기 때문이다.

한편, 사회적 변동에 수반한 지방자치의 실시에 의하여 한국의 지역사회는 커다란 변화를 맞이하고 있다. 이와 같은 전환기를 맞이하고 있는 한국의 지방자치제도의 발달 과정과 그 현황 및 과제를 살펴보고자 한다.

제1절 한국 지방자치의 발달과정

1. 한국정부 수립 이전의 지방행정 제도

한국에 있어서의 근대적 의미의 지방자치의 시발점은 1949년 7월 4일의 법률 제32호로서 제정·공포되고, 동년 8월 15일부터 그 효력이 발생한 지방자치법으로부터이다. 그 이전은 근대적 의미의 지방자치라고 하기보다도 중앙정부의 일선기관으로서의 지방행정 제도의 변천에 불과하였다.

한국에 있어서 지방행정은 전통적으로 중앙으로부터 파견된 강력한 권한을 가진 외관(外官)에 의해 수행되어져 왔다. 그 당연한 귀결로서 지역의 주민이 당해 지역의 행정에 참가하여 통제한다고 하는 근대적 의미의 지방자치란 있을 수 없었다. 물론, 고려 초기의 사심관(事審官) 혹은 향직단체(鄕職團體), 조선시대의 향약(鄕約)·향청(鄕廳) 등에서 볼 수 있듯이 한국 고유의 자치적 요소가 전혀 없었다는 것은 아니다. 그러한 제도라든가 관행은 그 지역에 뿌리를 내리고 있는 지역유지의 대표들에 의하여 운영되었던 것이 상례였으며, 아울러 중앙으로부터도 어느 정도 독립적인 지위가 인정되었다는 점에서도 자치적 요소를 찾을 수 있다. 그러나 이러한 제도라든가 관행에는 주민의 참가와 통제가 보편적으로 인정되어 있지 않았을 뿐만 아니라, 그 주된 활동이 유교적 예속의 장려에 놓여 있었다는 점으로부터도 근대적 의미에서의 지방자치 관념과는 거리가 있다. 더욱이 그러한 제도 혹은 관행의 목적이 일반주민의 행정에의 참여의 실현 내지는 주민의 의사의 반영에 있었던 것도 아니다. 오히려 그 지역의 토호 내지는 유학자·퇴관 등의 당해 지역에 뿌리 깊은 세력가들의 지위와 권세를 관(官)의 관여로부터 지키고자 하는 데 그 주된 목적이 있었고, 경우에 따라서는 서민(庶民)에 대하여 관보다도 더욱 수탈적 존재이었다는 지적조차 있다.[2]

　　한국에서 근대적 의미의 지방자치가 하나의 시대적 흐름으로써 인식되어, 제도상으로 성립된 것은 갑오경장 직후였다. 즉 1895년 5월 26일 조정(朝廷)은 칙령(勅令) 제98호로서 지방관제(地方官制)를 개정·공포하여 조선조 초기인 태종(太宗) 13년(1413년) 이래 482년간 지속되어온 8도제(道制)가 폐지되고 소지역주의를 채택하게 됨으로써 23부제(府制)가 실시되었다. 계속하여 동년 11월 3일에는 향회조규(鄕會條規)와 향회변무규정(鄕會辨務規定)에 의한 향회(鄕會)를 설치했다. 이것은 지방의 공공사무 처리에 있어서 당해 지역 주민의 참여를 인정했었다는 점에서 그 의의는 무시할 수 없다. 이 조규(條規)에 의할 것 같으면, 면의 집행기관인 '집강'(執綱)과 리의 집행기관인 '존위'(尊位)는 관으로부터 임명되는 대신에, 집강은 매년 정월에 면 내의 각 존위와 공선인(公選人)이, 그리고 존위는 매년 정월에 리민(里民) 총회에서 선출되도록 되어 있었다. 이 집강과 존위는 임기 1년의 명예직이었다. 만약, 그들이 그 임무에 반할 때에는 동일한 방법으로 개선될 수 있었다. 향회에 부의될 사항은 교육, 호적 및 지적, 위생, 사창(社倉), 도로·교량, 식산(殖産)·흥업(興業), 공공산림·제방·항만, 제반조세 및 납세, 환란(患亂)의 상휼(相恤), 공공복무(公共服務), 신식령(新式令)의 정비, 제반계약 등의 12항목이었다. 이들 항목들은 오늘날 지방정부가 수행하고 있는 행정업무의 대부분을 차지하고 있다.

---

2) 김보현·김용래, 지방행정의 이론과 실제(박영사, 1983), p.184.

<그림6-1> 향회의 조직

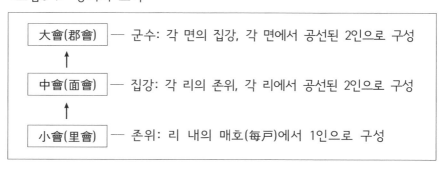

이 향회는 <그림6-1>서 보는 바와 같이, 지방자치의 기본원리의 하나라고 말할 수 있는 기관의 자기선임 원칙이 아주 잘 그려져 있다.3) 그러나 19세기말에 싹트기 시작한 자치의식의 태두는 당시의 정치가 내외의 환경 변화에 능동적·주체적으로 대처하지 못한 결과, 주권의 상실과 함께 제도로서 정착하지 못하고 말았다.

한일합병과 동시에 일본 제국주의는 1910년 9월 30일 조선총독부 관제(官制)와 지방관(地方官) 제도를 공포하여, 식민지 통치에 필요한 기반을 다졌다. 그 후, 지방제도는 해방될 때까지 일관되게 식민지 통치 정책과 관련되어 정리·개편되었다. 말하자면, 일제하의 지방제도의 개혁과 신제도 도입이 한편으로 한국의 근대적 행정조직의 성립에 공헌했다는 사실은 부인할 수 없다. 그러나 근본적으로 제도 설치의 목적이 한국에서의 근대적 의미에서의 지방자치를 시행하여 정착시키고자 하는 데 있었다고 하기보다는 한국인의 일본에 대한 적대 감정을 회유 또는 완화하여 식민지 통치를 보다 용이하게 수행하고자 하는 데 있었기 때문에 제도로서의 한계가 있었다.

즉, 주민의 대표기관이라고 말하여지는 지방의회(面의회, 府의회, 道의회)도 일본인과의 차별 속에 아주 제한적으로 구성되었을 뿐만 아니라, 그 구성된 지방의회마저 총독을 정점으로 하여, 도지사→府尹·郡守→邑·面長→區長→부락유지라고 하는 피라밋형 지배기관하에 완전히 압도되

---

3) 孫在植, 現代地方行政論(博英社, 1995), pp.52-53.

어, 주민의 대표라고 하는 역할은 거의 없었다. 바꾸어 말한다면, 일제시대의 지방제도는 형식상으로는 어느 정도 지방자치제도에 유사한 면이 전혀 없는 바는 아니지만, 그것은 명목상의 제도에 그치고, 실은 협소한 의회기능과 천황의 관리인 집행기관의 절대적인 우위, 그리고 고도의 중앙집권적·관료주의적 통치 체제에 의해 근대적 의미에서의 지방자치라고 생각할 수 없다.

2. 한국 정부수립 이후의 지방자치제도

1945년 8월 일제의 패망과 함께 해방을 맞이한 한반도는 민족의 의사와는 관계없이 남북 분단이라고 하는 민족적 비극에 직면하고 말았다. 남측에는 일본 제국주의를 대신하여 미군이 진주하여 미 군정이 시작되었다. 미 군정하에서의 지방제도는 그 잠정적 조치로서 일본 제국주의 시대의 관치 행정적 지방제도를 그대로 답습·적용하는 데 불과하였다.[4] 이와 같이, 미 군정하의 지방제도에 관한 잠정적 조치는 약 3년간의 미 군정기를 끝내고 수립된 대한민국정부로서는, 그 정비가 시급한 과제 중의 하나였다.

그리하여 수립된 지 얼마 되지 않은 정부는 1948년 11월 17일 한시법(6개월간)으로 '지방행정에 관한 임시조치법'을 제정·공포하였다. 이 임시조치법은 전문 4장 17조 및 부칙 4조로 구성된 과도기적 조치로서 한국 최초의 지방자치에 관한 법률이었다는 역사적 의의를 갖는다. 즉, 기초 정부였던 읍·면장의 주민에 의한 직선을 규정함으로써 지방자치 실시를 명시하였다는 것은, 그 의미하는 바가 매우 크다고 할 것이다. 그러나

---

4) 1945년 8월부터 대한민국정부 수립까지의 약 3년간, 지방자치와 관련하여 특히 주목되는 것은 인민위원회의 설치와 그 활동이다. 민족독립운동가 중심의 인민위원회는 중앙은 물론 지방에까지 그 활동 영역을 넓혀 나갔다. 그러나 한반도 점령에 대한 기본적 구상을 세우지 못하고 한반도를 점령한 미군과 민족의 자주 독립을 목표로 한 인민위원회간의 충돌은 결국 미군정으로부터 인민위원회를 인정받지 못하고 해산되기에 이르러 자치의 싹은 억눌러지고 말았다. 지방자치 제도와 관련하여 각 지역에 설립된 지방인민위원회에 관한 연구는 아직까지 미흡하지만, 앞으로 그 연구가 기대된다.

현실적으로 적용되지도 않았으며, 아울러 완전한 지방자치의 구현을 위한 시도도 아니었다. 단지, 동 임시조치법에 의하여 지방행정 구역의 단위가 명확히 규정되었을 뿐, 사실상 지방행정 기관의 명칭·위치 및 관할구역에는 큰 변동이 없었다.[5]

　　이 '지방행정에 관한 임시조치법'이 한시법이었기 때문에 그 기간 내에 지방자치법을 제정하지 않으면 아니 되었다. 그러나 지방자치에 관한 법률은 그 유예기간 내에 제정되지 못하고, 약 90일간(1948년 5월 18일부터 1948년 8월 14일까지)에 걸쳐, 지방 제도에 관한 무법상태를 초래하고 말았다. 그리하여, 마침내 1949년 7월 4일 지방자치법이 제정되고 동년 8월 15일부터 그 효력이 발휘됨으로써 한국에 있어서 근대적 의미에서의 지방자치제도가 최초로 제도화되었다. 그러나 지방자치는 법적으로는 정비되었지만, 남·북의 분단과 거기에 뒤따르는 좌우간의 격심한 대립, 그리고 국내정치의 불안 등에 의해 그 실시가 바로 이루어지지 못하고, 한국전쟁을 맞이하고 말았다. 전쟁이 한참이던 1952년 정부는 지방의회 의원 선거를 실시하여 지방의회를 구성하였다. 이 선거는 한국에 있어서의 근대적 의미의 지방자치를 위한 최초의 선거였다는 점에 그 의의를 찾을 수 있을 것이다.

1) 지방자치제의 수난기 — 제1·제2공화국하의 지방자치제

　　한국에서의 지방자치제도의 법적 완비는 1949년 7월 4일 지방자치법의 제정·공포로부터이다. 그 후 국내정치의 불안정, 한국전쟁 등의 이유로 그 실시가 연기되어온 지방자치 제도는 1952년 4월 지방의회 의원 선거가 실시되어, 지방의회가 구성됨으로써 정식으로 그 돛을 올리게 된다. 그러나 풀뿌리 민주주의로서의 역할이 기대되어진 지방자치 제도는, 지방자치에 대한 올바른 인식의 결여, 자치의식의 미성숙, 정치가의 정치적 이용 등에 의해 소기의 성과를 올리지 못한 채, 1961년 5월의 군사쿠데타에 의해 중단되는 비운에 처하고 말았다. 특히 자유당 치하에서, 지방자치법은 법 자체로서의 결함보다는 집권 여당의 정치적 편의에 의해

---

5) 姜秉根, 韓國地方行政(일조각, 1966), p.71.

4차에 걸쳐 개정되는 운명에 처하였으며, 민주당 치하에서는 그 시행착오조차 해 볼 기회를 갖지 못한 체 5·16 군사 쿠데타에 의해 중단되고 말았다. 그런 의미에서 제1·제2공화국하에서의 12년간의 지방자치를 '수난기'라고 명명한 것이다. 그러나 그러한 시행착오를 거듭한 지방자치제도의 경험은, 30여 년만에 다시 부활한 지방자치의 제도화와 그 운영에 많은 시사점을 던져주고 있다.

(1) 제1공화국하의 지방자치제

민주주의의 제 원리를 기본으로 하여 제정된 대한민국헌법은 그 제8장에 지방자치를 규정하여, 지방자치제도를 민주주의 실현의 기본적 원리의 하나라서 선언하고 있다. 여기에 근거하여, 그 이듬해 법률 제32호로서 지방자치법이 제정·공포됨으로써 지방자치는 그 법적 기반을 마련했다. 지방자치에 관한 기본법전이라고 말할 수 있는 이 지방자치법은 한국에 있어서 지방자치의 기본적 방향을 제시한 것으로서 그 중요성은 무시할 수 없다. 그 주요 내용을 살펴보면 다음과 같다. ① 지방정부의 계층구조는 특별시·도 및 시·읍·면의 2계층으로 한다. ② 지방정부의 기관구성은 기관대립형을 취하며, 의결기관과 집행기관과는 상호견제를 도모함과 동시에 단체장의 불신임권과 의회의 해산권을 각각 인정한다. ③ 지방의회는 인구비례에 따라 주민의 직접선거에 의해 선출되는 임기 4년의 명예직 의원으로 구성한다. ④ 단체장의 경우, 시·읍·면은 각각 의회에서 선출되지만, 특별시장과 도지사는 대통령에 의해 임명된다. ⑤ 지방정부의 사무는 고유사무·단체위임사무·기관위임사무로 구별한다. ⑥ 시·읍·면에는 지방공무원만이 배치되지만, 특별시와 도에는 국가공무원을 둘 수 있다,

이상과 같은 내용을 갖는 지방자치법은 그 제정 후 바로 실행에 옮겨지지 못하고 1949년 12월 15일 정부에 의해 개정을 맞이하게 된다(제1차 개정). 즉, 지방자치법 시행 후 불과 4개월 만에 지방자치법이 개정되게 되는데, 그 주요 내용을 보면 다음과 같다. ① 시·읍·면장의 임명의 문제와 지방의회의 기능수행에 관한 문제를 당분간은 경과 규정으로 해

결한다. 또한 ② 지방의회 의원 선거를 연기 또는 정지시킬 수 있는 권한이 정부측에 부여되어, 지방자치 실시의 합법적 연기가 가능하게 되었다. ③ 지방의회의 정원 기준을 정하고, 부지사제를 폐지하였다는 등등이다. 이러한 가운데, 익년의 1950년에 발발한 한국전쟁으로 그 실시가 불투명하던 지방자치는 휴전협상이 한창이던 1952년 4월로부터 5월에 걸쳐 정부측에 의해 갑작스럽게 일부 지역을 제외하고 실시되었다. 그 후, 1956년 2월 제2차 지방자치법 개정이 이루어졌다. 그 주요 내용은, ① 서울특별시장 및 도지사는 종래처럼 임명제로 하지만, 시·읍·면장의 간선제를 직선제로 변경했다. ② 의회의 단체장에 대한 불신임 결의제도를 폐지하고, 단체장의 의회 해산권을 폐지하였다. ③ 지방의회의 의원과 시·읍·면장의 임기를 4년으로부터 3년으로 단축하고, 의회의 의결에 대한 단체장의 거부권을 인정했다. ④ 종래 주민의 직선이었던 읍면의 동리장(洞里長)을 임명제로 하였다. 또한 동년 7월의 제3차 지방자치법 개정에서는 의원의 정수라든가 선거구의 개정이 있었다. 이어 1958년 12월에는 제4차 지방자치법 개정이 있었다. 제4차 개정의 주요 내용은 시·읍·면장의 선임 방법이 또다시 임명제로 개정되고, 아울러 단체장에 대한 불신임제를 부활시켰다. 아울러 지방의회의 의원의 임기를 3년으로부터 4년으로 다시 연장하였다.

이처럼 헌법에서 지방자치제도를 국가통치시스템의 중요한 원리 중의 하나로서 보장하고, 거기에 근거하여 지방자치법이 제정되었음에도 불구하고, 그 실시가 바로 실현되지 못하거나 혹은 지방자치법이 자주 개정된 이유는 무엇일까? 여기에 대해서는 여러 이유가 열거되고 있지만, 무엇보다도 중요한 실질적인 이유로서는 당시의 집권자측의 정치적 의도였다고 하겠다.[6] 즉, 당시의 집권세력은 지방자치를 자신들의 정치

---

[6] 孫鳳淑은 제1공화국하에서의 역대 지방선거와 지방자치법의 개정의 과정을 분석한 후, 제1공화국하의 지방자치가 실패였다는 통설적인 견해에 대하여 반론하고 있다. 보통 제1공화국하의 지방자치제는 ① 자치의식의 부족, ② 제도와 그 운영상의 결함, ③ 지방재정력의 취약 등의 요인에 의하여 실패로 끝났다고 지적하고 있다(내무부 편, 지방자치백서, 1968, pp.25-146). 그러나, 孫鳳淑은 제1공화국하의 역대지방선거와 지방자치법의 개정의 과정을 분석한 후, 제1공화국하의 지방자치가 실패였다는 통설적인 견해에 대하여 의문을 나타내고 있다. 이 분석에 의하면, 지방자치의 실패 요인으로서 위에서 열거한 제요인은 부

적 기반으로 삼아, 이를 정치 도구화하였다는 점이다. 이것은 집권세력이 전쟁중에 지방의회 의원선거를 기습적으로 실시했다든지 혹은 위에서 살펴본 바와 같은 빈번한 지방자치법의 개정에서 알 수 있을 것이다.

이와 같은 지방자치의 정치적 이용은 다른 정치적 부정과 겹쳐, 결국은 제1공화국의 종말을 초래하고 만다. 즉, 1961년 4·19학생혁명에 의한 제2공화국의 수립이다. 제1공화국하의 지방자치는 그 정치적 이용에 의해 지방자치 본래의 모습과는 동떨어진 면이 없지 않았지만, 30년만의 재실시를 맞이한 오늘날, 여러 측면에서 한국사회에 귀중한 시사를 던져 주고 있다는 점은 커다란 의의라고 하지 않을 수 없을 것이다.

(2) 제2공화국하의 지방자치제

한국 현대 정치의 일대 전환기를 이루었던 '4·19학생혁명'에 의해 정권을 담당하게 된 민주당하의 제2공화국에 부과된 과제는 무엇보다도 깨끗한 정치와 민주주의의 실현이었다. 다시 말한다면, 제1공화국의 부패와 독재에 대한 저항으로부터 탄생한 제2공화국으로서는 민주적 제반 개혁이 무엇보다도 최우선시되는 것은 그 당연한 결과라고 할 것이다. 민주적인 지방자치제도의 실시는 이러한 과제 중의 일환으로서 중요한 이슈가 되었다. 새로운 정치환경 속에서의 지방자치법의 개정의 최대의 쟁점은 도지사의 선임방법이었다. 도지사를 임명제로 할 것인가 혹은 주민 직선제로 할 것인가 하는 문제는 집권 여당 내에서도 의견이 일치하지 않았지만, 민주주의의 구현이라는 대명제에 의해 결국은 모든 단체장을 주민이 직선하도록 하였다.

이렇게 하여 출발한 제2공화국하의 지방자치는, 한국 역사 이래 근대적 의미의 지방자치가 거의 완전하게 시행되게 되었지만, 그 실시 반년 후에 발생한 '5·16 군사 쿠데타'에 의한 제2공화국의 붕괴와 함께, 시

인할 수 없지만, 제1공화국에서 지방자치가 실패로 끝난 근본적인 요인은 정치적인 요인이며, 그 중에서도 결정적인 원인은 집권세력이 자신들의 정권의 유지를 위하여 지방자치를 자의적(恣意的)으로 이용한 결과로터 유래했다고 한다. 그리하여, 제1공화국하의 지방자치에 관한 통설적인 견해는 재고를 요한다고 주장하고 있다(孫鳳淑, 韓國地方自治硏究(삼영사, 1985), pp.229-239).

행착오적인 경험조차 해 볼 시기를 갖지 못한 채 중단되고 말았다. 그후, 한국의 지방자치는 1991년 상반기에 지방의회가 구성될 때까지 긴 동면기(冬眠期)에 들어가고 말았다.

2) 지방자치의 동면기 — 군사정권 및 제3·제4·제5공화국의 지방자치

(1) 군사정권 및 제3·제4공화국하의 지방자치

1961년 5월 16일 군사쿠데타에 의한 군정포고 제4호로써 지방의회를 해산시켰다. 이 조치에 뒤이어, 당시의 최고 권력기관인 국가재건최고회의는 그 포고 제8호에서 다음과 같은 조치를 취하였다. 즉, 종래 지방의회의 의결을 거쳐 시행하던 사항은 읍·면에 있어서는 군수가, 시에 있어서는 도지사가, 서울특별시와 도에 있어서는 내무부장관의 승인을 얻어 해당 단체장이 집행하도록 하였다. 계속된 국가재건최고회의령 제42호에서는, 도지사·서울특별시장 및 인구 15만 이상의 시의 시장은 국가재건최고회의의 승인을 얻어 내각이 임명하고, 그 외의 단체장은 도지사가 임명하도록 했다. 여기에서 간과해서는 아니 될 것은 이들 군사쿠데타 세력들은 이들 단체장에 퇴역군인 또는 현역군인을 임명함으로써, 군부세력은 자신들의 통치기반을 확고히 하여 민정 이양 후에도 지방행정조직을 장악할 기반을 다져 놓았다. 그 후 지방에서는 정치는 완전히 배제되고, 그 대신에 행정만이 남아,[7] 지방의 자주성과 특성은 점점 약화되고, 상대적으로 중앙에의 예속이 더욱 심화되어 갔다. 그리하여 1952년 지방의회가 구성된 이후, 10여 년간에 걸쳐 우여곡절을 거치면서 시행되어온 한국의 지방자치는, 5·16 군사 쿠데타를 계기로 하여, 방향전환과 체질 개조를 하게 되었던 것이다.[8]

---

7) 지방에서의 정치의 배제는 학문에서도 '지방자치'를 '정치'의 시각으로부터 파악하는 것이 아니라, '행정'의 시각으로부터 파악하는 입장이 지배적인 결과를 낳고 말았다. 이것은 대학의 교과목에서 '지방정부론' 혹은 '지방자치론'이라는 강좌는 거의 찾아보기 힘들고, 그 대신에 '지방행정론'이라고 하는 강좌가 대부분이었다는 것으로부터도 알 수 있을 것이다. 지방자치는 기본적으로 권력의 종적 배분과 관련되는 고도의 정치적 행위라는 것을 고려한다면, 이와 같은 지방자치에 관한 행정학적 접근방법은 자칫하면 '歪曲된 地方自治觀'을 초래하기 쉽다고 생각된다.

8) 김보현 외, 전게서, p.219.

특히, 군사정권하에서 1961년 9월 1일 법률 제707호로 제정된 '지방자치에 관한 임시조치법'(이하, 임시법이라 한다)은, 1988년 4월 지방자치법의 전문개정에 의해 동법이 폐지될 때까지 약 4반세기에 걸쳐 지방자치법을 구속했다. 이 임시법은 그 목적에 있어서도 지방자치법과는 달랐다. 즉, 동법은 '혁명을 신속하게 달성하기 위하여 지방자치 행정을 일층 능률화하고 정상화시킴으로써 지방자치 행정의 건전한 토대를 정비하고자 하는 데 있다'(임시법 제1조). 이것은 1949년 제정된 지방자치법이 그 목적으로서 다음과 같이 규정한 것과는 대조적이다. 즉, '본법은 지방행정을 국가의 감독 하에 지방주민의 자치에 의해 행하게 함으로써 대한민국의 민주적 발전을 기함을 목적으로 한다'(법 제1조). 이 두 법의 목적에서 볼 수 있는 바와 같이, 임시법은 그 목적을 민주성보다도 능률성에 중점을 두고 있으며, 이것은 그 후 지방행정의 방향을 특징짓는 가장 중요한 점이 되었다. 또 이 능률성의 추구는 군사쿠데타 이후 계속되어 온 박정희 정권의 일관된 정책결정의 중요한 공준(公準)의 하나가 되었다. 전문 12개조로 이루어진 임시법의 주요한 내용은 다음과 같다.

① 지방정부의 종류를, 도·서울특별시와 시·군으로 하고, 종래 지방정부 단위였던 읍·면은 군의 보조기관으로 한다.

② 시·군에는 각령이 정하는 바에 기초하여, 국가공무원을 둘 수 있고, 지방공무원의 정원을 내무부 장관의 승인을 얻어 당해 지방정부의 규칙으로 정하도록 하였다.

③ 읍·면장은 군수가 임명하고, 동·이장은 시·읍·면장 혹은 구청장이 임명하며, 이·동장의 정수는 당해 지방정부의 조례로써 정한다.

④ 지방자치법 중, 의회의 의결을 요하는 사항에 대해서는, 도 및 서울특별시에 있어서는 내무부장관의, 시·군에 있어서는 도지사의 승인을 얻어 시행한다.

⑤ 지방자치법은 계속하여 그 효력을 갖지만, 본법에 저촉하는 경우에는 본법에 의한다.

이상이 임시법의 주요 내용이다. 임시법이 한국 지방자치 제도에 있어서 중요한 위치를 점한다는 것은, 의회의 해산과 단체장의 임명제를 채택했다는 사실뿐만 아니라 다음과 같은 이유에서이다. 첫째로, 한국에서 처음으로 군을 지방정부 단위로 했다는 점이다. 그리하여 기초정부로서의 군은 세계에서 그 유례가 찾기 힘들 정도로 면적과 인구에서 커다랗게 되고 말았다(표4-2 참조). 둘째로, 기존의 '지방자치법과의 관계'를 규정하고 있다는 점이다. 상술한 임시법의 주요내용의 마지막이 그것이다. 이 규정에 의해 지방자치법은 그야말로 '사문화'(死文化)되고 말았다. 그 의미에서 임시법하의 지방자치를 '가사(假死)상태'에 놓여 있다고 표현하고 있는 경우도 있다.9) 더욱이 임시법은 그 부칙 제5항에 '이 법률은 지방자치법이 개정·공포됨으로써 폐지된다'고 규정하고 있지만, 집권 여당의 지방자치에 대한 기피 현상 때문에, 그 개정이 이루어지지 않아 거의 4반세기에 걸쳐 존속되게 되었다. 그리하여 상기 법은 '임시'(臨時)법이 아니고, '상시'(常時)법이 되고 말았다. 지방자치법이 개정되어 임시법이 폐지되기에는 박정희 정권의 붕괴와 새로운 정권의 등장이 필요했다.

   군사정권하에 단행된 지방행정제도에 관한 제반 조치는 1963년 군정의 종식과 함께 정권을 담당하게 된 공화당하의 제3공화국에 있어서도 커다란 변화 없이 계속되었다. 그 원인은 군사정권의 주역들이 그대로 집권 여당인 공화당의 상층부를 이루었기 때문이다. 이와 같이 군인 출신들이 정권의 중추세력이 되었다는 것은 한국 정치사에 중요한 의미를 갖는다. 군인은 기본적으로 상하관계와 형식적 능률을 강조하기 쉬운, 소위 말하는 '군사(軍士)문화' 속에 놓여 있는 입장에 있다. 따라서 그들의 정치세력화는 정치 및 행정, 더 나아가서는 사회 전반에 걸쳐 군사문화를 보급시키는 결과를 낳고 말았다. 그 대표적인 것이 소위 말하는 '브리핑행정'이라고 불리는 행정의 형식주의의 만연이다. 이러한 현상은 지방도 예외는 아니었다.

   그리하여, 지방자치법은 존속하지만, 지방자치는 존재하지 않는 상태가 30여 년간에 걸쳐 유지되어, 정치 부재의 행정만이 지방에 심화되게 되었다. 그 결과, 지방자치의 실시에 즈음하여 그 접근방법도 행정학

---

9) 東京都議會議局, 韓國における地方自治制度, 平成 2, p.76.

적 접근방법이 주류를 이루게 된 계기가 되고 말았다. 더욱이 1972년 국력의 조직화와 국정의 능률화라는 명목하에 단행된 '유신'(維新)은 지방자치의 실시 가능성을 더욱 희박하게 만들었다. 즉, 유신헌법 부칙 제10조에서 지방의회의 구성은 조국이 통일될 때까지 미룬다고 규정하여, 지방자치 실시의 길은 더욱 멀리되고 말았다.

(2) 제5공화국 초기의 지방자치

독재체제를 유지하기 위하여 강력한 중앙집권체제를 계속하여 온 박정희 정권도, 그 독재의 씨앗이 뿌린 여러 요인과 내부간의 모순에 의해 1979년 10월 무너지고 말았다. 절대 권력의 붕괴와 거기에 따른 일시적인 권력의 공백은 '서울의 봄'이 도래하는가 하였지만, '12·12군부 하극상'과 그 다음 해의 '5·17쿠데타'에 의해 군인세력의 재등장을 초래했다. 이들 신군부 세력도 기본적으로는 그 지지 기반이 군부·재벌 등 전 정권과 별 차이가 없었을 뿐만 아니라, 정책상으로도 실질적인 큰 변화는 거의 없었다.

그러나 지방자치와 관련해서는 진전이 있었다. 즉, 헌법 제8장의 지방자치에 관한 규정은 그대로이지만, 부칙 제10조는 개정되었다. 여기에서 지방의회의 구성시기를, '지방자치단체의 재정자립도를 감안하여 순차적으로 구성하되, 그 구성 시기는 법률로서 정한다'고 규정하여 지방자치에 관한 전반적 논의의 가능성을 확대시켰다. 이후 지방자치 실시의 시기를 들러싼 논의는 사회 전반의 민주화에의 요구와 관련하여 활발하게 진행되어, 드디어 1984년 11월 여·야간의 지방자치의 실시에 대한 합의가 나오게 되었다. 그 내용은 '1987년 상반기 안에 적절한 일부 지역으로부터 먼저 지방의회를 구성하고, 조건이 허용하는 대로 점차 그 범위를 확대 실시한다'는 것이었다.

3) 지방자치의 준비기 — 제5공화국 후기 및 제6공화국 전기의 지방자치

1984년 여·야간의 지방자치의 단계적 실시에 대한 합의는 지방자치에 관한 국민의 관심을 급속히 고양시켰다. 이것은 학계에 있어서의 지방자치와 관련된 빈번한 학술회의의 개최라든가 정부측의 지방자치에 관한 태도에서 잘 볼 수 있다. 이하, 정부측의 움직임을 중심으로 지방자치 실시를 위한 준비를 살펴보고자 한다.

정부측에서는 여·야간의 합의가 있은 후, 대통령의 국정연설(1985.1.9), 집권 여당의 제12대 국회의원 선거공약(1985.2) 등에서 지방자치제의 실시를 약속하고, 그 실시의 준비를 위하여 1985년 2월 7일 '지방자치제 연구 위원회'의 설치 계획이 발표되었다. 뒤이어 3월 14일에는 '지방자치제 실시 연구 위원회 규정'(대통령령 제11,662호)이 공포되었다. 이 대통령령에 기초하여, 3월 29일에는 지방자치제 실시 연구위원회(이하, '지자제위원회'라 한다)가 정식으로 발족되기에 이르렀다. 지방자치의 실시에 필요한 제반 사항을 연구·심의하기 위하여 설립된 지자제위원회는 국무총리 산하에 설치되었다(지자제위원회 규정 제1조). 30명의 위원으로 구성된 동 위원회는, 지방의회·행정체제·지방재정의 세 개의 분과회로 나누어져 그 업무를 수행하였다. 이들 분과회의 작업을 도와주기 위하여, 내무부·총무처·경제기획원에 각각 실무 작업반을 두었다(〈그림6-2〉 참조).

<그림6-2> 지자제위원회의 기구표

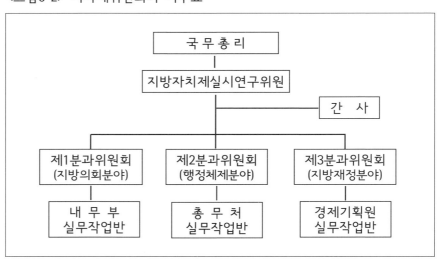

이 지자제 위원회는 그 설치 이후 14회의 위원회를 개최하고 24개의

과제에 대한 연구작업을 실시하였다. 또한, 세 개의 지방자치제 해외 시찰단을 구성하여 미국·일본·독일 등 외국의 지방자치제도를 시찰하였다. 이와 같은 다양한 활동을 통하여 동위원회는 그 연구결과를 정리하여, 동위원회의 안으로서 분야별 실시 법안을 정부측에 제출하였다. 정부는 이를 기초로 하여 정부·여당간의 당정 합동회의를 거쳐 1986년 7월 대통령의 재가를 얻었으며, 이것이 연구결과 종합안으로서 공청회에 제시되었다. 전국 14개소에서의 공청회를 거쳐 지자제 위원회가 정리한 연구 내용은 정부의 일련의 지방자치 관계법의 개정에 많이 반영되었다.[10) 이러한 과정을 거쳐 지방자치법 등 지방자치에 관한 개정 법률안이 1986년 10월부터 국회에 제출되었다. 정부측의 지방자치 실시와 관련하여, 지방자치 실시의 주무부서인 당시 내무부는 지방자치의 실시에 대비하여 '지방자치제 실시 기획단'을 만들어 지방자치의 실시에 따른 제반 문제를 다루었다. 이 지방자치제 실시 기획단은 지자제위원회의 내무부 실무 작업반의 업무를 인수하여, 지방자치에 관한 정부측 법률안의 준비·작성에 중요한 역할을 수행하였다.

한편, 국회에 제출된 일련의 지방자치 관련 법률 개정안은, 헌법 개정 등의 문제를 둘러싼 여·야간의 격심한 대립 속에 처리되지 못하고, 1987년 6월의 소위 말하는 '6월 시민항쟁'과 거기에 뒤따른 '6·29선언'을 맞이하게 되었다. 그 귀결로서 1984년 11월에 여·야간의 합의사항이었던 '1987년 상반기로부터의 지방자치제의 순차적 실시'라고 하는 정치적 약속은 지켜지지 못하고 말았다.

한국에 있어서의 일대 정치적 전환기가 되었던 '6·29 선언' 이후, 여·야간의 합의에 의한 헌법이 개정되었다. 이 헌법 개정과 함께 헌법 부칙 제 10조가 삭제되어 지방자치 실시의 제약 요인이 제거되었다. 그러나 지방자치제 실시의 실질적인 핵이라고 할 수 있는 지방자치법의 개정을 둘러싸고는 여·여간의 의견이 좁혀지지 못하고, 1988년 3월 제12대 국회의 회기 말에 지방자치법을 포함한 지방자치 관련의 5개의 법률이

---

10) 지자제 위원회의 보다 자세한 내용에 대해서는 다음의 보고서 참조. 國務總理 行政調査室 編, 地方自治制實施硏究 資料集, 1987.

야당의원이 결석한 상태에서 여당만으로 가결되었다.[11] 이로써 지방자치법은 7번째 개정이 되었고, 동년 4월 6일 법률 제4004호로서 공포되었다. 제7차 지방자치법 개정은 전문개정의 형식을 취했으며, 지자제 위원회의 의견이 많이 반영되었다. 이 법의 가장 중요한 것은 지방의회의 구성시기를, 본법 시행일(1988.5.1)로부터 1년 이내에 할 것을 명문화하였다는 점이다. 아울러 본법 시행과 동시에 임시법이 폐지되어(부칙 제6조 제1항), 지방자치법이 27년 만에 정상화되었다는 점도 간과해서는 아니 될 것이다.

그러나 이 제7차 지방자치법 개정은 한국에 있어서 최초의 평화적 정권 교체기라고 하는 상황과 여당만의 찬성으로 성립되었다는 것은, 그 개정시에 많은 문제점을 내포할 수밖에 없었다. 그리하여, 그 과정을 '졸속(拙速)한 입법절차'에 의한 개정이라고 하는 비판이 있을 정도이다.[12] 이것은 지방자치법에 명문화되어 있음에도 불구하고, 지방의회가 그 기간 내에 구성되지 못한 사실에서도 잘 알 수 있을 것이다. 그리하여 13대 국회의 개원과 동시에 지방자치법 개정의 문제가 재차 제기되었다. 13대 국회에서는 여·야간 역전의 정세를 반영하듯이 야당에 의한 지방자치법 개정안이 국회에서 통과되었지만, 이번에는 1989년 5월 대통령의 거부권에 의해 파기되고 말았다. 지방자치 실시를 들러싼 여·야간의 타협이 난항을 거듭한 후, 1989년 12월 여·야간에 합의가 이루어져, 지방자치법이 1989년 12월 30일 법률 제4162호로서 공포되었다. 제8차 개정에 해당하는 이 지방자치법 개정은 '여소야대'의 정치적 상황을 반영하여, 지방의회 의원은 물론 단체장의 선거 시기를 그 부칙에 명문화했다는 것은 특기할 만하다고 할 것이다.[13] 그러나 1990년 1월에 이루어진 정계 개편에 의한 거대 신여당(민자당)의 탄생과 함께 지방자치법 부칙 제2조에 규정된 지방의회의원 선거는 이루어지지 못하고 말았다. 그리하여 다시 지

---

11) 지방자치 관련 5개의 법률이란, 지방자치법·지방의회의원선거법·지방재정법·지방세법·지방교부세법 등이다.

12) 조창현, 지방자치란 무엇인가(동아일보사, 1989), p.69.

13) 지방자치법 부칙 제2조는 지방의회 의원의 선거는 1990년 6월 30일 이내에, 그리고 단체장의 선거는 1991년 6월 30일 이내에 실시하도록 규정하고 있다.

방자치 실시를 둘러싼 여·야간 협의가 시작되어, 제9차 지방자치법 개정이 1990년 12월에 이루어졌다.

4) 지방자치의 실험기 ― 제6공화국 후기 이후

5·16 군사 쿠데타에 의해 지방자치가 중단된 지 30여 년 만에, 그리고 1984년 여·야간의 정치적 합의가 이루어진 지 7년을 경과하여, 1991년 4월과 7월에 각각 기초정부와 광역정부의 의회가 구성되기에 이르렀다. 뒤이어 1995년 6월 27일 4대 지방선거가 동시에 실시되어, 동년 7월 1일부터 지역관리는 지역민이 선출한 사람에 의해 관리되게 되었다. 이와 같은 완전한 지방자치의 실시는, 한국 근대 정치사에 있어서 대단한 의의를 갖는다. 왜냐하면, 1995년의 지방자치 실시는 제1공화국하의 지방자치와는 달리, '위'로부터의 주어진 것이 아니라, '아래'로부터의 요구에 의해 실시된 지방자치이기 때문이다. 이것은 앞으로의 지방자치가 이전과 같이 '위'의 의사에 의해 정치적으로 이용되기 어렵다는 것을 의미한다. 그렇다고 하여 문제점이 전혀 없는 것은 아니다. 정치적 불신, 남북분단, 윤리감의 저하, 문민정치의 취약, 자치경험의 일천, 그리고 도농간·지역간·계층간·빈부간 등의 격차의 확대는 지방자치의 실시에 그 장애요인으로 될 가능성이 크다고 할 수 있다. 이와 같은 장애요인을 어떻게 잘 극복하여 지방자치를 정착킬 것인가는 앞으로 한국 정치의 커다란 과제라고 하지 아니할 수 없을 것이다.

더욱이 민주주의와의 관련하의 지방자치는 반듯이 긍정적인 측면만이 있는 것은 아니다. 지방자치의 실시에 즈음하여 님비(NIMBY) 현상에 따른 지역에고 문제와 지역간 격차의 심화는 지방자치 정착화의 커다란 장애요인으로 되고 있다. 특히, 한국은 세계에서 그 유례를 찾기 힘들 정도로 고도의 중앙집권화가 계속되어 왔기 때문에, 그 당연한 결과로서 자치 기반이 매우 취약한 실정이다. 이 점을 고려하여, 지방자치의 실시에 따른 문제점이 설사 노출될지라도 지방자치가 갖고 있는 순기능적인 측면을 고려하여, 정치지도자는 물론 국민 모두가 인내를 가지고 그 문제점을 점진적으로 해결해 나가고자 하는 자세가 무엇보다도 중요하다고 하겠다.

　이와 같이 '아래'로부터의 압력에 의해 시행하게 된 한국의 지방자치이지만, 그 실시에 따른 부작용 때문에 앞으로도 제도적 개편 시도가 자주 제기될 것이라고 여겨진다. 이것은 대한민국정부 수립 이후, 약 40년간에 걸쳐 9번의 헌법 개정과 빈번한 지방자치법 개정을 생각한다면, 쉽게 알 수 있을 것이다. 그 의미에서 제6공화국 후기 이래 시행되고 있는 지방자치를 '실험기'라고 명명한 이유이다. 한국에서 지방자치가 이 실험기를 끝내고 '제도적 안정기'를 맞이하기까지는 상당한 시일이 걸릴 것으로 여겨진다.

제2절   환경변화와 지방자치

1. 시대적 소명으로서의 지방화

　새로운 세기를 맞이하여 정치·경제·사회 모든 분야에서의 세계화(Globalization)의 물결이 거침없이 내 안방에까지 스며들고 있다. 대기업이라든가 은행들은 절대 안전하고, 관료는 공공선을 위하여 절대 필요하다고 생각된 20세기에 확립된 기존 '질서'들의 '절대성'에 대한 신화들이 붕괴되고 있다. 지금 우리 앞에는 지구적 기준(Global Standard)이 제시되어, 이를 지키도록 강요받고 있다. 지난 반세기 한국의 번영을 주도하였던 낡은 중앙집권적 관료체제나 백화점 스타일의 재벌 운영 체제가 한계에 부딪혀 IMF체제라는 국가적 위기를 맞이한 적도 있다.

　그리하여 새로운 세기에 알맞은 국가적 시스템의 재구축이 주요 선진국가뿐만 아니라 한국에서도 긴급한 당면과제가 되고 있다. 새로운 국가시스템을 재구축하고자 할 때, 그 기준은 어디에 두어야 할 것인가? 도시화나 참여민주주의의 실현을 위한 '지방화'가 주요 기준의 하나가 되고 있음은 지금 이 시대의 세계사적인 주요 흐름의 하나가 되고 있다.

그러나 새로운 체제로의 이행은 그리 간단한 것만이 아니다. 제반 분야에서의 시대적 요청인 개혁이라는 '총론'에는 찬성하면서도, 구체적이고 개별적인 '각론'에 이르면 상황은 완전히 달라지고 있다. 지방화의 구체적 실현인 지방분권, 즉 지방자치의 강화에는 찬성하지만, 이제까지 중앙이 장악하고 있었던 기능이나 인력, 재정 등의 문제에 이르면 여러 가지 이유를 들어 지방에로의 권한 이양에 난색을 보이고 있으며, 심지어는 방해 활동을 전개하고 있는 것이 한국사회의 현실이다. 그러나 세계화·정보화·지방화·개방화라는 역사의 흐름은 이제 어느 개별 국가나 개인의 힘만으로 거역할 수 없는 도도한 세계사적인 커다란 물결이 되어 버렸다. 그리하여 이제는 선언적인'정책의 분권화'를 뛰어넘어 구체적인 '제도의 분권화'를 위한 조치를 하지 않으면 안 되는 시점에 도달하고 만 것이다.

2. 지방자치 실시의 역사적 의의

많은 우여곡절 끝에 지난 1991년 지방의회가 부활되고, 1995년 6월 4대 지방선거가 실시되어, 지역이 해당 지역민의 손에 의하여 다스리게 되는 역사적인 전기를 한국은 맞이하게 되었다. 특히 한국 역사상 최초로 실시된 1950년대의 지방자치가 '주어진 지방자치'라는 성격을 갖는다면, 1990년대 부활된 지방자치는 국민들의 투쟁에 의하여 '쟁취된 지방자치'라는 성격을 갖는다. 따라서 현재 일부 중앙정치 무대에서 시도되고 있는 자치에 역행하는 시대착오적인 발상들은 주민들의 저항을 불러일으키리라 생각된다.

주지하다시피, 한국은 유럽(封建制)이나 중국(城主制), 혹은 일본(藩主制)의 역사에서 알 수 있는 바와 같은 봉건적 정치 시스템을 가진 적이 없었다. 그리하여 지역의 책임자는 항상 중앙에서 파견되는 왕의 대리인(外官)에 의하여 통치됨으로써, 획일적인 정치·행정 문화가 수백년 동안 지속되어, 지역의 개성과 특성을 살릴 수 있는 정치적 사회적 환경이 되지 못하여 왔다. 그러나 1995년 6월을 기점으로 하여, 상황은 180도 달라지고 있는 것이다. 해당 지역민이 지역의 인사 중에서 임기가 보장된 지역책임자를 직접 그들의 손으로 선출하여 자기 지역을 관리하게 된 것이다. 그리하여 미국의 레이건이나 클린턴 대통령, 일본의 다케시타나 호소가와 수상, 프랑스의 미테랑이나 시라크 대통령 등의 예에서 알 수 있는 바와 같이, 지역에서부터 그 능력을 인정받아 전국에까지 그 역량을 확대시킨 정치지도자를 갖게 되는 날이 한국에도 도래하고 말았다. 즉, 우리 지역에서 우리 손으로 뽑은 지사나 시장, 군수들이 얼마 후 대통령이 되어 버린 것을 우리는 경험한 것이다.[14] 그만큼 지역사회에서의 유권자 한 표 한 표의 심판이 국가 사회에도 지대한 영향을 미치게 된다.

이처럼 지역의 책임자가 지역민의 손에 의하여 선택됨으로써, 248개의 각급 지방정부는 지역민에게 최대한의 서비스를 제공하기 위한 경쟁을 하게 될 것이다. 그러한 측면에서 지방시대란 각 지역간의 정책 대결의 시대라고 할 수 있다. 이제까지 지사나 시장·군수들은 그들 권력의 원천이 중앙(대통령)으로부터 나왔기 때문에, 중앙의 의사에 충실할 수밖에 없었다. 그러나 단체장이 주민에 의하여 선출되게 됨으로써, 지사나 시장·군수들의 행태는 전혀 달라질 수밖에 없게 될 것이다. 그들 권력의 원천이 주민으로부터 나오기 때문이다. 이제까지의 지역정치가 '중앙 직결의 정치'였다면, 이제부터는 '주민 직결의 정치'로 변하게 되는 것이다. 그리하여 권력이 더욱더 인민 가까이에 있게 됨으로써 우리는 그만큼 민주주의에 가까워지게 된다. 우리가 지난날 민주화와 함께 지방자치를 줄기차게 주창한 근거도 바로 여기에 있는 것이다.

이러한 역사적 의미를 갖는 지방자치에 대하여 우려나 비판의 소리 또한 무시할 수 없다는 사실을 우리는 간과해서는 아니 된다. 지방자치의 민주주의에 대한 Langrod와 Panter-Brick와의 논쟁에서 보듯이, 지방자치가 민주주의에 대하여 반드시 순기능만을 수행하는 것은 아니다.

---

14) 필자는 이명박 대통령이 서울특별시장으로 재직하면서 추진한 청계천 복원과 광역도시망 구축이 국민들에게 강한 인상을 주었고, 이것이 대통령 당선에 주요 요인 중의 하나라고 생각한다.

그러나 인류의 역사적 경험은 지방자치의 실시가 민주주의의 발전에 기여하고 있다는 사실을 입증하여 주고 있다. 특히 한국에 있어서 근대적 의미의 지방자치라는 것도 다른 근대적 정치 시스템과 마찬가지로, 자체 내에서 생성·발전되었다기보다는 이식된 제도이기 때문에, 그 시행에 따른 문제점들이 더욱 많이 있으리라 생각된다. 따라서 지방자치에 대한 성급한 판단은 금물이다. 한국사회가 선진 민주사회를 지향한다면, 이식된 제도로서의 지방자치를 한국사회의 역사문화 속에 내재화시키는 노력들이 꾸준하게 이루어져야 할 것이다.

따라서 범지구적 주요 흐름의 하나가 되고 있는 지방화에의 대응이라는 측면에서도 지방자치의 확고한 구축은 매우 중요하다. 지난 세기, 한국사회가 역사의 흐름에 주체적으로 대응하지 못함으로써 한국은 국권(國權)의 상실과 식민지, 민족분단과 남북 전쟁, 그리고 독재와 민중의 수난 등 아픈 역사를 경험하였다. 새로운 세기, 21세기를 맞이하여 한국은 지난날의 아픈 역사를 되풀이하여서는 아니 된다.

다행히도 우리는 지난날의 상처들을 완전하게 치료하지는 못했을지라도, 새로운 세기에 있어서 희망을 가질 수 있는 가능성들을 보아왔을 뿐만 아니라, 그 가능성이 가시적으로 나타나고 있다. 민주정치의 실현과 남북 정상회담, 올림픽과 월드컵의 개최, 노벨상 수상, 한류 열풍 등은 한국 사회에 좋은 희망을 안겨 주기에 충분하다. 문제는 21세기 시작과 함께 길조(吉兆)라고도 할 수 있는 이상의 희망적 상황을 한국 국민 한 사람 한 사람이 어떻게 생활 속에 내재화시켜 민족적 역량을 키워나갈 것인가 하는 것이다.

이를 위해서는 세계사의 주요 흐름이 되고 있는 거대한 커다란 물결, 즉 세계화·정보화·지방화·개방화에 한국 국민 개개인이 적극적으로 대응하여 가는 선도적 자세가 필요하다. 지금 세계는 국경을 넘어 인적 물적 자원의 이동이 급속하게 증가하는 추세이다. 지역사회에 살고 있는 주민들도 지구촌 사회에 있어서의 이러한 커다란 물결로부터 예외일 수는 없게 되고 있는 상황이다. 따라서 이와 같은 세계화 속의 지방화를 어떻게 구현시켜 나갈 것인가 하는 과제가 지역사회에 살고 있는 우리들에게 주어진 중요한 과제 중의 하나가 되고 있다. 다행히도 한국은 1995년 지방자치가 완전하게 복원되어, 지역의 특성과 개성을 살릴 수 있는 정치적 환경이 구축됨과 동시에 지역사회에서의 이웃공동체(neighborhood)인 주민공동체를 구축할 수 있는 정치적 기반을 가지게 되었다.

3. 환경변화와 지방자치

1) 지역사회의 환경변화

지금 세계는 급변하고 있다. 폐쇄적 농촌형 사회로부터 개방적 도시형 사회로 이행되는 등 기존의 낡은 사고나 관행으로는 21세기 지구촌 지식정보화 사회를 살기 어렵게 되고 있다. '절대' 관념이 약화되어, 어느 때 어느 곳이든 상황에 잘 적응할 수 있는 신축성 있는 행태가 중요시되고 있다.

첫째, 도시형 사회의 출현이다. 현재 한국 사회의 가장 커다란 변혁의 하나는 수천년간 지속되어온 농촌형 사회로부터 도시형 사회로의 이행이 거의 종결단계에 있다는 것이다. 이러한 도시형 사회는 현대 생활의 복잡성과 다기성을 그대로 반영하여 날로 전문화되고 있다. 그리하여 도시형 사회에서는 농촌형 사회와는 달리 분권화·국제화·문화화를 위한 시민형 정책 위주의 정치 스타일로 바뀌어져야 하며,15) 지역사회 관리의 제1차적 책임자로서의 지방정부도 이로부터 예외가 될 수 없다. 즉 도시형 사회에 적합한 지방정부에로의 체질개선이 필수적이며, 따라서 지방정부의 조직 및 운영 방식 등에서의 근본적인 개혁과 변신이 요청된다.

둘째, 시민파워의 강화이다. 21세기는 참여민주주의 시대라고 불린다. 정치권력집단이 일방적으로 결정하고 집행하면서 시민들에게는 일방적 추종만 강요하는 구시대적 정치 스타일은 빠른 속도로 사라져가고 있다. 범세계적으로 민주주의가 확산되고 있으며, 특히 간접민주정치로부터 시민들의 자발적인 참여와 협력이 강조되는 참여민주정치에로의 이행

---

15) 松下圭一, 都市型社會の自治(東京: 日本評論社, 1987), p.4.

이 현저하게 나타나고 있으며, 따라서 시민파워(Citizen's Power)가 사회 각 분야에 더 많은 영향을 미치고 있다. 이와 같은 시민파워의 위력은 한국 사회에서도 1987년 6·10 시민항쟁시에 잘 나타났으며, 이를 계기로 한국 역사상 최초로 시민사회의 영역이 국가사회에서 중요한 한 축으로 작동하게 되어 정부영역과 시장영역, 그리고 시민사회 영역이 상호 각종 자원과 정보를 상호 의존하는 쌍방통행적인 관계를 형성하게 되었다.[16]

셋째, 지식정보사회의 출현이다. 21세기가 과학과 통신기술의 혁명에 의하여 고도 지식정보사회가 되리라는 예측은 오래 전부터 있어 왔지만, 현재 한국 사회 앞에 전개되고 있는 디지털 혁명은 너무 눈부시어, 이 변화의 물결을 제대로 이해하기가 급급한 실정이다. 특히 보수적이고 기존 질서 유지에 주안점을 두고 있는 법·행정 분야에서의 지식정보사회가 던지고 있는 충격은 더욱 크다. 따라서 지식정보사회에 알맞은 법률이나 제도의 개편이 필수적이며, 기존 제도나 법률 유지의 수단이었던 관료제도에 대한 근원적인 대수술이 필수불가결하게 되고 있다. 즉 정부 관료제가 자기혁신체제(self-renewing system)를 가질 수 있도록 기업가적 체제로 대체되지 않으면 아니 된다.

넷째, 지구촌 사회의 등장이다. 암스트롱의 달 착륙으로 야기된 지구촌 사회라는 말은 이제 우리들 일상생활에 현실화되고 있다. 우리는 매일 아침 지구촌 뉴스를 들으면서, 지구촌 여기저기에서 생산된 물품들로 아침 식사를 하고 출근하는 생활에 익숙하여 있는 것이다. 한 세대 전 폐쇄적인 농촌사회에서는 상상할 수 없는 생활 풍경들이 우리 생활 속에 스며들어 버린 것이다. 이러한 지구촌 시대에 알맞은 사고방식과 생활 패턴, 그리고 이를 위한 세계시민의식이 필요하게 되고 있다.

다섯째, 네트워크 사회의 등장이다. 지구촌 사회가 등장하고, 시민의식이 고양됨에 따라 기존의 경직적인 관료조직으로서 이 사회를 관리하는 데에는 많은 애로와 한계점이 노출되고 있다. 그리하여 상호 호혜주의에 입각한 느슨한 그물 망 조직이 사회관리의 기술로서 부상하고 있다. 21세기는 내가 살고 있는 지역에서 세계 어느 곳이든 연결이 가능하

---

16) 송희준, "국가와 시민사회의 관계", 한국행정연구8(1), 1999, pp.12-13.

며, 대면적 대화도 곧 실현되는 상황이 되고 있는 것이다.

여섯째, 공공서비스 공급에 있어서 신자유주의적인 경쟁원리의 도입과 시장성의 강화 추세이다. 이것은 양질의 공공서비스 수요를 위한 공급주체의 변화와 공공서비스의 질적 평가의 중요성으로 요약될 수 있다. '정부실패'를 보완하기 위하여 구체적으로 공공서비스 공급방식에 있어서 행정서비스의 이양·분담·비용분산 효과를 목표로 하여 민영화, 민간위탁, 제3섹터 방식 등이 도입되고 있으며, 수익자 분담원칙이 강조되고 있다.

일곱째, 새로운 세계관의 출현이다. 세계화·정보화·지방화·개방화가 우리에게 제시하는 가장 심대한 변화의 충격은 우리 자신이 느끼지 못하는 사이에 이루어지고 있다는 사실이다. 그것은 새로운 과학이론의 출현이며, 새로운 사조의 유행이다. 신과학(New Science)이라 불리는 혼돈이론으로 대표되는 복합성의 과학, 신진화이론이 제시하는 세계관이다. 이들은 뉴턴의 세계관에 대응하는 새로운 관점을 제시하며, 정보화사회를 설명하고 이해하는 도구로 등장하고 있다. 신과학과 상통하면서 새롭게 유행하는 사조가 포스트 모던이즘이다. 포스트 모던이즘은 도구적 합리성의 개념을 전복시키려 하고 있다.

새로운 이론과 사조는 새로운 조망을 얻게 된다. 조망이 바뀌면 창의력의 기준이 변화하며, 문제를 보는 시각이 변화하기 때문에 관심의 변화를 초래한다. 뉴턴의 세계관은 질서정연한 사회와 예측 가능한 현실로 요약될 수 있다. 이와 대조적으로 신과학의 패러다임은 사물의 변화는 진화적이고 창의적인 과정으로 보고 있으며, 불확실성·불안정성·예측불가능성 등이 핵심을 이루고 있다. 이러한 복잡한 관계를 연구한다는 의미에서 새로운 패러다임을 '스스로 조직해 가는 복잡성의 과학'(the science of self-organizing complexity)이라고 부르기도 한다. 뉴턴식 과학적 전통을 전통적 선형적 체계의 연구라고 한다면, 혼돈이론에 기초한 새로운 전통은 비선형적 체계의 연구이다.

여덟째, 지역사회에 다문화 시대가 도래하고 있다는 것이다. 한국의 국제적 위상이 높아짐에 따라 외국과의 교류가 활발하여지고, 그 영향으로 국내에도 정주외국인의 비중이 높아지고 있다. 2007년 8월 외국인 근로자, 유학생, 결혼이민자 등 국내 체류 외국인이 100만명을 돌파하였고, 2012년말에 140만명에 이르고 있다.[17) 그리하여 한국사회는 본격적인 다인종·다문화 사회에로 진입하고 있는 것이다. 따라서 지역주민과 제1선에서 마주치고 있는 지방정부는 이러한 다문화 시대에 잘 대처하고, 이를 활용하여 지역의 확대재생산으로 산출할 수 있는 역량 및 체계가 필요하다.

아홉째, 국가경쟁력 강화를 위한 분권화의 시대적 요청이다. 한국에서의 국가 경쟁력은 중앙집권적 체제하에 주로 수도권을 중심으로 이루어져왔다. 이러한 중앙집권적 발전방식이 기업과 결탁한 근대화, 산업화 과정에서는 상당한 효과를 거둘 수 있었지만 지금의 발전단계에서는 더 이상 적합한 통치시스템이 될 수 없게 되고 있다. 진전된 민주주의와 생활수요의 다원화는 중앙집권적 문제해결방식으로는 충족할 수 없는 단계에 이르렀다. 중앙권력의 내부적인 식민지화(innere Kolonisation) 과정을 통하여 지방정부는 영양실조에 걸리고 중앙은 비만증에 걸려 양자가 모두 기능의 마비 증세를 보이고 있는 상황이다. 오늘날 다양화된 정보지식사회에서는 중앙집권적인 권력구조는 더 이상 적합하지 않게 되고 있다. 중앙정부의 기능회복을 위해서는 그 감량화가 불가피하게 요구되고 있으며, 지방정부의 기능회복을 위해서는 권한과 재정력의 강화를 통한 수혈을 필요로 한다. 따라서 지방분권은 지방정부를 위해서만 필요한 것이 아니라 중앙정부를 위해서도 반드시 필요한 과제이다. 정부간의 적정한 기능분담을 통하여 중앙정부는 전국적인 문제에 집중하고 지방정부는 주민의 일상적인 생활문제에 대한 결정권을 가짐으로써 생활자치의 실현에 기여하게 될 것이다.[18)

---

17) http://www.mospa.go.kr/frt/bbs/type010/commonSelectBoardArticle.do?bsld=BBSMTR-000000000008&nttld=29783
18) 이기우, "지방분권의 추진방향", 한국지방행정연구원 제1차 지방분권 워크샵, 지방분권특별법 제정 방향 자료집, pp.10-11.

2) 지역사회와 정치·행정의 현실

국가사회를 둘러싸고 있는 환경은 이상과 같이 급변하고 있지만, 한국의 정치·행정현실은 여전히 기존의 낡고 폐쇄적 농촌형 사회에서 구축된 제도와 조직을 그대로 간직하고 있어 상호의존적이고 개방적인 지구촌 사회에 적합하지 않은 면들이 많다.

일제 식민지로부터 독립되어 지방자치가 헌법상의 제도로서 보장되었음에도 불구하고, 지방자치가 서구와 같은 본래적 기능을 발휘하지 못한 것은 결국은 한국의 정치·행정의 문화 속에서 찾지 않으면 아니 된다. 주지하다시피, 한국은 세계에서 그 유례를 찾아보기 어려울 정도의 중앙집권적 정치·행정시스템을 오랫동안 유지시켜 왔다. 이러한 중앙집권적인 정치·행정 시스템을 가질 수밖에 없었던 이유는 무엇인가?[19]

첫째는 지정학적 요인으로서의 반도적 위치이다. 반도에 위치한 한국은 대륙으로부터 해양에 진출하고자 하는 세력과 해양으로부터 대륙에로 진출하고자 하는 세력 사이에서, 민족적 위기에 자주 직면하곤 했었다. 이러한 위기의 상존은 국가적 위기의 극복이라는 명목하에 독재체제의 출현을 용이하게 하곤 하였다.

둘째는 대한민국 정부 이전인 조선시대의 지배적 가치로서의 유교의 영향이다. 유교는 조선시대의 정치적·사회적 지도이념으로서 그 영향력은 오늘날까지 미치고 있다. 그런데 이 유교는 가부장적 권위주의 체제를 중시하여, 종적인 상하명령식의 위계질서를 사회시스템 전반에 걸쳐 확대 재생산시켜 왔다. 이러한 상황하에서의 사람들은 임금이 있는 서울(중앙) 중심적 경향을 강하게 가져, 중앙지향적인 사고방식을 강화시켜 왔다.

셋째는 식민지정책의 영향이다. 식민지정책이란 그 본래적 목적이 식민지 모국을 위하여 존재하는 것이기 때문에, 그 목적을 달성하기 위하여 강력한 중앙집권적 정치·행정시스템을 구축하는 것이 상례이다. 더욱이 근대적인 행정기술로 무장한 식민지 지배체제는 중앙집권적 경향을

---

19) 吳在一, "政府間関係論と韓國の地方自治", 日本中央大學 博士學位請求論文, 2000, pp.187-188.

더욱 가속화시켰다.

넷째는 식민지로부터의 독립의 불완전성이다. 즉, 정치적 이데올로기를 달리한 남북의 분단적 상황의 출현과 극심한 대립이다. 일제 식민지로부터 독립은 되었지만, 민족의 의사와는 관계없이 한반도가 남북으로 갈라지게 되고, 급기야는 상호간의 전쟁이라는 민족적 비극에 직면하게 되었다는 점이다. 이와 같은 남북간의 극심한 대립과 전쟁의 경험은 편향적 이데올로기 지배를 용이하게 하여, 다원성과 참여를 강조하는 민주적 사회 시스템의 구축에는 역기능적 역할을 하도록 만들었다.

다섯째는 군사쿠데타에 의한 군사정권의 등장이다. 군인은 그 조직문화상 상하 수직적 명령 복종관계를 중시하고, 획일성을 강조한다. 이러한 조직문화 속에서 성장한 군인들의 정치·행정 시스템에로의 다량유입은 사회 전반에 걸쳐 소위 말하는 '군사문화'의 팽배를 가져오게 하였다. 이러한 상황 속에서는 다양성과 개성을 중시하는 민주적 정치시스템을 키우기 어렵게 되고 만다.

여섯째, 관 주도적인 강력한 경제개발의 추진이다. 민간자본의 부족과 절대 빈곤 속에서 추진된 군사정권에 의한 근대화 발전 전략은 중앙중심의 불균형적인 성장으로서 가시적인 숫자 중심의 양적 성장에 너무 치우친 나머지, 민주적 가치와 지역의 개성과 특성을 살릴 수 있는 사회 시스템의 구축에는 많은 역기능을 야기시켰다.

제3절   한국 지방자치 제도의 문제점과 개선방안

1. 한국 지방자치제도의 문제점

국민들의 민주화 요구에 부응하여 제도로서의 지방자치제가 실시되고 있지만, 역사적으로 장기에 걸쳐 유지되어온 고도의 중앙집권주의와 거기에 따른 인민들의 중앙정향적 사고방식이 쉽게 지방분권적 참여민주주의 사고방식으로 바뀌게 되기에는 많은 시행착오와 시간이 필요로 된다. 2000년 하반기부터 일부 중앙 정치인과 중앙 관료(특히 내무관료) 중심으로 제기되고 있는 단체장 임명제안과 부단체장의 국가직화 문제[20]도 한국 역사의 중앙집권성을 알게 되면 쉽게 이해될 수 있을 것이다. 그러나 세계적 흐름으로서 도도하게 일고 있는 지방화(분권화) 물결에 대응하지 못한다면, 한국이 구 한말 세계사적인 흐름에 주체적 대응을 하지 못함으로써 민족적 아픔을 겪었듯이, 똑같은 민족사적 오류를 범하게 될 것이다.

이처럼 지방화의 구체적인 표출로서 지방자치의 실시가 시대적 소명임에도 불구하고, 한국에서 지방자치 본질을 훼손시키는 움직임들이 나타나게 된 원인을 제도적인 측면에서 살펴보면 다음과 같다.

첫째는 지방자치제의 실시가 너무나도 준비 없이 시작되었다는 점이다. 1991년 지방의회의원 선거는 말할 것도 없고, 1995년의 단체장 선거를 포함한 4대 동시 지방선거가 기존 시스템의 근원적인 개선 없이 정치적 정쟁 속에서 졸속으로 실시되어 절름발이 지방자치제를 만들고 말았다는 것이다. 특히 역사적 사건이라고까지 할 수 있는 1995년의 4대 지방선거를 전후하여, 지방자치의 실시가 한국 역사에서 어떠한 의미를 가지고 있는가에 대한 국민적 토론 속에서 국민들이 지방자치에 대한 정확한 인식과 신념을 가졌어야 했지만, 선거 직후 발생한 '삼풍백화점' 붕괴 사고로 인하여, 지방자치 실시의 역사적 의의를 논의할 기회를 갖지 못했다는 점이다.

둘째는 지방자치법의 근거가 되는 헌법에서의 지방자치에 관한 규정이다. 현행 헌법은 지방자치를 국회·정부·법원과 동렬로서 독립한 장(제8장)으로서 규정하여 놓고 있지만, 그 내용은 과거와 같이 지방자치의 내용을 모두 법률에 위임하여 놓고 있다. 그 경우 일본의 헌법(제92조)과 같

---

20) 2000년 11월 29일 여야 의원 42명이 기초정부의 장을 광역정부의 장이 임명하도록 하는 지방자치법 개정안을 제출하였고, 2000년 9월 15일 행정자치부는 기초정부의 부단체장의 국가직에로의 전환을 골자로 하는 지방자치법 개정안을 마련하고 정기국회에 제출하기 위한 입법 예고를 하였지만, 학계와 시민단체, 그리고 전국 시장·군수·구청장 협의회 등의 반대로 성사되지 못하였다.

이 '지방자치의 본질'(地方自治の本旨)에 따라 지방자치법을 제정해야 된다는 기준조차 없는 실정이다. 그러한 의미에서 한국의 지방자치제는 유보(留保) 자치이며, 아울러 헌법 자체가 과연 지방자치를 정착시킬 의지를 갖고 있는가에 대한 강한 의문을 나타내고 있는 경우도 있다.[21]

즉, 현행 헌법이 제2차세계대전 이후 제정된 많은 헌법의 예에 따라 지방자치에 관한 사항을 헌법에 규정하고 있지만, 헌법 제정 이후 그 개정이 아홉 번에 걸쳐 이루어졌음에도 불구하고, 지방자치에 관한 그 규정의 내용은 모두 한결같이 '법령의 범위 안에서…', '…법률로 정한다'는 문구로써 무조건적으로 법률에 위임하고 있다. 그리하여 이것은 일종의 입법독재에 대한 문호개방이론이 될 염려가 있다고 우려를 나타내고 있는 경우도 있다.[22] 더욱이 여기에서 지적해 두지 않으면 아니 될 것은 '법령의 범위 안에서'라는 문구이다. 즉 지방자치에 관한 헌법의 규정은 제1공화국 이래 일관되게 법령의 범위 안에서 자치에 관한 규정을 제정할 수 있다고 규정하고 있다. 이와 같이 헌법이 법률뿐만 아니라 '령'까지도 지방자치제를 규제할 수 있도록 한 것은 중앙의 지방에의 통제를 용이하게 만들어 자치를 위축시킬 우려가 있다고 할 것이다. 헌법(제118조 제1항)과 지방자치법(제2조 제2항)에서의 규정이 '법률'이 아니고, '법령'이라고 하는 것은 일본 제국주의하의 총독부령에 기인하는 것으로서 행정편의주의적 발상이라고 하지 않을 수 없다.[23]

이와 같은 무조건적인 법령에의 위임은 가끔 지방자치제의 위치를 국정에 있어서 보조자의 위치로 격하시키는 인상을 주고 있다.[24] 그 위에 제3·제4·제5공화국 헌법이 그 부칙으로 지방자치제를 유보시킬 수 있는 조항을 둠으로써 이를 더욱 강하게 뒷받침했다고 할 것이다. 그러나 현행 헌법에 있어서는 제1·제2공화국 헌법과 같이 지방자치제 실시에 관한 유보조항은 없어졌지만, 지방자치에 관한 규정의 형식은 제3공화국

21) 김도창, "지방자치법의 문제점", 법률신문, 1988.1.21.
22) 허영, "지방자치에 관한 헌법 이론적 조명", 비교행정, 제3호, 1985, p.22.
23) 조창현, 지방자치의 이론과 실제(동아일보사, 1990), pp.94-95.
24) 西尾昭, "韓國における地方自治法の改正", 同志社法學, 第203號, 1988, pp.15-16.

헌법 이래 큰 변화 없이 지방자치제의 내용을 모두 법령에 위임시켜 두고
있다.

셋째는 최근 지방자치법의 개정 혹은 새로운 법률 제정에 의하여 주
민참가의 길이 인정되고 있지만, 그 내용은 문제점이 많다는 점이다. 즉,
현대 민주주의 국가에서는 간접 민주주의가 갖는 한계를 보완하기 위한
수단으로서 주민참가가 갈수록 그 비중을 더해 가고 있는 것이 주요 선
진국의 경향이다. 특히 지방정부 레벨에서는 더욱 그러하다. 한국도 이와
같은 선진국가의 예에 따라 3대 주민참가라고 할 수 있는 것 중에서
initiative(법 제15조), referendum(법 제14조, 주민투표법), recall(법 제20조,
주민소환에 관한 법률)이 도입되고, 주민소송제(주민투표법 제17조) 등이 법제
화되었지만, 그 내용 면에서 본다면, 제도 도입의 취지 자체를 의문시하
게 하고 있다.

넷째는 중앙과 지방과의 관계에 있어서 중앙의 관여가 여전히 강하
다는 점이다. 중앙과 지방과의 관계에 관하여 지방자치법은 '국가의 지
도·감독'이라는 장(제9장)을 두어 중앙의 권력적·행정적 통제의 길을 폭
넓게 인정하고 있다. 이와 같은 행정권에 의한 지방정부에의 적극적·권
력적 관여는 자치행정을 위축시키고 있음은 두말할 필요도 없다. 오늘날
중앙과 지방과를 다루는 방법으로서 정부간 관계론, 그 중에서 상호의존
모델이 제창되고 있는 사실을 고려한다면, 한국의 중앙과 지방간의 관계
는 너무나도 중앙일변도라 하지 않을 수 없다. 현대 민주주의 국가에서
의 중앙과 지방관계로서는 중앙의 일방적 감독이라든가 권력적 관여는
될수록 피하고, 비권력적 관여에 그치는 것이 바람직스럽다. 이러한 견지
에서 볼 때, 중앙의 관여는 입법적 내지는 사법적 관여가 주류를 이루어
야 하며, 이를 위해서는 종래의 중앙집권적 권위주의 사고로부터 탈피하
여, 관청의 논리로부터 시민의 논리로, 그리고 중앙의 논리로부터 지방의
논리에로의 새로운 자세의 모색이 필요하다.

다섯째는 지방재정의 문제이다. 이것과 관련하여, 지방자치법 제122
조는 '건전재정의 운영'을 선언하고 있다. 그러나 한국의 국세와 지방세
의 합계인 조세 총수입 중에 지방세가 점하는 비율은 20% 미만이고, 더

구나 지방정부의 자체수입이 인건비에도 못 미치는 지방정부가 상당수에 이르고 있다. 이와 같은 상태하에서 지방재정이 지방자치법 제122조가 규정한 건전재정이라고는 도저히 말하기 어렵다. 지방재정과 관련하여 간과해서는 아니 될 것은, 경제개발이 본격적으로 시작된 이래 개발이익의 지역적 편중에 따른 지역간의 갭이 더욱 커져, 지역간 불균형이 더욱 심화되고 있다는 사실이다.

  한국과 같이 과도한 중앙집권적 상황하에서는 중앙의 정책결정과정에 참가할 수 있는 방도를 갖는 세력 혹은 지역은 개발에 따른 제반이익을 충분하게 향유할 수 있다. 반면, 그러한 방도를 갖지 못한 세력 혹은 지역은 개발이익으로부터 멀어져, 상대적인 낙후감을 느껴 국민적 통합에 좋지 않은 영향을 끼치고 있다. 이와 같은 사실은 근래 한국 정치·사회에 커다란 문제가 되고 있는 지역감정 문제의 근본에 관련된 문제이다. 따라서 '건전재정'을 위하여서는 중앙과 지방간의 재원의 재배분과 재정자주권의 확보, 그리고 지역간의 격차해소 대책이 적극적으로 모색되지 않으면 아니 될 것이다. 아울러 한국은 조세법률주의를 중앙정부 위주로 해석하여, 지방정부에는 자주재정권을 거의 부여하지 아니하고 있다는 점도 재고되어야 할 것이다. 이명박정부 시절 지방소비세 등이 도입되고, 지역상생발전기금이 운영되고 있지만, 중앙과 지방간, 지역간의 재정력 격차가 좁혀지지 않고 있는 상황이다.

  여섯째는 지방정부의 부단체장의 선임 방법이다. 지방자치법은 기초정부의 부단체장과 광역정부의 부단체장의 선임방법을 구별하고 있다. 전자의 경우는 그 임명에 있어서 당해 지방정부의 장이 임명하도록 하고 있으나, 후자는 당해 지방정부의 장이 제청한 자를 안전행정부 장관을 거쳐 대통령이 임명하도록 하고 있다. 이와 같이 부단체장의 선임에 있어서 당해 지방의회는 완전히 배제되어 있다. 지방정부의 부단체장은 장이 사망 혹은 사고 등에 의하여 문제가 발생했을 때에 그 직을 승계할 수 있다. 주민에게 정치적 책임을 지지 아니한 순수한 공무원에게 지방정부의 대표 가능성을 갖도록 한다든지 혹은 특히 광역정부와 같이 부단체장의 신분을 국가직 공무원으로 함과 동시에 대통령이 임명하도록 한 것은 기관의 자기선임권이라는 지방자치의 본질에 어긋난다. 따라서 부단체장의 선임에 있어서 현행 지방자치법과 같이 중앙정부의 영향력이 강하게 미치는 규정들은 재고되어야 한다.

일곱째는 조례 위반자에 대한 형벌권이 인정되고 있지 아니하고, 다만 과태료만이 부과되고 있다는 점이다. 한국은 죄형법정주의를 너무나도 경직적으로 해석하여, 민주적 정당성을 가진 동일한 대표기관인 지방의회에 형벌 제정권을 인정하고 있지 않는바, 강제성을 갖지 아니한 규칙이 어느 정도 효력을 가질 것인가는 의문이다.

여덟째는 단체장이 궐위·입원·선거에의 출마 혹은 소송이 제기되어, 구금상태에 있을 때에는 단체장의 권한을 부단체장에게 대행하도록 하고 있는바, 이것은 세 가지 측면에서 문제가 있다. 첫째는 부단체장은 주권재민자인 주민에게 정치적인 책임을 지지 않는 순수한 공무원인바, 이러한 부단체장이 지방정부의 최고책임자가 되도록 하고 있는 것이 과연 지방자치의 본질에 맞는가 하는 점이다. 둘째는, 일반적으로 재판소에서 형이 확정되지 아니한 경우에는 무죄로 추정되는 것이 법리인바, 구금되었다는 것만으로 단체장의 권한을 중지시키는 것이 타당한가 하는 문제이다. 셋째로, 단체장이 선거에 출마하였다고 하여, 선거운동기간 중에 그 권한을 일시 중지하는 것이 다른 선출직 공직자와의 관계에서 형평성 있는 일인가 하는 점이다.

아홉째는 경찰권이 중앙정부에만 인정되고, 지방정부에는 인정되고 있지 않다는 점이다. 지방정부의 장은 해당 지역민의 생명과 재산 보호의 제1차적인 책임을 지는 위치에 있다. 따라서 지방정부의 책임자에게는 지역사회를 관리할 수 있는 최소한의 물리적인 힘이 주어져야 하는바, 한국의 지방자치법은 이를 아직도 부여하지 않고 있다는 점이다. 지난 참여정부하에서 제주특별자치도에 한국 최초의 지방경찰이 도입되었지만, 아직도 전국적으로 확대실시되지 못하고 있다.[25]

---

25) 한국에서의 자치경찰제도는 제주특별자치도에 시범적으로 운영되고 있다. 즉, 노무현 정권하에서 제주도를 제주특별자치도로 개칭하면서, 2006년 7월 1일 제주특별자치도에 한하여 자치경찰제도를 도입하였다. 이에 대해서는 다음 문헌 참조. 양영철, 자치경찰론 (대영문화사, 2008).

열째는 관할구역의 문제이다. 한국에 있어서 지방행정의 관할구역은 1895년 개혁과 1914년 일본 제국주의하에 획정된 것이 근원적인 개편 없이 오늘에 이르고 있어, 많은 문제점을 노정시키고 있다. 한국의 지방행정 관할구역 획정에 영향을 미쳤던 일본에서조차 1921년 군 폐지 법률이 제정되어, 1923년 지방공공단체로서의 군제(郡制)가 폐지되었고, 1926년에는 군청도 없어지게 되었다. 아울러 북한도 1952년에 면제가 폐지되었다는 점을 고려하여 볼 때,26) 관할구역은 '근대화의 완결'이라는 측면에서 시대적 변화에 따라 전면적으로 재조정되어야 한다.

열한째는 국회의원들의 군부독재시대부터 향유하였던 국민(주민)대표권과 입법대표권에 대한 기득권적 자세이다. 헌법적 사항임에도 불구하고 독재시대에 지방자치가 유보되어 국민(주민)의 선출직 대표자가 국회의원뿐이었다. 그러나 1990년대 부활된 지방자치에 의하여 국민(주민)의 대표자는 단체장 및 각급 의회의 의원 등 다양해지고 있다. 따라서 헌법 정신에 따라 국회의원과 지방의회 의원간에 국민(주민) 대표성에 대한 적절한 역할 분담체계가 재정립되어야 함에도 불구하고 국회의원들이 기존의 대표권 독점으로부터 탈피하지 않고 있다는 점이다.

열두째는 지방선거에 있어서의 정당 참여 문제이다. 근대 민주주의 하에서의 정치는 정당정치를 기본으로 한다. 따라서 지방정치에도 정당이 참여하여 건전한 정당정치의 기반을 다질 필요가 있다. 그러나 한국의 정당정치는 지역할거적 붕당적 성격을 벗어나지 못하고 있다. 이러한 정당이 지역정치에 깊숙이 관여함으로서, 건전한 지방자치 발전에 장애 요인이 되고 있는 실정이다. 따라서 한국 정당이 붕당적 성격을 벗어나, 근대사회의 합리 정신에 기초를 둔 현대적 정당이 될 때까지는 최소한 기초정부의 지방선거에 관여하지 못하도록 하는 방안이 강구될 필요가 있다.

이상으로 현행 지방자치법이 내포하고 있는 주요한 문제점에 대하여 고찰하여 보았다. 한마디로 한국의 지방자치는 '장 중심의 정치행정문화'

---

26) 오재일 외, "남북행정구역의 변천과 발전방향", 행정논총, 제40권 제2호, 서울대학교 행정대학원, 2002, p.55.

로 인하여, 자치권은 미약하지만 단체장의 권한이 막강하고 이를 견제할 수 있는 시스템이 구비되지 않았다고 할 수 있다. 여기에서 특기할 점은 지방자치법의 요소요소에 중앙의 간섭 내지는 통제가 가능하도록 되어 있다는 것이다. 즉, 지방자치법 본문에만 '대통령령'에 위임하도록 규정된 것이 43개소에 이르고 있어,[27] 대통령령에 의한 중앙의 통제가 어느 때고 가능하도록 되어 있어, 지방자치법이 아니라 '중앙통제법'인 듯한 인상마저 주고 있다. 이와 같은 중앙의 통제의 강화는 지방정부가 수행하고 있는 업무 중, 위임사무의 비중을 높여 지방정부를 중앙정부의 일선기관으로 전락시키고 있다.

2. 지방자치 발전을 위한 과제

21세기 세계화·정보화·지방화 시대에 적시에 적절하게 대응하기 위하여 무엇보다도 한국은 기존의 낡은 농촌형 국가 주도의 관리 시스템으로부터 탈피하여, 도시형 시민 주도의 관리 시스템으로 바뀌어야 한다. 이를 위하여 국가 사회를 구성하는 주요 요소간의 역할이 근원적으로 재구축되어야 한다. 그간 한국은 시민사회의 부재 속에서 국가 중심적인 사고방식이 너무나도 팽배하여 공적 기능을 담당하는 정부(중앙정부), 그 중에서도 특히 행정부가 막강한 역할과 권한을 가졌다. 이러한 중앙 중심적 관료주의 시스템으로는 21세기 지식 정보화 사회에 살아남기 어렵다.

따라서 국가 관리 시스템의 근본적인 재구축이 필요하며, 이때 그 기준은 '관으로부터 민으로', '중앙으로부터 지방으로', '통제로부터 자율로', '폐쇄로부터 개방으로'가 되어야 한다. 그리하여 국가 사회가 상하 위계적 관료사회로부터 자율성과 창의성에 바탕을 둔 네트워크적 시민사회가 되어야 한다. 이러한 네트워크 사회의 구축을 위해서는 한 국가 사회의 기본법인 헌법에 대한 인식이 '국가통치의 기본법'으로부터 '시민자치의 기본법'이 될 수 있도록 근원적인 발상의 전환이 필요하다. 이러한

---

27) 2012년 12월 말 현재 지방자치법.

헌법의 성격 변화와 함께, 21세기 지방화에 대한 적극적인 대응 수단의 하나로서 국민의 대표기관인 국회에서 여야를 초월하여 가칭 '지방자치 헌장'을 제정·공포하여, 국가 사회의 나아갈 바를 국민적 합의 속에서 선언하여야 한다. 그리하여 '자율'과 '자기통치'에 기반을 둔 지방자치의 토대를 굳건하게 하여, 진정한 '주민의, 주민을 위한, 주민에 의한' 시민사회의 기본 틀을 지역사회에서부터 구축하여, 세계화의 대응세력으로서의 지방화의 기반을 튼튼하게 하여야 한다. 이를 위한 지방자치의 과제를 살펴보면 다음과 같다.

첫째로, 국가 사회의 정치 지도자들의 발상의 전환이 필요하다. 민주사회에서는 모든 제도들이 입법과정을 거쳐 개선되어야 한다는 점을 고려할 때, 지방자치 관련 주무부서인 안전행정부와 국회가 시대적 소명으로서의 지방자치에 대한 확고한 신념을 가지고서, 수구적 구태의연한 자세로부터 탈피하여 시대를 읽고 미리 준비하는 자세가 중요하다. 구한말 시대적 흐름에 적절히 대응하지 못함으로써 민족적 고통을 당했던 우(愚)를 다시는 반복하지 않도록 해야 할 것이다. 특히 국회는 독재적 정치시스템하에서 누렸던 입법권 독점이나 대표성으로부터 탈피하여, 민주적 정당성을 갖는 지방의회와의 적절한 입법권 분점 등 국민대표성의 역할 재정립을 시도하여야 할 것이다.

둘째로, 준비성 없이 실시되었던 지방자치이기 때문에, 현행 지방자치제도는 많은 문제점을 내포하고 있다. 따라서 지방자치의 본질에 충실하도록 지방자치의 제약요인들을 제거할 수 있는 제도적 개선 노력들이 필요하다. 이러한 제도적 개선노력들을 지방자치의 주무부서인 안전행정부나 국회에 맡겨놓을 경우, 현재 나타나고 있는 기득권 보호의 차원에서 반자치적 제도 개선이 이루어질 수 있으므로, 이를 견제하고 감시하는 장치들이 필요하다. 따라서 안전행정부 관계자, 관련학계, NGO 등이 가칭 '지방자치제도개선위원회'를 구성하여, 지방자치법 개정안을 마련하는 방안을 적극 고려해 볼 필요가 있다. 이를 구체적으로 살펴보면, ① 주민소환 및 주민투표제도의 내실화 방안 강구, ② 감사기능의 독립화 문제, ③ 주민의사가 반영될 수 있는 부단체장의 선임 방안 강구, ④ 지방의회의 정책기능 강화, ⑤ 자치경찰의 전국화, ⑥ 조세법률주의 및 죄형법 정주의의 완화, ⑦ 자율적 자치조직권 확대, ⑧ 보궐선거가 아닌 재선거 제 도입, ⑨ 지방자치에 관한 헌법 조항의 정비, ⑩ 지방선거에 있어서의 지역정당 참여 방안 강구, ⑪ 행정사무 분류의 근원적 검토, ⑫ 입법과 사 법 분권 검토, ⑬ 교육자체제도의 개선 등이다. 이러한 제도적 개선을 통 하여 중앙 중심의 지방자치를 주민 체감의 지방자치로 전환시켜 나가야 한다.

셋째로, 지방정부의 자치역량을 강화시켜야 한다. 지방분권화를 추 진할 때, 중앙정부나 일부 비판자들이 지적하고 있는 것이, 과연 권한을 지방에 이양하였을 때 지방이 이를 잘 소화할 수 있는 능력이 구비되었 는가 하는 점이다. 이를 불식시키기 위해서 지방정부들은 자신들의 역량 을 배양시키는 노력들을 게을리하여서는 아니 된다. 지방정부의 자치역 량은 인적 차원(공무원), 물적 차원(재원), 제도적인 차원, 그리고 의회적 차 원에서 살펴볼 수 있다.

넷째로, 지역정책이 수립되어야 한다. 즉 지역의 자원을 조사하고, 이에 기초한 지역의 장기적 발전계획을 수립하여야 한다. 지역의 자원은 여러 종류가 있을 수 있다. 인적 자원과 물적 자원이 있는가 하면, 유형 자원과 무형 자원도 있다. 또한 자원이 자기 지역 내에만 있는 것이 아니 라, 출향인사(出向人士)와 같이 지역 밖에도 있을 수 있다. 지역이 가지고 있는 모든 자원이 조사되어, 이에 기초한 지역발전전략을 세워야 한다. 지난 관선시대의 지역 책임자들(지사, 시장, 군수 등)은 그들의 임기가 보장 되어 있지 아니하고, 더욱이나 자신들의 고향도 아닐 수 있기 때문에, 지 역의 장기적 발전과 관련된 아이디어나 정책을 적극적으로 개발하려고 하지 아니하였다. 그러나 앞으로는 단체장의 능력과 신뢰도 여하에 따라 서는 10년 이상 재직할 수도 있기 때문에, 장기적인 지역 발전계획이 필 요하다. 그리하여 정책과 경영이 조화를 이루는 정책경영 능력이 지방정 부에 요청되고 있다.

다섯째로, 주민의 여론에 귀를 귀울인 정치·행정이 되도록 하여야 할 것이다. 현대 민주주의하에서의 정치·행정은 주민을 위한 행정이어야 한다는 데에 이의를 제기할 사람은 아무도 없을 것이다. 그렇다면, 어떻게 자치행정을 주민지향적으로 이끌어 나갈 것인가? 주기적으로 여론조사를 하여야 할 것이다. 이제까지 자치행정은 행정관료 중심하에 이끌어져 왔으며, 여기에 각종 위원회 회의를 통한 전문가적 조언이 덧붙여졌을 정도이다. 시민들의 의식이 크게 고양되고 있는 오늘날, 1년 혹은 2년 단위의 주기적 간격을 갖고서 실시된 시민여론 조사에 근거하여 자치행정은 수행되어야 할 것이다.

여섯째로, 지속적인 행정개혁을 단행하여야 한다. 고도 지식정보사회에서는 사회변화가 급변하므로, 이러한 사회변화에 대한 대응을 주체적으로 하기 위하여 자치행정을 정기적으로 진단하여, 새로운 사회 수요가 있는 부서들은 더욱 확대·강화시키고, 시대에 맞지 아니한 부서들은 제거시켜 나가야 한다. 다시 말하면, 지속적인 지방행정개혁을 통한 행정의 효율성과 대민 감응력을 제고하여야 한다. 이제까지 지방행정은 너무나도 방만하게 운영되어 왔다. 해방 이후, 독재정권이나 군사정권은 지방행정 조직을 그 권력유지의 수단으로 많이 사용하여 왔으며, 그 지원의 대가로 자치행정은 조직 점검이 제대로 이루어지지 아니하고 방만하게 운영되어 왔다. 따라서 민선 단체장은 제일 먼저 조직 진단을 통한 효율적인 조직을 만들어야 한다. 경쟁력은 민간 기업에만 있는 것이 아니라, 지방정부간에도 있기 때문이다.

일곱째로, 중앙정부와의 적절한 관계 정립이 매우 중요하다. 단체장은 선출되었지만, 법적이나 제도적으로 중앙의 지방에 대한 관여와 간섭은 언제든지 할 수 있도록 되어 있다. 또한 이제까지의 관행도 무시할 수 없다. 중앙이 가지고 있는 막강한 물적, 인적 자원을 결코 무시해서는 아니 된다. 따라서 자치의 정신을 살리면서, 중앙과의 적절한 관계를 설정하는 것이 매우 중요한 과제로 떠오른다.

여덟째로, 지방자치 발전을 위한 제도적 장치가 국가적 수준에서 강구되어야 한다. 일본의 지방제도조사회나 영국의 Local Government Commission과 같은 상설적인 기구를 설치하여, 지방자치 발전을 위한 체계적인 연구와 조언 기관이 필요하다.

아홉째로, 지방정부가 상호 협력하여 중앙정부로부터 자치권 확보를 위한 공동노력을 하여야 한다. 현재 구성되어 있는 지방정부 연합조직을 강화하여, 일본의 '지방6단체'나 미국의 'The Big Seven' 같은 수준으로 만들어야 한다.

제4절 마무리 지으며

어떠한 제도에도 무릇 그 장점과 단점이 있기 마련이다. 왜냐하면, 제도도 인간에 의해 만들어지고, 그 제도를 만든 인간이 불완전하기 때문이다. 지방자치제라고 하는 제도도 예외는 아니다. 더욱이 한국의 근대적 제반 시스템이 한국의 역사적·문화적 유산에 근거하여 제도화되었다기보다는 '밖'으로부터의 이식에 의해 만들어졌기 때문에 그 기반은 매우 약하다. 따라서 이들 제도를 어떻게 한국의 역사적·문화적 전통과 잘 접목시킬 것인가는 민주화의 추진과 함께 한국사회에 부여된 커다란 과제라고 하지 않을 수 없다. 이를 위해서는 정치가는 물론 국민 모두 발상의 전환과 함께 인내가 요구된다고 할 것이다. 지방자치제 실시 100년을 넘긴 일본에 있어서도 지방자치가 아직도 정착했는가에 대한 논의가 끊이지 않고 있다는 사실은 한국에 있어서 타산지석(他山之石)으로 삼아야 할 것이다. 지방선거가 거듭됨에 따라, 한국의 지방자치도 그 시행착오 속에 지방자치가 갖는 보편적 원리에 서서, 한국 사회에 맞는 제도로 발달해 나갈 것으로 여겨진다. 한국이 갖는 지방자치에 대한 여러 문제점에 대하여 인내를 갖고 서서히 개선해 나가고자 하는 마음가짐이 무엇보다도 필요하다. 지방자치에 대한 성급한 판단은 금물이다.

한편, 한국 사회는 선거 때마다 지역간의 심한 편견으로 진정한 정당정치가 실종되고, 민주주의가 정착되지 못함에 대하여 많은 분노와 함께 우려를 나타냈다. 일부 지역에서 볼 수 있는 바와 같은 공천=당선이 성립하는 곳에 진정한 정치발전이란 있을 수 없고, 민주주의를 기대하기 어렵다. 앞으로 자주 치루어질 선거에서의 시민의식은 매우 중요하다. 따라서 시민이 자기 역할을 제대로 수행하여 파행적인 정당정치에 종지부를 찍을 수 있는 계기를 마련할 수 있도록, 사회지도층 인사들 역시 특정 시기만이 아니라 항시적으로 시민의식 고양을 위한 선도적 역할을 하여야 한다. 더욱 중요한 것은 시민적 공감대를 확대시켜 나가기 위하여 지도자들이 자기관리를 철저하게 하여야 할 뿐만 아니라, 사회운동이 개인적 출세를 위한 경력관리가 아니라는 것을 시민들에게 인식시키는 일이다. 지금 한국의 지역 현실에 필요한 것은 리더(leader)가 아니라 시더(seeder)이기 때문이다.

이와 아울러 중앙정치가 지역정치에 깊숙이 관여하지 못하고, 지역정치가 활성화될 수 있는 방안으로서 '지방정당'(Local Party)의 설립이 지역 주민의 의사에 따라 자유롭게 만들어질 수 있는 제도적인 방안들이 강구되어야 한다. 그럼으로써 모든 정치를 중앙정치가 독점할 수 없도록 하여야 하며, 동시에 지역민이 진정한 지역사회의 주인공이 되어 현장성이 강조되는 시민사회 구축의 기틀을 튼튼히 하여야 한다. 그리하여 지역정치의 활성화를 통한 중앙정치의 변혁을 이끌어내도록 하여야 한다. 중앙정치가 변하지 않으면, 지방에서부터 변화와 쇄신의 싹을 키워나가 중앙정치를 변화시켜나가야 한다.

또한 활성화된 지역정치 주체들은 지역간의 연대를 통하여 과도하게 집중되어 있는 중앙중심의 인적 물적 자원의 지방에로의 이전 운동을 전개하여, 한국 사회의 주요 현안이 되어 있는 지역간의 갈등 구도를 서울(중앙) 대 지방이라는 대립 축으로 전환시켜 나가야 할 것이다.

제7장

지역사회와 NGO, 그리고 로컬 거버넌스

제1절 현대사회와 NGO

현대사회는 대의제 민주주의를 그 기반으로 하여 사회가 관리되고 있다. 그러나 대의제 민주주의(간접민주주의)가 제대로 작동을 하지 못하고 대표와 민의와의 갭(GAP)이 커짐에 따라, 선진 민주주의 국가에서는 대의제 민주주의에 따르는 장애요인들을 제거하기 위한 하나의 수단으로서 시민참여가 활발하게 전개되고 있는 상황이다. 이러한 참여의 분출을 알몬드(G. A. Almond)는 정치혁명으로 부르고 있으며, 아울러 21세기 정보화 사회의 도래와 함께 참가가 일반화됨에 따라 전자 민주주의라는 말들도 빈번하게 사용되고 있는 실정이다. 그리하여 시민참가에 의한 시민사회의 출현을 프랑스의 사회학자 투렌(Alain Touraine)은 민주주의의 새로운 단계로 규정짓고 있다. 즉 그는 시장의 법칙에 저항하는 세력으로서 시민사회의 중요성을 강조하면서, 200년 전에는 정당이 만들어지고, 100년 전에는 노동조합이 만들어졌지만, 지금은 시민사회를 강화할 때라고 강조하고 있다.[1]

이처럼 시민사회의 역할 증대는, 한 국가사회에 있어서의 정부영역(권력)과 시장영역(이윤)에 이어 시민사회영역(사명)을 만들어내고 있다. 첫째로, 정부영역이란 세금을 주요 재원으로 한 정부기구의 활동영역으로서, 자원 획득의 방법이 강제성을 지닌다. 둘째로, 시장영역이란 민간기업의 영리활동영역으로서, 이윤 획득을 제1의 목적으로 하여 재화나 서

---

1) 한겨레 21, 제221호, 1998.9.1.

비스의 생산 및 시장에서의 교환에 의하여 자원을 획득한다. 셋째로, 시민사회 영역이란 민간이 주체가 되어 영리를 목적으로 하지 않는 공익적인 활동영역으로서, 사람들이 공유하는 가치관에 호소하여 활동에 필요한 자원을 획득하는 경우이다.[2]

그리하여 1980년대 이후 세계적인 조류로서 NGO의 활동이 현저하여지고 있는바, 그 배경으로서 살로만(Saloman)은 첫째, 선진국가에서의 복지국가의 위기, 둘째, 발전도상국가에서의 개발의 위기, 셋째, 지구규모에서의 환경의 위기, 넷째, 구 사회주의 국가에서의 사회주의의 위기라고 하는 '네 개의 위기'와 첫째, 통신기술의 향상과 새로운 수단의 개발에 의한 커뮤니케이션 혁명, 둘째 1960년대로부터 1970년대에 걸친 경제성장과 도시중산층의 출현에 의한 제3세계 각국의 부르주아 혁명이라고 하는 '두 개의 혁명'을 지적하고 있다.[3] 이처럼 20세기 후반에 이르러 시민사회의 내재적인 힘을 사회에 동원시키는 NGO의 분출은, 지역사회와 국가사회, 그리고 국제사회에서도 NGO의 역할과 비중을 높여, 제5의 권력으로서의 NGO가 국내외적인 관심의 대상이 되고 있다.

현대 사회에서의 NGO의 비중이 커짐에 따라 NGO에 대한 관심과 연구도 많이 이루어지고 있다. 먼저 NGO는 사회정의와 공익을 추구하기 위하여 민간이 자발적으로 만들고, 자주적으로 운영하는 비영리 민간조직이다. 이러한 정의는 법인격을 획득하지는 않았지만, 실제적으로는 비영리법인과 같은 역할을 하는 많은 NGO를 분석대상으로 할 수 있을 뿐만 아니라 한국에서 활동하고 있는 많은 '시민단체'를 포괄할 수 있는 넓은 개념이기도 하기 때문이다.

이렇게 법인격의 유무와 관계없이 정의된 NGO의 개념적 특징을 살펴보면 다음과 같다. 첫째, 지속성을 가진 공식적인 조직이다(organizational). 둘째, 비정부기관으로서 민간이 설립하고 운영하는 조직이다(non-governmental). 셋째, 편익의 비배분성이다(non-profit-distributing). 넷째, 자기

---

2) 藤田由紀子, "NPO", 森田朗 編, 行政學の基礎(東京: 岩波書店, 1998), pp.294-295.
3) L. M.Saloman, *Partners in Public Service*, The Johns Hopkins Univ. Press, 1995, pp.255-261.

통치성을 가진 자발적인 자치조직이다(self-governing). 다섯째, 공익을 추구하는 단체이다(public purpose). 여섯째, 비당파성·무종교성을 가진 사회운동단체이다(non-party/non-religion). 일곱째, 운영의 자주성이다(independent).[4)]

특히, 한국 사회에 있어서도 자치시대 이후 풀뿌리 사회 변혁의 한 주체로서의 NGO의 활동이 괄목할 만한 발전을 가져오고 있어, 지역사회에 있어서의 사회변화의 한 주체로서 역동성을 보여주고 있다. 따라서 여기에서는 시민사회의 도래와 함께 지역사회에서 지역사회 변혁의 한 주체로서 떠오르고 있는 NGO의 실제와 정부와의 관계, 그리고 지역관리의 새로운 대안으로 떠오르고 있는 로컬 거버넌스에 대하여 살펴보고자 한다.

제2절   시민사회의 출현과 지역사회, 그리고 NGO

현대사회에서 NGO가 국가 사회의 중요한 인자로 작용하게 된 것은 한국 사회가 근대적 의미의 시민사회에 진입하게 되었다는 것을 의미하기도 한다. 특히 한국 사회에서 1987년 6월의 시민항쟁은 국가권력의 억압적인 통치방법이 지니는 한계에 봉착하여 헤게모니적 통치방법에 눈을 뜨게 만드는 결정적인 계기를 이루는 시민사회의 봉기에 의한 것으로 해석하고 있다.[5)]

이러한 시민사회의 구축은 한국 사회에서 근대국가 형성의 주체적 구성인자로서의 시민들의 책임과 권리 의식을 강화시키고, 이를 배경으로 한 시민들의 자발적인 결사체인 NGO의 분출을 야기시키게 되었다. 그리하여 NGO의 활동은 1970년대의 반독재투쟁이나 1980년대 중반까지의 민주화투쟁, 그리고 1980년대 후반과 1990년대 초반의 노동운동 등과도 분명히 다른 선을 긋고 있다. 과거의 운동이 '정치민주화'와 '경제

---

4) NGO의 일곱 가지 특징 중, 첫 번부터 다섯 번까지의 특징은 L. M. Saloman이 지적한 내용과 동일하다(http://www.usia.gov/journals/itdhr/0198/ijde/saloman.htm)

5) 유팔무 외편, 시민사회와 사회운동(한울, 1996), pp.376-377.

의 배분'에 목적을 둔 '투쟁적' 저항적인 운동이었다면, 최근 활발히 전개 되고 있는 시민운동은 사회공동체 구성원 개인, 또는 공동체 공공의 이해관계와 직접 관련을 맺고 있는 생활 속의 현상을 목표로 하는 '대안적' 사회변혁적 운동이라는 점에서 커다란 차이를 보이고 있다.

이러한 면에서 한국에 있어서의 최근 관심의 대상이 되고 있는 시민 사회의 구축과 거기에 따른 NGO의 분출은 1960년대 말 이후 서유럽 중 심으로 전개하여 온 신사회운동과도 그 맥을 같이한다고 할 수 있을 것 이다. 신사회운동에 대비되는 구사회운동이 노동운동을 축으로 한 물질 중심·국가중심·계급중심이었던 데 반하여, 신사회운동은 탈물질적 가치, 풀뿌리민주주의, 다양한 집단간의 연대를 중심으로 하는 운동이다. 이러 한 신사회운동의 발생 및 성격은 무엇보다도 사회구조의 변동에 근거하 고 있다. 즉, 기존의 산업사회에서 탈산업사회로의 전환, 혹은 포드주의 에서 포스트 포드주의로의 전환은 사회갈등의 거점을 경제적 생산영역 내에서 사회문화적 재생산영역으로 이동시켰다는 것이다.[6]

이와 같은 시민사회의 구축과 분출은 지역사회에도 많은 충격을 주 고 있다. 그리하여 이제까지 중앙의 권위에 제 목소리를 제대로 내지 못 하고 있던 지역사회는 현장의 목소리를 내기 시작하고 있는 것이다. 이 것이 때에 따라서는 과도하여 지역 이기주의로 매도되기도 하고 있지만, 6·10시민항쟁과 지방자치의 부활 이후 그 어느 정권도 지역민의 생생한 현장성에 기초한 목소리를 물리적으로 억압할 수 없게 되었다. 따라서 이 시점에서 중요한 것은 각급의 공적 기관들이 이들 현장의 목소리를 어떻게 수렴하여, 중앙정치뿐만 아니라 지역정치에 구현시켜 나갈 것인 가 하는 것이다. 여기에서 지역민들의 현장 목소리와 공적 기관과의 연 계 고리가 중요한바, 이와 같은 NGO에 의한 중재는 지역사회의 요구와 열망에 대한 지방행정의 반응성을 높임으로써 좋은 국정관리에 도움이 될 것이다.[7]

---

6) 한국산업사회학회편, 사회학(한울, 1998), p.298.

7) S. N. Mishra & M. Sweta, "Good Governance, People's Participation and NGOs", *The Indian Journal of Public Administration*, No.3, 1998.

한국 사회에서 시민운동이 그 뿌리를 단단하게 내리기 위해서는 시민의식의 정립을 위한 교육의 장으로서의 시민운동이 지역단위에서 전개되어야 하며, 시민운동의 구체적인 실천주체로서의 지역 NGO가 활성화되어야 한다. 자주적인 지역 NGO의 활성화 없는 NGO의 역할 증대는 또 다른 측면에서의 시민운동의 집권화·관료화를 초래시켜, 한국 사회의 고질적인 문제점이라고 할 수 있는 중앙집권적인 권위주의를 부활시킬 수도 있기 때문이다. 즉, 중앙중심의 전국적 단위의 시민운동은 거기에 내재할 수밖에 없는 권력의 집중, 관료제적 경직성, 단위적 자율성보다는 집합적 통일성의 추구와 같은 특성들로 인하여 시민운동이 명망가를 위한, 명망가 중심의 운동으로 변질될 가능성이 높기 때문이다.[8]

한편, 시민사회의 성숙에 직접적으로 기여하는 시민운동이 현지성에 기초한 지역운동으로서 전개될 때 그 적실성과 효율성이 가장 발휘될 수 있다는 점에서, 시민사회의 성장에는 NGO의 역할이 매우 중요하다. 따라서 지역사회의 종합적 관리자로서의 지방정부가 지역사회 발전을 위하여 NGO와 유기적 협조관계를 어떻게 구축하느냐 하는 것은 대단히 중요한 과제라고 할 것이다. 이제까지 지역사회에 있어서 관과 민과의 관계는 포섭적 관계 아니면 대립적 관계라는 냉전시대의 제로-섬적인 사고방식이 지배적이었다. 그러나 한국 사회도 1987년의 6·10시민항쟁과 1995년의 지방자치 완전 부활로 관과 민과의 관계도 기존의 이원적 사고방식에서 탈피하여 상호간에 있어서 상생관계로 전환되는 과도기적 상황에 있다.

따라서 지역사회에 있어서 지방정부와 NGO와의 관계를 어떻게 설정하고, 지역사회 발전을 위한 상호간의 역할과 과제는 무엇인가를 살펴보는 것은 매우 중요하다. 특히 과거 국가적 수준에서의 발전 신드롬이 이제는 지역적 차원에서 재생산되어, 한국의 거의 모든 지역사회가 지역경제의 활성화에 주안점을 두는 물량위주의 지역발전이라는 과제에 온갖 관심을 쏟고 있는 상황에서는 더욱 그러하다. 왜냐하면, 과거 관치적 권

---

8) 김성국, "한국자본주의의 발달과 시민사회의 성격", 한국사회학회·한국정치학회 편, 한국의 국가와 시민사회(한울, 1992), pp.165-168.

위주의 시대와는 달리, 민주적 시민사회에서는 지역민의 이해와 협조 없이는 지역발전을 도모할 수 없기 때문이다. 따라서 근대적 개개 '시민'을 조직화하여 지방정부와의 유기적 협조 관계를 구축하는 것이 지역사회에서 대단히 중요하게 된다. 이 경우 개개 시민의 조직화를 기존의 방식처럼 관 주도로 하여서는 아니 되며, 그것은 어디까지나 지역사회의 자율에 맡기지 않으면 아니 된다.

제3절 지방정부와 NGO와의 관계

1. 정부와 NGO와의 관계에 대한 전제

지방정부와 NGO와의 관계는 기본적으로 정부와 NGO와의 관계를 기초로 한다. 따라서 여기에서는 먼저 정부와 NGO와의 관계에 관한 연구를 고찰한 다음, 이를 중심으로 지역사회에서의 지방정부와 NGO와의 관계를 살펴보고자 한다.

지금까지 국내외의 NGO와 정부간의 관계는 여러 기준에 따라 다양한 형태로 유형화되고 있다. 그러나 양자간의 관계는 고정적이라기보다는 통치철학이나 시대상황, 그리고 구체적인 특정 이슈에 따라 그 관계가 유동적이기 때문에, 어느 하나에 고정시킨다는 것은 불가능하다고 할 수 있다.[9] 그러므로 정부와 NGO의 관계 유형은 일반적 또는 단편적인 시각이 아니라 거시·미시적 차원과 다양한 정부 수준, 그리고 NGO의 개념과 범위를 모두 아우르는 연구가 요구된다.

우선 거시적 차원에서는 신자유주의(New Liberalism)의 시장주의를 비롯해, 신제도주의(New Institutionalism) 방법론, 주류 행정이론으로서 신공공관리(New Public Management), 그리고 새로운 행정 패러다임으로서 신국정관리(New Governance)와 밀접한 관련이 있다. 이는 정부와 시

---

9) 김종래·강제상, "국정관리와 NGO의 역할". 한국행정학회 2000년도 하계학술발표논문, 2000, p.12.

장영역, 그리고 시민사회 영역간의 관계에 대한 역사적 고찰이 필수적이라는 것을 의미한다. 특히 한국적 상황은 지난 80년대 이전까지만 해도 제반 사회영역의 분화수준에서 시민사회의 영역이 열악했다는 데 주목해야 한다고 생각한다. 따라서 NGO가 기본적으로 시민사회에 토대를 둔 조직임을 인정한다면, 기존의 공사(公私)간의 이원적 구분에 이어 새로운 형태로서, 정부와 시장, 그리고 시민사회라는 세 가지 차원에 대해 그 관계를 재정립해 볼 필요가 있다. 그리하여 한 나라의 국가사회를 이제는 정부와 시장이라는 전통적인 양분법으로부터 벗어나, 정부·시장, 그리고 NGO의 삼분법에 기초하여 사회를 이해하여야만 하는 상황이 되어 버린 것이다.[10] 또한 이러한 거시적 분석 틀은 신제도주의 방법론과 전 세계 행정개혁의 이론적 바탕인 신공공관리론과도 연계 선상에 있다.

특히 새로운 행정 패러다임으로서 신국정관리에서는 공공영역을 재형성하여 NGO의 존재를 인정하고 있는 데 주목해야 한다. 구국정관리가 이성과 합리성에 기초한 모더니티를 대표하는 가장 합리적인 조직으로서 계층제와 관료제의 언어였다면, 신국정관리는 여기에 3E(Economy, Effectiveness, Efficiency)를 강조하는 시장주의와 다양성·자율성·개방성·상호의존성 등을 주창하는 네트워크적 개념을 포함하고 있기 때문이다. 그러므로 최근 NGO와 정부의 협력관계에 대한 인식과 관심의 고취는 신국정관리라는 패러다임에 기초하고 있음을 알 수 있다.

이러한 전제하에서 정부와 NGO와의 관계유형에 대한 연구는 국가형태와 정부수준에 대한 분석, 그리고 NGO의 개념 및 범위에 대한 명확한 설정이 요구된다. 우선 정부를 하나의 단일한 실체로 다루는 것은 무리가 따를 수가 있다. 정부는 일반적 형태로서 중앙정부와 지방정부의 수준으로 나눌 수 있기 때문이다. 또한 지방정부의 수준도 제도적 측면에서 여러 수준으로 나누어 볼 수 있기 때문에, 이를 단편적으로 파악해서는 안 될 것이다.

---

10) 이근주, "정부와 NGO간의 파트너십에 관한 연구", 한국행정연구원, 1999. p.19.

2. 정부와 NGO와의 관계에 대한 연구

정부와 NGO와의 관계에 대한 기존의 연구를 살펴보면, 다음과 같다. 정부와 NGO와의 관계를 설정하는 데는 여러가지 기준이 존재한다. 국내외의 학계에서 제시된 대표적인 기준으로는 재원의 조달과 서비스의 공급, NGO에 대한 정부의 수용과 거부의 정도, NGO의 재정과 활동의 자율성, 자금조달과 통제 및 의사소통과 접촉, 자원의 대체성과 중요성, 목적과 수단의 일치 여부, NGO의 전략과 행정의 대응, 조직으로서의 활동영역과 역할분담 체계, 그리고 정부의 태도와 NGO의 조직유형 등을 꼽을 수 있다. 이러한 내용을 간략히 정리하면 다음과 같다.

첫째로, 기드론(B. Gidron외)은 재원의 조달과 서비스의 공급이라는 두 가지의 기능과 이를 담당하는 주체라는 차원에서 정부와 NGO의 관계를 정부 주도형(Government Dominant Model), NGO(Third-Sector Dominant Model) 주도형, 중첩형(Dual Model), 협동형(Collaborative Model) 등 네 가지로 유형화하고 있다.[11] 정부 주도형은 복지국가 형태에서 볼 수 있듯이, 정부가 재원의 조달과 서비스의 공급이라는 차원에서 지배적인 역할을 수행하는 경우이고, NGO주도형은 정반대로 NGO가 이를 주도하는 것이다. 중첩형은 이와는 반대로 두 영역이 각각 자율적인 독자성을 가지고 있되, 재원조달과 서비스 공급이라는 차원에서 상호 보완적 관계를 갖는 형태이다. 협동형은 중첩형과는 달리 두 부문이 복지서비스 공급과 재정기능에서 개별적이기보다는 함께 행동하는 것을 의미한다. 그 전형적인 예는 미국이나 독일 등에서 널리 볼 수 있는 바처럼, 정부가 재원조달을 행하고 NGO가 서비스를 공급하는 경우이다. Gidron 외의 이러한 유형화는 정부와 NGO라는 주체를 복지 서비스 공급과 재정기능을 중심으로 주도, 상호 보완, 그리고 협력이라는 분석 틀을 제시하는 장점이 있

---

11) B. Gidron, R. M. Krammer & L. M. Salamon, "Government and the Third Sector in Comparative Perspective: Allies or Adversaries?" in Gidron, Krammer & Salamon, eds., *Government and the Third Sector:Emerging Relationships in Welfare States*. San-Francisco: Jossey-Bass Publisher, 1992.

다. 그러나 이 유형은 네 가지 관계 모두가 협력이라는 큰 틀에 포함되는 한계를 갖고 있다고 할 수 있다. 따라서 이 유형은, 한국과 같이 시민사회가 아직 정착단계에 있는 국가에서의 정부와 NGO간의 갈등적 요소를 무시한 채, 정부와 NGO와의 관계를 정도가 다른 협력관계로만 설명하는 데에는 한계가 있을 수밖에 없게 된다.

둘째로, 코스톤(J. M. Coston)은 정부의 수용과 거부의 정도를 토대로 억압형(Repression), 대항형(Rivalry), 경쟁형(Competition), 용역형(Contracting), 제3자정부형(Third-party government), 협력형(Cooperation), 보충형(Complementary), 공조형(Collaboration) 등 8가지로 정부와 NGO 관계를 설명하고 있다.[12] 즉, 정부 수용과 거부에 따라 억압형에서 점차 협조형으로 수용 정도가 커진다고 주장한다. Coston의 모형은 Gidron의 이론이 서구적인 형태의 협력에 치중한 데 반해, 한국을 포함한 제3세계의 정부와 NGO 관계를 아우르는 장점을 갖고 있다. 그럼에도, 정부의 입장을 너무 세분한 까닭에 각 유형의 경계를 설정하기 어려운 단점을 갖고 있다.

셋째로, 박상필은 NGO와 정부간의 관계유형을 NGO의 재정과 활동의 자율성을 중심으로 종속형·협력형·자율형·권위주의 억압형/민주적 포섭형 등 크게 네 가지로 구분하고 있다.[13] 우선 종속형은 재정과 활동의 자율성이 모두 낮은 형태로서, NGO가 재정을 정부에 의존하고 있을 뿐만 아니라 활동에 있어서도 정부의 제한을 크게 받는다. 협력형은 재정의 자율성은 낮지만 활동의 자율성은 높은 형태이다. 권위주의적 억압형(민주화 이전) 또는 민주적 포섭(민주화 이후)은 NGO의 재정의 자율성은 높지만 활동의 자율성은 낮은 형태이다. 자율형은 재정과 활동의 자율성이 모두 높은 형태로서 NGO는 정부의 지원을 거부하고 스스로 재정을 충당할 뿐만 아니라 활동에 있어서도 정부의 제한이나 억압을 거의 받지 않고 자율적으로 활동한다. 이러한 관계유형 분류는 정부의 입장에서가 아니라 NGO의 입장을 반영하고 있으며 한국 NGO의 특수성 중 하나인

---

12) Jennifer M. Coston, "A Model and Typology of Government-NGO Relationships", *Nonprofit and Voluntary Sector Quarterly*, 27(3), 1998.

13) 박상필, "시민단체와 정부의 관계유형과 지원체제", 한국행정학회보, 33(1), 1999.

재정적 곤란을 고려할 때, 중요한 의미가 있다고 할 수 있다. 다만 재정적 자율성과 활동의 자율성을 별개의 사안으로 다룰 수 있는지 여부에 대해 명확한 설명이 요구된다고 할 수 있다.

　넷째로, 신희권은 자발적 조직과 지방정부와의 관계는 자금조달과 통제(자율성), 그리고 의사소통과 접촉(근접성)이라는 두 가지 측면을 고려하여 통합된 의존, 분리된 의존, 통합된 자율, 분리된 자율 등 크게 네 가지로 구분하고 있다.14) 우선 '통합된 의존'은 자발적 조직이 지방정부에 의존적이고 의사소통과 접촉에서 긴밀한 경우이며, '분리된 의존'은 양자가 소원한 경우를 의미한다. 이에 반해 '통합된 자율'은 자발적 조직이 정부로부터 독립적이지만 의사소통과 접촉이라는 면에서는 양자가 긴밀한 경우이고, '분리된 자율'은 자발적 조직이 독립성과 의사소통, 접촉면에서 모두 소원한 경우를 가리킨다. 이어 지방자치에서 이상적인 관계는 분리된 자율성이 가장 바람직하지만, 현실적으로 통합된 자율관계가 형성되는 것이 바람직하다고 주장한다. 따라서 신희권의 관계유형은 정부와 NGO의 관계를 지방정치 또는 지방정부의 수준에서 파악하고 있다는 데 큰 의미가 있다고 할 수 있다. 다만, 의사소통과 접촉이라는 기준의 접근성이 구체적인 지표로 설정할 정도의 공식적·제도적 측면을 갖고 있는지 의문시된다고 할 수 있다.

　다섯째로, 김준기는 샤프(Scharpf)의 조직간 상호의존 관계를 정부와 NGO 관계의 이론화에 활용하고 있다.15) 즉, 조직학의 일환인 조직 간의 관계분석에 근거한 조직간 자원의존 모형의 관점에서 정부와 NGO간의 관계를 관찰하고 있다. 여기서 의존관계란 조직이 조직간에 제공하는 자원 대체성과 자원의 중요성에 따라 서로 영향을 받는다는 것을 의미한다. 그러므로 이 모형은 두 조직, 즉 정부와 NGO는 상호 보완이 가능한 것으로 전제하고, 양자의 의존성의 높고 낮음에 따라 상호의존관계, 일방적인 의존관계(정부와 NGO 모두 포함), 상호 독립적 관계로 구분하고 있다.

---

　14) 신희권, "지방정치의 변화와 자발적 조직의 역할", 한국행정연구8(1), 1999.
　15) 김준기, "정부-NGO 관계에 관한 이론적 고찰 및 정부 NGO지원사업 분석", 한국행정학회 동계학술대회 발표논문집, 한국행정학회, 1999.

이 모형에서 중요한 것은 정부와 NGO가 보유하는 중요한 자원의 여부
이고, 자원의 교환에 따르는 정당성에 있다. 여기서 자원이란 두 조직의
입장에서 법적 제도적 유인체계, 방해, 침묵, 반대와 비판 등을 포함하는
것을 의미한다. 이 모형은 정부와 NGO가 상호 작용하는 근본적인 이유
를 잘 설명하고 있다. 그러나 이는 서구사회에서처럼 정부와 NGO의 자
원이 서로 대등하다는 전제하에, 재정적 자원 등 여러 면에서 정부의 일
방적인 우위에 있는 국내 상황을 설명하는 데 다소 한계를 갖고 있다고
생각한다.

여섯째로, 권해수는 정부와 NGO간의 관계는 정부와 NGO의 목적
과 수단의 일치 여부에 따라 네 가지 유형으로 분류하고 있다.[16] 즉, 정
부와 NGO의 목적과 수단이 일치하면 자율관계이고, 정부와 NGO의 목
적은 불일치하지만 수단이 일치하면 관용관계이다. 그리고 정부와 NGO
의 목적은 일치하는데 수단이 불일치하면 갈등관계이고, 정부와 NGO의
목적과 수단이 모두 불일치하면 억압관계라고 할 수 있다. 이러한 분류
도 목적과 수단과의 구별이 가능하느냐 하는 문제점이 제기될 수 있다.

일곱째로, 이토우(伊藤修一郎)는 NGO의 전략과 행정의 NGO에 대한
자세를 기준으로 하여, 정부와 NGO와의 관계를 협력적(cooperative) 전
략과 대결적(confrontational) 전략으로 나누어 고찰하고 있다.[17] 특히 그
는 NGO의 전략, 조직목적, 조직구조, 리더십, 정부와의 관계 등을 중심
으로 미국 Massachusetts주에서 활동하고 있는 두 개의 Aids Advocacy
NGO인 AIDS Action Committee of Massachusetts와 ACT-UP: AIDS
Coalition to Unleashed Power를 사례 연구하고 있다. 협력적 관계와
대결적 관계로 분류하는 이러한 이분법은 단순사회라면 몰라도, 다원적
인 민주사회에서는 한계가 있다고 할 것이다.

여덟째로, 마쯔시타(松下啓一)는 이제까지 비영리·공익활동의 주된 담
당자는 정부였지만, 오늘날에 있어서 행정만이 비영리·공익활동을 담당

---

16) 권해수, "시민단체의 조직화과정과 정책변화에 대한 영향력 비교연구", 한국행정
학회 하계학술대회 발표논문집, 한국행정학회, 1999.
17) 伊藤修一郎, "NPOの戦略と行政との關わり", 都市問題, 第88卷 第6號, 1997.

한다고 하는 사고방식에 종언(終焉)이 오고, 정부뿐만이 아니라 NGO도 비영리·공익활동을 수행하게 됨으로써 양자간의 역할분담이 문제가 된 다고 주장하고 있다.[18] 그리하여 양자간의 활동영역이 다른 경우와 활동 영역이 동일한 경우로 나누어서 양자간의 관계를 고찰하고 있다. 전자의 관계는 상호독립·무관계인 반면, 후자의 관계는 대체(代替)·하청(下請), 경 쟁협렵(競爭·競合), 협력협조(協力·協調) 관계의 유형을 갖게 된다고 한다. 활동영역을 기준으로 하는 마쯔시타의 이러한 분류는 정부와 NGO간의 활동영역 분류기준의 설정이 문제가 될 수 있다.

끝으로, 신광영은 크래프렛(Craplet)이 분류한 갈등형 비정부 조직과 합의형 비정부 조직에 근거하여 정부의 태도(수용적-비수용적)와 NGO의 조직유형(갈등형-합의형)을 기준으로 포섭적 관계, 갈등적 관계, 협조적 관 계. 지배적 관계 등 네 가지 유형으로 정부와 NGO와의 관계를 나누고 있다.[19] 이는 비정부조직의 성격과 시민사회 요구에 대한 정부의 수용 정도에 따른 것으로, 정부의 태도는 크게 적극 수용과 부응 또는 탄압하 는 것을 의미한다. 우선 포섭적 관계는 갈등형 비정부조직의 요구를 정 부가 적극적으로 수용하는 경우이고, 갈등적 관계는 대부분 시민사회 내 사회운동 단체들과 정부와의 초기적 단계에서 보듯이 비판과 저항으로 표출된다. 협조적 관계는 인도주의적 관점에서 활동하는 비정부조직과 이를 후원하는 정부 사이에서 찾아볼 수 있으며, 지배적 관계는 합의형 비정부 조직을 비수용적 국가가 지배하는 유형으로 권위주의 국가들에서 시민사회 조직에 대한 국가의 통제 형태로 등장하였다.

이상으로 정부와 NGO와의 관계에 관한 선행연구를 살펴보았는데, 이를 정리하면 〈표7-1〉과 같다.

---

18) 松下啓一, 自治體NPO政策(東京: ぎょうせい, 1999).
19) 신광영, "비정부조직(NGO)과 국가정책", 한국행정연구, 제8권(제1호), 1999.

<표7-1> 정부와 NGO와의 관계에 관한 선행연구

학 자	분류기준	유 형
Gidron	재원의 조달과 서비스의 공급	정부주도형, NGO주도형, 중첩형, 협동형
Coston	정부의 수용과 거부	억압형, 대항형, 경쟁형, 용역형, 제3자 정부형, 협력형, 보충형, 공조형
박상필	NGO의 재정과 활동의 자율성	종속형, 협력형, 자율형, 권위주의 억압형/민주적 포섭형
신희권	자금조달과 통제, 의사소통과 접촉	통합된 의존, 분리된 의존, 통합된 자율, 분리된 자율
김준기	자원의 대체성과 중요성	상호의존관계, 일방적인 의존관계, 상호독립적 관계
권해수	목적과 수단의 일치여부	자율관계, 관용관계, 갈등관계, 억압관계
伊藤修一郎	NGO의 전략과 행정의 대응	협조적 관계, 대결적 관계
松下啓一	활동영역과 역할분담	상호독립·무관계, 대체·하청관계, 경쟁·대립관계, 협력·협조관계
신광영	정부의 태도와 NGO의 조직유형	포섭적 관계, 갈등적 관계, 협조적 관계, 지배적 관계

3. 지방정부와 NGO와의 관계 유형

　　정부와 NGO간의 관계 유형에 대한 여러 선행 연구들은, 정부와 NGO간의 유형화에 있어서 정부 또는 NGO 상호간의 태도, 중요한 자원, 재정적 자율성 또는 독립성, 활동의 자율성, 접근성, 목적과 수단의 일치여부, NGO의 전략, 활동영역 등이 중요한 변수임을 알 수 있다. 특히 김종래·강제상이 밝힌 것처럼 재정적 자율성의 문제가 NGO의 현실적 차원에서 가장 중요한 문제라는 지적은 매우 시사하는 바가 크다고 할 것이다. 그러나 시민단체의 주도적 위치에 있는 사람들이 가지는 볼런티어십이나 사명의식은 NGO에 있어서 재정적 문제가 중요하다는 현실적 인식에도 불구하고, NGO 활동에 있어서 재정력만을 중요 변수로 삼는 것은 문제가 있다고 할 것이다. 아울러 협의의 NGO라고 하는 시민단체 활동에 있어서 정부의 재정적 지원이 미미한 실정이라는 상황을 고려한다면, 재정력을 포함한 사명의식 등 NGO의 자주성 여부가 중요한 변수가 되어야 할 것이다. 여기에다 고도의 중앙집권적 국가주의 전통이 강한 한국에 있어서 정부의 NGO에 대한 인식 여부도 중요한 변수라고 본다.

따라서 여기에서는 지역사회에 있어서의 NGO의 영향력에 비하여, 지방정부와 NGO와의 관계에 대한 연구가 미흡한 점을 고려하여 지방정부와 NGO와의 관계 유형화에 대한 시론을 모색해 보고자 한다. 이러한 시론을 통하여 지방정부와 NGO의 역할과 과제가 규명될 것이고, 이는 지역사회의 발전에 도움이 될 것으로 생각되기 때문이다. 지방정부와 NGO와의 관계 유형화는 지방정부의 NGO에 대한 인식 정도와 NGO의 자주성 여부를 중심으로 지방정부와 NGO와의 관계를 〈그림7-1〉에서 보는 것처럼 Ⅰ유형(포섭적/무관심 관계; Capture/Apathy), Ⅱ유형(후견적 관계; Patronage), Ⅲ(갈등적 관계; Conflict), Ⅳ(동반자 관계; Partnership)로 유형화하여 볼 수 있다.

첫째, 포섭적/무관심 관계는 정부와 NGO와의 상호 관계가 전혀 없다든가(무관심) 혹은 NGO가 정부에 완전하게 예속되어 있는 경우(포섭적)라고 할 수 있을 것이다. 이러한 경우는 주로 전통사회에서 많이 볼 수 있는 유형이라고 할 수 있다.

둘째, 후견적 관계는 정부가 일정한 목적하에 주민을 동원하기 위하여 만든 조직으로서, 보통 한국에서에서 관변단체라고 불리는 NGO를 말한다. 이러한 경우는 전통사회로부터 근대사회에로의 이행기에 관 주도적 발전전략을 추구하는 사회에서 많이 볼 수 있다.

셋째, 갈등적 관계는 시민사회의 형성기에 많이 볼 수 있는 유형으로서, 관 주도적 발전전략에 의하여 어느 정도 교육과 경제발전을 이룩하였지만, 그 부정적인 결과에 대하여 시민들이 자각하여 관 주도적 발전전략에 회의와 문제점을 제기하고 저항하는 경우이다.

넷째, 동반자 관계는 시민의식이 성숙하여 시민사회가 형성됨으로써 국가 권력이 한계를 가지게 되고, 그 결과로서 정부가 시민적 협조를 요청하는 경우이다. 그리하여 사회문제 해결에 있어서 민과 관이 서로 머리를 맞대고 상호 협력하는 관계이다.

다만 정부와 NGO와의 관계에 관한 선행연구에서는 모두가 정부와 NGO와의 관계를 분석함에 있어서 매우 중요한 팩터인 시민적 지지(여론)를 중요 변수로 고려하지 않고 있는 문제점을 지니고 있다. 현대 민주주의 사회에서 모든 정책의 성공 여부는 궁극적으로 주권재민자로서의 시민이 어떠한 태도를 취하느냐에 달려 있다고 하여도 과언이 아니다. 특히 지역사회에서는 여론 전달력이 크다는 사실과 함께 선거를 의식해야만 하는 단체장으로서는 주요 지역현안 문제에 대한 시민적 여론을 고려하지 않을 수 없게 된다. 여기에서 또 하나 고려할 점은 어떠한 지역현안에 대한 직접적 이해당사자인 해당 지역 주민들은 찬성(혹은 반대)하지만, 간접적 이해 당사자라고 할 수 있는 범 시민들은 반대(혹은 찬성)하는 경우에서와 같이, 시민적 여론이 다를 경우이다. 이럴 경우 지역사회에서는 지역 오피니언 리더들의 역할이 결정적으로 작용하는 경우가 적지 아니하다.

<그림7-1> 지방정부와 NGO와의 관계

구 분		정부의 NGO에 대한 인식 정도	
		부정적	긍정적
NGO의 자주성 정도	낮음	Ⅰ: 포섭/무관심관계	Ⅱ: 후견인관계
	높음	Ⅲ: 갈등관계	Ⅳ: 동반자관계

제4절 지역사회와 로컬 거버넌스

1. 로컬 거버넌스

최근 급격한 세계화의 진전에 따라 국가경쟁력의 제고가 세계 각국

의 공통적인 관심사가 되고 있다. 그런데 국가 경쟁력 제고에는 민간부
문뿐만 아니라 정부부문의 생산성 향상도 매우 중요하다. 그리하여 20세
기 후반부터 선진제국은 국가 경쟁력 제고를 위한 국가 운영 시스템의
재편을 시도하였고, 그 과정에서 총체적인 국가 경쟁력 강화를 위해서는
정부·기업·NGO간의 적절한 역할 분담체계와 협력이 필요하다는 것을
느껴, 새로운 공공관리의 전략으로서 거버넌스라는 개념이 등장하게 되
었다. 정부의 효율성 제고와 대국민서비스 질 제고라는 차원에서 시작된
공공부문의 개혁은 신공공관리(정부감축, 민영화, 탈규제)와 정책네트워크(정
부간 관계, 정부-기업관계, 정부-NGO관계)를 통하여 가시화되고 있으며, 권한
위임, 공동체 복원, 고객의 자율적 관리 등이 강조되고 있다. 국가사회의
기본단위로서의 지역사회도 이러한 공공관리의 새로운 흐름으로부터 예
외일 수는 없다. 따라서 지역사회의 관리 주체들은 이러한 새로운 흐름
에 대응할 수 있는 지역사회 관리 시스템을 재구축함으로써 21세기 세계
화·정보화·지방화 시대에 주체적 대응을 하여야 할 것이다.

특히 한국은 오랫동안 유지하여 온 고도의 중앙집권적인 정치행정
시스템의 영향으로 인하여 세계적인 경향으로서의 '지방화'라는 물결에
적절하게 대응하지 못함으로써 국가 경쟁력 제고에 있어서 많은 문제점
을 야기시키고 있는 상황이다. 따라서 진정한 지방화를 이룩하기 위해서
는 분권화 작업을 통한 정부간의 적절한 역할 재분담과 지방정부의 역량
강화, 그리고 지방정부를 통제할 수 있는 시민사회의 성숙이 이루어지지
않으면 아니 된다. 최근 한국 사회도 지방화라는 세계적인 물결에 대응
하고자 지방자치를 부활시켰지만, 국민들이 체감할 수 있는 분권지수는
매우 미미한 실정이었다.

이는 그간 분권화 정책이 관·관간의 분권화 정책에 치중되고, 관·민
간의 분권화 정책이 미흡했다는 것을 의미한다.

그러나 세계적 메가트렌드로서의 분권화 정책은 피할 수 없으며, 이
러한 분권화 정책과 함께 정보통신혁명, 그리고 세계화의 물결 등으로
인하여 지방정부의 환경은 급격하게 변하고 있다. 이러한 지방정부를 둘
러싼 급격한 환경변화는 지역사회의 관리주체로서의 지방정부의 구조나

운영방식에 커다란 영향을 미치고 있으며, 종래의 폐쇄적 농촌형 사회
관리 시스템과 같은 낡은 제도나 관행으로는 21세기 지구촌 지식정보화
사회에 살아남을 수 없게 만들고 있다. 그리하여 효율적인 지역사회 관
리를 위해서는 종래와 같은 지방정부 중심만의 관리 시스템으로는 한계
가 있어, 지역사회에 있어서도 국가사회와 마찬가지로 지역사회의 구성
인자들과의 협조적 네트워크(cooperative network)를 강조하는 로컬 거버
넌스(local governance) 개념이 중요시되고 있다.

　　20세기말부터 불어닥친 변혁의 물결은 새로운 세기에서도 가속화될
전망이며, 이러한 변혁의 물결은 공공부문에서도 예외가 아니다. 그리하
여 기존의 개별 국가의 정부형태와 기능에 영향을 미치고 있는데, 특히
중앙정부의 역할감소와 지방정부의 권한위임을 강화시키고 있다. 이러한
분권화 경향은 중앙과 지방의 관계변화와 더불어 종래 소위 통치(govern-
ment)에서 거버넌스(governance)에로의 방향전환을 가져오게 만들었다.
21세기 새로운 환경 변화에 적응하기 위한 공공분야에서의 거버넌스 개
념의 등장은 전통적인 국가 중심의 정치와 외교, 그리고 정책결정체제의
근본적인 변화를 의미한다. 공공정책결정 영역은 전통적으로 정부의 독
점적 영역으로 간주되었으나, 이제는 기업과 시민사회의 NGO들도 동참
하는 '공동 거버넌스'(co-governance)의 영역이 되고 있다.[20)]

　　한국도 현재 세계화라는 밖으로부터의 막강한 영향으로부터 벗어나
기 힘든 상황이고, 아울러 국내적으로는 다양한 집단들의 욕구가 분출하
여 기존의 국가관료 조직만으로는 그 한계가 뚜렷해지고 있다. 그래서
토플러가 이야기하였듯이,[21)] 국가라는 단위는 커다란 문제를 해결하기에
는 너무 작고, 작은 문제를 처리하기 위해서는 너무 크다는 것이다. 그리
하여 국가가 국내외적으로 도전받고 있는 것이다. 이러한 도전에 대응하
여 거버넌스라는 개념이 오늘날 각광을 받고 있으며, 공공부문의 주제어
(key word)로서 중요시되고 있다. 이 주제어가 담고 있는 핵심요소들은
복잡성, 상호의존성, 네트워크 등으로서 민주화와 분권화, 그리고 자율성

---

20) 주성수, 글로벌 거버넌스와 NGO(아르케, 2000)
21) 이규행 감역, 전쟁과 반전쟁(한국경제신문사, 1994)

과 효율성을 추구하고자 한다. 그리하여 거버넌스 개념은 government의 변화된 의미로 이해될 수 있으며, 통치(governing)의 새로운 과정으로 볼 수 있다.[22]

공공부문의 지배적인 용어로서의 거버넌스의 특징은 종래 정부 주도의 정치행정 과정에서 기업과 NGO의 상대적 역할 증대라는 것이다. 그러므로 이제는 모든 국정에서 정부·기업·NGO의 3자축이 형성되고 있다. 특히 세계화 과정에서 사회 내 다양한 세력들의 국정참여는 하나의 커다란 흐름이 되고 있으며, 여기에서 NGO의 역할이 가장 현저하게 커져가고 있다는 점이다(〈그림7-2〉 참조).

〈그림7-2〉

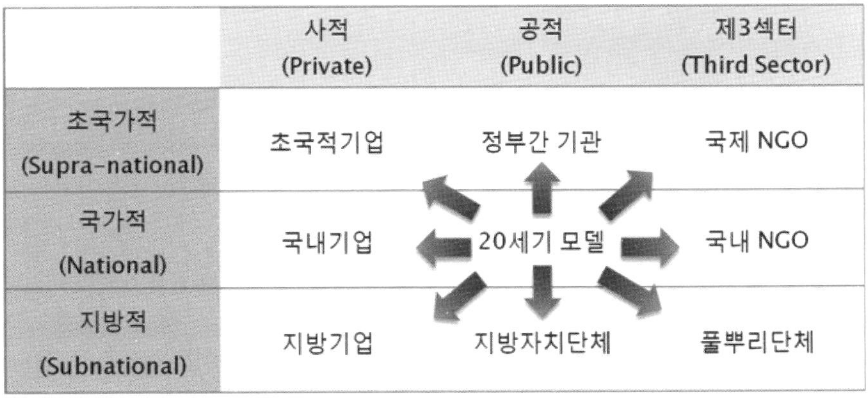

	사적 (Private)	공적 (Public)	제3섹터 (Third Sector)
초국가적 (Supra-national)	초국적기업	정부간 기관	국제 NGO
국가적 (National)	국내기업	20세기 모델	국내 NGO
지방적 (Subnational)	지방기업	지방자치단체	풀뿌리단체

*출처: 주성수, 공공정책 거버넌스(한양대학교 출판부, 2004), p.95에서 재인용

이러한 공공부문에서의 거버넌스 개념의 적용은 공공부문의 한 축으로서의 지역사회의 공공부분에도 영향을 미치고 있다. 즉 지방정부와 관련된 환경변화에 대응하여 로컬 거버넌스(local governance) 개념과 양식이 지역사회 관리에 있어서도 중심적 역할과 촉매작용을 하고 있다.

로컬 거버넌스(local governance)는 단순한 시민참가라는 개념보다는 급진적이고 적극적인 개념이다. 즉, 권력을 주요 수단으로 하는 정부, 이

---

22) 박재욱·류재현, "로컬 거버넌스와 시장의 리더쉽", 한국행정학회 하계학술대회 발표논문집, 한국행정학회, 2000.

윤추구를 주요 목적으로 하는 기업, 그리고 사명을 중심축으로 하는 NGO 간의 '관계성'에 중점을 두는 사회 주요 팩터간의 협력과 참여라는 동반자 관계를 통하여 지역사회의 공공문제를 해결해나가는 방식을 말한다.

<그림7-3> 지역사회와 로컬 거버넌스

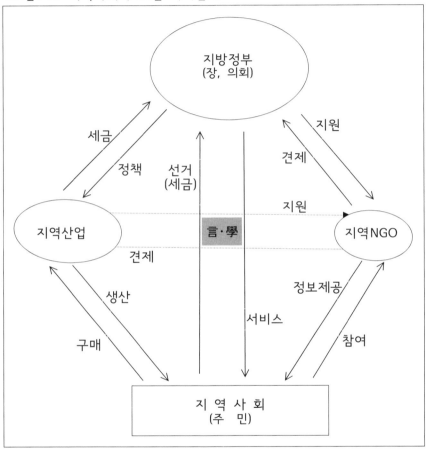

따라서 지역사회에 있어서의 효율적이고 지속적인 관리를 위해서 정부와 시장, 그리고 NGO는 상호 협력하지 않으면 아니 된다. 〈그림7-3〉에서 보는 바와 같이, 지방정부와 지역산업, 그리고 지역NGO는 그들 존립의 기반인 지역사회를 위하여 상대를 경원시할 것이 아니라 동반자라

는 인식을 가지고서 지역사회를 가꾸어나가도록 하여야 한다.

한편, 로컬 거버넌스를 구성하는 각 요소의 역할을 살펴보면, 첫째, 지방의회는 ① 지역주민의 대표기관, ② 지역사회의 정책결정기관, ③ 집행부에 대한 통제·감시 기관, ④ 지방분권운동의 선구자, ⑤ 집행부에 대한 심사·평가기관, 둘째, 집행부(長)는 ① 미래 비전 제시자, ② 집행기관의 운영자, ③ 정책문제 및 제안자, ④ 지역문제의 해결 및 조정자, ⑤ 지역경영의 기획자, ⑥ 합리적 분권운동가, 셋째, 지역 언론은 ① 정보제공자, ② 지방정부 감시자, ③ 공정한 심판자, ④ 문제 제기자, 넷째, 지역산업은 ① 지역 부의 생산자, ② 고용의 제공자, ③ 지방정부 재원 조달자, ④ 조직경영 선구자, 다섯째, 대학은 ① 정보 발신자, ② 혁신 전파자, ③ 미래 설계자, ④ 시민 교육자, 여섯째, 지역 NGO는 ① 공공서비스 제공의 보완자, ② 사회가치 수호자, ③ 사회자본(social capital)의 생산자, ④ 건전한 비판자 등이다. 그러나 민주사회에서 가장 중요한 것은 주권재민자로서의 주민이 제 역할을 제대로 잘 수행하고 있는가 하는 문제이다.

2. 로컬 거버넌스의 모형과 특징

1) 로컬 거버넌스의 모형

국가적 차원에서의 거버넌스 모형에 대한 연구는 로즈(Rhodes)[23]나 피터스(Peters),[24] 김석준[25] 등의 사례에서처럼 많이 찾아볼 수 있다. 그러나 로컬 거버넌스 모형에 관한 연구는 그리 흔하지 않은 상태이다. 이러한 상황 속에서 밀러(William L. Miller)[26] 등이 제시한 로컬 거버넌스의 모형은 많은 시사성을 던져주고 있다.

---

23) R. A. W. Rhodes. Understanding Governance, Buckingham: Open University Press, 1997.

24) B. G. Peters, The Future of Governing: Four Emerging Models, Kansas: University Press of Kansas, 1996.

25) 김석준, 뉴거버넌스연구(대영문화사, 2000).

26) W. L. Miller et al., "Models of Local Governance", *Palgrave*, 2000.

첫째, 지방주의자 모델(Localist Model)이다. 지방주의자 모델은 지방정부의 전통적 방어와 가장 연관이 깊은 것으로서, 보통 지방정부 대표기관들의 공식 언급에서 잘 표현된다. 넓은 의미에서 이 모형은 정치학에서의 자유주의적 다원주의 시각을 갖는다. 지방주의자들에게 있어서 로컬 거버넌스의 필수적인 요소는 지방의 선택이라는 표현이다. 지방정부의 공직자들에게는 지방의 필요에 부응할 수 있도록 지방정부에 선택권이 주어져야 한다. 그러하기 위해서는 기초정부에 지역민들의 여망이 반영될 수 있도록 충분한 자율권이 주어져야 하고, 따라서 지방당국자들이 서비스 공급을 주도하게 된다.

둘째, 개인주의자 모델(Individualist Model)이다. 개인주의자 모델은 신보수 정치사상과 관련이 있다. 여기에서 강조되는 것은 지역공동체의 집단적 선택을 촉진하는 것이 아니라, 로컬 거버넌스 시스템 구축에 의하여 개별소비자가 개인적 필요를 충족시키는 데 적합한 서비스를 획득하는 것을 보장하는 데 주안점이 주어진다. 따라서 개인주의자 모델은 서비스 공급자간의 경쟁을 선호하며, 집단적 정치적 결정이나 대규모 참여는 무언의 국민들의 이익을 희생하고 자원과 혜택을 획득하려는 조직되고 시끄러운 소수에게 이익이 되기 때문에 신뢰를 받지 못하게 된다는 것이다. 여기에서 중요한 것은 개별 소비자의 권리와 이익을 보호할 수 있게 하는 것이다.

셋째, 동원모델(Mobilization Model)이다. 동원모델은 좌파적 시각을 갖는다. 로컬 거버넌스에 대한 좌파적 시각은 여러가지가 있지만, 지방의 불평등과 정책의 한계를 극복하기 위하여 중앙의 개입과 우월적 지위를 선호한다는 것이다. 지방에는 비수혜자들을 조직화하고 동원해서 불평등과 소외에서 저항할 정치적 연합을 구축할 기회를 제공하는 것이다. 영국에서 1980년대 좌파적 노동당 지방의회가 대처 정부에 대항하고, 지방수준에서 좌파정치연합을 활성화하기 위하여 캠페인 형태의 지방정치를 발전시킴에 따라 정치실천으로서의 동원모델이 주목을 받게 되었다. 동원모델에서 정치과정의 주요 요소는 주민들의 다양한 참여를 이끌어낼 수 있도록 지방정치가 활성화되는 충분한 자율성이 주어지는 것이다.

넷째, 중앙집권주의자 모델(Centralist Model)이다. 중앙집권주의자 모델은 강력한 지방정치를 선호하지 않는다. 이 모델은 정치학에서 공개적 지지를 찾기 힘들지만, 실제의 정치 현실에서는 엄연하게 존재하고 있다. 이 모델은 전국적 차원의 민주주의에 근본적인 선호를 두고 있으며, 주요 과제는 모든 국민이 질 높은 서비스에 대한 접근을 할 수 있도록 하고, 아울러 서비스의 전국적 수준이 높아지고 유지되는 것을 보장하는 것이다. 따라서 지방자치에 반대하고, 지방의 참여에도 높은 가치를 두지 않는다. 서비스 공급에서의 주요 논점은 지방서비스 공급기관들은 중앙에서 제시한 목표달성과 성과 수준에 도달하기 위하여 중앙의 통제와 지시에 따라야 한다는 것이다. 여기에서는 국회와 중앙정부의 우월성에 중점적 가치를 두고 있다. 중앙정부는 전국적 차원의 국민적 뜻이 성공적으로 반영되도록 입법이나 지침과 통제를 사용할 권한이 있고, 지방정부는 가치 있는 서비스를 제공할 역할이 있다. 그러나 지방정부의 주요임무는 중앙정부의 목표와 기준이 달성될 수 있도록 지원하는 것에 불과하다는 것이다.

2) 로컬 거버넌스의 특징

새로운 공공관리 전략으로서 로컬 거버넌스의 등장은 공공관리의 주요 축으로서 종래 종적인 관계에 중점을 둔 관민 및 정부간 관계로부터 상하·좌우적 개념으로서의 총체적 공·사 파트너십(Total Public-Private Partnership: TPPP)을 요구하고 있다. 공공관리를 위한 총체적 공·사 파트너십 모델의 특징은 첫째, 상호의존성(interdependence)이다. 21세기 지식정보화 사회에서의 국가사회의 관리는 어느 한 팩터만으로 되지 않는다. 서로 다른 수준의 정부·기업·NGO 등이 상호의존하고 있으며, 이는 제 단위간에 권력이 공유되고 있음을 의미한다. 둘째, 복잡성(complexity)이다. 상호의존성으로부터 연유하는 복잡성은 제 팩터간의 네트워크가 다종다기하다는 것을 의미한다. 따라서 충분한 정보의 수집 혹은 합리적인 의사결정이나 집행에는 어느 한 팩터만으로는 적시에 적절하게 대응할 수 없으며, 필연적으로 다른 팩터의 협력을 필요로 한다는 것을 의미한다.

셋째, 협상(bargaining)이다. 상호의존적이고 복잡하기 때문에 어느 한 편이 다른 한 편을 일방적으로 통제하거나 지시할 수가 없다. 따라서 각 팩터간의 존재를 인정하여 문제 해결을 위한 제 팩터간의 협상이 중요하게 떠오른다.

따라서 로컬 거버넌스의 특징은 지방정부를 중심으로 한 제도적이고 공식적인 관계보다는 공공기관·기업·시민집단간에 있어 각자의 전략적 목표와 이해관계를 공식적 혹은 비공식적인 네트워킹을 통하여 반영·조정·통합해나가는 데 있다. 그리하여 로컬 거버넌스하의 지역사회는 지방정부 주도하에 일방적으로 운영해 나가는 기존의 방식과는 상당한 차별성을 가진다. 즉, 지역사회의 새로운 관리 전략으로서의 로컬 거버넌스는 첫째, 지역사회에서의 의사결정권한이 공유화되며, 둘째, 지역주민의 자치권과 독립성을 함양할 뿐만 아니라 시민참여를 통해 공공재(public goods)를 개발하는 일련의 과정을 제공하는 데 그 중심 목표를 두고 있다. 그리하여 로컬 거버넌스는 지역 의사결정에 참여할 수 있는 시민역량을 함양함으로써 지역주민이 자신들의 지역사회를 자율적으로 경영할 수 있게 된다는 전제에 기초하고 있다. 이러한 의미의 로컬 거버넌스는 비인격화된 관료제로 특징지을 수 있는 계서적 통치와는 대비되며, 개인의 참여뿐만 아니라 단체나 결사, 그리고 기관의 광범위한 참가를 통하여 시민사회를 발전시키는 방법이라고 할 수 있다. 이는 지방정부의 권력구조를 근본적으로 전환시키는 과정이기도 하다.

따라서 전통적인 지역사회의 관리 방식과는 달리 로컬 거버넌스의 한 축으로서의 지방정부는 NGO와의 정책 네트워크 구성을 통해 정부의 관리 혁신과 정책에 대한 주민의 신뢰와 수용을 높여나가야 하며, 지역사회의 NGO는 참여와 더불어 건전한 사회자본을 생산해야 한다. 이런 점에서 로컬 거버넌스를 구성하는 두 개의 주요 실질적 축인 지방정부와 NGO가 여하히 협동하느냐 하는 것은 향후 지역사회 삶의 질 향상에 시너지적 영향(synergistic effects)을 주는 중요한 변인이 된다.[27]

---

27) 오재일, "로컬 거버넌스". (사)지방행정연구소, 자치행정, 제183호, 2003.

3. 로컬 거버넌스의 구축 방안

    현대사회에 있어서 로컬 거버넌스의 강조는 지역사회의 비중이 점점 커짐을 의미한다. 즉, 지역의 경쟁력이 국가 경쟁력의 초석이 된다는 점을 고려할 때, 정부 시스템도 기존의 중앙 중심의 정부 시스템으로부터 지방정부의 역할과 책임이 강조되는 정부간의 협력적 거버넌스로 변화될 수밖에 없을 것이다. 이러한 세계사적 흐름에 대응하기 위하여, 한국과 같이 고도의 중앙집권적 정치·행정 체제를 오랫동안 간직하여 온 나라에서도 지방이 자율성과 책임성을 갖도록 분권화 정책을 추진하지 않을 수 없게 된다. 이러한 국가 차원에서의 분권화·지방화 정책은 지역사회에 커다란 파장을 몰고 올 것이다.

    21세기 지방화 시대에 적극 대처하기 위한 분권화 작업은 보다 과감하고 획기적으로 추진되어야 한다. 그러나 지방분권은 목적가치가 아니라 수단가치라는 점에 주의하여야 한다.[28] 아울러 이제까지의 분권화 논의가 주로 官과 官 사이의 논의 수준에 머무르고 마는 경향이 많았었다. 그러나 분권화 논의의 궁극적인 목적은 어느 정부 수준에서 행정업무를 다룰 때 대 국민(주민) 서비스를 향상시킬 수 있는가 하는 것으로 귀착된다고 할 것이다. 행정서비스의 제공이 지방정부 수준에서 이루어질 때 보다 민주적이고 효율적이 되어 주민만족도가 높아진다는 것이다. 따라서 분권화 논의가 정부간 수준에 머무르지 아니하고, 분권가치에 대한 주민이 체험할 수 있는 방향에서 분권화 작업이 이루어질 때 분권의 궁극적인 가치는 달성된다고 할 것이다.

    이러한 강력한 분권화 추진은 지역사회에서의 관리변화를 초래시키고 있으며, 주민과 함께 하는 지역사회 관리가 요청되고 있다. 그리하여 지역사회의 관리방식으로서 로컬 거버넌스 구축이 새롭게 부각되고 있다. 로컬 거버넌스의 구축에 있어서 중요한 한 축인 지방정부도 이제는 작은 정부(Small Government) 지향 차원을 넘어 좋은 정부(Good Government)의

---

28) T. G. Kingsley. "Perspectives on Devolution". 지방이양관련료집, 지방이양추진위원회, 2000.2, p.282.

구현을 통해 위대한 정부(Great Government) 구성을 위한 기초를 다지도록 하여야 할 것이다. 그러나 무엇보다도 중요한 것은 지방정부 혁신과 분권화, 그리고 로컬 거버넌스에 대한 국민(주민)적 담론을 어떻게 불러일으킬 것인가에 대한 전략과 전술이다. 지방정부 혁신과 분권화, 그리고 로컬 거버넌스에 대한 국민적 관심이 높아진다면, 지역사회에서 시민사회에 기초한 로컬 거버넌스의 구축도 그만큼 쉬워질 수 있기 때문이다.

이러한 분권화 정책에 지역사회가 어떻게 대응할 것인가 하는 것도 중요한 변수가 된다. 즉, 국내외의 소용돌이 환경 속에서, 변화의 물결에 순응하는 지역사회는 발전할 것이요, 그렇지 못하는 지역사회는 정체될 수밖에 없을 것이다.

이러한 변혁의 물결에 주체적, 능동적으로 대응하기 위하여 지역사회는 지방정부를 위시하여 지역기업(상공회의소)·학계(지역총장협의회 및 각종 학회)·NGO(시민단체협의회)·언론(기자협회) 등 지역사회 구성의 주요 인자들간의 협력적 네트워크 구축을 의미하는 로컬 거버넌스(Local Good Governance) 개념을 도입하여야 할 것이다.

한국에서 로컬 거버넌스를 도입함에 있어서, 밀러(W.L.Miller)가 제시한 로컬 거버넌스의 모형 중에서 지방에 자율권과 선택권이 주어져야 한다는 지방주의자 모델에 대하여 관심을 가질 필요가 있다. 지방주의자 모델을 중심으로 한 한국의 지역사회를 혁신시켜 나가기 위해서는 첫째, 지역민들이 위기의식을 느껴야 하고, 둘째, 지역민에게 비전이 제시되어야 하고, 셋째, 혁신지도부가 구성되어야 한다.

이를 위해서는 첫째로, 지역민들간의 혁신에 대한 공감대가 형성되어야 하는바, 이는 지역주민들이 지역사회에 만족하고 안주하여서는 성립될 수 없다. 지역민들이 지역사회에 대한 문제의식을 느끼고, 이의 해결을 위한 노력을 경주하지 않으면 아니 된다. 따라서 혁신의 전제조건은 위기의식이다. 그러한 면에서 본다는 한국은 현재 수도권 집중이 가속되고, 지역사회가 황폐화되고 있는 상황하에 있기 때문에 위기의식의 공감대 형성은 가능하다고 본다.

둘째, 지역의 인적·물적·유형·무형의 자원을 조사하여, 지역사회의

SWOT 전략을 확실하게 세워, 지역민들의 고통을 극복할 수 있는 전략적 기획에 기초한 비전을 주민들에게 제시하여 주어야 한다. 개혁에는 고통이 수반되기 마련이다. 지역 주민들이 개혁에 따르는 고통을 극복하여 나가기 위해서는 미래에 대한 희망이 있어야 한다. 따라서 지역 주민들에게 희망을 줄 수 있는 비전이 제시되어야 하고, 비전을 통하여 위기가 극복될 수 있는 지역사회의 에너지가 결집될 수 있어야 한다.

셋째, 비전을 현실화시킬 수 있는 강력한 혁신지도부가 있어야 한다. 특히 지역사회는 각종 연(緣)에 얽혀져 있는 현상 유지의 보수적 성향의 사람들이 지도층을 이루고 있는 경향이 많기 때문에, 혁신 지도부를 구성하기가 어려우며, 설사 구성된다고 하더라도 그 활동에 있어서 한계를 느끼기 쉽다. 따라서 주민적 지지를 강력하게 받는 혁신지도부의 구축을 위한 전략과 전술이 심도 있게 강구되어야 할 것이다.[29]

한 지역사회가 번영하기 위해서는 지역사회를 구성하고 있는 각 구성인자들이 제 역할에 맞는 실력과 마음가짐을 갖는 것이 중요하다. 즉 자치시대에 있어서 한 지역사회의 번영은 외부적 요인 못지 아니하게 내부적 요인이 중요하다. 따라서 지역사회가 시대적 변화에 뒤지지 않기 위해서는 구태의연한 기존의 인습적이고 안일한 자세에서 탈피하여, 꾸준하게 자기혁신과 정비 노력이 필요하다. 지역사회를 혁신시켜 나가기 위해서는 무엇보다도 분권화 정책을 통한 자율적인 지역사회 관리가 가능하게 되어야 하며, 지역사회의 종합적 관리자로서의 단체장이 지역사회 혁신의 풍차(風車) 역할을 수행하지 않으면 아니 된다. 특히 전통적으로 권위주의적이고 중앙집권적인 장 중심의 정치·행정 문화를 오랫동안 간직하여 온 한국 사회에 있어서 지역사회 혁신과 분권화운동이 성공하기 위해서는 단체장의 절대적인 이해와 관심, 그리고 지원이 필수적이라고 할 수 있다.

---

29) 오재일, "참여정부의 분권화 정책과 지역사회의 대응", 한국지방자치학회보, 제17권 제2호, 한국지방자치학회, 2005.

제5절   지방정부와 NGO와의 바람직한 관계

21세기 지식정보화 사회에서의 지역사회 관리는 정부나 시장영역만으로 불가능하다. 지난 세기에 있어서 복지국가 지향은 정부 영역을 확대시켰으며, 신자유주의 물결과 지식정보를 중심으로 하는 자본의 고도화·세계화는 시장영역의 비중을 높이고 있다. 이러한 정부와 시장영역의 팽창은 오히려 NGO 활동을 억제하기보다는 NGO의 영향력을 더욱 증대시키는 결과를 초래시키고 있다.[30] 그리하여 지역사회와 국가사회뿐만 아니라 국제사회의 효율적 관리와 지속적인 존속을 위해서도 시민(세계시민)의 역할이 중요시되며, 이들 시민들의 자발적 결집체인 NGO의 역할과 비중이 매우 높아지고 있는 것이 세기적 전환기에 있어서의 세계사적인 커다란 하나의 주요 흐름이다.

따라서 효율적이고 지속적인 지역사회 관리를 위해서 정부와 NGO는 상호 협력하지 않으면 아니 된다. 지방정부와 NGO 모두 그들 존립의 기반을 지역사회에 두고 있기 때문에, 지역사회를 위하여 상대를 경원시할 것이 아니라 동반자라는 인식을 가지고서 함께 협력하지 않으면 안 된다.

이를 위하여 먼저 지방정부는 첫째, 시민단체를 기존의 관변단체처럼 조종하거나 지배하려고 하지 말고 지역사회 관리를 위한 조언자나 동반자라는 생각을 가져야 된다. 둘째, 행정은 형식적 합법성만을 주장하지 말고 행정의 민주성·합목적성 등을 고려한 집행을 하여야 한다. 특히 정보화의 급속한 진전으로 Paradigm Shift가 급속하게 진행되는 전환기적 소용돌이 환경 속에서의 행정의 유연한 자세는 더욱 중요하다. 셋째, 지역사회 관리의 제1차적인 책임자로서의 지방정부는 분출하는 NGO에 대한 실태파악을 정확하게 하여야 한다. NGO에 대한 정확한 실태파악이 전제되어야만 NGO와의 유기적 관계를 가질 수 있기 때문이다. 넷째, NGO의 실태파악과 함께 NGO 문제를 다루는 부서의 강화 및 사회행정의 중요성을 인식하여야 한다. 사회행정의 강화를 통하여 지역사회에 있

---

30) J. L. Fernando & A. W. Heston, "NGOs Between States, Markets, and Civil Society", *The ANNALS*, Vol.554, 1997, pp.8-9.

어서의 각 주체간의 역할분담과 함께 효과적이고 효율적인 서비스 공급의 방법을 새로이 구축하여야 할 것이다. 다섯째, 객관적인 NGO 지원에 대한 기준과 그 평가 시스템을 구축하여야 한다.

다음으로 NGO는 첫째, 책임성을 가져야 된다. 지역사회 관리에 있어서 NGO의 역할이 증대하고, 서비스 공급의 한 영역을 담당하게 됨에 따라 NGO의 책임성 문제가 크게 대두되고 있는 것이다. NGO의 책임성(accountability)이란 NGO가 지역사회에서 정통성을 획득하는 데 있어서 중요한 원천으로서, 이에는 회계(fiscal accountability), 절차(process accountability), 프로그램의 질(program accountability), 일의 우선순위(accountability for priorities)의 네 가지가 있다.[31] 특히 시민사회의 성숙에 따른 복지 다원주의의 요청에 의하여 사회서비스 공급에 있어서 NGO의 역할이 증대되면 될수록 NGO의 책임성 문제가 더욱 커지리라 여겨진다.

둘째, 시민적 지지 속에서 시민과 함께 하는 운동이 되어야 한다. 어느 사회운동과 마찬가지로 사회운동의 초기 단계에 있어서는 선구자적 혜안(慧眼)을 가지는 소수의 창조적 엘리트가 필요하지만, 이 창조적 엘리티즘이 대중과의 연계 고리를 가지지 않으면 운동은 성공할 수 없다. 아울러 NGO의 자주성 문제도 결국은 시민적 지지를 얼마나 이끌어내느냐에 좌우된다고 해도 과언이 아니다. 따라서 '시민 없는 시민운동'이라는 지적을 불식시키기 위해서라도 NGO 지도자들은 항상 시민운동의 지역별, 쟁점별 토대에 관심을 기울이고, 그 토대 위에 서 있는 시민들의 자율적인 조직화와 리더십의 형성 과정을 도와주어야 할 도덕적 의무가 있다.[32]

셋째 전문성을 가져야 한다. 민주주의가 성숙되고 고도 지식정보사회가 전개됨에 따라 한국 사회도 다원적인 사회로 급속하게 이행되고 있다. 이러한 상황에서는 전문성에 기초한 NGO의 책임 있는 대안의 제시와 서비스 제공만이 NGO의 생존을 위한 길이 될 수밖에 없을 것이다.

---

31) D. Leat, "Voluntary Organizations and Accountability: Theory and Practice" in H. K. Anheier & W. Seibel, eds., *The Third Sector: Comparative Studies of Nonprofit Organizations*, Walter de Gruyter, 1990, pp.141-145.

32) 김광식, 한국 NGO(동명사, 1999), pp.298-299.

한국 NGO가 대형화되고 백화점적 프로그램 운영이라는 비판에서 벗어나, 전문화와 정보화 사회에 알맞은 NGO가 되도록 하여야 할 것이다.

넷째, 자주성을 가져야 한다. 이 자주성 문제는 정부와의 관계에서 대단히 중요한 팩터이다. NGO가 가지는 자주성의 정도야말로 관변단체와의 차별성을 나타내주는 주요한 지표이기 때문이다. 이 자주성 확보를 위해서는 시민적 신뢰와 협조를 어떻게 이끌어내어 자립할 수 있는 물적 기반을 구축하느냐가 매우 중요한 관건이다. 이를 위해서는 기금모금과 그 운영방안에 대한 과학적이고 합리적인 대책이 필요하다.

다섯째, NGO 내부의 관리와 그 운영에도 관심을 기울여야 한다. 명망가 위주의 NGO 운영은 조직 내의 민주주의라는 과제를 제기시키고 있으며, 아울러 최저 생계비에도 못 미치는 상근자의 급여 등 근무여건의 개선 등이 이루어져야 할 것이다.

제6절 마무리 지으며

국가사회와는 달리 지역사회는 그 지역사회에 살고 있는 지역 주민들간의 대면적인 인간관계가 매우 중요하다. 특히 산업화의 낙후와 거기에 따른 전통적 요소가 많이 남아 있는 지역사회에 있어서는 더욱 그러하다. 아울러 지역사회는 지방정부와 시장, 그리고 NGO 관계자들 사이의 여러가지 연에 기초한 인간관계도 복잡하고 밀접하다. 이러한 면들을 고려하여 각 분야의 지도자들은 지역사회 발전이라는 대전제하에 상호 신뢰 속에서 협력적 분위기 조성에 각별한 관심을 기울여야 한다. 이때 가장 중점을 두어야 할 것은 모든 운동이나 조직은 궁극적으로 인간을 위한 것이어야 한다는 것이다. 현대사회의 고도 자본주의가 너무나도 물화(物化)에 깊이 빠져 있다는 점을 염두에 두고서, 시민사회를 이끌어나갈 지역사회의 리더들은 깊은 휴머니즘에 근거한 인화(人化) 중심의 지역사회 가꾸기에 각별한 관심을 기울여야 할 것이다.

시민의식의 성숙에 따른 시민사회의 구축은 지역사회 가꾸기가 정부의 힘만으로는 한계가 있으며, 시민들의 자발적인 협조가 매우 중요한 요소가 되고 있다. 이 시민들의 자발적인 협조를 어떻게 이끌어내느냐 하는 것은 효율적인 지역사회 가꾸기와 발전에 아주 필수적인 요소가 되어 버렸다. 예전과 같은 관 동원적 주민협조는 한계에 이르렀으며, 따라서 지역사회와 지방정부와의 연결고리 역할자로서의 NGO가 중요한 요소로 등장하고 있는 것이 지역사회의 현실이다. 따라서 살기 좋은 지역사회 가꾸기라는 차원에서 지방정부와 NGO와의 유기적 협력관계가 아주 중요하게 등장하고 있다. 이를 위하여 지방정부는 NGO에 대한 '비판자 혹은 귀찮은 존재'라는 인식으로부터, NGO를 지역사회 발전을 위한 동반자라는 인식으로의 전환이 요구되는 시점이다. 아울러 NGO도 지방정부의 당당한 파트너로 되기 위해서는 책임성과 전문성을 키워나가야 할 것이다. 도래하는 21세기 고도 지식정보화 사회에서의 지역사회 발전은 지방정부와 NGO와의 관계를 어떻게 구축하느냐에 달려 있다고 해도 과언이 아니다.

374

<일러두기>

이 책은 필자의 다음 논문들을 중심으로 집필되었음.

〈제1장〉
"도시형사회와 지방자치", 『海石 林容柱 博士華甲기념논총』, 2002.
"지방자치론", 『법학의 현대적 동향』, 2004.

〈제2장〉
"지방자치의 본질에 관한 고찰(1)", 「전북행정학보」 1, 1985.
"지방자치의 본질에 관한 고찰(2)", 「행정논집」 2, 1986.
"지역주의와 지방자치와의 관계정립에 관한 고찰", 「대구·경북행정학회보」
　　　6(2), 1994.

〈제3장〉
"중앙-지방관계의 모델에 관한 연구", 「한국행정학보」 27(2), 1993.
"政府間関係論と韓国の地方自治", 中央大学博士学位請求論文, 2000.
"정부간관계론(IGR)의 모델과 어프로치", 「공공행정논총」 25, 2012.

〈제4장〉
"우리나라 행정구역의 변천과 그 문제점", 「사회과학논총」 11, 1983.
"자치시대에 있어서의 주민의 자세와 역할", 「법률행정논집」 2, 1992.
"남북행정구역의 변천과 발전방향", 「행정논총」 40(2), 2002.
"지방자치단체의 구성요소", 『한국지방자치의 이해』, 2008.

〈제5장〉
"집행기관", 『한국지방자치론』, 2000.

〈제6장〉
"우리나라 지방자치의 현황과 그 문제점", 「지방자치연구」 3(2), 1991.
"韓国の地方自治制度の歴史と課題", 「自治総研」 211, 1996.

〈7장〉
"지역사회에서의 지방정부와 NGO 관계", 『정부와 NGO』, 2000.
"지방분권과 로컬 거버넌스", 「지방행정연구」 18(1), 2004.
"참여정부의 지방분권화 정책과 지역사회의 대응", 「한국지방자치학회보」 1
　　　7(2), 2005.

참고문헌

〈국문〉

강병근, 『韓國地方行政』, 서울: 일조각, 1966.

강형기, "지방자치 실시를 위한 마음의 준비는", 「지방자치」, 9월호, 1989.

고범서, "주인의식 실천의 길", 「지방행정」, 5월호, 1983.

관악행정학회 편. 『韓國의 地方自治와 行政』, 서울: 대영문화사, 1989.

구병삭, 『지방자치법』, 서울: 박영사, 1991.

국무총리행정조사실 편, 『地方自治制實施研究資料集』, 1987.

권해수, "시민단체의 조직화과정과 정책변화에 대한 영향력 비교연구", 한국행정
학회, 「하계학술대회 발표논문집」, 1999.

김경동·안청시 외, 『한국의 지방자치와 지역사회발전』, 서울: 서울대학교출판부, 1985.

김광식, 『한국 NGO』, 서울: 동명사, 1999.

김대환, "주인의식과 시민윤리", 「지방행정」, 5월호, 1983.

김도창, "지방자치법의 문제점", 법률신문, 1988.1.21.

김동훈, 『지방의회론』, 서울: 박영사, 1999.

김병준, 『지방자치론』, 서울: 법문사, 2009.

───, "지방의회와 주민역할 및 책임", 한국지방자치학회, 「지방자치연구」3(2),
1991.

김보현·김용래, 『지방행정의 이론과 실제』, 서울: 박영사, 1983.

김석준. 『뉴거버넌스연구』, 서울: 대영문화사, 2000.

김성국, "한국자본주의의 발달과 시민사회의 성격", 한국사회학회·한국정치학회
편, 『한국의 국가와 시민사회』, 서울: 한울, 1992.

───, "부산의 지역문화 발전을 위한 소고", 부산상공회의소, 『부산지역사회발
전론』, 1985.

김안제, 『환경과 국토』, 서울: 박영사, 1982.

김원, "도시화와 시민정신", 「지방행정」, 9월호, 1985.

김익식, "특별지방행정기관의 의의와 역할", 「지방행정」, 제589호, 2002.

김종래·강제상, "국정관리와 NGO의 역할", 한국행정학회, 「하계학술발표논문
집」, 2000.

김종표, "현대지방자치구역 재편성에 관한 연구", 단국대학교 박사학위청구논문, 1978.

───, 『현대지방행정론』, 서울: 일신사, 1984.

김준기, "정부-NGO 관계에 관한 이론적 고찰 및 정부 NGO지원사업 분석", 한
　　　국행정학회, 「동계학술대회 발표논문집」, 1999.
김진봉 외, "지방행정구역변천의 정치·사회적 배경에 대한 연구", 충북대학교 호
　　　서문화연구소, 「호서문화연구」, 제1호, 1981.
김현태, "지방자치제도의 현대적 과제에 관한 고찰", 마산대학, 「論文集」, 제4집, 1982.
김효전 역, 『일반국가학: Allgemeine Staatslehre』, 부산: 태화출판사, 1980.
내무부 편, 『地方行政白書』, 1968.
노융희, "지방자치단체의 적정구역의 기준설정에 관한 연구", 서울대학교 행정대
　　　학원, 「행정논총」16(1), 1968.
──, "시민의 자세와 역할", 「비교행정」10(1), 1987.
──, 『한국의 지방자치』, 서울: 녹원출판사, 1987.
문재우, 『지방의회행정론』, 서울: 대영문화사, 2007.
박동서 외, 『지방행정론』, 서울: 한국방송통신대학출판부, 1982.
박상필, "시민단체와 정부의 관계유형과 지원체제", 한국행정학회, 「한국행정학
　　　회보」33(1), 1999.
박수영, 『도시행정론』, 서울: 박영사, 1994.
박원영, "地方自治의 現代憲法的 構造", 부산대학교 박사학위청구논문, 1983.
박재욱·류재현. "로컬 거버넌스와 시장의 리더쉽", 한국행정학회, 「하계학술대회
　　　발표논문집」, 2000.
박재창, 『한국의 거버넌스』, 서울: 아르케, 2010.
박지동 역, 『미국의 민주주의: Democracy in America』, 서울: 한길사, 1983.
배지현 역, 『작은 것이 아름답다: Small is Beautiful』, 서울: 전망사, 1980.
서원우, "한국의 지방자치에 관한 법적 제문제", (사)지방행정연구소, 「비교행
　　　정」, 제3호, 1985.
소진광, "특별지방행정기관의 운영실태와 문제점", 「지방행정」, 제589호, 2002.
손봉숙, 『韓國地方自治研究』, 서울: 삼영사, 1985.
손재식, 『現代地方行政論』, 서울: 박영사, 1983.
송희준, "국가와 시민사회의 관계", 한국행정연구원, 「한국행정연구」8(1), 1999.
신광영, "비정부조직(NGO)과 국가정책", 한국행정연구원, 「한국행정연구」8(1), 1999.
신원형 외, "광역자치구역 개편 결정에 관한 사례연구-광주·전남 통합실패 및 전남
　　　도청 이전 결정을 중심으로", 한국행정학회, 「한국행정학보」34(4), 2000.
신희권, "지방정치의 변화와 자발적 조직의 역할", 한국행정연구원, 「한국행정연
　　　구」8(1), 1999.
안용식 외, 『지방행정론』, 서울: 대영문화사, 2006.
안용식·최호준, "지방주민의 군 행정참여에 관한 연구", 연세대학교, 「사회과학

논집」, 제10집, 1979.

양영철, 『자치경찰론』, 서울: 대영문화사, 2008.

오연천, 『韓國地方財政論』, 서울: 박영사, 1987.

———, "행정적 시각 아닌 정치적 시각에서 지방자치론 전개", 김원웅 편, 『지방자치: 어떻게 참여할 것인가?』, 서울: 앎과 함, 1990.

오재일, "地方自治의 本質에 關한 考察(1)-지방자치권을 中心으로", 한국행정학회 전북지회, 「전북행정학보」, 제1호, 1985.

———, "地方自治의 本質에 關한 考察(2)-地方自治와 民主主義를 中心으로", 전남대학교 행정대학원, 「행정논집」, 제2호, 1986.

———, "지방시대에 대응한 지방행정의 課題", 전남대학교 행정대학원, 「행정논집」, 제3집, 1987.

———, "지방자치단체의 장의 지위와 역할", 한국행정학회 광주·전남지회, 「광주·전남 행정학보」, 제2호, 1992.

———, "읍·면·동의 합리적 개선방안에 관한 고찰", 한국지방행정연구원, 「지방행정연구」13(1), 1999.

———, "지역사회에서의 지방정부와 NGO 관계", 『정부와 NGO』, 서울: 박영사, 2000.

———, "남북행정구역의 변천과 발전방향", 서울대학교 행정대학원, 「행정논총」40(2), 2002.

———, "로컬 거버넌스", (사)지방행정연구소,「자치행정」, 제183호, 2003.

———, "참여정부의 분권화 정책과 지역사회의 대응", 한국지방자치학회, 「한국지방자치학회보」17(2), 2005.

유종해, "자치시대의 주민자치의식", 「지방행정」, 4월호, 1990.

유팔무 외편, 『시민사회와 사회운동』, 서울: 한울, 1996.

윤세창, "民主政治와 地方自治", 「사상계」, 1959년 3월호.

이계탁, 『地方行政論』, 서울: 고려원, 1984.

이규행 감역, 『전쟁과 반전쟁』, 서울: 한국경제신문사: 1994.

이규환, 『한국지방행정학』, 서울: 법문사, 2006

이근주, "정부와 NGO간의 파트너십에 관한 연구", 한국행정연구원, 1999.

이기우, 『지방자치행정법』, 서울: 법문사, 1991.

———, "지방분권의 추진방향", 한국지방행정연구원, 「제1차 지방분권 워크샵: 지방분권특별법 제정 방향 자료집」, 2003.

이기우 외, 『지방자치법』, 서울: 대영문화사, 2007.

이달곤, "집단이기주의의 원인과 합리적 해소방안", 「지방자치」, 6월호, 1991.

———, 『지방정부론』, 서울: 박영사, 2005.

이달곤 외, 『지방자치론』, 서울: 박영사, 2012.

이상규, 『新行政法論(下)』, 서울: 법문사, 1982.

이창주 역, 위기의 지구, 서울: 삶과 꿈, 1994.

이창훈 편, 『한국과 프랑스의 권력구조』, 서울: 신문사, 2005.

임성한, 『관료제와 민주주의』, 서울: 법문사, 1978.

임승빈, 『지방자치론』, 서울: 법문사, 2010.

장지호, 『지방행정론』, 서울: 대왕사, 1982.

───, 『지방행정론』, 서울: 대왕사, 1990.

정세욱, "國家와 地方間의 關係", 한국지방자치학회, 「지방자치법 개정에 관한 세미나 자료집」, 1989.

───, 『지방자치학』, 서울: 법문사, 2000.

정세욱 외, 『정부간관계』, 서울: 법문사, 1997.

정용덕 외역, 『미래의 국정관리』, 서울: 법문사, 1998.

정인흥, 『지방자치론』, 서울: 박영사, 1967.

정재길, 『지방의회론』, 서울: 박영사, 1991.

조재승, 『地方自治의 基礎理論』, 서울: 세문사, 4288.

조창현, 『지방자치란 무엇인가』, 서울: 동아일보사, 1989.

───, 『지방자치의 이론과 실제』, 서울: 동아일보사, 1990.

───, "中央과 地方과의 關係", 호남정치학회, 「호남정치학보」, 제2집, 1990.

───, 『地方自治論』, 서울: 박영사, 1993.

조항래 역, 『거대한 새물결: Megatrends』, 서울: 예찬사, 1984.

주성수, 『글로벌 거버넌스와 NGO』, 서울: 아르케: 2000.

───, 『공공정책 가버넌스』, 서울: 한양대학교출판부, 2004.

지방이양추진위원회 편, 『지방이양관련 자료집』, 2000.

최봉기, "지방행정 수요변동과 행정대응 기능 강화방안", 계명대학교 사회과학연구소, 「地方化와 政策課題」, 1986.

───, 『지방자치론』, 서울: 법문사, 2006.

최인기 외, 『지방의회론』, 서울: 법문사, 1993.

최창호, "한국지방행정구역개편에 관한 연구", 건국대학교 박사학위청구논문, 1979.

───, 『한국지방행정의 재인식』, 서울: 삼영사, 1983.

───, 『지방자치제도론』, 서울: 삼영사, 1992.

───, 『지방자치학』, 서울: 삼영사, 2007.

최창호·강형기, 『지방자치학』, 서울: 삼영사, 2011.

최창호·정세욱, 『행정학』, 서울: 법문사, 1980.

최호준, 『참가와 능률의 행정학』, 서울: 삼영사, 1984.

한겨레21, 제221호, 1998.9.1.

한국산업사회학회 편, 『사회학』, 서울: 한울, 1998.

한국지방자치학회 편, 『한국지방자치론』, 서울: 삼영사, 2000.

───── 편, 『한국지방자치의 이해』, 서울: 박영사, 2008.

한국지방행정사 편, 『韓國地方行政史』, 1988

행정개혁위원회 편, 『行政改革에 關한 建議』, 1989.

행정자치부, 『지방행정구역발전사』, 2001.

─────, 『지방자치단체 행정구역 및 인구현황』, 2007.

─────, 『2007 지방자치단체 기본현황』, 2007.

허영, 『憲法理論과 憲法(中)』, 서울: 박영사, 1984.

─────, 『한국 헌법학』, 서울: 박영사, 2011.

─────, "地方自治에 관한 憲法理論的 照明", 「공법연구」, 제13호, 1985.

홍정선, 『地方自治法論』, 서울: 법영사, 1991.

─────, 『신지방자치법』, 서울: 박영사, 2009.

〈영문〉

Almond, G. A., "The Return to the State", *A.P.S.R.*, 1988.

Anderson, W., *Intergovernmental Relations in Review*, Minneapolis: University of Minnesota Press, 1960.

Beer, S. H., "Federalism, Nationalism and Democracy in America", *American Political Science Review*, Vol.72, 1978.

Benson, G. C. S., *The New Centralization*, New York: Rinehart & Co., Inc., 1941.

Birch, A. H., "Approaches to the Study of Federalism", *Political Studies*, Vol.XIV, No.1, 1966.

Bradley, B., "The Importance of Civic Sector", *National Civic Review*, 87(2), 1998.

Bryce, J., "The values of local self-government", R. L. Morlan, Fifth ed. *Capital, Courthouse, and City Hall*, Bosten: Houghton Mifflin Company, 1977.

─────, Bryce, *Modern Democracy*, Vol.1, N.Y.: The Macmillan Company, 1921.

Cooper, P. J., *Public Administration for the Twenty-First Century*, N.Y.: Harcourt Brace College Publishers, 1998.

Coston, J. M., "A Model and Typology of Government-NGO Relationships",

Nonprofit and Voluntary Sector Quarterly, 27(3), 1998.

Coxall, M. & L. Robins, *Contemporary British Politics*, London: Macmillan, 1990.

Elazar, D. J., "Opening the Third Century of American Federalism Issues and Prospects", *The ANNALS*, Vol.509, 1990.

Elock, H., *Local Government*, London: Methuen, 1986.

Fernando, J. L. & A. W. Heston, "NGOs Between States, Markets, and Civil Society", *The ANNALS*, Vol.554, 1997.

Gidron, B., R. M. Krammer & L. M. Salamon, "Government and the Third Sector in Comparative Perspective: Allies or Adversaries?", Gidron, Krammer & Salamon, ed., *Government and the Third Sector: Emerging Relationships in Wefare States*, San-Francisco: Jossey-Bass Publishers, 1992.

Grant, D. R. & C. Nixon, *State and Local Government in America*, 3rd, Boston: Allen & Bacon, Inc., 1975.

Grant, M., "The Role of the Courts in Central-Local Relations", Michael Goldsmith, ed., *New Research in Central-Local Relations*, Vernmont: Gower Pub., 1986.

Greenwood, J. & D. Wilson, *Public Administration in Britain Today*. London: Unwin Hyman, 1989.

Griffith, J. A. G., *Central Departments and Local Authorities*, London: Allen & Unwin, 1966.

Grumm, J. G. & R. D. Murphy. "Dillon's Rule Reconsidered", *The ANNALS*, No.416, 1974.

Hampton, W., *Local Government and Urban Politics*, London: Longman, 1987.

Harmon, M. M. & R. T. Mayer, *Organization Theory for Public Administration*, Boston: Little, Brown and Co., 1986.

Hartly, O. A., "The Relation Between Central and Local Authorities", *Public Administration*, Vol.49, 1971.

Helco, H. & A. Wildavsky, *The Private Government of Public Money*, London: Longman. 1974.

Henry, N., *Public Administration and Public Affairs*, N.J.: Prentice-Hall, 1980.

Hill, D. M., *Democracy Theory and Local Government*, London: George

Allen & Unwin, Ltd., 1974.

Kingsley, T. G., "Perspectives on Devolution", 지방이양추진위원회, 『지방이양관련자료집』, 2000.

Langrod, G., "Local Government and Democracy", *Selected Readings in Public Administration*(II), Korean Association for Public Administration, ed., Seoul: Da San Publishing Company, 1985.

Leat, D., "Voluntary Organizations and Accountability: Theory and Practice", H. K. Anheier & W. Seibel, ed., *The Third Sector: Comparative Studies of Nonprofit Organizations*, Walter de Gruyter, 1990.

Martin, R. C., "Grass-roots Government: An Appraisal", R. L. Morlan, Fifth ed., *Capital, Courthouse, and City Hall*, Boston: Houghton Mifflin Company, 1977.

Menry. V. & V. Wright, ed., *Centre-Periphery Relations in Western Europe*, London: George Allen & Unwin, 1985.

Michael, G., ed., *New Research in Central-Local Relations*, Vernmont: Gower Pub., 1986.

Mill, J. S., *Consideration of Representative Government*, New York: Longman, 1919.

Miller, W. L. et al., "Models of Local Governance", *Palgrave*, 2000.

Millspaugh, A. C., *Local Democracy and Crime Control*, Washington D.C.: Brookings, Inc., 1936.

Mishra, S. N. & M. Sweta, "Good Governance, People's Participation and NGOs", *The Indian Journal of Public Administration*, No.3, 1998.

Nice, D. C., *Federalism*, New York: St. Martin's Press, 1987.

Omo-Fadaka, J., "Development from Within", *Dialogue*, 1979.2.

Panter-Brick, Keith, "Local Government and Democracy-A Rejoinder", *Selected Readings in Public Administration*(II), Korean Association for Public Administration, ed., Seoul: Da San Publishing Company, 1985.

Peters, B. G., *The Future of Governing*, Kansas: Universitty Press of Kansas, 1996.

Rhodes, R. A. W., "Analysing Intergovernmental Relations", *E.J.P.R.*, 1980.

──────, "Intergovernmental Relations in the United Kingdom", Y. Meny & V. Wright, ed., *Centre-Periphery Relations in Western Europe*,

London: George Allen & Unwin, 1985.

Rhodes, R. A. W., *Control and Power in Central-Local Government Relations*, Aldershot: Gower, 1983.

──, *The National World of Local Government*, London: George Allen & Unwin, 1986.

──, *Understanding Governance*, Buckingham: Open University Press, 1997.

Robbson, W. A., *Local Government in Crisis*, London: George Allen & Unwin, 1968.

Saffel, D. C., *State and Local Government: Politics and Public Policies*, 4th, N.Y.: McGraw-Hill, 1990.

Saloman, L. M., *Partners in Public Service*, The Johns Hopkins Univ. Press, 1995.

Saunders, P., *Social Theory and the Urban Question*, Hutchinson, 1981.

Schumacher, E. F., *Small is Beautiful*, N.Y.: Harper & Row Publishers, 1975.

Sneider, C. F., "County and Township Government in 1935-1936", *American Political Science Review*, No.31, 1937.

Stivers, C. M., "Active Citizenship and Public Administration", G. L. Wamsley et al., *Refunding Public Administration*, London: Sage Publications, 1990.

Sundquist, J. L. & D. W. Davis, *Making Federalism Work*, Washington D.C.: Brookings Institution, 1969.

Watson, D. J. & T. Vocino, "Changing Intergovernmental Fiscal Relationships", *P.A.R*, Vol.50, No.4, 1980.

Wright, D. S., *Understanding Intergovernmental Relations,* 3rd, California: Brook & Cole Publishing Company, 1988.

──, "Intergovernmental Relations: an Analytical Overview", *The ANNALS*, 1970.

──, "Models of National, State, and Local Relationships", L. J. O'Toole, Jr., ed., *American Intergovernmental Relations*, Washington D.C.: CQ Press, 1993.

http://www.usia.gov/journals/itdhr/0198/ijde/saloman.htm

〈일문〉

赤木須留喜, 『行政責任の研究』, 東京: 岩波書店, 1978.

秋本敏文·田中宗孝, 『現代地方自治全集2』, 東京: ぎょうせい, 1978.

阿部齊·寄本勝美 編, 『地方自治の現代用語』, 東京: 學陽書房, 1989.

天川晃, "廣域行政と地方分權", ジュリスト增刊總合特輯 No.29, 『行政の轉換期』, 東京: 有斐閣, 1983.

────, "地方自治制度の再編成", 日本政治學會 編, 『年報政治學:近代日本政治における中央と地方』, 東京: 岩波書店, 1984.

────, "變革の構想－道州制論の文脈", 大森彌·佐藤誠三郎 編, 『日本の地方政府』, 東京: 東京大學出版會, 1987.

荒木昭次郎, "國と地方との機能分擔", 「都市問題」72(2), 1981.

石井光明, "稅財政をめぐる政府間關係", 「都市問題」81(1), 1990.

池上惇, 『地方財政論』, 同文館, 1979.

市川喜崇, 『日本の中央―地方關係』, 京都: 法律文化社, 2013.

伊藤修一郎, "NPOの戰略と行政との關わり", 「都市問題」88(6), 1997.

猪野積 編, 『新地方自治法講座②: 條例と規則(1)』, 東京: ぎょうせい, 1997.

今村都南雄 外, "政府間關係の構造と過程", 社會保障研究所 編, 『福祉國家の政府間關係』, 東京: 東京大學出版會, 1992.

岩崎美紀子, 『分權と連邦制』, 東京: ぎょうせい, 1998.

岩山忠夫, 『住民參加論』, 東京: 第一法規, 1984.

遠藤晃, "住民自治と住民運動", 「法律時報」44(4), 1972.

遠藤文夫, 『地方行政論』, 東京: 良書普及會, 1988.

大河內繁男, "內閣制度の變遷－戰前·戰後の連續と非連續", 「思想」, 1987.5.

呉在一, "政府間關係論と韓國の地方自治", 中央大學 博士學位請求論文, 2000.

小瀧敏之, 『政府間關係』, 東京: 第一法規, 1983.

大森彌, "比較視座における地方政府の研究", 大森彌·佐藤誠三郎 編, 『日本の地方政府』, 東京: 東京大學出版會, 1987.

片岡寬光, 『國と地方』, 東京: 早稻田大學出版部, 1985.

加藤一明 外, 『現代の地方自治』, 東京: 東京大學出版會, 1973.

加藤陸美, "地方自治と環境問題", 自治省 編, 『自治論文集』, 東京: ぎょうせい, 昭和63.

加藤富子, 『都市型社會への轉換』, 東京: 日本評論社, 1985.

神奈川縣自治總合研究センタ- 國政參加研究會, 『'國政參加'制度の構想－新たな國·自治體關係を求めて－』, 昭和58.2.

────, "特集: 民際外交の新展開", 「自治體學研究」, 1992春 第52號.

川村仁弘, 『自治行政講座1: 地方自治制度』, 東京: 第一法規, 1986.

川村仁弘 外編, 『地方自治法講座6－執行機關』, 東京: ぎょうせい, 1990.

龜川浩, "地方自治の本旨", 「レフアレンス」, 昭和34.5.

北山俊哉, "中央地方關係と公共政策一", 京都大學法學會, 「法學論叢」124(2), 1988.

北山俊哉, "中央地方關係と公共政策二", 京都大學法學會, 「法學論叢」125(4), 1989.

木下和夫 編, 『地方自治の財政理論』, 東京: 創文社, 1966.

淸成忠男, 『地域主義の時代』, 東京: 東洋經濟新報社, 1980.

久世公曉, 『地方自治制度』, 東京: 第一法規, 1973.

─────, "綜合開發と行政", 辻淸明 編, 『行政と環境』, 東京: 東京大學出版會, 1977.

(財)神戶都市問題硏究所 編, 『戰後地方行財政資料 別卷1: シャウプ使節團日本稅制報告書』, 東京: 勁草書房, 1983.

齋藤博, "民主的中央集權と民主的地方自治", 自治體問題硏究所 編, 『現代の地方自治』, 東京: 自治體硏究社, 1979.

坂井直芳 譯, 『小國家の理念』, 東京: 中央公論社, 昭和54.

坂井正義, 『地方を見る眼－よみがえる地方社會』, 東京: 東洋經濟新報社, 1975.

佐久間彈, 『地方自治講義』, 東京: 第一法規, 1984.

佐々木信夫, 『現代地方自治の座標』, 東京: 勁草書房, 1987.

佐藤巧, "行政事務の再配分", 雄川一浪 編, 『公法の理論 (下1)』, 東京: 有斐閣, 1977.

佐藤竺, 『轉換期の地方自治』, 東京: 學陽書房, 1976.

佐藤竺・松下圭一との對談, "地方の新時代と國政改革", ジュリスト總合特集 No.10, 『地方自治の可能性』, 東京: 有斐閣, 1980.

重森孝, 『現代地方自治の財政理論』, 東京: 有斐閣, 1988.

自治硏修協會 編, 『國と地方の新たな關係』, 1977.

篠原一, "現代の政治狀況と日本の選擇", 『月刊 自治硏』, 1983.

島恭彦, "地方自治擁護の論理", 「經濟論集」78(3), 1956.

社會經濟國民會議政治問題特別委員會, "地方改革に關する提言", 地方自治總合硏究所, 『社會經濟國民會議 '地方改革に關する提言'と自治勞のこれまでの提言について』, 1985.

自由國民社版, 『現代用語の基礎知識』, 1990.

新藤宗幸 編, 『自治體の政府間關係』, 東京: 學陽書房, 1989.

新藤宗申, "新新中央集權下の國と地方關係", 日本行政學會 編, 『年報行政硏究19: '臨調'と行政改革』, 東京: ぎょうせい, 1983.

政府間關係硏究集團, "新新中央集權と自治體の選擇", 「世界」, 第451號.

徐元宇, "韓國の地方自治制度の現況と展望", 「都市問題硏究」42(10).

園部逸夫 外, 『セミナ-地方自治法』, 東京: ぎょうせい, 1977.

高木鉦作, "自治という言葉", 自治體學會 編, 『年報自治體學 第2號: 自治の原點』,

　　　　東京: 良書普及會, 1989.

─────, “戰後體制の形成－中央政府と地方政府”, 大森彌·佐藤誠三郎 編, 『日本の地
　　　　方政府』, 東京: 東京大學出版會, 1987.

高寄昇三, 『地方自治の再發見』, 東京: 勁草書房, 1981.

玉野井芳郎, 『地方分權の思想』, 東京: 東洋經濟新報社, 1980.

─────, “地域分權の今日的意義”, 鶴見和子·新崎盛暉 編, 『玉野井芳郎著作集③:地域
　　　　主義からの出發』, 東京: 學陽書房, 1990.

田村明, “文化行政とまちづくり”, 田村明·森啓 編, 『文化行政とまちづくり』, 東京:
　　　　時事通信社, 1985.

田村義雄 編, 『日本の財政』, 東京: 東洋經濟新報社, 1996.

地方自治行政研究會 編, 『地方自治』, 東京: ぎょうせい, 1983.

地方自治制度研究會 編, 『地方自治法關係判例解說』第2集, 東京: ぎょうせい, 1989.

地方自治總合研究所, “地方財政レポート‘90: 430兆円投資時代の地方財政”, 1990.

辻清明, 『日本の地方自治』, 東京: 岩波新書, 1987.

辻清明 編, 『行政の歷史』, 東京: 東京大學出版會, 1981.

辻山幸宣, “中央·地方關係の新展開”, 「都市問題」79(1).

鶴見和子, “國際關係と近代化·發展論”, 武者小路公秀·獵山道雄 編, 『國際學－理論
　　　　と展望』, 東京: 東京大學出版會, 1976.

─────, “內發的發展論の系譜”, 鶴見和子·川田侃 編, 『內發的發展論』, 東京: 東京大
　　　　學出版會, 1989.

─────, “原型理論としての地域主義”, 鶴見和子·新崎盛暉 編, 『玉野井芳郎著作集③:
　　　　地域主義からの出發』, 東京: 學陽書房, 1990.

東京都議會議會局, 『韓國における地方自治制度』, 平成2.

長州一二, 『地方の時代と自治體革新』, 東京: 日本評論社, 1982.

鳴海正泰, 『轉換期の市民自治』, 東京: 日本經濟評論社, 1987.

成田賴明, “地方自治の保障”, 宮澤俊義先生還曆記念 『日本國憲法體系 第5卷, 統治
　　　　の機構(2)』, 東京: 有斐閣, 1964.

─────, “地方公共團體の國政參加(中·1)”, 「自治研究」55(11).

─────, “地方公共團體の國政參加”, 「自治體學研究」, 第4號, 1980.

─────, 『地方自治の法理と改革』, 東京: 第一法規, 1988.

─────, “行政における機能分擔(上)”, 「自治研究」51(9).

─────, “國と地方の機能分擔”, 「自治研修」, 第230號..

─────, “「地方の時代」における地方自治の法理と改革”, 「公法研究」, 第43號, 日本
　　　　公法學會.

西尾昭, “韓國における地方自治法の改正”, 同志社法學, 第203號, 1988.

西尾勝, "自治", 日本行政學會 編, 『政治學の基礎槪念』, 東京: 岩波書店, 1979.

―――, "'政府間關係'槪念の由來·構成·意義", 神奈川縣自治總合硏究センター 編, 「自治體硏究」, 第17號, 1983.

―――, 『權力と參加』, 東京: 東京大學出版會, 1984.

―――, 『行政學の基礎槪念』, 東京: 東京大學出版會, 1990.

西尾勝·大森尾, 『地方行政要論』, 東京: 第一法規, 1986.

西川潤, "內發的發展論の起源と今日的意義", 鶴見和子·川田侃 編, 『內發的發展論』, 東京: 東京大學出版會, 1989.

日本都市センタ─, 『地方·國家幹部公務員意識調査』, 1986.

原剛, 『地球環境の危機と地方自治』, 自治總硏ブックレット20, 地方自治總合硏究所 編, 1990.

晴山一穂, "中央·地方關係と機能分擔", 「都市問題」79(1).

藤田由紀子, "NPO", 森田朗 編, 『行政學の基礎』, 東京: 岩波書店, 1998.

星野光男, 『地方自治論』, 東京: ぎょうせい, 1982.

前田多門, 『地方自治の話』, 東京: 朝日新聞社, 1930.

正村公宏, "'地方の時代'の方法論", 現代のエスプリ176, 『地方の時代』, 東京: 至文堂, 1982.

增田四郎, 『地域の思想』, 東京: 筑摩書房, 1980.

松下圭一, 『市民自治の憲法理論』, 東京: 岩波書店, 1980.

―――, 『都市型社會の自治』, 東京: 日本評論社, 1987.

―――, 『シビル·ミニマムの思想』, 東京: 東京大學出版會, 1997.

―――, 『政策型思考と政治』, 東京: 東京大學出版會, 1995.

―――, 『現代政治の基礎理論』, 東京: 東京大學出版會, 1995.

―――, 『日本の自治·分權』, 東京: 岩波書店, 1996.

松下啓一, 『自治體NPO政策』, 東京: ぎょうせい, 1999.

松原治郎, "地方時代の地域創造", 松原治郎 編, 『地域の復權』, 東京: 學陽書房, 1980.

丸山真男, 『日本の思想』, 東京: 岩波書店, 1988.

水口憲人, "分權改革と中央·地方關係", 日本行政學會, 『年報行政硏究31: 分權改革·その特質と課題』, 1996.

宮本憲一, "分權化時代における地方財政論の展開", 日本地方財政學會, 『分權化時代の地方財政』, 東京: 勁草書房, 1994.

村上武則, "地方財政過程の檢討─國と地方の關係を中心として·法律學の觀點から─", 日本財政學會, 『地方財政の諸問題(財政法叢書2)』, 東京: 學陽書房, 1985.

―――, "ドイツ連邦共和國における市町村の財政自治の限界", 「廣島法學」, 第5卷 第3·4合倂號.

村松岐夫, "中央地方關係論の轉換(下)", 「自治研究」59(4), 1983.

───, "中央地方關係に關する新理論の模索(上)", 「自治研究」60(1), 1984.

───, "政府間關係と政治體制", 大森彌·佐藤誠三郎 編, 『日本の地方政府』, 東京: 東京大學出版會, 1987.

───, 『地方自治』, 東京: 東京大學出版會, 1988.

安原茂, "現代社會において地域の自立は可能か", 蓮見音彦·安原茂 編, 『地域生活の 復權』, 東京: 有斐閣, 1982.

八木欽之介 編, 『實務地方自治法講座5卷: 議會』, 東京: ぎょうせい, 1999.

山下建次, "制度保障の法的性格とその問題點", 「公法研究」, 第26號, 日本公法學會, 1964.

山本信一郎 編, 『新地方自治法⑥: 議會』, 東京: ぎょうせい, 1996.

山本英治, "'地方の時代'から'地域の時代'へ", 現代エスプリ176, 『地方の時代』, 東 京: 至文堂, 1982.

弓家七郎, "再檢討を要する地方自治", 「都市問題」, 昭和35.10.

横越英一 譯, 『政治學大綱 下卷』, 東京: 法政大學出版局, 1953.

吉富重夫, "近代政治原理として地方自治", 「都市問題」, 昭和29.2.

笠京子, "中央地方關係の分析枠組", 「香川法學」, 1990.

───, "新しい中央地方論へ", 日本行政學會, 『年報行政研究31: 分權と中央·地方 關係』, 1996.

和田英夫, 『現代地方自治論』, 東京: 評論社, 1965.

───, "地方自治の回顧と展望", 「市政」, 1978.

渡邊洋三, 『日本における民主主義の狀態』, 東京: 岩波新書, 1973.

<저자 약력>

일본 중앙대학 법학부(정치학박사)
광주·전남발전연구원 원장
전남대학교 행정대학원 원장
한국 NGO 학회 회장
한국 지방자치학회 회장
홍조근정훈장(대통령, 제28977호)
현 전남대학교 행정학과 교수
　　5·18기념재단 이사장
　　대통령 소속 지방자치발전위원회 위원

<저서>

미완의 분권개혁(전남대학교 출판부, 2005), 역서
한국 지방자치의 이해(한국지방자치회편, 박영사, 2008), 공저
행정학(박영사, 1999), 공저
지방자치와 지역정책(한울아카데미, 1996), 공저

지방자치론

초판인쇄　2014. 2. 20
초판발행　2014. 2. 25

저　자　오 재 일
발행인　황 인 욱
발행처　도서출판 오 래
　　　　　　서울특별시용산구한강로2가 156-13
　　　　　　전화: 02-797-8786, 8787; 070-4109-9966
　　　　　　Fax: 02-797-9911
　　　　　　신고: 제302-2010-000029호 (2010. 3. 17)

ISBN 978-89-94707-95-2 93350

http://www.orebook.com
email orebook@naver.com

정가 20,000원

이 도서의 국립중앙도서관 출판시도서목록(CIP)은
서지정보유통지원시스템 홈페이지(http://seoji.nl.go.kr)와
국가자료공동목록시스템(http://www.nl.go.kr/kolisnet)에서 이용하실 수 있습니다.
(CIP제어번호: CIP2014004785)